Bundschuh

Förderdiagnostik konkret

Konrad Bundschuh

Förderdiagnostik konkret

Theorie und Praxis für die Förderschwerpunkte Lernen, geistige, soziale und emotionale Entwicklung

2., aktualisierte Auflage

Verlag Julius Klinkhardt
Bad Heilbrunn • 2019

k

Dieser Titel wurde in das Programm des Verlages mittels eines Peer-Review-Verfahrens aufgenommen. Für weitere Informationen siehe www.klinkhardt.de.

Bibliografische Information der Deutschen Nationalbibliothek
Die Deutsche Nationalbibliothek verzeichnet diese Publikation in der Deutschen Nationalbibliografie; detaillierte bibliografische Daten sind im Internet abrufbar über http://dnb.d-nb.de.

Druck und Bindung: AZ Druck und Datentechnik, Kempten.
Printed in Germany 2019.
Gedruckt auf chlorfrei gebleichtem alterungsbeständigem Papier.

ISBN 978-3-7815-2322-7

Inhaltsverzeichnis

Vorwort zur 2. Auflage

Das Buch „Förderdiagnostik konkret. Theoretische und praktische Implikationen für die Förderschwerpunkte Lernen, geistige, emotionale und soziale Entwicklung“ ist seit 2017 vergriffen. Die vielen positiven Rückmeldungen zu den bisherigen Auflagen bestätigen den Bedarf einer aktuellen Publikation zu diesem Fragenkomplex mit seiner impliziten Dynamik und ermutigten zur Bearbeitung und umfangreichen Erweiterung. So trägt die vorliegende Neuauflage zahlreichen Veränderungen und Herausforderungen im sonder- und heilpädagogischen sowie im lerntherapeutischen Arbeitsfeld Rechnung.

Die Ausführungen der letzten Auflage wurden durchgängig überarbeitet und entsprechend verändert. Gliederung und Inhalte sind um- und neugestaltet. Literatur, die Information zu diagnostischen Verfahren sowie zur Förderung bietet und das Sachverzeichnis wurden ebenfalls ergänzt und aktualisiert.

Dieses Buch ist Grundlage für diagnostische Fragestellungen der Sonder- und Heilpädagogik, Lerntherapie, Psychologie und auch Allgemeinpädagogik, wenn man Störfaktoren in den Bereichen Schule, Kind- und Umfeldsituation, Gesellschaft und auch Schulsystem in die Frage nach einer bestmöglichen Erziehung integrieren möchte. Förderdiagnostik, eine Beziehung herstellen und reflektieren sowie Verstehen von Kindern und Jugendlichen mit Problemen bilden zusammen mit diagnostischer Fachkompetenz eine Einheit.

Im Bereich der Diagnostik im sonder- und heilpädagogischen sowie lerntherapeutischen Arbeitsfeld stellen sich gerade vor dem Hintergrund der Inklusionsdiskussion vermehrt Fragen. Kann Förderdiagnostik in dem hier dargestellten Sinne einen Beitrag zu entwicklungsbezogenen, lernprozess- oder strukturniveauorientierten Angeboten leisten? Um pädagogisch-didaktische, förderungsspezifische und therapeutische Maßnahmen in Gang zu setzen, müssen zweifellos die Nöte, Schwierigkeiten, biografischen Verletzungen zwingend benannt, analysiert und verstanden werden. Vor diesem Hintergrund wird die Frage nach dem Klientel und dem Aufgabenbereich hinsichtlich des individuellen Förder- und Lerntherapiebedarfs – an welcher Schule oder Einrichtung auch immer – gestellt. Förderdiagnostischer Handlungsbedarf ergibt sich bereits im Vorschulbereich, des Weiteren bei 20 bis zu 30 Prozent aller Schüler zwischen Förderschulen, Allgemeinschulen, Realschulen und Gymnasien temporär und teilweise langfristig angesichts einseitig fordernder sowie überfordernder – sowohl schulischer als auch außerschulischer – Wirklichkeiten. Nicht nur Lernprozesse, sondern vor allem auch die soziale und emotionale Entwicklung der Kinder und Jugendlichen sind von ungünstigen Bedingungen (Lernklima, Leistungsdruck, einseitige Orientierung am Leistungsdenken, frühzeitige Stigmatisierung, Mobbing, Erziehungsprobleme,…) tangiert. Es wird hier ein Verständnis von Diagnostik skizziert, welches auf Förderung, Hilfe und soziale Integration sowie auf Entwicklung und Entfaltung im psychischen und kognitiven Bereich abzielt und so dem Inklusionsgedanken Rechnung trägt. Orientierung am Kind oder am Jugendlichen und am Förder- und Lerntherapiebedarf stellen eine Herausforderung an die Schulen bzw. an die Lehrer und Lerntherapeuten dar, sich individuell-verstehend und vor allem auch in differenzierter Form auf die Lern- und Lebensprozesse einzustellen und es nicht zuzulassen, dass von außen induzierte Lernstörungen, Versagensängste und Minderwertigkeitsgefühle generiert bzw. produziert werden. Schüler müssen die Chance einer optimalen Entfaltung ihrer Persönlichkeit im Kontext Lernen und Bildung, aber auch sozialer und emotionaler Kompetenzen entsprechend vorhandener Ressourcen und Möglichkeiten erhalten. Kompetenz- und ressourcenorientierte, aber auch verstehende Förderdiagnostik gehört zum Prozess der Inklusion und gibt auch Impulse zur Emanzipation sowie für eine bessere soziale Gleichstellung. Präventionsmaßnahmen begleiten die Entwicklung von Kindern und Jugendlichen zwischen Geburt, Vorschule und dem Übergang ins Berufsleben. Integration und Inklusion implizieren Gemeinsamkeit und gleichzeitig Orientierung am Kind und seinen Möglichkeiten.

An diagnostischen Fragestellungen bestand im Zusammenhang mit bedrängenden pädagogischen Problemsituationen schon immer ein besonderes Interesse. Der diagnostische Handlungsbedarf hat allerdings angesichts zunehmender Leistungsorientierung des Schulsystems, insbesondere im Bereich Grundschule an den Übergängen zu weiterführenden und vor allem auch an weiterführenden Schulen und anwachsender Vulnerabilität im außerschulischen Umfeld von Kindern (auseinanderbrechende Familien mit entsprechenden Belastungen und Konfliktsituationen gerade für Kinder, Alleinerziehende, Armut, Verunsicherung in Erziehungsfragen, unkritischer Medienkonsum, Kindesmissbrauch, traumatische Erfahrungen, …), also infolge zahlreicher störungs- und behinderungsinduzierender Bedingungen, deutlich zugenommen. Eltern begleiten und fördern die Bildungsprozesse ihrer Kinder bewusster als früher und hinterfragen intensiver die Vorgehensweisen in Schulen. Leider fühlen sie sich häufig gegenüber diesen mächtigen Systemen aber auch ohnmächtig und hilflos.

Sonder- und Heilpädagogen, Lerntherapeuten, Frühpädagogen, Psychologen und Mediziner haben im Rahmen der Entwicklungsdiagnostik die Aufgabe, Entwicklungsverzögerungen und Verhaltensauffälligkeiten, d. h. Förder- und ggf. Therapiebedarf im sozialen und emotionalen Bereich zu erkennen sowie zur Erhellung der Entstehung möglicher Beeinträchtigungen beizutragen, Maßnahmen zu deren Behebung zu ergreifen, also Förderungsmöglichkeiten und ggf. Therapien, speziell auch Lerntherapie vorzuschlagen sowie bei der Prophylaxe möglicher Fehlentwicklungen unterschiedlicher Art mitzuwirken. Mit Problemen dieser Art werden vor allem Frühförderstellen bzw. -zentren, Mobile Sonderpädagogische Hilfen (MSH), Schulvorbereitende Einrichtungen (SVE), Mobile Sonderpädagogische Dienste (MSD), Sonderpädagogische Förderzentren, Erziehungsberatungsstellen, psychiatrische Kliniken und Kinderkliniken, schulpsychologische Dienste sowie Kinder- und Erziehungsheime konfrontiert. (Früh-)Förderung zielt darauf, bei vorliegenden Entwicklungsverzögerungen, Behinderungen und Entwicklungsgefährdungen frühe Hilfen anzubieten, die zur möglichst guten Entwicklung betroffener Kinder, d.h. ressourcenorientiert, zur Entfaltung ihrer Möglichkeiten und Kompetenzen mit Blick auf Integration und Inklusion in ihre Lebenswelt beitragen.

Gerade im Kapitel sieben, das sich mit Fragen der Informationsgewinnung, d.h. vor allem mit diagnostischen Verfahren im Rahmen förderdiagnostischer Praxis mit dem Ziel ressourcen- und kompetenzorientierter Förderung beschäftigt, wurden Aktualisierungen und weitere wichtige Ergänzungen eingebracht. So wurde unter anderem auch der Neukonzeption diagnostischer Verfahren Rechnung getragen und es wurden entsprechende (Test-)Verfahren in strukturierter Form sach- und informationsorientiert, aber auch kritisch eingebracht.

Förderbedarf und die Ausarbeitung von Förderplänen auf der Basis von Prozessdiagnostik (Kap. 8) stellen eine Herausforderung an Lehrer und Schulen dar, sich individuell und in differenzierender Form auf Lernmöglichkeiten und -prozesse der Schüler mit Problemen einzustellen und maßgeblich vor allem auch durch Primärprävention tätig zu werden.

Förderdiagnostik stellt eine Vermittlung zwischen Schülerproblemen und Förderung bis hin zu kinderorientierten Therapien (Spieltherapie, Lerntherapie nach A. Metzger,…) dar. Schüler können sich dadurch neu wahrnehmen, von behindernden Bedingungen befreien, und sie haben die Chance einer optimalen Entfaltung ihrer Persönlichkeit im Kontext Lernen und Verhalten entsprechend vorhandener Ressourcen und sich entwickelnder Möglichkeiten und Kompetenzen. Hierfür sprechen auch die Erkenntnisse der modernen Neurobiologie und -psychologie. Jedenfalls darf die Zahl der Verlierer im System Schule nicht weiter steigen. So ist es auch die Aufgabe der Förderdiagnostik, gerade diese behindernden Bedingungen stärker als bisher zu diagnostzieren und zu analysieren und jede schülerspezifische sowie individuelle Art von Lernen zu achten und zu beachten, anzuerkennen, wertzuschätzen und zu fördern.

Dabei sollte sich das spezifisch Sonder- und Heilpädagogische sowie das Lerntherapeutische nicht in einem Gemisch fachlich unspezifischer Pädagogik auflösen. Ein Verlust an Profil sowie fachlich – diagnostischer Kompetenz und Differenzierung würde für den betroffenen Menschen Schaden bedeuten. So wird auch in einer Phase der postulierten Inklusion Spezialisierung hoch geschätzt. Es werden vermehrt sonder- und heilpädagogische, aber auch lerntherapeutische Hilfen er-

wartet und eingefordert. Es geht um gemeinsames Handeln mit dem Ziel der positiven Entwicklung und Entfaltung der Persönlichkeit eines Menschen.
Dieses Buch will durch kritisch – reflexive Anmerkungen und Impulse zu neuen Denk- und Handlungsprozessen anregen.
Erstmals wurden im Rahmen von Kapitel sieben lerntherapeutischen Fragen und diagnostischen Herausforderungen thematisiert. Früherkennung, Beratung und Frühförderung als Präventivmaßnahmen erweisen sich für weitere Entwicklung von Kindern und Jugendlichen als äußerst wichtig, sie gelten als Basis für das Erwachsenenalter und für die gesamte Lebensspanne, die zu Recht als Entwicklungs- und Veränderungsprozess betrachtet wird. So werden auch Fragen der Früherkennung und -förderung, die Problematik Entwicklungsdiagnose und Entwicklungstests sowie Diagnose von Ängsten im Kontext Schule im Rahmen dieses siebten Kapitels aufgegriffen.
Kein Zweifel, Förderdiagnostik geschieht auf der Basis von Verstehen und Beziehungsgestaltung. Es geht darum, mit den Betroffenen eine „gemeinsame" Sprache herzustellen. Sprache und Ausdruck allgemein sind hervorragende Mittel zur Gestaltung eines positiven emotionalen Beziehungsverhältnisses zwischen Menschen. Bereits durch die Auswahl von Worten und Begriffen, die stets auch einen emotional besetzten Anteil haben, werden Beziehungen hergestellt und vertrauensvolle Einstellungen generiert. Bei Rogers (1973, 47) geht es um die heilende Beziehung zu einem Klienten. „Wenn ich eine gewisse Art von Beziehung herstellen kann, dann wird der andere die Fähigkeit in sich selbst entdecken, diese Beziehung zu seiner Entfaltung zu nutzen und Veränderung und persönliche Entwicklung finden statt".
Orientierung am Förderbedarf und die Ausarbeitung von Förderplänen auf der Basis von Prozessdiagnostik stellen eine Herausforderung an Wissenschaft und Praxis dar, sich individuell und in differenzierender Form auf Lernmöglichkeiten und -prozesse der Schülerinnen und Schüler mit einer Lern- und Verhaltensstreubreite zwischen Hochbegabung und einem besonderen Förderbedarf etwa in den Bereichen Sozial- und Emotionalverhalten sowie Lernen einzustellen und vor allem durch Primärprävention und Lerntherapie tätig zu werden. Kinder und Jugendliche haben dadurch die Chance einer optimalen Entfaltung ihrer Persönlichkeit im Kontext Lernen und Verhalten, vorhandenen Ressourcen und sich entwickelnden Möglichkeiten und Kompetenzen entsprechend.
Der Frage nach der Förderplanung widmet sich speziell Kapitel acht. Hier werden die Notwendigkeit von Förderplänen, wichtige Grundsätze der Förderplanung, Aufgaben, möglicher Aufbau und Inhalte des Förderplanes thematisiert. Förderung und Förderplanung implizieren Ziele und einen Rahmen sowie Offenheit für weitere Entwicklungen im Kontext neuer Erkenntnisse über individuelles Lernen.

Insgesamt betrachtet wurde der Bedeutung aktueller Fragen und Probleme mehr Raum gegeben. Thematisiert wird im Besonderen das, was für die Gegenwart zum Problem und zur Herausforderung geworden ist mit dem Blick auf zukünftige Entwicklungen. Das Grundprinzip, so umfassend wie möglich in enger Vernetzung von Theorie und Praxis sachlich ausgewogen und kritisch- konstruktiv zu informieren, wurde beibehalten.

Der wissenschaftliche Fokus liegt gewissermaßen am Puls einer veränderten und sich rasch weiter entwickelnden Wirklichkeit, die Bisheriges in Frage stellt und zu neuen Denk- und Handlungsprozessen anregt. Der Inhalt der neuen Auflage dieses Buches konzentriert sich auf diagnostische Themen, die für die Sonder- und Heilpädagogik sowie für die Lerntherapie, die Psychologie und Allgemeinpädagogik in einer gewandelten Wirklichkeit grundlegend wichtig sind und aktuelle Herausforderungen darstellen. Sinnvolle begriffliche Veränderungen im sonder- und heilpädagogischen sowie lerntherapeutischen Arbeitsfeld wurden eingebracht. Das Förderschulwesen setzt jetzt deutliche Impulse zur verstärkten Kooperation mit der Regelschule und damit zur Integration und Inklusion. Kinder und Jugendliche sollen lernen, mit dieser Welt umzugehen, in dieser Welt selbstständig zu handeln und damit Gestalter ihrer Welt sowie ihres zukünftigen Lebens zu werden.

München im Mai 2019 Konrad Bundschuh

1 Einleitung – Herausforderungen und neue Aufgaben

Praktische und wissenschaftliche Probleme fordern im Zusammenhang mit Störfaktoren, Beeinträchtigungen und Behinderungen im allgemeinpädagogischen, sonder- und heilpädagogischen sowie im lerntherapeutischen Bereich Diagnostik heraus. Mit Beginn des dritten Jahrtausends ergeben sich darüber hinaus neue Anforderungen an eine sonder- und heilpädagogische Diagnostik. An diagnostischen Fragestellungen bestand im Zusammenhang mit bedrängenden Problemsituationen im pädagogischen Arbeitsfeld, d.h. im Kontext Frühförderung, im vorschulischen und schulischen Bereich schon immer ein besonderes Interesse. Der diagnostische Handlungsbedarf hat allerdings angesichts zunehmender Leistungsorientierung des Schulsystems und der Systeme allgemein, der Gesellschaft und anwachsender Störfaktoren auch im vorschulischen Bereich und im außerschulischen Umfeld von Kindern und Jugendlichen wie bspw. zusammenbrechende Familien, wechselnde Partnerbeziehungen mit Belastungen und Konfliktsituationen gerade für Kinder (Patchwork-Familien), Armut, Verunsicherung in Erziehungsfragen, Kindesmissbrauch unkritischer Medienkonsum bis hin zu gesellschaftlichen Umbrüchen, deutlich zugenommen. Heilpädagogische Diagnostik erforscht als Teilgebiet der Sonder- und Heilpädagogik sowie der Psychologie behindernde Bedingungen sowie helfende bzw. unterstützende Möglichkeiten mit der Aufgabe Wahrnehmung und Freilegung von Kompetenzen und Entfaltung der kindlichen Persönlichkeit (Bundschuh 2014, 355-364; 2019). Sie orientiert sich dabei am Wert allen menschlichen Lebens.

Im Rahmen der Arbeitsfelder Sonder- und Heilpädagogik sowie Lerntherapie werden theoretische und praktische Fragen der Erziehung von Menschen reflektiert, deren Personalisation und Sozialisation unter erschwerten Bedingungen erfolgen. Diese Erschwernisse können zum einen durch eine Beeinträchtigung (Behinderung, Störung) an sich, zum anderen aber auch – und dies möglicherweise in gleicher Auswirkung – durch Erziehungseinflüsse, sozial bedingte oder sozioökonomische Verhältnisse (Kommunikation/Handlungen, Deprivation, Kindesmissbrauch, Armut, ...) verursacht sein. Beeinträchtigungen – wie auch immer bedingt – wirken sich auf Erziehungs- und Entwicklungsprozesse aus, die wiederum durch vielfältige Teilsysteme und Systeme oder Bezugsverhältnisse beeinflusst werden. Es zeigt sich, dass Antworten auf globale Veränderungen in der Lebenswirklichkeit auch für den Bereich Erziehung und damit für die Pädagogik eine grundlegend neue Situation geschaffen haben. Sie ist von Verunsicherung und neuen Fragestellungen bestimmt. Dabei zeigt sich auch, dass Antworten nicht mehr wie in früheren Zeiten von einem einzelnen Aspekt oder einer einzigen Disziplin her gegeben und als gültig bezeichnet werden können, sondern vielmehr eine Vernetzung und damit Komplexität der Phänomene wirksam geworden ist. Im Rahmen dieser grundlegenden Veränderungen sind die Sonder- und Heilpädagogik als spezialisierte Pädagogik und die Lerntherapie herausgefordert, sich den komplexen Fragen konstruktiv zu stellen. In dieser unsicheren Situation werden Neuorientierungen und -wahrnehmungen notwendig. Die hier darzustellende Thematik geht von Fragen aus, die in enger Verbindung zur heutigen Wirklichkeit stehen. Sie sollen der theoretischen Reflexion dienen, um praktische Möglichkeiten im Sinne einer engeren und konstruktiven Vernetzung sowie Kooperation der beteiligten Personen zu verbessern.

Sonder- und Heilpädagogik nimmt die Realität von Störungen und Behinderungen – ganz allgemein von Beeinträchtigungen unterschiedlicher Art und Schweregerade – in pädagogischer Verantwortung wahr und erhebt sie, im Unterschied zur Allgemeinpädagogik, zum Gegenstand intensiver wissenschaftlicher Auseinandersetzung und Forschung. Es stellt sich die fast schon inflationäre Frage nach dem Förder- und Lerntherapiebedarf. Hieraus ergibt sich die Notwendigkeit, die erschwerte Situation von Menschen mit Behinderung, mit Verhaltens- und oder Lernproblemen bewusst wahrzunehmen, die Rahmenbedingungen für das Auftreten solcher Probleme und Bedürfnisse in der Erziehungs-, Lebens- und Alltagswirklichkeit zu erkunden, sich mit der Komplexität dieser Schwierigkeiten auseinander zu setzen, d.h. zu diagnostizieren. Über diesen Anlass, nämlich Wahrnehmung spezieller Bedürfnis- und Problemsituationen, ergeben sich Legitimation, Auftrag sowie die Ermächtigung für Unterstützung und Hilfe. Im Vordergrund der Überlegungen steht nicht „die Behinderung", sondern der Mensch mit speziellen Erziehungserfordernissen in seiner spezifischen Lebenswelt und in seinen lebensweltlichen Zusammenhängen, die wir auch als „Umfeld" bezeichnen. Es ist ein allgemein anerkanntes Prinzip der Pädagogik, dass man Problem- und Notsituationen sowie die Bedürftigkeit von Menschen im Rahmen von Erziehung wahrnimmt, das So-Sein der Betroffenen zu verstehen versucht, Unterstützung sowie Hilfestellung zur Selbsthilfe und zur eigenständigen Lebensbewältigung anbietet. Dieses Bedürfnis nach Erziehung gilt bei Kindern ohne Behinderung als selbstverständlich. Verwiesen sei auf *Hegel* (1999) und damit auf das „eigene Streben der Kinder nach Erziehung" als „das immanente Moment aller Erziehung". Gerade dieser „Hinweis Hegels auf die Erziehung als ‚Bedürfnis' der Kinder ‚groß zu werden', ist vielleicht die tiefste anthropologische Begründung, die sich für ein edukandenorientiertes Konzept der Erziehung anführen läßt" (Loch 1982, 25). Ein solches Erziehungs- und Förderbedürfnis muss man zweifellos auch bei Kindern mit Behinderung, mit Lern- und Verhaltensproblemen, vor allem auch bei Kindern mit Lerntherapiebedarf, ganz allgemein bei Kindern, die unter behindernden Bedingungen – gleich welcher Art – aufwachsen und ihr Dasein bewältigen, annehmen. Auch unsere Gesellschaft, die sich als soziale Gesellschaft versteht, hat ein Interesse am Wohlergehen ihrer Mitglieder, sie ist bereit, ja verpflichtet zu helfen, wenn Problem- und Notsituationen vorliegen, wie z.B. bei der zunehmenden Zahl von Behinderungen älterer Menschen und im Kontext Migration.

Die Notwendigkeit einer Einleitung eines förderdiagnostischen Prozesses ergibt sich also aus der Situation, speziell mit Problemen behafteten Situation und aus den speziellen Bedürfnissen – allgemein Erziehungsbedürfnissen – von Menschen mit Beeinträchtigungen und Behinderungen. Dass hier manchmal Missbrauch und Fehlinterpretation im Sinne einer selegierenden „Behandlung" möglich sind, wird nicht bestritten. Erziehung hat es immer auch mit Grenzsituationen zu tun. Mit diesen Kindern, Jugendlichen, möglicherweise auch Erwachsenen in Problemsituationen, mit besonderen Erziehungs- und Unterstützungsbedürfnissen schlechthin treten Erzieher im weiten Sinne in Interaktions-, Kommunikations- und Handlungsprozesse ein. Hierbei ist nicht zu übersehen, dass Kinder und Jugendliche in Problemlagen erwarten, dass sie vor allem „gut" erzogen und optimal gefördert werden im Hinblick auf eine möglichst selbstständige, unabhängige Lebensbewältigung, die immer auch mit Integration, Inklusion und Lebensqualität in enger Verbindung steht.

Die Erwartungen an die Diagnostik, Beratung und Förderung im sonder- und heilpädagogischen Arbeitsfeld insbesondere im Bereich der Mobilen Sonderpädagogischen Dienste (MSD), der Diagnose- und Förderklassen, der unterschiedlichen Förderzentren, der Schulen mit den Förderschwerpunkten Lernen, geistige, soziale und emotionale, körperliche und motorische Entwicklung, Hören, Sehen und Verhalten sowie im Bereich Lerntherapie erweisen sich als sehr hoch. Sieht man vielleicht von „Klassifikationsaufgaben" ab, wird man sich eingestehen müssen, dass Erwartungen an die heilpädagogische Diagnostik oder Förderdiagnostik im Sinne des Auffindens optimaler Förderungswege in Richtung Therapie und Heilung nicht immer erfüllbar sind, möglicherweise auch zunächst nicht unmittelbar im Interessenbereich der Betroffenen liegen. Dennoch kann eine für die wirklichen Probleme offene Diagnostik gute Dienste im Rahmen des Entwicklungs- und Erziehungsgeschehens bei vorliegenden erschwerten Bedingungen leisten vor allem durch die Möglichkeit der Beschreibung des Entwicklungsstandes, der Lernausgangslage, der Verhaltensbasis, der „Zone der nächsten Entwicklung" (Wygotski 1987) und der Diagnose behindernder Bedingungen sowie den daraus hervorgehenden Ansätzen zu deren Beseitigung bis hin zu Therapien. Insofern nimmt die Beschäftigung mit diagnostischen Fragestellungen einen wichtigen, ja fundierenden Platz im Zusammenhang mit vorliegendem Diagnose- und Förderbedarf im Kontext Störungen, Behinderungen, Beeinträchtigungen und Entwicklungsverzögerungen ein.

Man muss Unwohlsein, insbesondere Ängste und Probleme von Kindern und Jugendlichen sehr ernst nehmen. Frühe Hilfen, d.h. prophylaktische Aufarbeitung durch Gespräche, wenn erforderlich auch durch Therapien erweisen sich als dringend notwendig.

Die einst so gepriesene pluralistische Gesellschaft mit den Erscheinungen Hedonismus. Werteverfall und Bindungslosigkeit birgt für die soziale und emotionale sowie für die geistige Entwicklung von Kindern und Jugendlichen leider auch Bedrohungen und Verletzungen unbekannten Ausmaßes. Insofern müssen pädagogische Grundfragen im Hinblick auf diese Herausforderungen der Gegenwart und Zukunft neu aufgegriffen, reflektiert und beantwortet werden. Dies geschieht auch durch Neuorientierung der Diagnostik. Heilpädagogik bemüht sich prinzipiell um eine solide pädagogische Basis, die vor allem auch erfüllte Lebensbewältigung ermöglichen soll. Die pädagogische Aufgabe der Zukunft liegt auch darin, die Komplexität und Vielfalt der Möglichkeiten unserer Zeit auf ein für Kinder verträgliches und erträgliches Maß zu reduzieren. Die Ergebnisse der PISA-Studie lehren uns, dass manchmal weniger mehr sein kann, indem sie für eine Reduktion von starren, abstrakten Lehrplänen im Sinne konkreter Handlungsorientierung sprechen. Diese Implikationen gelten prinzipiell für alle Schultypen. Das Kernproblem im allgemeinpädagogischen, speziell im heilpädagogischen Arbeitsfeld liegt in der Frage der weiteren Erziehung angesichts ins Stocken geratener Prozesse in den Bereichen Lernen, Kommunikation im weiten Sinne und Sozialverhalten bzw. emotionales Erleben. Frustrationen, zusammenbrechende und zusammengebrochene Erziehungsfelder, schlichtweg Notsituationen begleitet von Zweifeln, Konflikten, Demütigungen der Eltern und Kinder, geleitet von der ständigen Suche nach Hilfe, Unterstützung und neuen Möglichkeiten, sind Ausdrucksformen solcher Probleme. Prozesse, die Familien bedrücken angesichts übermächtiger Institutionen, die zwar das Angebot der Schulen bereitstellen, es bisher jedoch nicht erreicht haben, die mit dem Besuch dieser Schulen immer noch diskriminierenden Begleiterscheinungen in Institutionen, Gesellschaft, Nachbarschaft und Freundeskreis zu neutralisieren. Meist bedeutet es für die Betroffenen Leid, zusätzliche Erschwernis menschlicher Alltagsbewältigung und Problemhaftigkeit, mit den Phänomenen und Begleiterscheinungen einer Behinderung und behindernden Bedingungen unmittelbar, hautnah im wahrsten Wortsinne, konfrontiert zu werden.

Ähnlich, wenn auch etwas distanzierter betroffen sind Lehrerinnen und Lehrer, Erzieherinnen, Erzieher und Therapeuten im sonder- und heilpädagogischen Arbeitsfeld, die sich ständig bemühen, trotz auftretender Widerstände und häufigen Scheiterns in Grenzproblemen, pädagogisierbare Möglichkeiten zu erkennen. Mit Diagnostik alleine kann hier nicht weitergeholfen werden. Es setzt im heilpädagogischen und lerntherapeutischen Bereich die differenzierte Suche nach neuen Möglichkeiten für Erziehung und Förderung und damit nach erweiterter Hand-

lungsfähigkeit des betroffenen Kindes, der Eltern, der Lehrerinnen und Lehrer ein. Was heißt Förderung und Therapie angesichts solcher Not- und Problemsituationen? Was bedeutet dies für die Frage der Erziehung? Welche Rolle spielen Förderung und Therapie im Rahmen der Entfaltung der Persönlichkeit von Kindern, Jugendlichen und Erwachsenen? Können Förderung und Therapie auch mit Problemen und Gefahren verbunden sein? Inwiefern bedeuten Förderung und Therapie Entdeckung und Wahrnehmung neuer Möglichkeiten?
Grundlegende Überlegungen zur Frage des Verstehens, zu Fragen der Erziehung und der Förderung sind notwendig, Fragen nach der Orientierung am Kind, nach dem Kindgemäßen und Basalen (vgl. Kapitel 9).
Förderdiagnostik im Sinne von Neuanfang, Neuorientierung und Aufbruch wird dem eigentlichen Inhalt des vorliegenden Buches in seiner Aktualität, Bedeutsamkeit, Notwendigkeit und Multidimensionalität eher gerecht und meint:

1. in wissenschaftlicher Hinsicht Abkehr von der früheren primär medizinisch-psychologischen Orientierung diagnostischer Vorgehensweisen;
2. den Gedanken der Erziehung und des Verstehens in die Frage nach der Diagnose und Förderung unmittelbar integrieren;
3. handlungsorientierte Dynamik und Weiterentwicklung diagnostischer Prozesse unter Einbezug der Frage nach dem Lernen, der Förderung und Lerntherapie in Verbindung mit Didaktik in Orientierung an den Bedürfnissen und Möglichkeiten eines Kindes auf der Basis neuerer wissenschaftlicher Erkenntnisse;
4. individuell gesehen Weiterführung, Dynamisierung ins Stocken geratener Prozesse, Nöte von Kindern und Jugendlichen angesichts übermächtiger institutioneller Mächte wahr- und ernst nehmen, die Entwicklung hemmenden – negativen – Kreisprozesse aufbrechen, behindernde Bedingungen in der Umwelt radikal diagnostizieren, in Wort und Schrift benennen und nach Möglichkeit durch Handeln beseitigen. Das betroffene Kind selbst durch Aufzeigen und Bewusstmachung eigener Handlungsfähigkeit sowie positiver Erweiterung des Selbstbildes und der Selbstkompetenz ermutigen, eigene Kompetenzen und Ressourcen zu erkennen und zu nutzen;
5. Belebung sozialer Prozesse – Interaktionen – durch Diagnostik und Analyse separierender sowie behindernder Bedingungen und Anschluss an neue soziale Gemeinschaften im Sinne von Integration und Inklusion;
6. im Bereich der Eltern Vermittlung von Hoffnung, Mut und Stärkung eines neuen Willens für Erziehung und Förderung, Öffnung von besseren Perspektiven für die Zukunft angesichts deprimierender Erfahrungen – „Ihr Kind leistet zu wenig oder nichts, passt sich nicht dem Unterricht an“, „stört ständig im Unterricht“ – im Kontext Schule und Lernen sowie Verhalten.

Insgesamt gesehen meint „Aufbruch“ das Aufbrechen und Zerbrechen, aber auch Erweitern hemmender Erfahrungen und Strukturen im Bereich Familie, Alleinerziehender, im System Schule, insbesondere aber auch im Bereich des Kindes selbst, das angereichert sein könnte mit einer Fülle negativer, hemmender und behindernder Erfahrungen, die auch als „Teufelskreis Lern- und Verhaltensstörungen“ bezeichnet werden können.

Angesichts vorliegender Erziehungsunsicherheit und -müdigkeit der vergangenen Jahre heißt Neuanfang auch, Sinn von Erziehung wieder neu überdenken und damit Bedeutung, Gewicht und Wert von Leben, Elternschaft wie Sinnhaftigkeit, Verantwortung, Wesen und Relevanz erzieherischen Handelns verstärkt ins Bewusstsein rücken durch Verstehen, Sprache und Kommunikation sowie vorbildhaftes Handeln. Eltern, Lehrerinnen und Lehrer in Schulen wollen in erzieherischer Hinsicht für die anvertrauten Kinder und Jugendlichen Positives leisten. Wer übernimmt dann diese Aufgabe, wenn sie nicht – mehr – den Mut zur Erziehung aufbringen? Wir dürfen es nicht zulassen, dass dieses bedeutsame Feld, diese sensiblen dialogischen Prozesse, die wir Erziehung nennen, angesichts häufiger Ratlosigkeit von Experten in Praxis und Wissenschaft zusammenbricht oder an Mediziner, Psychologen und Psychiater transferiert wird, weil ökonomisches Denken dominiert. Dabei nehmen wir auch in Kauf, dass in der „Erziehung etwas misslingt“, dass Kinder und Jugendliche den Vorstellungen von Erzieherinnen oder Erziehern zugunsten eigener individueller Entwicklung nicht entsprechen. In der Situation des Versagens, des Erlebens erzieherischer „Grenzen“ liegen Notwendigkeit und Impuls für Reflexion, für die vertiefte Auseinandersetzung mit der Frage nach der Erziehung überhaupt, speziell des in der Entwicklung befindlichen Kindes (vgl. Bundschuh 2010, 130-150).

Wenn sich Allgemeinpädagogen, Lehrerinnen und Lehrer sowie Lerntherapeutinnen und -therapeuten im theoretischen und praktischen Arbeitsfeld nicht für Verhaltensprobleme, Lernstörungen und -behinderungen für zuständig erklären, entgeht ihnen nicht nur die Möglichkeit, sich in fruchtbarer Weise mit ursprünglichem Geschehen im pädagogischen Feld auseinander zu setzen, sie nehmen global betrachtet ihre Verantwortung für die Pädagogik und damit Erziehung nicht in voller Breite wahr. Ich möchte die Hypothese aufstellen, dass gegenwärtige Probleme von Kindern und Jugendlichen wie Gewalt und Aggressivität, Hass gegen einzelne Gruppen von Menschen, Orientierungslosigkeit, Verlust von Sinnhaftigkeit und Wertigkeit mit der Verunsicherung in den Bereichen Pädagogik als Wissenschaft und Erziehungspraxis in einem Zusammenhang stehen.

Pädagogik muss in die Gesellschaft ausstrahlen, in die Politik, in die freie Wirtschaft mit der Frage, welche Perspektiven geben sie unseren Kindern überhaupt, insbesondere, wenn wir uns – verstärkt – um Erziehung bemühen?

Praktiker und Wissenschaftler gleichermaßen betonen den großen Bedarf an Informationen über Förderung angesichts offensichtlicher Problemsituationen,

„special educational needs“ (Warnock Report 1978), erschwerter bis extrem erschwerter Erziehungsprozesse von Kindern und Jugendlichen, die sich auf Personen, die im Erziehungsfeld tätig sind, bedrückend, ja lähmend auswirken können. Sowohl Kinder und Jugendliche mit Problemen als auch das Umfeld, in dem sie leben, fordern heraus. Beide Bereiche, die Bedingungen des an sich autonomen Subjektes und die soziale und materiale Umwelt – z.B. auch moderne Medien, die zu massenhaftem Konsum anregen – bedürfen einer genaueren Betrachtung und Analyse im Kontext Erziehung.

Auf zahlreiche Kinder mit oder ohne Behinderung wirken die „soziale Umwelt“ (Lieblosigkeit, Egoismus, Leistungsorientiertheit, Konkurrenzkampf, Diskriminierung, Vorurteilsbildung, überfüllte Schulklassen, negative Attribuierungen, verringerte berufliche Perspektiven, Gewalt, Hass, Mobbing, Ausgrenzung,...) und die materiale Umwelt (Verschmutzung, Vergiftung, zu kleine Wohnungen, zu wenige Spiel- und Kindergartenplätze, auch Armut, Alkohol, Videos, Drogen, Reizüberflutung,...) im Hinblick auf die Entfaltung der kindlichen Persönlichkeit in hohem Maße behindernd. Diese veränderten und behindernden Bedingungen im Umfeld des Kindes gilt es in verstärktem Maße zu diagnostizieren und in die Überlegungen zur Erziehung und einer gezielten Förderung und Therapie im Sinne positiver Veränderung einzubeziehen.

Blickt man auf den Stand der wissenschaftlichen Ausführungen zu dem Problembereich psychologisch-pädagogische Diagnostik, lässt sich feststellen, dass sich herkömmliche psychologische Diagnostik in hohem Maße mit Zuordnungs- und Platzierungsfragen im Zusammenhang mit Einzelpersonen oder Gruppen beschäftigte. Die psychologische Diagnostik hat sich bis in die Gegenwart hinein nicht ganz von der Vorstellung gelöst, Prüfverfahren mit dem Ziel der Entscheidungsfindung und -vorbereitung erarbeiten zu müssen. Im Laufe dieser „Geschichte“ wurde immer wieder versucht, die mit Zuordnungen verbundenen Klassifizierungen und Rangordnungen zu präzisieren und mit entsprechenden Messniveaus verbesserte quantifizierbare Maßstäbe zu entwickeln (vgl. Bundschuh 2014, 30-34; 111f.; 2015, 528-538).

Auch mit der Einführung des Terminus „Pädagogische Diagnostik“ – im (sonder-)pädagogischen Bereich „Sonderpädagogische Diagnostik“ – hat sich an den Inhalten und Aufgabenstellungen noch wenig geändert. Publikationen mit den entsprechenden Titeln beschäftigen sich meist mit testtheoretischen Aspekten wie „Gütekriterien“, „Aufgabenanalyse“, „Testanalyse“, „Normierung“, „Veränderungsmessung“, „Diagnose von Persönlichkeitsmerkmalen“, „Diagnose von Verhalten“, „Diagnose und Entscheidung“ (Selektion, Platzierung, Klassifikation, Prognose, ...).

Obwohl Themen aufgegriffen wurden wie „Diagnose und Didaktik“ oder „Diagnose und Beratung“, fand eine entschiedene Hinwendung zum Kind, zu seinen Bedürfnissen und Problemen erst zu Beginn der Jahrhundert- bzw. Jahrtausendwende statt. Die zentrale Frage, das Verhältnis von Pädagogik und Diagnostik, wurde nicht systematisch thematisiert. Man konnte den Eindruck gewinnen, dass Diagnostik von den meisten im wissenschaftlichen Bereich arbeitenden Pädagogen eher als etwas viel zu Direktes, Schädliches, vielleicht als etwas Unpädagogisches, von vielen Psychologen und praktisch arbeitenden Diagnostikern, ganzheitliches pädagogisches Denken eher als geisteswissenschaftlich, utopisch bis unwissenschaftlich betrachtet wurde. Vielleicht kann die hier vorliegende Publikation mit ihrem Konzept der Förderdiagnostik vermittelnd und integrierend wirken. Die neueren Richtungen, wie Lerndiagnostik oder lernprozessorientierte Diagnostik und auch die qualitative Diagnostik, orientieren sich entweder an „äußeren Maßstäben" (z.B. Curriculum) oder konzentrieren sich auf Teilaspekte einer Person, wie z.B. Lernvorgänge im Zusammenhang mit einem bestimmten Lernbereich oder Unterrichtsfach. Sie befassen sich auch mit der Diagnostik von Lernhemmungen und -störungen und deren Modifikation und berücksichtigen dabei nicht hinreichend die Ganzheit einer Person. Kritiker meinen, auch die Verwendung des Begriffes „Förderdiagnostik" etwa seit Mitte der 1970er Jahre habe bisher keine wesentlichen Erneuerungen oder Veränderungen gebracht. Reflektiert wurde allerdings seit dieser Zeit mit zunehmender Intensität über neue Möglichkeiten individuum- bzw. schülerorientierter Diagnostik, ausgehend von dem Gedanken, Schüler nicht einfach auszusondern, wenn größere schulische Probleme auftreten, vielmehr im Rahmen integrativer Formen von Unterricht die Entwicklung ihrer Persönlichkeit zu unterstützen.

Sowohl Begriff als auch Inhalt der „Förderdiagnostik" stoßen vor allem bei naturwissenschaftlich orientierten Psychologen, speziell Diagnostikern auf Kritik: Handelt es sich bei der Förderdiagnostik um ein tatsächliches Alternativkonzept, vielleicht sogar um ein Antikonzept zu bisherigen diagnostischen Vorgehensweisen im pädagogischen Bereich, oder wird mit diesem Terminus nichts anderes als ein Etikettenschwindel betrieben, d.h. erweist sich „Förderdiagnostik" als Begriff, der lediglich Probleme und Mängel herkömmlicher Diagnostik kaschieren soll, inhaltlich aber keine positive Veränderungen zur Folge hat? Kann man förderdiagnostisches Denken im Sinne einer ganzheitlichen Betrachtungsweise von Kindern und Jugendlichen mit Lernschwierigkeiten, Verhaltensproblemen, emotionalen und sozialen Problemen noch als wissenschaftlich bezeichnen, oder gerät ganzheitliche Wahrnehmung nicht in die Nähe von Utopie?

Eine gewisse Skepsis gegenüber dieser Entwicklung ist also registrierbar. So gibt es weiterhin das Überweisungsverfahren Allgemeinschule – Förderschule, auch in den Gymnasien und an der Universität wird ausgesondert, unser Schul- und Bildungssystem ist prinzipiell hierarchisch geordnet, d.h. das Selektionsprinzip herrscht zweifellos vor. Hat „Selektion" im Sinne der „Auslese" von Kindern und Jugendlichen für höhere – oder auch niedrigere – schulische Qualifikation überhaupt etwas mit Förderdiagnostik zu tun?

Sollte man nicht einfach die Realität von Institutionen und Systemen akzeptieren bzw. anerkennen und im Rahmen dieser vorgegebenen Leistungen, Normen, Hierarchien und damit zusammenhängenden Selektionsmechanismen „wirklichkeitsnah" diagnostizieren, statt ganzheitlichen, vielleicht utopischen Überlegungen zu verfallen? Ist Verstehen im Rahmen von Erziehung und Unterricht noch zeitgemäß? Gibt es überhaupt eine Affinität zwischen Diagnostik und Verstehen? Wirklichkeiten sind nun einmal hart, Leistung muss sein, bewirkt den eigentlichen Fortschritt – denken viele Menschen in unserer Gesellschaft! Alltagswirklichkeit, Schulen, Institutionen und Hierarchien – Selektion, Auslese, also Diagnostik mit dem Ziel der Zuordnung und Platzierung nach oben oder unten? Diagnostik mit der Intention Optimierung von Mess- oder gar Vermessungsmethoden bei Kindern, Jugendlichen und Erwachsenen! Ist dies die einzige Herausforderung, der sich Diagnostik stellen muss? Unter dieser Prämisse werden viele Eltern früher oder später ihre eigenen Kinder nicht mehr als Geschenk, sondern als Belastung erleben. Das so scheinbar „exakte diagnostische Denken" orientiert sich weder an christlichen, sozialen, noch an ethisch wünschenswerten Maßstäben, die eher mit Liebe, Verteilen, gegenseitiger Hilfe und weniger mit Auslese bzw. Selektion, Druck, Zwang einhergehen.

Es stellt sich die Frage, ob nach diesen hier zunächst aufgeworfenen kritischen Fragen jegliches diagnostische Tun und Handeln vom pädagogischen Aspekt her abzulehnen ist, oder ob es unter Beachtung ganz bestimmter Prämissen und Prinzipien eine pädagogisch akzeptable förderdiagnostische Perspektive im Zusammenhang mit Problemen der Entwicklung, des Lernens, der Erziehung und Unterrichtung von Kindern unter besonderer Berücksichtigung des Integrations- und Inklusionsgedankens geben kann. Hier geht es darum, traditionelle Vorstellungen von Diagnostik zu diskutieren, hinsichtlich ihrer Einstellungen zum Menschen kritisch zu hinterfragen. Es ist Aufgabe der Förderdiagnostik, nach neuen und besseren Möglichkeiten der Förderung, der Diagnostik und des Verstehens von Menschen mit Störungen und Behinderungen im Kontext Verhalten und Lernen zu suchen. Konkret und curricular betrachtet heißt dies, dass sich die Aufgabenstellung im sonder- und heilpädagogischen Arbeitsfeld zunächst auch aus ihren Zielvorstellungen, die aber auch stets der Überprüfung bedürfen, ergibt:

- Weil wir wollen, dass Kinder lesen lernen, brauchen wir eine Diagnostik des Lese-Lernprozesses.
- Weil wir wollen, dass Kinder sich sozial angemessen verhalten, brauchen wir eine Diagnostik des Erwerbs sozialer Kompetenz.
- Wenn wir uns wünschen, dass Kinder emotional ausgeglichen sind, benötigen wir eine Diagnostik der Emotionen .

Es geht in der Erziehung um die Frage der individuellen Förderung und damit immer auch der Entfaltung der Persönlichkeit, um die wichtigste Frage im Leben eines Menschen überhaupt.

Im Rahmen des **dritten Kapitels** wird auch die Frage nach den ganz persönlichen Bedürfnissen betroffener Kinder und Jugendlicher im Kontext allgemeiner Zielvorstellungen von Erziehung, Unterrichtung und Förderung ge- stellt. Dabei gehen wir davon aus, dass es bei jedem Menschen, ganz gleich, ob mit oder ohne Behinderung, z.B. Bedürfnisse nach Entfaltung seiner Persönlichkeit, nach Selbstständigkeit, weitgehend unabhängig sein, nach positiver emotionaler Befindlichkeit und nach Lernen und damit guten Lernbedingungen gibt.
Im **vierten Kapitel** werden wichtige Modelle und Ansätze traditioneller oder früherer sowie neuer Formen der Diagnostik im pädagogischen Aufgabenfeld dargestellt. Hierbei werden diese Modelle unter dem Aspekt der Bedeutung für Kinder und Jugendliche mit Behinderungen, Entwicklungsproblemen und -verzögerungen, mit einem Förderbedarf Lernen, soziale und emotionale, geistige Entwicklung, Sprechen, Bewegung, Hören,... aufgezeigt, untersucht und kritisch diskutiert. Es erhebt sich also die Frage, ob diese Ansätze betrachtet aus der Bedürfnislage, die man nur bis zu einem gewissen Grade erreichen kann, insbesondere von Kindern mit Behinderungen, akzeptabel sind und worin die Probleme liegen, wenn man die „historische" Entwicklung diagnostischer Vorgehensweisen aus pädagogischer, speziell heilpädagogischer Sicht hinterfragt. Zwar ergeben sich Fortschritte in Richtung Umsetzung in pädagogisches Handeln, wenn man etwa von dem deutlich (individuumzentrierten) medizinischen Modell ausgeht und vergleichend den verhaltensorientierten Ansatz betrachtet, oder wenn beim interaktionistischen Modell der Umweltbezug in den Vordergrund rückt und bei der qualitativen Diagnostik, der Lern- und Prozessdiagnostik, der Bezug zur Didaktik fokussiert wird. Dennoch lassen die bisherigen Entwicklungen diagnostischer Vorgehensweisen wichtige Fragen und Probleme offen, wie z.B. die Frage nach dem Erziehungsziel oder überhaupt der pädagogischen Zielsetzung, die Frage nach den Bedürfnissen von Kindern. Zu wenig wird im Rahmen dieser Ansätze die Ganzheit eines Kindes als Person angesprochen und berücksichtigt.
Im **fünften Kapitel** der vorliegenden Schrift wird die Frage nach einem pädagogisch akzeptablen Weg für diagnostisches Vorgehen gestellt, es wird diskutiert, wie dieser Weg aussehen könnte und welche Bedingungen erfüllt sein müssten, damit er beschritten werden kann. In Anlehnung an die heuristische Methode kristallisieren sich dann verschiedene Dimensionen heraus, deren Berücksichtigung im Zusammenhang mit der komplexen Idee einer Förderdiagnostik notwendig erscheint. Nicht jede dieser Dimensionen spielt die gleiche Rolle, vielmehr wird aus der Beachtung anthropologischer Prämissen und elementarer pädagogischer Prinzipien, die zu Beginn des Kapitels erläutert werden, das Ausmaß des Einbezugs und der Akzentuierung der übrigen drei Dimensionen (soziologische, didaktische und therapeutische Dimension) hervorgehen. Allerdings kann im Hinblick auf die vielen Richtungen, Meinungen, schlechthin auf die Vielschichtigkeit der pädagogischen Problematik keine abschließende Antwort zu der Frage „Was ist

pädagogisch akzeptabel?“ erwartet werden. Hier wird von der Basis und Zielsetzung ausgegangen, dass jedes Kind – ganz gleich, ob behindert oder nicht – nach Möglichkeit in die Lage versetzt werden soll, Ziele seines Lebens selbst begründet zu entwerfen und entsprechend zu realisieren; es soll – soweit möglich – zur „Mündigkeit“, d.h. Selbstständigkeit seiner Entscheidungen und Handlungen geführt und befähigt werden.

Die traditionelle Pädagogik interessierte weniger die Frage, ob und wie verursacht Entwicklungsverzögerungen, Lernhemmungen und Verhaltensstörungen auftreten, vielmehr bewegt sie das erzieherische Handeln. Aber in der Praxis wird der Lehrer z.B. im Zusammenhang mit erheblichen Schreib- und Leseproblemen doch auch die Frage der Diagnostik der Ursachen aufwerfen und Überlegungen nach den Möglichkeiten der Weiterarbeit bzw. Förderung stellen. Diagnose als Analyse der Lernhemmnisse oder -probleme und der sozial-emotionalen Störungen mit dem Ziel der Hilfe und Unterstützung wird es bei einem Teil der Kinder in der pädagogischen Praxis, im Rahmen des Systems Schule, also im Zusammenhang mit Erziehung und Unterricht immer geben. König formuliert bereits „Heilpädagogische Diagnostik“ heißt „…nichts anderes als ein Durch-und-durch-Wissen dessen, was einem in dem einzelnen Kind entgegentritt ...“ (1977, 3f.). **Förderdiagnostik** im sonder- und heilpädagogischen sowie im lerntherapeutischen Arbeitsfeld bemüht sich um das Kind/den Menschen, das/der bezüglich einer (optimalen) Entfaltung seiner Möglichkeiten im geistigen, sozialen, emotionalen oder physischen Bereich gefährdet, bedroht, gestört oder behindert ist, wobei die Prozesse der Isolation von der Aneignung von Welt, stets mit bedacht werden müssen (vgl. Bundschuh 2014, 49; 2019). Nicht nur das Kind, sondern vor allem auch die vielfältigen behindernden Bedingungen im Umfeld bedürfen des Einbezugs in die Diagnose.

Erkennen, Analysieren und Verstehen sind wesentliche Momente förderdiagnostischer Prozesse. Heilpädagogisch orientierte Diagnose soll aber auch ermutigen, „stark machen“, helfen, trotz auftretender Erschwernisse, Nöte, Schwierigkeiten, schlechthin Hemmnisse, ein Kind möglichst unabhängig, selbstständig also mündig werden zu lassen. Förderdiagnostik trägt dazu bei, eigene Kräfte und Möglichkeiten zu generieren und zu entfalten.

Es liegt auf der Hand, dass dieses fünfte Kapitel (Dimensionen der Förderdiagnostik) vor allem im Zusammenhang mit der theoretischen Fundierung von Förderdiagnostik eine zentrale Stellung im vorliegenden Buch einnimmt. Im Hinblick auf die Multidimensionalität und Komplexität der zahlreichen Schwierigkeiten und Probleme von meist großer Brisanz bedarf es grundlegender Information, intensiver Diskussion und kritischer Reflexion. Es handelt sich hierbei um einen Ansatz zu einem breiten, unter anthropologischem und pädagogischem Aspekt betrachtet, tragfähigem Gerüst einer Förderdiagnostik. Wie bereits angeführt, kann nicht auf bekannte Muster zurückgegriffen werden, lediglich die Ausführungen zu den „Dimensionen der Förderdiagnostik“ (Bundschuh 1985) dienen als Grundlage. Die damals eingeschlagene Richtung, mit der Neuland betreten wurde, impliziert und generiert Dynamik, diesen Aufbruch mit dem Blick für die Herausforderungen der Zukunft fortzusetzen. Betrachtet man die Nöte der Eltern im Hinblick auf Fragen der Erziehung und die schulischen Wirklichkeiten, war der Bedarf an kritischer Diagnostik im Zusammenhang mit sozialen und emotionalen Störungen, Lernproblemen und Behinderungen nie zuvor so groß wie in der Gegenwart. Dabei geht es vor allem um die Diagnostik der sich selbst erhaltenden und reproduzierenden Systeme, die immer wieder Lern- und Verhaltensstörungen, Lernhemmungen und Behinderungen produzieren und dazu gehören auch Schulen.

Das **sechste Kapitel** setzt sich mit Rahmenbedingungen förderdiagnostischer Prozesse auseinander. Neben institutions- und systemimmanenten Barrieren von Förderdiagnostik wird die Einstellung zur Förderdiagnostik aller am pädagogischen Prozess Beteiligten als wichtiger kontextueller Faktor thematisiert. Außerdem wird beispielsweise erläutert, weshalb Beratung als begleitendes Element von Förderung und Diagnostik unabdingbar erscheint.

Im Rahmen des siebten Kapitels werden diagnostische Fragen und Herausforderungen bezüglich konkreter Förderschwerpunkte dargestellt und eine Fülle an Möglichkeiten der diagnostischen Informationsgewinnung (z.B. Exploration, psychometrische und projektive Verfahren, Screenings, Verhaltensbeobachtung) in akzentuierter Form erläutert, um dann exemplarisch auf internalisierende Angststörungen und das Thema Schulangst ausführlicher einzugehen. Dieses Kapitel bietet zunächst einen Überblick über die Zusammenhänge von Emotionen und Lernprozessen und legt schließlich dar, wie differenziert sich Förderdiagnostik diesen Phänomenen im Zusammenhang mit Problemen in den Bereichen geistige Entwicklung, Lernen, emotionale und soziale Entwicklung nähern kann.

Die folgenden, konzeptionellen Überlegungen zu einer effektiven und möglichst konkreten Förderplanung **im Rahmen des achten Kapitels** sollen vor allem dem Praktiker als konkrete Anregung und Orientierungshilfe dienen, deshalb wurden Musterbögen als Vorschlag für den möglichen Aufbau eines Förderplans sowie das Verlaufsprotokoll und der Evaluationsbogen in die Ausführungen integriert.

Im **neunten Kapitel** werden schließlich grundlegende Förderansätze vorgestellt. Es geht hierbei um das Verständnis „basaler Förderung“. Überlegungen zur Förderung, speziell von Motorik und Wahrnehmung unter besonderer Berücksichtigung taktiler Wahrnehmung, geben Impulse zur Umsetzung dieser Konzepte in die Praxis.

Aufbauend auf diesen basalen Förderprinzipien und -grundsätzen wird **im zehnten Kapitel zunächst** am Beispiel einer förderungsorientierten Gutachtenerstellung bei einem Kind mit schwerer geistiger Behinderung und autistischen Zügen

verdeutlicht, dass eine Erfolg versprechende „Begutachtung“ im hier beschriebenen förderdiagnostischen Sinne – das Gute achten –, d.h. in enger Verbindung von Diagnose mittels Verhaltensbeobachtung und Förderung, möglich ist.
Ein weiteres Gutachtenbeispiel im Zusammenhang mit einem Jugendlichen, der nicht nur Lernprobleme, sondern auch soziale und emotionale Schwierigkeiten in der Realschule hat, zeigt die Bedeutung förderdiagnostischer Vorgehensweise für die schulische und spätere Entwicklung des Jungen.

2 Diagnostische Desiderate und Notwendigkeiten

Es spielt zunächst keine Rolle, ob man diagnostischem Denken und Handeln ablehnend gegenübersteht oder nicht. Tatsache ist, dass alle im pädagogischen Arbeitsfeld stehenden Personen im Verlauf ihrer Tätigkeit nahezu ununterbrochen beobachten und vergleichen, also diagnostizieren, sie sind sich dessen lediglich nicht immer bewusst. Verstärkt und geradezu notwendig wird Diagnostik, wenn Erschwernisse im Erziehungsgeschehen auftreten z.B. durch eine Entwicklungsverzögerung, infolge einer Behinderung, durch negative Erziehungseinflüsse wie sozialbedingte oder sozio-ökonomische Verhältnisse, also behindernde Bedingungen, die nachhaltig wirken können. Es gibt Kinder, die mit Behinderungen geboren werden. Störungen, Hemmnisse, Erschwerungen der Entwicklung und damit der Erziehung können im Verlauf der frühen Kindheit, im vorschulischen Bereich, in der Schule, im Zusammenhang mit der Berufsfindung und während der beruflichen Ausbildung entstehen. In diesen herausfordernden Bedingungen wird der Ruf nach verstärkter Beobachtung, Analyse, Beratung, Diagnostik schlechthin laut. Einige Beispiele sollen dies beleuchten, aber auch die Gefahr problematischen Diagnostizierens im Zusammenhang mit Kindern verdeutlichen:
In Kindergärten konnte ich beobachten, dass das „entwicklungsbedingte Stottern", das bei ca. 70 % aller Kinder im Alter von ca. drei bis fünf Jahren in mehr oder weniger ausgeprägter Form auftritt und Ausdruck einer völlig normalen Sprachentwicklung ist, teilweise falsch interpretiert wird. Diese Art des „Stotterns" wird manchmal irrtümlich als „Störung" der Sprachentwicklung wahrgenommen, man versucht durch konstantes Verbessern dagegen zu steuern und verstärkt somit dieses Phänomen, definiert es schließlich als „Sprachstörung". Besser wäre es, mit etwas Geduld und Wohlwollen abzuwarten, bis ein Kind seine Sätze formuliert hat. Nach wenigen Monaten sprechen diese Kinder dann völlig unauffällig. Analysiert man diese Situation, wird zwar das Sprachverhalten der Kinder beobachtet und „diagnostiziert", es fehlt aber bei der Einordnung des Phänomens „Stottern" am nötigen entwicklungspsychologischen Hintergrundwissen. Informationsdefizite von Betreuungspersonen, z.B. im vorschulischen Bereich, wirken sich auf Kinder ungünstig aus.
Ähnlich verhielt es sich mit der Frage der „Linkshändigkeit", die früher prinzipiell als „pathologisches Phänomen" betrachtet und erst dadurch zum eigentlichen Problem mit allen Folgen vor allem auch für die psychische Entwicklung eines Kindes erhoben wurde.
Bereits bei Eltern von Kindern im Vorschulalter herrscht manchmal ein starkes norm- und leistungsorientiertes Denken vor. Hierzu ein Beispiel, das der Verfasser

dieses Buches so beobachtet und erlebt hat. Fünf Mütter standen nach Beendigung eines Kindergartenvormittages beisammen, um ihre Kinder abzuholen. Als das Kind einer Mutter ein Bild hochhielt und strahlend sagte: „Mutti, das habe ich heute für Dich gemalt“, erschrak die Mutter, wandte sich von ihrem Kind ab, den anderen Müttern zu und bemerkte: „Seit fünf Wochen übe ich mit ihr, dass eine Hand fünf Finger hat. Schaut her, immer wieder malt sie die Hand mit vier Fingern!“

Man könnte ein ganzes Buch über diese Situation schreiben, die emotional und pädagogisch zum Ausdruck gebracht, weh tut. Nur einige Aspekte möchte ich aufgreifen. Was bedeutet das Verhalten der Mutter für ihr Kind? Ablehnung der Zeichnung, die mit viel Freude für die Mutter angefertigt worden war. Das Kind fühlt sich nicht akzeptiert, nicht einmal in der Freude über sein Produkt angenommen. Des Weiteren empfindet es Demütigung vor den anderen Müttern und damit potenzierte negative Sanktionierung. Die Mutter orientiert sich nicht an ihrem Kind, sondern an irgendwelchen Normen, die sie vielleicht Gesprächen mit Fachleuten oder entwicklungspsychologischen Publikationen entnommen hat, sie ist nicht mehr frei und offen für die uneingeschränkte Annahme und Liebe ihres Kindes. Ablehnung und Kritik der Zeichnung werden vom Kind als „meine Mutter liebt mich nicht“, interpretiert.

Insgesamt gesehen handelt es sich um eine in verschiedener Hinsicht tragische Situation. Die Mutter hat sicherlich ihr Kind, das keinerlei Entwicklungsstörungen hatte, gut beobachtet, „diagnostiziert“, aber völlig falsch auf die Beobachtungen reagiert. Als bedenklich erweist es sich, dass man tagtäglich dieser norm- und funktionsorientierten Einstellung von Eltern, insbesondere von Fachleuten wie Ärzten und Psychologen begegnet und damit Kinder nicht nur defizitorientiert wahrnimmt, sondern leider auch so behandelt.

Ich wehre mich stets gegen Aussagen von Eltern und Lehrern, die von „plötzlichen Auffälligkeiten“ (Nägelkauen, Unruhe, Konzentrationsprobleme, Leistungsabfall) ihrer oder ihnen anvertrauter Kinder berichten und psychologische Patentlösungen erwarten mit der Zielrichtung wieder „Funktionstüchtigkeit“ bzw. auch „Unauffälligkeit“ herzustellen, statt zu bedenken, dass es Entwicklungsphasen, Stimmungsschwankungen, Temperamente, äußere Einflüsse im Zusammenhang mit Erziehung, Familienproblemen etwa im Kontext Scheidung, mit Spielkameraden bis hin zu Mobbing, etc. gibt, die zu dem als „auffällig“ oder „gestört“ bezeichneten Verhalten führen.

Kinder werden bereits in Kindergärten, erst recht aber in Grund- und Hauptschulen, Förderschulen, Realschulen, insbesondere in Gymnasien beobachtet und diagnostiziert. Es werden erstaunlich rasch „Urteile“ mit prognostischer und damit auch teilweise verfestigender Tendenz gefällt, Eigenschaften und Verhaltensweisen nach positiv und negativ klassifiziert. Ganz gleich, ob dies mit oder ohne Fachwissen geschieht, es besteht immer die Gefahr, dass solche Meinungen und

„Urteile", die bei den erziehenden Personen zu Erwartungshaltungen führen, sich verfestigen und beim Kind das „nicht erwünschte Verhalten" geradezu verstärken und es dabei auch verletzen. Immer wieder beklagen Eltern, dass Lehrer in Grund- und Hauptschulen mit psychologischen Tests arbeiten und deren Ergebnisse als Bestätigung und Rechtfertigung für schlechte Leistungen in einer Klasse anführen. Diese Lehrer haben sich in der Regel nie mit testtheoretischen Fragen und Problemen befasst, sie wissen nichts über Wahrscheinlichkeiten und Messfehler oder über die Relativität von Testergebnissen schlechthin. Testergebnisse werden leider zu häufig wie absolute Fakten behandelt, dies sieht nicht einmal die Statistik vor.
Kein Zweifel, Kinder in vorschulischen und schulischen Einrichtungen werden fortwährend beobachtet und damit mehr oder weniger reflektiert diagnostiziert. Solche Diagnosen lassen sich teilweise nicht mehr verantworten, weil das psychologische, speziell das diagnostische Basiswissen fehlt, ferner elementare Prinzipien der Erziehung, zunächst allgemein ausgedrückt, das Bemühen um einen Zugang zum Kind und zum Verstehen seiner Probleme, keine Beachtung finden. Kleinkinder, Kinder und Jugendliche können durch Diagnosen förmlich erdrückt werden, vergleichbar mit der Information an einen Erwachsenen, er habe eine unheilbare Erkrankung, mit der er leben müsse. Gibt es eine Diagnostik, die das Kind in seiner Ganzheit „anspricht", Kindern in Problem- und Notsituationen begegnen und helfen kann, anthropologische, pädagogische, didaktische, soziale, therapeutische, vor allem mitmenschliche Aspekte, schlichtweg die Belange des Subjekts in hinreichendem Maße berücksichtigt und dabei versucht, eine heilende Beziehung herzustellen? Mit dieser Fragestellung begibt man sich in konträre Position zu Wissenschaftlern, die den Menschen mit streng naturwissenschaftlichen Methoden zu erfassen und erforschen suchen und davon ausgehen, dies sei die einzige, wissenschaftlich vertretbare Vorgehensweise, um zu sicheren Informationen zu gelangen. Prinzipiell hebt das Grundgesetz hervor, dass die Würde des Menschen unantastbar sei.
Zur Frage nach einer zunächst primär ganzheitlichen und zugleich differenzierten Wahrnehmung und Betrachtungsweise von Kindern, Jugendlichen und auch Erwachsenen, soll dieses Buch einen Beitrag leisten. Da es eine Grundlage für weitere Forschungen und Untersuchungen im Zusammenhang mit einer pädagogisch akzeptablen Förderdiagnostik bilden soll, werden auch Einzelfragen aus verschiedenen Wissenschaftsbereichen vermehrt behandelt. Die umfassende Zielsetzung, die traditionelle Diagnostik – im Aufgabenbereich der Pädagogik, speziell der Sonder- und Heilpädagogik – aus der beschriebenen Enge herauszuführen, erfordert es, entschieden aus diesem mit Selektion und Vergleichen beschriebenen Gebiet herauszutreten und Aspekte sowie Problemstellungen der Pädagogik und ihr nahe stehender Wissenschaftsbereiche, vor allem der Psychologie, Soziologie, der Ethik und Anthropologie, einzubeziehen. Bei auftretenden Störungen geht

es zunächst um ein Verstehen des Kindes und der Gesamtsituation, in der es sich befindet. Mit diesen Überlegungen soll keine neue Wissenschaft kreiert werden, vielmehr handelt es um den Versuch, bisher so umstrittene Vorgehensweisen im Zusammenhang mit schulisch-pädagogisch bzw. sonderpädagogischen Problemstellen durch eine pädagogische, an den Bedürfnissen des Kindes und an seinem individuellen Förderbedarf orientierte Neufassung abzulösen und von der Ganzheit und Bedürfnislage des Kindes her zu begründen.

Dabei kann es keinesfalls darum gehen, an dieser Stelle alle Zusammenhänge und Beziehungen zwischen den Prinzipien einer Förderdiagnostik pädagogischer, anthropologischer, sozialer, didaktischer und therapeutischer Art herauszuarbeiten. Vielmehr werden die jeweiligen, für den vorliegenden Ansatz notwendigen Querverbindungen beschrieben, akzentuiert und bewusst gemacht.

Damit wird die immer noch sehr verengte Sichtweise bisheriger Diagnostik vor allem im medizinischen und psychologischen Bereich erweitert, entkrampft, vertieft, kindgemäß und pädagogisch akzeptabel.

Die zentrale Frage lautet also: Welche Momente müssen förderdiagnostische Prozesse beinhalten, damit man sie von der Dynamik pädagogischer Felder, schlichtweg vom pädagogischen Standpunkt her annehmen und akzeptieren kann?

In diesem Zusammenhang bestehen allerdings auch Einzelprobleme, die letztendlich nicht lösbar sind, weil sie nicht einmal von den Vertretern der einzelnen Wissenschaften und Wissenschaftsbereiche einheitlich gesehen oder als gelöst betrachtet werden. Man denke dabei an die Komplexität solcher Begriffe wie „Bedürfnisse“, „Bedürfnislage“ eines Kindes, „Ganzheit“, „Entwicklung“, „Kind- oder Kinderorientierung“ sowie an die sehr komplexe Frage nach dem „pädagogischen Standpunkt“, den es in allgemeingültiger Form nicht zu geben scheint. Der hier eingeschlagene Weg orientiert sich an pädagogischen, speziell heilpädagogischen Grundprinzipien (vgl. Kap. fünf). Verantwortliches pädagogisches Handeln kann nicht mehr und nicht weniger sein „als vernünftige dialogische Begleitung der Integration (der ‚Herstellung‘ eines Ganzen) des Individuums (des unteilbaren Ganzen) als Persönlichkeit“ (Krawitz 1997, 8). Dabei muss man sich darüber im Klaren sein, dass auch dieses Ganze kognitiv nur approximativ erreichbar ist. Forschung, Reflexion und praktische Überlegungen stehen unter erziehlichem Aspekt betrachtet im Dienste von Menschen, hier speziell von Kindern und Jugendlichen mit Beeinträchtigungen – traditionell ausgedrückt – Störungen, Behinderungen und deren Lebenswirklichkeit, die Familie, Kindergarten, Schule, Beruf, Freizeit, Alltag und die Zukunft mit der Blickrichtung „Erwachsen-Werden und -Sein“ umfasst.

Es ergibt sich gerade für den im sonder- und heilpädagogischen sowie im lerntherapeutischen Arbeitsfeld der Gegenwart und Zukunft stehenden Wissenschaftler und Praktiker die Aufforderung und Notwendigkeit, sich von einer verengten defektspezifischen Sichtweise zu befreien und nach einer neuen Wahrnehmung von

Kindern mit mehr oder weniger – zugeschriebenen – Problemen und Behinderungen in Richtung Möglichkeiten, Können, Ressourcen und Kompetenzen zu suchen.

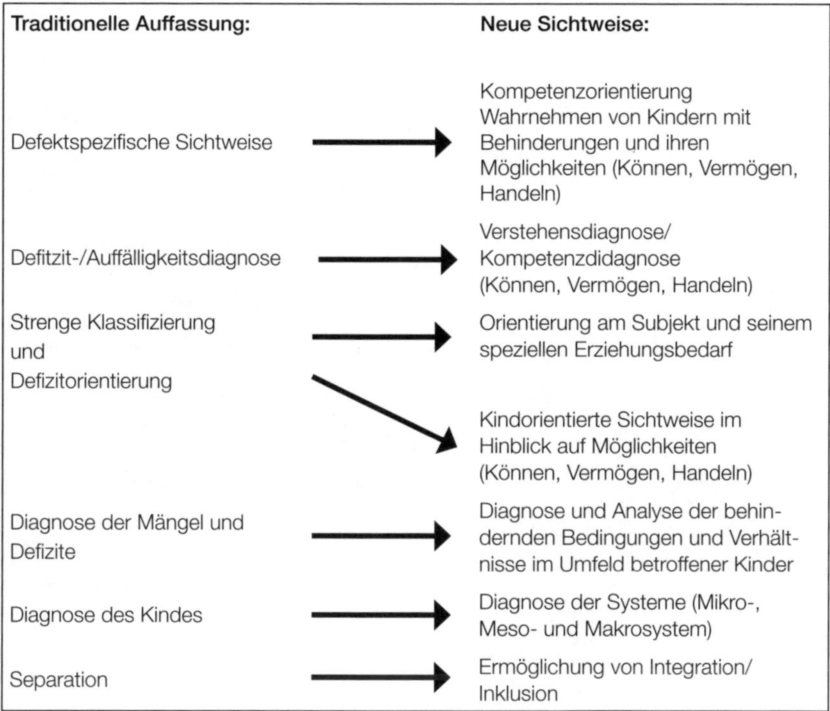

3 Orientierung an den Bedürfnissen mit der Zielrichtung Persönlichkeitsentfaltung

Der Begriff Bedürfnis gehört ebenso wie der Begriff Interesse zu den „meistbenutzten und vielfach heimlichen Hauptbegriffen" (Möller 1988, 162) der Pädagogik, was sich an dem redundanten Gebrauch des Topos, ‚an den Bedürfnissen und Interessen (...) ansetzen', ablesen lässt. Dass er dabei häufig mit alltagssprachlicher Naivität gehandhabt und als Grundkategorie nicht systematisch entfaltet wird, tut dieser Funktion aber offenbar keinen Abbruch. In einem Nachschlagewerk der Pädagogik sucht man ihn indes meist vergebens.

Wenn in diesem Buch das Wort „Bedürfnis" im Zusammenhang mit Bedürfnissen von Kindern verwendet wird, interessiert weniger die Frage, ob es sich hierbei um einen Begriff handelt, den Psychologen, Pädagogen, Anthropologen und Soziologen letztlich klären oder definieren können; es geht auch nicht um die Erörterung von Möglichkeiten messender Erfassung von Bedürfnissen. Ferner interessiert weniger die Frage, welche Bedürfnisse gelernt und welche vielleicht angeboren sein könnten. Nicht weiter helfen „Thesen über Bedürfnis" (Adorno 1979, 392-396) mit Formulierungen wie: „Bedürfnis ist eine gesellschaftliche Kategorie. Natur, der ‚Trieb', ist darin enthalten"; oder: „Die Unterscheidung von Oberflächenbedürfnissen und Tiefenbedürfnissen ist ein gesellschaftlich entstandener Schein." Vielleicht tröstet lediglich dieser Satz im Kontext der Überlegungen zur vorliegenden Problematik: „Die Theorie des Bedürfnisses sieht sich erheblichen Schwierigkeiten gegenüber" (ebd.).

Vor allem die Vertreter der Humanistischen Psychologie betonen den Aspekt der Emotionen und Bedürfnisse im Zusammenhang mit der Entfaltung und Selbstverwirklichung des Menschen. Die Hierarchie der Bedürfnisse lässt sich nach *Maslow* in einem Stufenmodell, der sog. Bedürfnispyramide, darstellen (vgl. Abb. 1). Erst die Befriedigung bestimmter Grundbedürfnisse ermöglicht eine optimale Entfaltung der menschlichen Persönlichkeit (Maslow 1978, 74-105). Freilich haben die „Wachstumsbedürfnisse" (growth needs) wie die Bedürfnisse nach Ganzheit, Vollkommenheit, Erfüllung, Gerechtigkeit, Lebendigkeit, Einfachheit, Schönheit, Güte, Einzigartigkeit, Mühelosigkeit, Verspieltheit, Wahrheit und Bescheidenheit im Hinblick auf Selbstverwirklichung eine große Bedeutung (vgl. Quitmann 1985, 218). Es spricht aber vieles dafür, dass Grundbedürfnisse (basic needs), die zu den „Mangelbedürfnissen" gehören, bei Kindern mit Behinderungen, vor allem bei Kindern mit sozialen und emotionalen Störungen nicht hinreichend erlebt, erfahren, gelebt und befriedigt wurden. Es geht dabei weniger um den Mangel an Befriedigung physiologischer Grundbedürfnisse (Nahrung, Flüssigkeit, Unterkunft, Bekleidung, Sexualität, Schlaf, Sauerstoff), vielmehr um die sozialen und emotionalen Bedürfnisse nach:

- Sicherheit, Schutz, Angstfreiheit und Ordnung.
  Sie gelten als sehr frühe Bedürfnisse. Ansonsten unauffällige Kinder reagieren mit Alarm- oder Angstreaktionen, wenn sie mit unvertrauten, fremdartigen, nicht zu bewältigenden Reizen oder Situationen konfrontiert werden; dies gilt auch für Lernsituationen.
- Liebe, Zuneigung, Geborgenheit und Zugehörigkeit (soziale Beziehungen). Kinder empfinden Einsamkeit, Ächtung, Zurückweisung, Isolierung, Entwurzelung besonders intensiv. Es entstehen daraus Gefühle der Entfremdung, Verlassenheit, Frustration im Sinne von Rückzug bzw. Passivität oder Aggression.
- Wertschätzung, Achtung, Anerkennung und Geltung (Soziale Anerkennung).
- Die Befriedigung des Bedürfnisses nach Selbstachtung führt zu Gefühlen des Selbstvertrauens, der Stärke und der Kompetenz, zum Gefühl, nützlich und notwendig für die Welt zu sein. Die Frustrierung dieses Bedürfnisses bewirkt Gefühle der Minderwertigkeit, der Schwäche und Hilflosigkeit (Maslow 1978, 87ff.).

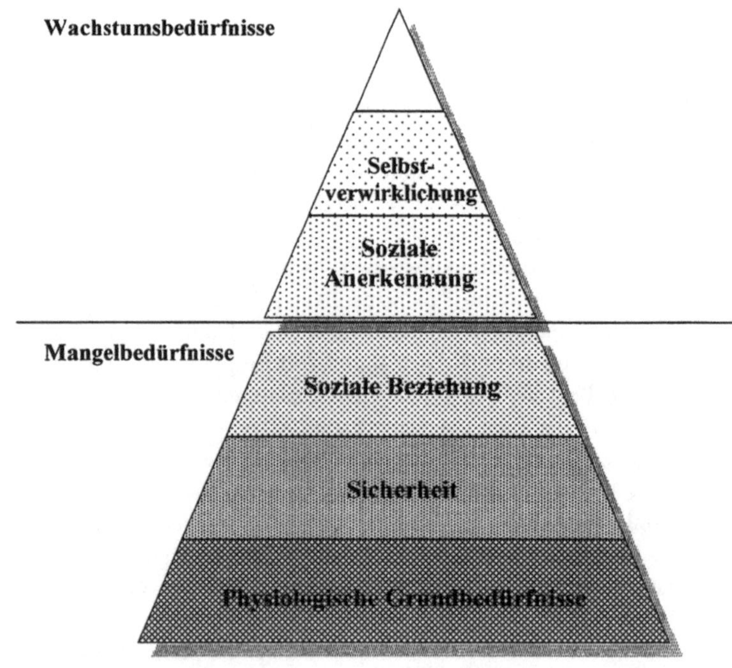

Abb. 1: Bedürfnispyramide Maslow

Das übergeordnete Bedürfnis nach Selbstverwirklichung auch durch Wahrnehmung und Lernen im Sinne von Entfaltung bzw. Aktualisierung der Persönlichkeit kann nur entstehen, wenn die übrigen hier genannten Bedürfnisse nach Sicherheit, Liebe, Wertschätzung, Achtung und Geltung in der Kindheit adäquat befriedigt wurden.

Wenn im Zusammenhang mit „Bedürfnis" häufig Wunsch, Trieb, Motiv, Bedarf assoziiert wird, so wird hier zunächst im Hinblick auf förderdiagnostische Herausforderungen ein besonderes Gewicht auf Bedürfnis in der Bedeutung von „Bedarf" gelegt, im Sinne von etwas, was eine Person zum Leben braucht, um sich entfalten zu können, um in verschiedener Weise handlungsfähig zu sein. Hier wird von einem inneren Streben des Menschen nach einem besseren, volleren, erfüllteren Sein ausgegangen, das auf Verwirklichung seiner Menschlichkeit zielt. Die Rolle der erzieherisch wirksamen Umwelt intendiert, dem Kind Unterstützung anzubieten, seine eigenen Möglichkeiten zu verwirklichen, wobei je nach Ausmaß vorliegender Entwicklungsverzögerung, „Entwicklungshemmung" nach *Hanselmann* die erzieherischen Angebote (Förderung, Didaktisierung, ...) besser reflektiert und intensiver, aber auch sensibler gestaltet sein müssen. So werden die Bedürfnisse des betroffenen Subjektes nicht untergehen, auch nicht nur erhalten bleiben, sondern sich tatsächlich entfalten und zum Tragen kommen können. Mit dem Legitimationsbegriff des ‚sonderpädagogischen Förderbedarfs' hat der Begriff des Bedarfs spätestens seit der Verabschiedung der „Empfehlungen zur sonderpädagogischen Förderung in den Schulen der Bundesrepublik Deutschland" (vgl. KMK 1994) auch innerhalb der Heilpädagogik eine exponierte Stellung erlangt.

Häufig wird sicherlich, wenn von Bedürfnissen die Rede ist, an Gefühle, Affekte, Emotionen gedacht. Wir gehen davon aus, dass es auch ein Bedürfnis nach Entfaltung selbstständig Werden, weitgehend unabhängig sein und nach Lernen generell gibt. Vor allem im Hinblick auf Menschen mit Behinderungen dürfte das Bedürfnis nach möglichst viel Selbstständigkeit im Sinne von Freisein von Bevormundung eine große Rolle spielen. Dieses Bedürfnis nach bestmöglicher Entwicklung und Entfaltung lässt sich sicherlich nur auf der Basis einer sozialen Umwelt, die adäquate Kulturgüter weitergibt und anregt, realisieren. So bedarf das Kleinkind der Vorbilder von Eltern oder sonstiger Bezugspersonen, damit es seine Sprache entwickeln, entfalten und finden kann; es bedarf der Bereitstellung von Spielmaterialien, damit es seine Motorik betätigen kann, sei es beim Umgang mit größeren Objekten (Hölzer, Klötze, Bälle, Steine, Spielautos, Puppen, ...), oder sei es im feinmotorischen Bereich, wenn es darum geht, Objekte zwischen die Finger zu nehmen, etwas gezielt zu erfassen und damit zu handeln (Murmeln, Knöpfe, Rosinen, Brotkrümel, Kekse, Materialien zum Zupfen). Wirft man z.B. die Frage nach den spezifischen Bedürfnissen des Kindes in der Lebensphase vom vierten bis zum siebten Lebensjahr auf, so könnte man hierzu viele Aspekte nennen, angefangen von den motorischen über die beginnenden sozialen, gruppenbezogenen bis hin zu den psychosexuellen Bedürfnissen. Ganz allgemein gesehen, besteht das spezifische Bedürfnis nach Entwicklung. Eine bedürfnisorientierte Heilpädagogik beachtet die subjektive Seite und orientiert sich an originären Bedürfnissen. Es geht dabei um Achtung vor der Personalität eines jeden Menschen, um Ermöglichung gesellschaftlicher Teilhabe durch Integration sowie Inklusion und um Verstehen durch Sicherstellung kommunikativer und dialogischer Prozesse. Auf den engen Zusammenhang zwischen Bedürfnis, Emotionalität und Lernen wird verwiesen (Bundschuh 2003, 213-223).

Jeder Säugling und jedes Kleinkind, insbesondere Kinder mit Behinderung „bedürfen" z.B. der unmittelbaren körperlichen Zuwendung, damit es den eigenen und den anderen Körper spüren lernt, jedes Kleinkind „bedarf" der Herausnahme aus seinem Bett, damit es erfahren kann, wie es ist, wenn sich die Lage ändert, damit es sich selbst neu, darüber hinaus andere Objekte wahrnehmen kann, damit überhaupt seine Bedürfnisse nach Wahrnehmung zum Tragen kommen können; es „bedarf" der „Ansprache", damit es merkt, dass es angesprochen wird, damit es weiß, dass es einen Namen hat.

Das Kind mit psychischen Störungen im Sinne von Hemmungen „bedarf" einer Möglichkeit, einer Hilfe, diese zu überwinden. Vielleicht gelingt dies über das freie Spiel, das Möglichkeiten bietet, Probleme, die auf der Ebene einer sehr niedrigen und gleichzeitig starken Hemmschwelle liegen, zu überwinden und zu bewältigen, Vertrauen in den Umgang mit Menschen und Materialien zu gewinnen. Kinder, Jugendliche und Erwachsene „bedürfen" dringend eines Gesprächspartners, der da ist, ernsthaft zuhört, reflektiert, mitfühlt, beratend mitwirken kann. Im Zusammenhang mit diesen Beispielen sind auch Bedürfnisse angesprochen, die weder Kindern noch Erwachsenen klar und bewusst vor Augen stehen, es sind Bedürfnisse, die man nicht oder noch nicht kennt. Sie sind zwar vorhanden, aber man weiß nicht um sie, sie können unbewusst sein, lassen sich nur zum Teil vermuten, werden vielleicht auch mit Hilfe der Lerntherapie im Sinne von Armin Metzger (2008; 2014, 153ff.) im Laufe der Zeit bewusst.

Der Erwachsene, der sich möglicherweise über einen längeren Zeitraum hinweg nicht gut fühlt, sich aber einigermaßen „in seiner Psyche auskennt", hält inne und fragt sich, ob er vielleicht zu lange Grundbedürfnisse bei sich nicht wahrgenommen, erkannt hat. Dies könnten Bedürfnisse nach Besinnung, Ruhe, Entspannung, Bewegung, nach neuen Informationen, nach Änderungen, Zuwendung, Befreiung von Ängsten, ... sein. Nicht erkannte, nicht wahrgenommene Bedürfnisse können die Entfaltung von Möglichkeiten hemmen, Entwicklungen unterdrücken, Unwohlsein hervorrufen, der Persönlichkeitsentfaltung, überhaupt einer guten Lebensqualität im Wege stehen. Förderdiagnostik soll einen Beitrag dazu leisten, dass eine Person den individuellen Bedürfnissen entsprechend Angebote erhält, gefördert wird, d.h., dass Barrieren der Bedürfnisbefriedigung beseitigt werden.

Es sei aber auch in diesem Zusammenhang darauf verwiesen. Dass es im Leben von Menschen Grenzen gibt, die deutlich gesehen und artikuliert werden müssen, wie z.B. Bedürfnisse im Sinne von Wünschen, die der Gesundheit schaden (Rauchen, Alkoholgenuss, Drogen, unkritischer Umgang mit Nahrungsmitteln); das Bedürfnis eines Kindes, vielleicht nicht zur Schule gehen zu wollen, weil dies doch ein gewisses Maß an Überwindung und Anpassung kostet, das Bedürfnis von Jugendlichen und Erwachsenen nach einem verständnisvollen und liebevollen Partner, den es nicht selbstverständlich zu jeder Zeit gibt. Bedürfnissen entsprechend fördern, bedeutet hier etwas anderes als „nur" auf jemanden eingehen, jeden Wunsch erfüllen, denn auch dies würde wahrscheinlich – wäre es realisierbar – Unzufriedenheit erzeugen, weil vielleicht die entscheidenden Anreize zur Eigenaktivität, die für die geistige Entwicklung so notwendigen „Ungleichgewichte" (Piaget 1976, 16-19) oder Spannungsverhältnisse zum Objekt aufgehoben wären. Dies wäre eben nicht bedürfnisorientiertes Handeln. Bedürfnisorientiert fördern kann von der realen Basis, von der Wirklichkeit her betrachtet, häufig nur approximativ geschehen, d.h. man muss mit Grenzen, Widerständen in der betroffenen Person selbst und in der sozialen Umwelt rechnen. Menschen müssen mehr oder weniger häufig auch Kompromisse eingehen.

Bedürfnisorientiert fördern heißt hier auch zeigen, dass etwas – in zumutbarem Maße – erwartet wird, dass man ein Stück vorankommen kann; es bedeutet ferner, Möglichkeiten zum Lernen aufzuzeigen, d.h. Situationen bereitstellen, die einen Anreiz zur Aktivierung schaffen und per se Motive und Bedürfnisse aktivieren. Lägen solche Bedürfnisse im Sinne von Ressourcen nicht im Menschen bereit, könnten sie auch nicht aktiviert werden.

Im Zusammenhang mit Menschen mit schwerer Behinderung kann man dies deutlich erkennen. Das Kind mit schwerer Körperbehinderung, Mehrfachbehinderung, das sich kaum von seinem Zuhause (Elternhaus, Heim) entfernen kann, wird in der Regel schon durch einen Ortswechsel ungemein viele Anregungen erhalten, es werden wahrscheinlich zahlreiche Bedürfnisse geweckt (vieles sehen, entdecken, ausprobieren, ausloten, ...). Bestätigt wird dies durch Beobachten von Menschen mit Behinderungen bei Besichtigungen und Ausflügen sowie durch deren Berichte selbst. Bedürfnisse wecken möchte auch „basale Anregung" bzw. „Stimulation" (Fröhlich) durch Anbahnung kommunikativen Verhaltens und Förderung der kognitiven, affektiven und motorischen Möglichkeiten und Fähigkeiten. Es wurde bereits darauf hingewiesen, dass in der Fachliteratur mit dem Ausdruck Bedürfnis relativ oft auf Vorstellungen im Sinne von Wunsch, Trieb, Motiv und Bedarf verwiesen wird.

Zwei Momente sind im Zusammenhang mit der vorliegenden Problemstellung wichtig.

Einmal kann unter Bedürfnis der Antrieb zum Handeln verstanden werden in der Weise, dass ein angestrebtes Ziel erreicht wird, das für den Handelnden (unter

Berücksichtigung seiner sozialen und materialen Umweltbezüge) nützlich oder lustvoll, schlechthin sinnvoll ist; dass hierbei auch die Fantasie eine Rolle spielen kann, die Planung und Realisierung im Sinne eines kognitiven Entwurfes, versteht sich von selbst.

Zum Zweiten gehe ich von der Annahme aus, dass solche Antriebe zwar potentiell gegeben sein können, aber aufgrund von Hemmungen, Hindernissen und Barrieren, also behindernden Bedingungen in der betreffenden Person oder im Bereich der sozialen Umwelt nicht oder nicht ganz transparent aktiviert werden oder in Erscheinung treten, wohl aber vorhanden sein können.

Sowohl bei Bedürfnissen im Sinne von Antrieb als auch bei Bedürfnissen, für deren Realisierung es der Anreize von außen „bedarf", spielen neuropsychologische Aspekte eine Rolle. Es werden Nervenbahnen angeregt, stimuliert, Impulse weitergeleitet, auf andere Nervenbahnen übertragen, es finden „Schaltungen" und „Vernetzungen" statt (vgl. Bundschuh 2003, 79f.). Solche Vorgänge ereignen sich auch, wenn die Fantasie angeregt wird. Wenn Kinder mit Behinderung etwas wahrnehmen, Bewegungen durchführen, selbstständig essen, Worte formulieren, realisieren sich mit großer Wahrscheinlichkeit nicht nur Bedürfnisse, vielmehr findet gleichzeitig Entwicklungsförderung durch Anregung der Prozesse in den Nervenbahnen und im Nervensystem überhaupt statt. Mit der Freisetzung von Bedürfnissen ereignen sich auch Assimilations- und Akkommodationsprozesse im Sinne *Piagets,* d.h. es wird auch gelernt. Dies ist dann bedürfnisorientierte Förderung und damit Lernen schlechthin. Bedürfnisse beeinflussen die Wahrnehmung, umgekehrt werden über die Förderung der Wahrnehmung Bedürfnisse geweckt oder aktiviert (vgl. Bundschuh 2014, 302-312).

Damit sich Bedürfnisse realisieren können, müssen Bedingungen erfüllt, bestimmte Bedürfnisse befriedigt sein. Förderdiagnostik berücksichtigt, dass Bedürfnisse nicht isoliert existieren, vielmehr miteinander verknüpft sind. So dürften die Bedürfnisse nach Lernen, nach Erweiterung des Handlungsraumes, kaum zum Tragen kommen, wenn etwa die Bedürfnisse nach adäquater Ernährung, nach ausreichendem Schlaf, nach genügend Wohnraum, nach Freisein von bedrückenden Ängsten und nach Freisein von Leistungsdruck nicht erfüllt werden. Bedürfnis wird bereits von Kurt Lewin (1935) auch als eine „Kraft im psychischen Feld" bezeichnet, der eine Größe und Richtung zukommt. Vielleicht wurde bei Kindern und Jugendlichen mit einer Behinderung ein Teil dieser Kraft etwa durch ungünstige Erziehungseinflüsse wie z.B. einem Mangel an Anregungen oder positiven Reizen, durch ungünstige Einflüsse wie z.B. traumatisierende Erfahrungen, verschüttet. Dennoch lässt sich diese Kraft auch in kleinen und kleinsten Handlungen, die immer sinnvoll sind, beobachten, weiter aktivieren, durch Gestaltung von Situationen, die Bedürfnisse freisetzen und fördern. Manchmal ist auch der Einsatz kindorientierter Therapien sinnvoll, ja notwendig.

Wenn Förderdiagnostik sich an Bedürfnissen von Personen orientiert, darf sie insbesondere die Bedürfnisse nach Kommunikation und Interaktion, nach Geborgenheit und Geltung, nicht außer Acht lassen. Hospitalismusforschung und Psychoanalyse haben gezeigt, in welch hohem Maße die günstige Entwicklung eines Kindes von der adäquaten Bedürfnisbefriedigung im Sinne von Körperkontakt, Nähe und Liebe zwischen Mutter bzw. Eltern und Kind abhängen. Die Bedürfnisse nach Geborgenheit und nach Geltung *(Adler* 1974) spielen während des ganzen Lebens, ähnlich wie das Bedürfnis nach Kommunikation, eine Rolle. Isolation, Unsicherheit, Erfolglosigkeit, Ängste über einen größeren Zeitraum hinweg wirken sich beispielsweise auf die Entwicklung einer Person verheerend aus, weil elementare Bedürfnisse eben nicht zum Tragen kommen und damit nicht befriedigt werden. Im Rahmen förderdiagnostischer Prozesse kann sich in diesem Zusammenhang die Notwendigkeit zur Therapie, zur Aufarbeitung von Störfaktoren des Erlebens und Verhaltens im Sinne der Stärkung des Selbstwertgefühls und der Persönlichkeit (Identitätsförderung) ergeben. Bedürfnisse können bei Menschen mit Behinderungen manchmal nur vermutet, erahnt und erkannt werden durch genaues Hinsehen, durch den Versuch, sich einzufühlen, durch das gemeinsame Leben und Erleben von Situationen, durch Angebote und durch die Beobachtung der Reaktionen auf diese Angebote, d.h. durch Verhaltensbeobachtungen, speziell durch die teilnehmende Beobachtung. Erstrebt wird dabei, dass sich auch das Bedürfnis nach einem positiven Selbstbild im Kontext sozialer Beziehungen entwickelt, in denen der Einzelne:

1. Erwiderung erfahrt (also das Gefühl hat, von anderen ernst genommen zu werden, wie auch anderen etwas geben zu können),
2. Anerkennung und Wertschätzung erhält (in dem Sinne, als Person positiv beurteilt zu werden),
3. Sicherheit besitzt (das heißt, auf verlässliche und stabile Beziehungen bauen zu können und einen gesicherten Platz unter anderen Menschen und in der Gesellschaft einzunehmen).

Vielleicht entstand der Eindruck, „Bedürfnisse" würden hier verstanden im Sinne von Lernen. Ich meine, um dies klar zu betonen, der Zusammenhang zwischen Bedürfnissen und Förderung besteht im Beseitigen von Barrieren, Lernhemmungen, in der Aufarbeitung psychischer Probleme, allgemein in Unterstützung, damit sich Bedürfnisse realisieren können, damit der Weg frei wird zur Entfaltung von Bedürfuissen und somit zur Entfaltung der Persönlichkeit. Das von *Janus Korczak* geforderte Recht des Kindes, „zu sein, wie es ist" (1967, 40), sollte dabei als Maxime gelten.

Damit wird auch einer Gefahr hehrer pädagogischer Theorien, aber auch des Denkens der humanistischen Psychologie begegnet (vgl. Gröschke 2005, 173) mit ihrer Vorliebe für das kraftvolle, gesunde, reife, autonome und sich selbst verwirklichende Individuum. Die Gefahr besteht nach Dieter Gröschke darin, dass unter dem Aspekt normorientierten Denkens „weniger – gut – entwickelte Menschen" möglicherweise sogar als „weniger menschlich" gelten, weil ihre gesundheitlich-körperliche, soziale, ethnische, ökonomische Situation, ihnen nicht die Möglichkeit gibt, ihre „menschlichen Fähigkeiten und Potentiale" in idealer Weise auszubilden.

Eine spannungsreiche Bedeutung hat der Bedürfnisbegriff auch innerhalb der Diskussion über Lebensqualität von Menschen mit Behinderung, die sich im Zuge der Weiterentwicklung des Normalisierungsprinzips und in kritischer Absetzung zu einer vorwiegend ökonomisch geprägten Qualitätsdebatte in der Heilpädagogik entwickelt hat. Dabei fungieren vor allem die soziale Indikatorenbewegung innerhalb der Wohlfahrtsforschung (Glatzer/Zapf 1984) und der makrosoziologisch-dienstleistungsanalytische Ansatz (vgl. Gross/Bandura 1977; Badura 1982) als Bezugspunkte bedürfnistheoretischer Konzeptualisierung.

Inge Beck (1994) bescheinigt dem Normalisierungsprinzip das Fehlen einer Präzisierung im Hinblick auf den Begriff der Lebenslage und den Bedürfnisbegriff sowie der angestrebten Wirkungen. Dabei stellt sich die zentrale Frage, wie sich „objektive Lebensqualität" mit individuellen Wünschen und Bedürfnissen vermitteln lässt? Ausgehend von der personalen Ebene ist dabei zu fragen, ob objektiv gute Lebensqualität auch zu subjektiv positiv erlebter Lebensqualität führt und ferner, „ob erreichte und weiter anzustrebende normalisierte Lebensbedingungen (im Sinne kulturspezifischer, in einer Gesellschaft üblichen) im individuellen Fall (mit den schädigungsbedingten funktionellen Einschränkungen) ein Höchstmaß an Persönlichkeitsentwicklung (Identität) garantieren" (Thimm u.a. 1985, 17). Als Konsequenz dieser grundsätzlichen Überlegungen fordert Beck eine Trennung der systematischen, zielorientierten Qualitätsentwicklung und -beurteilung personenbezogener sozialer Dienstleistungen und der Ermittlung von Indikatoren für Lebensqualität aus der Sicht der Nutzer dieser Dienste im Sinne einer mehrdimensionalen Evaluation dieser Dienstleistungen. Gemäß der Orientierung an alltäglichen Lebenslagen und der zur Lebensbewältigung notwendigen Hilfen muss der Bezugspunkt der Bewertung professioneller Hilfen als Ressourcen zur Verbesserung subjektiver und objektiver Dimensionen der Lebensqualität von Menschen mit Behinderung allerdings von den individuellen Bedürfnissen der Nutzer her entwickelt werden (vgl. Beck 1994, 231). Diese nutzerorientierte Qualitätsentwicklung darf als das dringendste Desiderat einer heilpädagogischen Konzeptualisierung der Leitidee der Lebensqualität angesehen werden (vgl. Wacker u.a. 1998).

Die neuere Wohlfahrtsforschung geht davon aus, dass soziale Indikatoren wie Gesundheit, Verfügen über Güter und Dienstleistungen, persönliche Freiheitsrechte usw. als Aussagen über objektivierbare Lebensstandards zwar als Zielgrößen für eine aktive und gestaltende Sozialpolitik handlungsleitend werden können, zur

Evaluation subjektiver Zufriedenheit oder Unzufriedenheit mit dem Leben reichen, aber nicht ausreichen. Zur Konzeptualisierung subjektiver Lebensqualität (Wohlbefinden) zieht deshalb auch die Wohlfahrtsforschung motivationspsychologische Bedürfniskonzepte heran. Eine wichtige Bezugsquelle ist diesbezüglich die Bedürfnistheorie *Allardts* (1973), die an die bereits vorgestellte Theorie Maslows anknüpft. Sie geht allerdings nicht von einer Hierarchie der Grundbedürfnisse aus, sondern siedelt die drei als Grundbedürfnisse beschriebenen Bedürfnisse nach Sicherheit (having), Zugehörigkeit (loving) und nach Selbstverwirklichung (being) auf einer Ebene an.

Der makro-soziologische Dienstleistungsansatz, der sich mit der gesamtgesellschaftlichen Entwicklung sozialer Bedürfnisse und den Institutionen ihrer Befriedigung beschäftigt, befasst sich dienstleistungsanalytisch mit Wachstum und Nutzen sowie den Nebeneffekten in bestimmten Teilsektoren personenbezogener Dienste. Als solcher gewinnt er auch bei der behindertensoziologischen Analyse des Teilsektors der behindertenbezogenen Dienste und Leistungen zunehmend an Bedeutung (vgl. Beck 1994). Bedürfnistheoretisch betrachtet wird dabei stärker der objektivierbare Aspekt des Bedarfs thematisiert, wobei im Zentrum des Interesses steht, inwieweit einkommenspolitische Maßnahmen die Befriedigung materieller Bedürfnisse (Ernährung, Wohnung, Kleidung etc.) und den Kauf von am Markt angebotenen sozialen Dienstleistungen zur Befriedigung immaterieller Bedürfnisse (Behandlung, Pflege, Beratung, Bildung etc.) sichern. Dennoch thematisiert auch der makro-soziologische Dienstleistungsansatz, dass die Effizienz und Effektivität sozialer Dienste vom sozialen Handeln der (potentiellen) Klienten in der Alltagswelt (Arbeit, Familie, Freizeit) und bei der Produktion der Dienstleistung abhängig ist.

Ausgehend von der Annahme, dass die Qualität von sozialen Beziehungen den Kern aller Versuche darstellt, Lebensqualität zu operationalisieren, hat *Thimm* (1997) eine Typologisierung von Bedürfnisdispositionen in die Lebensqualititätsdiskussion eingebracht, die für soziale Beziehungen als bestimmend angenommen werden kann. Sie stammt von dem amerikanischen Soziologen *Weiss* (1975) und beinhaltet sechs **grundsätzliche soziale Bedürfnisse,** die sich folgendermaßen beschreiben und operationalisieren lassen:

- attachment (Bindungen mit anderen Menschen)
- social integration (soziale Integration)
- reassurance of worth (Selbstwertbestätigung)
- obtaining of guidance (Gewissheit, sich an anderen Menschen orientieren zu können)
- opportunity for nurturance (Gefühl, von anderen gebraucht zu werden)
- sense of reliable alliance (Gefühl der zuverlässigen Beziehungen)

Auf sie gründet *Thimm* sein von *Dahrendorf* (1979) in die Heilpädagogik übernommenes Konzept der Lebenschancen, das er als ausbalanciertes Verhältnis von Handlungsfreiräumen (Optionen) und sinnstiftenden sozialen Beziehungen (Ligaturen) beschreibt, die sich in räumlichen und zeitlichen Dimensionen entfalten. Der Bedürfnisbegriff hat, wie hier am Beispiel Lebensqualität dargestellt, einen weiten Einfluss auf verschiedene Dimensionen in der heil- und sonderpädagogischen Forschung und Praxis. Auch im Bereich diagnostischer Modelle und Vorgehensweisen wird die Beachtung individueller Bedürfnisse postuliert. Vor allem traditionelle Modelle der Diagnostik berücksichtigen Bedürfnisse an sich nicht. Dabei stellt eine gute Beziehung, ja die Gestaltung einer guten Beziehung im Kontext Förderdiagnostik ein wesentliches Moment des diagnostischen Prozesses dar, denn nur so werden auch die Bedürfnisse eines Kindes oder eines Jugendlichen mit einem Unterstützungsbedarf angesprochen und erreicht.

4 Unterschiedliche diagnostische Modelle, Sicht- und Vorgehensweisen

Dieses Kapitel dient der akzentuierten Darstellung verschiedener Modelle diagnostischen Vorgehens im psychologisch-pädagogischen Bereich. Damit trägt es auch zu einem Verständnis gegenwärtiger förderdiagnostischer Vorstellungen bei. Es geht zunächst nicht explizit darum, eine Beziehung zwischen unterschiedlichen diagnostischen Denk- und daraus hervorgehenden Handlungsmodellen herzustellen, sondern um die akzentuierte Darstellung von Unterschieden und um die Beschreibung von Entwicklungen, die zu einem Verständnis von Förderdiagnostik beitragen, das sich deutlich von traditionellen diagnostischen Denkmustern abhebt.

In Veröffentlichungen zu Problemen der psychologisch-pädagogischen Diagnostik wird kritisch zum traditionellen Vorgehen in diesem Bereich Stellung genommen. Vertreter der sonderpädagogischen Diagnostik üben z.T. Selbstkritik und suchen nach neuen Wegen. Der Vorwurf, mit der Diagnostik sei es zur Separierung und Auslese von Schülern gekommen, trifft nicht zu. Am Anfang stand ein von der „Normalität" her oder curricular bestimmtes Schulsystem, das vom Schüler gewisse, also bereits definierte – eben „normale" – Leistungen erwartete; daran hat sich bis zur heutigen Zeit nichts Wesentliches geändert.

Es würde an dieser Stelle kaum weiterführen, die in vielen Punkten durchaus berechtigte Kritik explizit darzulegen. Die Gefahr einer Wiederholung kritischer Argumente ist groß, ferner bietet ein kritisches Hinterfragen allein noch keine positiven Ansatzpunkte für die als dringend erachteten und geforderten Veränderungen der im pädagogischen Aufgabenbereich angewandten Diagnostik.

Die wesentlichen Elemente herkömmlicher Diagnostik lassen sich durch Modelle verdeutlichen. Modelle sind in diesem Zusammenhang als Abbildungen zugrunde liegender Annahmen im Sinne einer strukturellen Analogie zu verstehen. Sie stellen somit eine begriffliche Analogie dar, die auf neue Phänomene, die als Probleme Gegenstand von Untersuchungen sind, mit dem Ziel der besseren Ordnung und Strukturierung angewandt werden. Die Analogie zeigt sich in der Form des „als ob", sie soll zum besseren Verständnis des noch unbekannten Phänomens beitragen.

Ein Modell kann man mit einem formalen Raster, einer Passform zur Problemerfassung und -bearbeitung, vergleichen. Es ist quasi das Grundmuster, nach welchem für den konkreten Einzelfall schließlich Handlungskonzepte und -strategien entwickelt werden.

Bekannt ist die modellhafte Betrachtungsweise, z.B. aus der Biologie, wo bestimmte Funktionen und Teile des menschlichen Auges in Analogie zu denen eines Fotoapparats gesetzt werden, oder die Tätigkeit des menschlichen Gehirns mit der eines Computers verglichen wird.

Die **Funktion derartiger Modelle** auf der Grundlage struktureller Analogien im Vergleich zu Theorien erweist sich zwar als begrenzt, durch die Darstellung in Form von Modellen können jedoch einige wichtige Momente verdeutlicht werden:

1. Modelle geben Hinweise, um aus einer Vielzahl von vorgefundenen Phänomenen relevante Variablen auszuwählen.
2. Modelle verstehen sich als Darstellung dieser relevanten Variablen.
3. Modelle beziehen sich auf die Organisation bzw. Zusammenhänge zwischen diesen Variablen.

In der wissenschaftlichen Literatur werden Modelle beschrieben, die mehr oder weniger breite Konzepte umfassen. Sie werden bezeichnet als medizinisches Modell, verhaltensdiagnostisches Modell, „direktes“ versus „indirektes“ Modell, Defizitmodell, Differenzmodell, sozialwissenschaftliches Modell. Man kann auch grob unterscheiden zwischen „herkömmlichen“ und „alternativen“ Ansätzen (Bundschuh 2014, 63ff.; 2019).

Die in den vergangenen Jahren entworfenen diagnostischen Konzepte beziehen in hohem Maße soziologisch-gesellschaftsspezifische Annahmen ein oder sie orientieren sich an entwicklungspsychologischen sowie pädagogischen und didaktischen Überlegungen, wie z.B. die „Prozessdiagnostik“ oder der „strukturbezogene“ in Erweiterung auch der „qualitative“ Ansatz.

Hier beschränke ich mich zunächst darauf, die Grundzüge des medizinischen Modells und des traditionellen psychodiagnostischen Modells als Beispiele herkömmlicher Vorgehensweisen psychologisch-pädagogischer Diagnostik mit ihren problematischen Auswirkungen auf das sonderpädagogische Arbeitsfeld vorzustellen. Weiterhin wird das verhaltensdiagnostische Modell als ein weitgehend „direkter“ Zugang zum Verhalten von Personen angeführt. Interessant erscheint ferner das gesellschaftswissenschaftliche Modell, bei dem die Wechselwirkung zwischen gesellschaftlicher Umwelt und dem Verhalten einer Person fokussiert wird.

Etwa Mitte der 1970er Jahre wurden diagnostische Ansätze mit didaktischer Orientierung erarbeitet. Hierzu gehören die strukturbezogene und qualitative Diagnostik, Lerndiagnostik, die prozess- oder handlungsorientierte Diagnostik und der systemische Ansatz. Neue Akzente setzt das epistemologische Subjektmodell, das von Erkenntnissen der humanistischen Psychologie sowie Piagets Theorie der kognitiven Entwicklung beeinflusst ist, die Normalisierungs- und Integrationsdiagnostik sowie die Bildbarkeits- bzw. Förderungsdiagnostik.

Die kritische Skizzierung dieser ausgewählten diagnostischen Ansätze erfolgt idealtypisch und akzentuiert, d.h., in ihrer reinen Form sind sie in der diagnostischen Praxis nicht oder nur selten zu finden. Hinterfragt werden vor allem diese diagnostischen Ansätze unter dem Aspekt der Möglichkeiten und Grenzen unter besonderer Berücksichtigung des pädagogischen, speziell sonder- und heilpädagogischen sowie lerntherapeutischen Arbeitsfeldes.

4.1 Traditionelle diagnostische Ansätze

4.1.1 Das traditionell medizinische Modell klinischer Diagnostik und Vorgehensweisen

Das medizinische Modell der psychologisch-pädagogischen Diagnostik lässt sich aus dem Krankheitsmodell der Medizin bzw. Psychiatrie ableiten. Die Verursachungsmomente einer Krankheit oder einer psychischen Auffälligkeit, einer Lern- und Leistungsproblematik werden primär im Bereich der betreffenden Person gesucht. Das Individuum selbst ist Träger der Krankheit, der eigentliche „Verursacher" eines gestörten Verhaltens, einer beeinträchtigten Leistungsfähigkeit, das Individuum (der Körper, die Psyche) erweist sich als Träger des fraglichen Verhaltens. Die Bedingungen (Ursachen) werden in der Person gesucht. Dieses Modell und die damit zusammenhängenden Vorstellungen wurden weitgehend von der Psychologie und teilweise auch von der Pädagogik übernommen und wirken sich bis in die Gegenwart auf das pädagogische Arbeitsfeld aus. Wenngleich dieses Modell klinischer Diagnostik in einer Vielzahl von Varianten vorliegt, dürfte auch noch heute der deutlich individualisierende und ontologisierende Aspekt dominieren.

Während jedoch der Mediziner verschiedene Krankheitssymptome mit einem möglichen Verursacher dieser Symptome in Zusammenhang bringt (z.B. einem Magengeschwür oder einem defizienten Blutzuckerhaushalt), kann der Psychologe bei einer Verhaltensstörung zwar auffällige Reaktions- bzw. Verhaltensformen erkennen, er kann jedoch das Problemverhalten nicht eindeutig operationalisieren, da es zwischen einem bestimmten Verhalten und dessen Ursachen keine eindeutige monokausale Verbindung gibt. Unter besonderer Berücksichtigung des Beispiels Geisteskrankheit halten die verschiedenen Formen des medizinischen Modells an folgenden Annahmen fest:

1. „Das Individuum als Träger von gestörtem oder unangemessenem Verhalten ist *krank* – d.h. es zeigt Anzeichen einer Geisteskrankheit (mental illness).
2. Die Symptome dieser Geisteskrankheit lassen sich wie die Symptome einer körperlichen Krankheit beobachten und kategorisieren.

3. Die Krankheit entspricht bestimmten zugrunde liegenden Agentien oder Prozessen, die innerhalb des Patienten gegeben sind.
4. Das gestörte oder unangepasste Verhalten ergibt sich aus Erfahrungen oder Prozessen, die nicht mit denen bei unauffälligen Individuen vergleichbar sind.
5. Derartige individuelle Krankheit hat eine mehr oder weniger spezifische Ätiologie, und zwar sehr wahrscheinlich als Folge emotionaler Störungen in der frühen Kindheit.
6. Ist die Krankheit richtig diagnostiziert und die Ätiologie erst einmal erkannt, so kann die Therapie beginnen, die zur Heilung oder Besserung führt" (Goldenberg 1973, zit. n. Barkey 1976, 44).

Auch die sonderpädagogische Diagnostik orientierte sich lange Zeit ausschließlich am medizinischen Modell, bedingt durch die traditionelle Verbundenheit der Sonderpädagogik mit der Medizin und Psychiatrie. Hier knüpft die Kritik am diagnostischen Vorgehen in der „Hilfs- bzw. Sonderschule" an. „Die Hilfsschule – das war die Meinung – sei eine Schule für schwachsinnige Kinder. Wenn man feststellen konnte, wer schwachsinnig war, dann wusste man auch, wer in die Hilfsschule gehörte. In dieser Richtung haben dann *Binet* und *Simon* die Antwort gesucht. Der Unterricht interessierte diagnostisch nicht mehr. In der Tradition von *Jean Itard* versuchten sie von allen kulturellen Einflüssen abzusehen und eine Prüfmethode zu konstruieren, welche die Intelligenz des Kindes ermitteln sollte. Diese Überlegung enthielt ein Gift, das die junge Hilfsschule im Kern traf. Die Hilfsschule hat das Gift dieser Überlegung tief eingesogen. Sie war empfänglich dafür, weil die Testmethoden standespolitische Vorteile hatten. Die Fiktion von einer meßbaren Intelligenz der Kinder kam den standespolitischen Interessen der Hilfsschullehrer entgegen" (Möckel 1980, 126f.; vgl. auch Bundschuh 2014, 24-29).

Die am medizinischen Modell orientierte Denkweise führte und führt noch heu te im Bereich der Medizin und teilweise in der in der Sonder- und Heilpädagogik dazu, dass auch auffällige nichtkörperliche Symptome, z.B. „auffälliges Verhalten", auf „krankhafte" Zustände innerhalb der Person zurückgeführt werden. Sind weder die Symptome noch die vermuteten Ursachen somatisch oder organisch, so bleibt als verantwortlicher Ort der Beeinträchtigungen (krankhaften Verläufe) die Psyche. Nachdem wir es bei Verhaltensauffälligkeiten, Lernstörungen und „schwachen" Lernleistungen nicht mit Krankheiten im eigentlichen Sinne zu tun haben, werden diese Phänomene in die Nähe der psychischen Krankheit gebracht, also analog zur psychischen Krankheit gesehen.

Aufgabe der Diagnostik im Verständnis dieses Modells ist es, Persönlichkeitsmerkmale (z.B. Ängstlichkeit, Aggression u.a.) quantitativ als mögliche Verursacher von Verhaltensauffälligkeiten zu erfassen. Als Ergebnis einer am medizinischen Modell orientierten Diagnostik wird die Erstellung eines umfassenden Persönlich-

keitsbildes eines „Probanden" angestrebt. Mittels dieses Persönlichkeitsabbildes wird dann auffälliges Verhalten bzw. Schulversagen unter Einbezug der erfassten Persönlichkeitsmerkmale, also mit Hilfe von Bedingungen *im* „Probanden", erklärt. In der heutigen Zeit werden oft die „Gene" als Träger und Verursacher genannt, ohne dabei zu bedenken, dass Gene den Menschen keineswegs festlegen, vielmehr auch eine gewisse Streubreite von Möglichkeiten der Entfaltung implizieren und die Einflüsse des Umfeldes hierbei eine große Rolle spielen.
Als typisch für diese Denkweise erweist sich das MCD-Modell, die Vorstellung vieler Mediziner und Psychiater, es gebe im Gehirn „Minimale Cerebrale Dysfunktionen" oder leichte hirnorganische Schäden, die dann z.B. zu Teilleistungsstörungen im Bereich der Wahrnehmung, Sprache, Motorik und des Sozialverhaltens führen könnten, die wiederum Probleme in der Schule (Erstlesen, Erwerb der Schriftsprache, Mathematik, Kulturtechniken überhaupt) und im Bereich des Verhaltens (Hyperkinese, motorische Unruhe, emotionale Labilität, Konzentrationsstörungen, ...) mit sich brächten.
Auf der Basis dieses an sich zunächst faszinierenden Denkansatzes wird meines Erachtens der Blick speziell auf Verursachungsmomente im Bereich des Schülers, also nur auf das Gehirn verengt, die sozialen Einwirkungen negativer Art wie z.B. Reizarmut, soziokulturelle Deprivation, Erziehungsfehler, traumatische Erfahrungen werden nicht bzw. in viel zu geringem Maße wahrgenommen, mitbedacht oder diagnostiziert.
Als Folge einer traditionell medizinisch orientierten Denkweise kann man auch die häufige Verschreibung von Psychopharmaka für Kinder und Jugendliche sehen. Über 15 % der Kinder, die es wagen, im Altersbereich von sechs bis zehn Jahren ein individuelles Schlaf-, Ess- oder Bewegungsverhalten zu äußern, die zappelig sind oder den Leistungsvorstellungen ihrer Eltern oder Lehrer nicht entsprechen, werden mit Psychopharmaka behandelt.
Die einzuleitenden Maßnahmen implizieren folglich nicht das Umfeld der betroffenen Person (z.B. Schule, Familie, Gesellschaft schlechthin), das bei einem anderen Denkansatz ebenfalls als (mit-) verursachend angesehen wird. Sie orientieren sich vielmehr an Persönlichkeitsmerkmalen im Individuum (Dysfunktionen), die als Verursacher für auffälliges Verhalten bzw. Lernstörungen erachtet werden. Die auf dieser Grundlage eingeleiteten „Maßnahmen" bleiben unzureichend, wenn Symptome, wie Verhaltensauffälligkeiten (Sozialbereich, Motorik, Sprache, ...) Lernstörungen und Schulversagen, als das Ergebnis einer Wechselwirkung zwischen dem „Probanden" und einwirkenden Ereignissen und Prozessen in der Umwelt in Frage kommen. Die einseitige medizinische Denkweise traditioneller Art hatte und hat noch bis in die Gegenwart hinein negative Auswirkungen auf Schüler mit Lern- und Verhaltensproblemen. Insgesamt gesehen führt dieses Modell zu einer einseitigen Sichtweise und berücksichtigt nicht die ganze Breite wissenschaftlicher Erkenntnisse.

4.1.2 Das psychologische Modell – Einordnung und Vergleich auf der Basis von Normorientierung

Das traditionelle psychologisch-diagnostische Modell erfasst die Persönlichkeitsmerkmale und Eigenschaften durch Konfrontation mit „standardisierten Reizen“ in der standardisierten Situation, in der Regel durch psychologische Tests, die testtheoretischen Prinzipien (Gütekriterien wie Objektivität, Reliabilität, Validität, Normierung) entsprechen. Dies setzt die Möglichkeit und Notwendigkeit einer Definition und Abgrenzung bestimmter Persönlichkeitsmerkmale voraus, mit dem Ziel der Vorhersage von Verhalten. In der standardisierten Situation wird der Proband aufgefordert, in einer bestimmten Weise auf den gegebenen Reiz zu reagieren. Ziel eines solchen diagnostischen Vorgehens ist die Erfassung von situationsunabhängigen, über die Zeit relativ stabilen Unterschieden bezüglich bestimmter Persönlichkeitsmerkmale und Eigenschaften von Gruppenmitgliedern bzw. „Individuen“, d.h. Personen sollen bezüglich der Ausprägung eines oder mehrerer Persönlichkeitsmerkmale voneinander unterschieden werden. Das gezeigte Verhalten wird nach bestimmten Kriterien bewertet und mit den Bewertungen einer repräsentativen Bezugsgruppe verglichen. Die Position des Probanden bezüglich eines gemessenen Merkmals im Vergleich mit dieser Gruppe ergibt sich unter dem Gesichtspunkt der relativen Abweichung vom Mittelwert dieser Gruppe (vgl. Bundschuh 2014, 100 – 113). Die Grundlage für diese Abweichungsbestimmung bildet die Normalverteilung, also die angenommene Verteilung eines bestimmten Merkmals in der Gesamtpopulation, welche durch die Gauß-Funktion (vgl. Abb. 2) beschrieben wird.

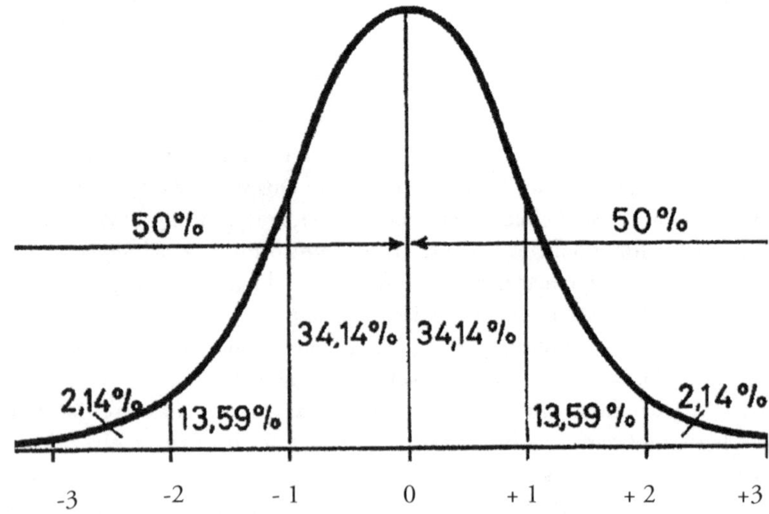

Abb. 2: Normalverteilung

Bei Kindern mit Behinderung bzw. einem besonderen Förderbedarf besteht auf der Basis dieses Modells stets die Wahrscheinlichkeit, ja zwangsläufige Notwendigkeit einer defizitären Beschreibung aufgrund der – mehr oder weniger deutlichen – Abweichung von der durchschnittlichen Norm. Kritisch anzumerken ist ferner, dass die Orientierung am traditionellen psychologischen Modell an sich keine direkten Möglichkeiten zur Ableitung von Fördermaßnahmen zulässt, es handelt sich um ein indirektes Modell der Diagnostik.

Kobi spricht auch von „Klassifizierungs-Diagnostik" (2003, 60f.). Er subsumiert hierunter alle diagnostischen Vorgehensweisen, die versuchen, eine gewisse Ordnung und Systematik in die Vielfalt unterschiedlicher Erscheinungsformen zu bringen. Diese Klassifizierung kann nach verschiedenen Gesichtspunkten erfolgen. Geht der Diagnostiker phänomenologisch vor, so ordnet er Erscheinungsbilder nach bestimmten Leitsymptomen. Bei einer topologischen Klassifizierung stünden bestimmte Erscheinungsorte und Fähigkeitsbereiche als Kriterien zur Verfügung. Lähmungserscheinungen würden beispielsweise als Hemiplegie diagnostiziert, da vorwiegend eine Körperseite von der Lähmung betroffen ist. Die Anwendung dieses diagnostischen Modells in der Praxis führt in erster Linie zu einer Klassifikation von Personen nach einem oder verschiedenen Merkmalen und damit auch häufig zu einer Selektion.

Im pädagogischen und speziell im sonderpädagogischen Bereich hat dieses diagnostische Vorgehen aufgrund seiner Klassifikationsfunktion bei der Zuweisung von Schülern zu bestimmten Schulformen besondere Bedeutung erlangt. Schon *Alfred Binet* konstruierte seine Testaufgaben in dem Bemühen, ein „Instrument" für eine „gerechte und objektive Selektion von Hilfsschülern" aus der Grundschule zu schaffen. Auch die heute üblichen Verfahren der Aufnahme eines Schülers in eine Förderschule orientieren sich teilweise an dem dargestellten traditionellen Modell pädagogisch-psychologischer Diagnostik. Der eigentliche Anstoß für eine „Auslese" von Schülern liegt jedoch im jeweiligen Schulsystem mit seinen Vorstellungen und Normen im Kontext Leistung (Lehrplan) und Verhalten, aber auch im Bereich einzelner Schulen und Lehrer hinsichtlich zu erbringender Leistungen. *Kobi* (ebd., 64f.) sieht das Ziel der Selektions- bzw. Platzierungsdiagnostik in der Einweisung eines Kindes in ein vorgegebenes Funktionsraster. Es existiert ein bestimmtes Anforderungsprofil, wobei die diagnostische Aufgabe darin besteht, Kinder dahingehend zu untersuchen, ob ihre Eigenschaften und Kompetenzen diesem Anforderungsprofil entsprechen. Solche vorgegebenen Anforderungsbereiche können Schultypen, Berufe oder Sondereinrichtungen sein. Das Grundmuster einer solchen Diagnostik folgt dem Entweder-Oder-Prinzip. Die Fähigkeiten eines Kindes passen zu den entsprechenden Anforderungen oder eben nicht. Die vorgegebenen Bedingungen können erfüllt werden oder nicht. Das vorhandene Anforderungsprofil steht dabei nicht zur Diskussion. Auch in den sonderpädagogischen Arbeitsfeldern wurden früher häufig solche Passungsprobleme diagnostisch gelöst, indem ein Kind in ein Heim, eine Förderschule oder in eine teilstationäre Einrichtung wie etwa eine heilpädagogische Tagesstätte „eingewiesen" wurde.

Die „Typisierungs-Diagnostik" ist der Selektions- oder Klassifizierungsdiagnostik sehr ähnlich. Auch hier versucht man Kinder bestimmten übergeordneten Kategorien, für die wiederum bestimmte Verhaltensweisen typisch sind, zuzuordnen. Verwendung finden hier Sammelbegriffe mit Syndromcharakter, wie zum Beispiel das Aufmerksamkeitsdefizitsyndrom (ADS). Das Denken in solchen Kategorien oder „Typen" scheint dann gerechtfertigt, wenn mit einer solchen Klassifikation bzw. Diagnose auch entsprechende medizinisch-psychologische Hilfen für die Betroffenen intendiert sind. Eine klassifikatorische Sichtweise impliziert die Gefahr der Etikettierung, der Gleichsetzung von Person und Diagnose sowie der Vorurteilsbildung.

Mit Beginn der siebziger Jahre wird dieses diagnostische Vorgehen im pädagogischen, speziell im sonder- und heilpädagogischen Arbeitsfeld aufgrund seiner Selektions- und Klassifikationsfunktion und des Fehlens von Informationen über Fördermaßnahmen, die aus den Testergebnissen direkt ableitbar wären, kritisiert.

> „Die traditionelle Testmethodik kann so gesehen durchaus zu einem Testinstrumentarium werden, das über die Selektion zur Konservierung bestehender Unterschiede beiträgt" (Eggert 1979, 394).

Bei einem Vergleich des medizinischen Modells mit dem „traditionellen" psychologisch-diagnostischen Modell fallen eher die Gemeinsamkeiten als die Unterschiede ins Gewicht. Es ist deutlich geworden, dass die Ursachen für körperliche Beschwerden in krankhaften Veränderungen des Körpers, analog dazu die Ursachen für auffälliges Verhalten in der „Seele", irgendwo im Individuum, möglicherweise im zerebralen Bereich zu suchen und zu finden seien. Damit wird im medizinischen Modell der soziale Bezugsrahmen nicht gesehen, demnach ist nur das „kranke" Individuum Objekt der Diagnose, in ihm wird nach Krankheitsgründen gesucht. Dies bringt Konsequenzen für die Diagnose und Therapie im praktischen Bereich mit sich. Die auf den „Kranken" einwirkenden Faktoren der sozialen Umwelt werden eliminiert. Nicht die bisherigen sozialen Bezüge, nicht die Patient-Therapeut- bzw. Lehrer-Schüler- und Schüler-Schüler-Interaktionen werden z.B. in die Diagnose einbezogen, sondern lediglich das „Individuum" interessiert. Die Folgen sind die „Isolierung" des Kranken und die „Isolierung" des Schülers mit Auffälligkeiten. Das Therapieziel wird in der Anpassung des Patienten/Schülers an die Forderungen des „Fachmannes" (Therapeut, Lehrer, ...) gesehen, wobei die Normen objektiv erscheinen, in Wirklichkeit ziemlich willkürlich von außen gesetzt werden.

Auch im Rahmen des traditionellen psychologisch-diagnostischen Modells geht man mit Maßstäben bzw. Normen von außen an den „Probanden" heran. Es wird

gefragt nach Übereinstimmungen bzw. Abweichungen vom Durchschnitt einer Gruppe, zu der ein Proband an sich keine unmittelbare Verbindung hat. Keine Rolle spielen die sozialen Bezüge, die möglicherweise zu Abweichungen („Defiziten") geführt haben. Es besteht also wenig Interesse am Probanden selbst in seinem sozialen Feld und möglichen Veränderungen im Sinne von Verbesserungen dieser Bezüge, d.h. behindernder Bedingungen, vielmehr wird ein Ist-Zustand festgestellt („Statusdiagnostik").
Eine solche Diagnostik geht von der Annahme aus, dass entweder das diagnostische Ergebnis, der Befund, hohe Stabilität besitzt oder die spätere Entwicklung statistisch so bestimmt, dass eine den Status gleichförmig fortschreibende Prognose zulässig und hinreichend ist. Statusdiagnostik (und die in ihr implizite Stabilitätsannahme) ist damit die Voraussetzung für Interventionen vom Typ Selektionsstrategie. Es wird deutlich, dass sich auf der Basis der hier angesprochenen Modelle kaum Vorstellungen über eine effektive Förderung entwickeln können. Vielmehr werden im Zusammenhang mit diesen Modellen z.B. Schulversagen, Verhaltensauffälligkeiten, Schülerprobleme eher „festgeschrieben" als beseitigt, die Frage nach den tatsächlichen Verursachungsmomenten z.B. im sozialen Umfeld – im Sinne behindernder Bedingungen – wird geradezu verhindert.

4.1.3 Verhaltensmodifikatorisch orientierte Intervention – der determinierte Mensch

Während es das Ziel der traditionellen psychologischen Diagnostik ist, so genannte „stabile Persönlichkeitsmerkmale" zu erfassen, die einen wissenschaftlich begründeten Schluss auf das Verhalten eines Individuums in einer bestimmten Situation erlauben, ist es das Ziel der verhaltensorientierten Diagnostik, das konkrete Verhalten eines Individuums in einer bestimmten Situation zu erfassen. Es wird in diesem Ansatz in erster Linie die individuelle Reaktion auf spezifische Aspekte der Umgebung berücksichtigt. Probleme des verhaltensorientierten Ansatzes wurzeln in der variierbaren Setzung der Veränderungs- und Beeinflussungsziele, d.h. in der Frage nach dem Maßstab für Veränderungsbedürftigkeit. Die Gefahr der Manipulation im Rahmen einer Verhaltensmodifikation ist stets gegeben. Als pädagogisch nicht vertretbar erweist sich die Nichtbeachtung der Genese (Ätiologie) einer Verhaltensproblematik. Menschliches Verhalten wird als determiniert durch die soziale Lerngeschichte eines Individuums und durch die aktuellen situativen Bedingungen und/oder die Konsequenzen des betreffenden Verhaltens angesehen. Das traditionelle diagnostische Modell, das über das Verhalten in einer bestimmten Testsituation auf die dieses Verhalten verursachenden Persönlichkeitsmerkmale zu schließen versucht, wird auch als indirektes diagnostisches Modell bezeichnet und steht damit dem direkten, verhaltensorientierten Modell gegenüber, das im diagnostischen Prozess lediglich beobachtbares Verhalten einer Person erfassen möchte.

Das methodische Vorgehen der verhaltensorientierten Diagnostik stützt sich hauptsächlich auf die Verhaltensbeobachtung (Fremd- und Selbstbeobachtung) in standardisierten oder natürlichen Situationen und auf Verhaltensberichte. Dabei gilt, streng genommen, das Interesse des Diagnostikers ausschließlich der registrierten beobachtbaren Häufigkeit bzw. Intensität des Verhaltens, das nicht mit dahinter liegenden Dispositionen oder Ursachen in Verbindung gebracht wird. Die Klassifikation der Häufigkeit oder Intensität eines Verhaltens als auffällig oder unauffällig bzw. erwünscht oder unerwünscht ist nach diesem Modell nicht das Ergebnis eines Vergleichs einer Person mit einer Bezugsgruppe im diagnostischen Prozess, sondern das Resultat eines sozialen Etikettierungsprozesses (Belschner 1974, 44ff.). Die an eine verhaltensorientierte Diagnostik anschließende Intervention versucht die Häufigkeit bzw. Intensität eines „unangemessenen", veränderungsbedürftigen Verhaltens in einer spezifischen Situation direkt zu verändern. Die Interventionsstrategien sind abgeleitet aus den Lerngesetzen, die zur Erklärung der Entstehung des unerwünschten modifikationsbedürftigen Verhaltens, aber auch zur Erklärung des Aufbaus von erwünschtem Verhalten herangezogen werden.
Die Betonung der Situationsabhängigkeit des Verhaltens ist das besondere Verdienst dieses diagnostischen Modells. Deren diagnostische Erfassung gibt gleichzeitig direkte Hinweise auf Änderungsdimensionen und -möglichkeiten. Ein Problem der verhaltensorientierten Diagnostik im Rahmen der Pädagogik, speziell im Bereich der Sonder- und Heilpädagogik, ist das Fehlen von Kriterien für Auffälligkeit bzw. unangemessenes Verhalten. So gibt dieser Ansatz dem Pädagogen auf die Frage, welche Häufigkeit und Intensität ein Verhalten nun als veränderungsbedürftig anzeigen, genauso wenig eine Antwort wie auf die Frage, bei welcher Intensität und Häufigkeit ein Verhaltensziel erreicht, ein Verhalten nicht mehr als auffällig zu bezeichnen sei. Es stellt sich auch die Frage, welches Menschenbild einem solchen Ansatz zugrunde liegt.
Kann es der Erzieher verantworten, für ein Kind, das vielleicht aufgrund einer Behinderung zu Selbstbeobachtung und Selbststeuerung zunächst nur bedingt fähig ist, die Identifikation von veränderungsbedürftigem Verhalten und das Setzen von Verhaltenszielen zu übernehmen und einen Modifikationsprozess so lange in Gang zu halten, bis das Verhaltensziel erreicht ist?
Von den bisher aufgezeigten diagnostischen Modellen hebt sich deutlich *Kaminskis* Ansatz ab. Ausgehend von der üblichen Struktur des Arbeitsablaufes in der psychologischen Beratungspraxis wird ein äußerst differenziertes „anderes Strukturschema klinisch-psychologischer Arbeit" (1970, 35) entworfen. Dieses Strukturmodell stellt eine Vorgehensweise der Diagnostik dar, die sich am Individuum in seiner spezifischen Situation und an dessen Problemen orientiert.
Man kann den wesentlichen Unterschied zu bisherigen Ansätzen darin sehen, dass ein und dieselbe Entscheidungsprozedur nicht mehr in gleicher Weise auf eine

mehr oder weniger große Anzahl von Menschen angewandt, vielmehr individuell gehandelt wird. Diagnose und Therapie gelten als Einheit. Der Diagnostiker ist auch Praktiker, er trägt die Verantwortung für die Informationsgewinnung und -auswertung sowie für die Umsetzung der gewonnenen Erkenntnisse in eine entsprechende Therapie. Dieses Modell orientiert sich an kybernetischen Prinzipien. Der diagnostische Prozess wird als Flussdiagramm dargestellt, in dem die Informationsgewinnungs-Schleifen mehrfach durchlaufen werden können (ebd., 487). Diese Diagnostik versucht, alle Ursachen und Bedingungsfaktoren – z.B. im Zusammenhang mit dem momentanen Zustand und der Situation des Schülers –, die der Erreichung des Zielzustandes im Wege stehen, zu klären, um so genügend Informationen für die sich anschließende praktisch-therapeutische Phase zu erhalten.

Die Konzeption *Kaminskis* gab nach 1970 auch der sonderpädagogischen Diagnostik deutliche Impulse. Aus dieser Konzeption ergibt sich die Forderung nach einer engen Verbindung zwischen Diagnose und Therapie (bzw. Unterricht) und nach der Anwendung in der täglichen unterrichtlichen und therapeutischen Praxis. *Kaminskis* Modell erweist sich für die klinisch-psychologische Praxis als „Idealmodell ..., das von der Wirklichkeit relativ selten erfüllt werden kann“ (ebd., 459). Die konsequente Umsetzung dieses Modells erfordert ein differenziertes wissenschaftstheoretisches bzw. psychologisches Hintergrundwissen, das nur durch eine gründliche und breite Ausbildung zu vermitteln ist.

Das Prinzip des Flussdiagramms im Sinne *Kaminskis* wurde später teils erweitert, teils verlassen, denn die Antwortmöglichkeiten „Ja/Nein“ erwiesen sich im Hinblick auf die Fragestellungen als zu eng. Hervorzuheben ist, dass er mit seinem Beitrag einen wichtigen Schritt zu einem neuen Diagnostik-Verständnis in Richtung Erfassung der Komplexität psychischer Probleme unternommen hat und damit auch deutliche Impulse für eine förderungsorientierte Diagnostik gab.

Die verhaltensorientierten Ansätze stellen insofern einen Fortschritt gegenüber dem medizinischen Modell dar, als sie aus der nur auf das Individuum verengten Sichtweise heraustreten. Gezeigtes Verhalten gilt als gelernt. Eine besondere Problematik stellt die Kriterienfrage dar, z.B. im Hinblick auf „auffälliges Verhalten“. Im Gegensatz zu früheren Modellen von Diagnostik als Messung wird insbesondere im Ansatz von *Kaminski* Diagnostik als Einbringen von Informationen für und über Behandlung verstanden. Wenngleich die Frage nach den Vorstellungen des Probanden bereits eine gewisse Rolle spielt, wird auch im Rahmen dieses Ansatzes die Person „behandelt“.

Insgesamt gesehen bleibt das Problem der Setzung und Bestimmung der Veränderungsziele von außen auch nach der „kognitiven Wende“ (Kanfer 1977) erhalten. Gerade im Hinblick auf Kinder mit Behinderungen, speziell bei Kindern mit Förderbedarf soziale und emotionale Entwicklung sowie bei einem Förderbedarf geistige Entwicklung, fragt man sich, wie mit Hilfe einer Verhaltensformel (vgl.

Bundschuh 2008, 270ff.) dieses an sich stark verhaltenstechnologischen Ansatzes, die Bedingungen und Voraussetzungen für das aktuelle Verhalten, der Erfahrungsbereich, die Genese des Verhaltens in einer bestimmten Situation erfasst und erklärt werden sollen. Es wird hier einseitig der – beobachtbare – Verhaltensaspekt betont. Verhalten gilt als unmittelbar beobachtbare und erschließbare „Erlebnisweise". Als eine Art technologischer Ersatz für erzieherisches Handeln oder gar als Möglichkeit und Zugang zu einem Verstehen des So-Seins einer Person kommt diese Vorstellung über Menschen in dieser isolierten Form ohne den Einbezug interpretationsbedürftiger Bedingungen nicht in Frage. Der Aspekt der Tiefe, den die Lerntherapie nach Metzger (2008) hervorhebt, wird in dieser Sichtweise von Verhalten in seiner Bedeutung und Wirkweise nicht hinreichend beachtet.

Häufig stellen Pädagogen und Psychologen im praktischen Arbeitsfeld nicht die Frage: „Willst du dich ändern?", sondern vertreten die Meinung: „Ich will dich ändern", „ich will, dass du dich änderst", „wir wollen dich ändern", „ich will, dass du dich änderst, weil es der Lehrplan so will" Verhaltensänderungen und -ziele werden dann relativ häufig mit Hilfe verhaltensmodifikatorischer Methoden angestrebt.

4.2 Erweiterte Ansätze psychologisch-pädagogischer Diagnostik

Der pädagogische Sinn von Diagnostik liegt primär in der Unterstützung bei der positiven Persönlichkeitsentfaltung mit der Zielrichtung Lebensbewältigung. Probleme bei der Anwendung im pädagogischen Bereich werden insbesondere beim Vorgehen nach dem medizinischen und nach dem psychologischen Modell deutlich. Als sehr umstritten gilt beim medizinischen Modell die Verengung der Sichtweise vor allem auf so genannte „Zustände" innerhalb einer Person. Persönlichkeitsspezifische Phänomene, wie z.B. Verhaltensauffälligkeiten, werden mit Hilfe von Bedingungen *in* der Person erklärt.

Beim traditionell psychologisch-diagnostischen Modell erweist sich im Zusammenhang mit sonder- und heilpädagogischen Fragestellungen der jeweilige Vergleich eines „gemessenen" Merkmals mit den Bewertungen einer so genannten repräsentativen Bezugsgruppe als problematisch. Orientiert man sich an diesem Modell, werden Aussagen über Kinder mit Behinderungen jeweils Defizitbeschreibungen, Personen werden zum Objekt gemacht. Im Bereich dieses Denkansatzes ergeben sich kaum Möglichkeiten für ein Verstehen einer Person und deren Problematik und für die direkte Ableitung von Fördermaßnahmen.

Beim verhaltensorientierten oder verhaltensdiagnostischen Modell kann als positiv das Einbeziehen des sozialen Aspektes z.B. beim Imitationslernen gewertet werden. Im Rahmen des ursprünglichen verhaltensorientierten Modells spielt die

Frage nach der Ätiologie eines Verhaltens im Hinblick auf die frühe Kindheit kaum eine Rolle. Als problematisch erweist sich die Setzung der Ziele, z.B. die Frage, welche Ziele angestrebt werden sollen und wer diese Ziele bestimmt. Auch im Zusammenhang mit diesem Ansatz wird weniger nach dem Subjekt, also nach den Bedürfnissen einer Person gefragt.

Während bei den hier kurz vorgestellten diagnostischen Modellen der pädagogische Bezug nicht oder nur in Ansätzen sichtbar wird (ausgenommen Kaminski 1970), wird bei den nun folgenden Ansätzen ein Zusammenhang zwischen Diagnostik im Sinne von Informationsgewinnung über eine Person zwecks Förderung und Umsetzung in Fördermaßnahmen erkennbar. Diese Ansätze berücksichtigen jedoch noch nicht die ganze in einen umfassenden Förderungsansatz einzubeziehende pädagogische Breite, d.h. sie beschäftigen sich primär mit Teilaspekten der Förderung. Teilweise wird einseitig das Moment der Umweltbeeinflussung, teilweise die Sachlogik von Lerngegenständen in Verbindung mit der Entwicklung kognitiver Strukturen betont. Kaum berührt werden Fragen wie: Welche Bedürfnisse hat eigentlich ein Kind? Was will es? Kann man es verantworten, Lernvorgänge „gezielt" in Gang zu setzen, voranzutreiben ohne die Frage der Bedürfnisse und der Motivation und auch den Aspekt der emotionalen Befindlichkeit des Subjektes einzubeziehen und zu berücksichtigen?

4.2.1 Das gesellschaftswissenschaftliche oder interaktionistische Modell

Während beim verhaltensorientierten Modell der Diagnostik die Häufigkeit bzw. Intensität des Verhaltens einer Person in einem bestimmten situativen Kontext im Mittelpunkt des diagnostischen Prozesses steht, wird im gesellschaftswissenschaftlichen oder interaktionistischen Modell der Diagnostik die Betonung auf die Wechselwirkung zwischen gesellschaftlicher Umwelt und Verhalten einer Person in dieser Umwelt gelegt. Die Ursachen, z.B. für das Auftreten „abweichenden" Verhaltens werden hier in (ungünstigen) sozialen Bedingungen und Einflüssen gesucht. Aufgabe der Diagnostik muss es sein, das ganze Bedingungsgefüge in die Beobachtung mit einzubeziehen. Die sozialen und damit auch die schulischen Bedingungen für Verhalten werden sowohl als Ursache als auch Wirkung für das Auftreten von „deviantem" Verhalten bzw. auch von Minderleistungen und für die Etikettierung von Abnormität angenommen.

Es gehört somit zur Aufgabe des Diagnostikers, das gesamte Bedingungsgefüge in seine Beobachtungen einzubeziehen und es ggf. im Sinne einer besseren Förderung eines Kindes zu modifizieren (vgl. auch 4.2.3) Eine an diesem Modell orientierte Diagnostik versucht die Interaktion einer Person mit gesellschaftlichen Institutionen und Gruppen, in denen sie sich bewegt (z.B. Familie, Schule, Kirche, Altersgruppe usw.), zu analysieren. Ziel dieser Analyse ist es, innerhalb dieser Gruppen bzw. Institutionen Prozesse zu identifizieren, von denen wissenschaftlich begründet angenommen werden kann, dass sie Verhaltensauffälligkeiten und Leistungsschwierigkeiten begünstigen bzw. mit verursachen, d.h. eigentlich Behinderungen (mit-)bedingen. Auf die Situation der Gegenwart übertragen, aber auch für die Zukunft, bedeutet dies die dringende Notwendigkeit einer gründlichen Diagnose behindernder Bedingungen. Die Kind-Umfeld-Analyse dient der Erhellung dieser Bedingungen, dem Verstehen der Betroffenen, der diagnostischen Beziehungsgestaltung und der Ableitung von Fördermaßnahmen (vgl. Bundschuh 2014, 344ff.; 349-355).

So genannte Interventionsstrategien, die sich aus diesem diagnostischen Modell ableiten lassen, setzen bevorzugt an den ungünstigen Umweltbedingungen an, deren Beseitigung bzw. Veränderung eine Reduzierung des devianten Verhaltens bzw. der Leistungsstörung erwarten lassen. Persönlichkeitsmerkmale oder Verhaltensweisen einer Person und deren Veränderung spielen in diesem Förderungsansatz demnach eine relativ geringe Rolle. So versucht man z.B. Lernstörungen nach dem entsprechenden Diagnose- und Interventionsmodell durch die Analyse und Veränderung der Lernsituation, also der Umweltsituation im weiten Sinne zu beheben. Es muss allerdings vermerkt werden, dass eine solche Organisation der Lernumwelt nur optimal gestaltet werden kann, wenn gleichzeitig die besonderen Lern- und Leistungsprobleme bzw. -möglichkeiten eines Kindes genau untersucht werden. Als vorteilhaft erweist sich im pädagogisch-didaktischen Verständnis die Suche nach speziellen Begabungen, also die Anknüpfung an besondere Möglichkeiten, Stärken und Kompetenzen eines Kindes.

Erfolge auf der Basis dieses Modells hängen also in hohem Maße von Veränderungsmöglichkeiten der Umwelt ab. So existieren Behinderungen an sich nicht, sie sind zu sehen als ein psycho-soziales Phänomen. Insofern wird zu Recht „Gesellschaftserziehung bei Sozialrückständigkeit“ gefordert, d.h., dass durch Initiierung gesellschaftlicher Lernprozesse mehr Integrationsfähigkeit und -bereitschaft sowie ein höheres Maß an Chancengerechtigkeit erreicht werden soll.

4.2.2 Diagnostische Ansätze mit didaktischer Orientierung – strukturbezogene oder qualitative, lern- und prozessorientierte Diagnostik

Zu den diagnostischen Ansätzen mit deutlich didaktischer Orientierung gehören die strukturbezogene oder qualitative Diagnostik, die Lerndiagnostik und die prozess- und handlungsorientierte Diagnostik. Hierbei geht es vor allem um die enge Verbindung und Verzahnung zwischen Diagnose und Förderung.

Strukturbezogene oder qualitative Diagnostik

Das didaktisch-diagnostische Bezugssystem zur Anleitung von Lernprozessen liegt hier „in der Sachlogik eines Lerngegenstandes oder in der Entwicklungslogik einer kognitiven Struktur“ (Probst 1979, 113). In den Ansatz der strukturbezogenen oder qualitativen Diagnostik gehen Theorien der Entwicklungspsychologie, der

Lernpsychologie sowie fachdidaktische und fachwissenschaftliche Überlegungen ein. Beim „Probanden" sollen der jeweilige Entwicklungsstand, die entsprechenden bisherigen Einsichten und damit die Voraussetzungen zum Erwerb neuen Wissens diagnostiziert werden. Dieser psychischen Repräsentationsstufe auf der Seite des Kindes entspricht eine ganz bestimmte Sachstruktur des Lerngegenstandes, die bezüglich ihrer Lernelemente nach kleinsten Schritten analysiert werden muss. Die strukturbezogene Betrachtungsweise geht davon aus, „daß der Untersuchung subjektiver kognitiver Strukturen die Analyse des entsprechenden Gegenstandes vorausgehen muß" (ebd., 119).

Den Sachstrukturen liegt die Annahme zugrunde, dass ein gegebenes Lernniveau die früheren, elementaren Stufen als Ausgangsbasis und Fundament voraussetzt. Es wird also eine Lernhierarchie angenommen, d.h., dass das Erreichen (die Aneignung) einer Lernstufe eine wichtige Voraussetzung für den Erwerb der folgenden Lernstufe sei. Die Folge einer Diagnose auf dieser Basis ist die Unterweisung des Probanden in seiner Zone der nächsten Entwicklung. Die Möglichkeit der Weiterentwicklung gibt es immer. Dies gilt für jeden Menschen (Galperin 1967; Leontjew 1977; Probst 1979, 113). Die Voraussetzung für eine solche Vorgehensweise ist die Klärung der Frage: Wie kommt man vom Einfachen zum Komplexen? Welche Zwischenschritte werden benötigt? Wie kann man – messend – eruieren, was als einfach und was als komplex gilt? Es interessiert also das Charakteristikum der Lerngegenstände, nämlich ihre Beschaffenheit, ihre Struktur und der Bezug zum Schüler. Die Probleme dieses Ansatzes liegen in den Fragen begründet: Was ist – auch vom Kinde aus betrachtet – einfach, was komplex, was ist leichter und was schwerer erlernbar?

Als Voraussetzung für diesen Ansatz gilt, dass es für alle Kinder so etwas wie eine „gemeinsame Folie" der allgemeinen Entwicklung gibt. Entsprechend könnten strukturbezogene Aufgabenstellungen für alle Fächer gegeben werden, wie z.B. in Mathematik (Zahlbegriff), im Zusammenhang mit Lesen, Sprache, speziell „Oberbegriffbildung" (vgl. Probst 1981). Auch z.B. in der Musik oder Geografie müssten sich jeweils solche logisch-historische Strukturen finden und analysieren lassen.

Für die Diagnostik ergeben sich primär drei **Untersuchungsschwerpunkte:**

- Wie weit wird der Lerngegenstand beherrscht; also eine Beschreibung der Elemente einer Sachstruktur, um den Stand der aktuellen Leistung zu eruieren mit dem Ziel, die nächste Entwicklungsstufe zu finden.
- Analyse der Bedürfnisstruktur als Ausgangspunkt für motivierendes Handeln. Gestellt wird die Frage nach dem Bezug des Probanden zum Lerngegenstand.
- Ingangsetzung von Aneignungs- bzw. Lernprozessen, ausgehend vom entsprechenden Entwicklungsstand.

Zweifellos orientiert sich die strukturbezogene Diagnostik am jeweiligen Individuum mit seinen Lernproblemen. Der Milieuaspekt wird offensichtlich nicht explizit thematisiert. Der ganzheitliche Einbezug einer Person in den Lernprozess lässt sich auf der Basis des vorliegenden Ansatzes unter Berücksichtigung emotionaler und motivationaler Vorgänge nur schwer analysieren, erklären und verstehen.
Die Belange des Subjektes als erkennende Instanz, das sich selbst, „seine Wirklichkeit",und damit „seine Welt" durch Assimilation und Akkommodation (Piaget) konstruiert, werden hier nicht hinreichend hinterfragt. Jede kognitive Erfahrung bezieht den Erkennenden wegen seiner biologisch verwurzelten und autonomen Eigenstruktur in sehr persönlicher Weise ein, so dass sich „Gewissheit" als ein individuelles Phänomen erweist, das gegenüber der kognitiven Handlung eines anderen blind ist (Maturana/Varela 1991). Die „reine Logik" in der Sache begründet kann nicht alles sein, sicherlich würden dies auch Vertreter des Konstruktivismus so sehen (vgl. Bundschuh 2010, 151 – 156).
Der Ansatz der strukturbezogenen oder qualitativen Diagnostik ist also nicht neu. Von entwicklungspsychologischer Seite ist die Entwicklungshöhe des Individuums, bezogen auf den Lerngegenstand und die Analyse, bzw. die didaktische Aufteilung des Lerngegenstandes in kleinste Lernelemente hervorzuheben. In dem Aspekt der Entwicklungshöhe des Individuums könnte bis zu einem gewissen Grade das Subjekt als erkennende Instanz aufgehoben sein bzw. eine Rolle spielen.

Lerndiagnostik

Der Ansatz der Lerndiagnostik stellt einen Versuch der Abkehr von den Prinzipien der klassischen Testtheorie dar. Im Zusammenhang mit der generellen Zielsetzung wird von einer lernbegleitenden Diagnose ausgegangen, wobei ein lernorientiertes Persönlichkeitsmodell zugrunde liegt. Ein Bezug zum Curriculum kann mehr oder weniger direkt bestehen. Nicht die Prognose von Lernleistungen, vielmehr deren Veränderbarkeit steht im Vordergrund der Überlegungen. Man erwartet auf der Basis dieser Zielsetzung eine bessere Erfassung und Beobachtung der Lern- und Aufgabenlösungsprozesse, um somit über eine Grundlage für abzuleitende Fördermaßnahmen zu verfügen. Als Voraussetzung einer Lerndiagnose gilt die lern- und kognitionstheoretische Fundierung.
Wenn der Lernende über kognitive Fähigkeiten verfügen muss, um einen bestimmten inneren Handlungsablauf zu vollziehen, kann man den Stand dieser Fähigkeiten bis zu einem gewissen Grad diagnostizieren und gleichzeitig Möglichkeiten zur weiteren Entwicklung des Handlungsprogrammes, also zur Erweiterung oder Förderung der Persönlichkeit, eruieren bzw. in Gang setzen.
Für die Lerndiagnostik ergibt sich daraus im Prinzip folgendes Vorgehen:
„Zunächst muß anhand des Lernziels bestimmt worden sein, welches Aktionsprogramm zur Lösung der gestellten Aufgabe erforderlich ist. Ausgehend von die-

sem Programm ist dann für jeden Probanden festzustellen, welche der einzelnen Unterprogramme bereits so leicht und sicher bereitgestellt und aktiviert werden können, daß man bei den betreffenden Vollzügen von ‚elementaren Operationen' sprechen kann" (Schnotz 1979, 105). Eine Lerndiagnose unter handlungstheoretischem Aspekt schließt demnach die Aufgabe ein, zu eruieren, wieweit der Aufbau eines intendierten Handlungsprogramms fortgeschritten ist, d.h., es muss bestimmt werden, über welche der zu diesem Handlungsprogramm gehörenden Unterprogramme der Lernende bereits verfügt und wie er sie miteinander verknüpft hat. Ferner gehört dazu die Frage, welche Programm-Bestandteile noch fehlen und schließlich ggf., welche inadäquaten Vollzüge bzw. Programm-Bestandteile versehentlich angeeignet wurden. Auf der Basis „handlungsregulationstheoretischer Kategorien" reduziert sich die Aufgabe der Lerndiagnostik auf die Beantwortung zweier **Grundfragen:**

- „Welche, der in dem geforderten Aktionsprogramm enthaltenen Operationen sind für den Probanden elementar und wie komplex sind diese Operationen?
- Vollzieht der Proband Operationen, die für die Aufgabenlösung nicht erforderlich sind und – wenn ja-welche sind dies?" (ebd., 106).

Einige Probleme der hier aufgezeigten Lerndiagnostik liegen in der zweifellos mangelnden Ökonomie der Entwicklung solcher Verfahren, wenn man vor allem den Zeitaufwand in Rechnung stellt. Sie werden wohl auch nur dann realisierbar sein, wenn der Lösungsverlauf von Aufgabenstellungen sich entäußert, also transparent wird. Zudem wird ein streng logischer Lösungsverlauf vorausgesetzt. Auch darf die Reihe der Lösungsschritte nicht zu lang sein. Es bleibt ferner die Frage bestehen, ob auch komplexe Aufgabenstellungen in eine solche Lerndiagnostik einbezogen werden können. Auch *Schnotz* gesteht ein, dass bei manchen Schülern Lernprobleme vorkommen, die dem Anschein nach kognitiv bedingt sind, faktisch jedoch primär nichtkognitive Ursachen haben (vgl. 1979, 196). Schließlich lassen sich kognitive Prozesse eines Lernenden nicht lückenlos von außen her beobachten und auch unter Berücksichtigung von Emotionalität und Motivation nie total beeinflussen (vgl. Bundschuh 2008, 179ff.; 194-202). Das spricht für die nicht gänzliche Kalkulierbarkeit kognitiver Prozesse, auch wenn die Vertreter der Lerndiagnostik Lernvorgänge als prinzipiell kalkulierbar im Sinne von berechenbar betrachten. Im Zusammenhang mit diesen Überlegungen sind Lehrerinnen und Lehrer mit erhöhter Sensibilität für die Lernmöglichkeiten des einzelnen Kindes, für die Vermittlung eines Lerngegenstandes (kognitiver Aspekt) unter Einbezug emotionaler, ganzheitlicher Prozesse gefordert. Forschungen und Erkenntnisse zur Metakognition im Rahmen kognitiver Vorgänge speziell in Problemlösesituationen, stellen eine sinnvolle Ergänzung zu Fragen der Lerndiagnostik dar.

Kindzentrierte Lernprozesse und handlungsorientierte Diagnostik

Schulische Probleme legen eine lernprozess- und handlungsorientierte Vorgehensweise im Sinne einer praxisbegleitenden Diagnose nahe. Die Notwendigkeit prozess- und handlungsorientierten Vorgehens besteht vor allem in Förderzentren mit dem Förderschwerpunkt geistige Entwicklung, im Rahmen des Unterrichts in den Diagnose- und Förderklassen, in der Schule mit dem Förderschwerpunkt Lernen, in integrativ unterrichtenden Schulen und Schulklassen, im Zusammenhang mit sozialen und emotionalen Problemen (Verhaltensstörungen) und damit zusammenhängenden lerntherapeutischen Herausforderungen, an sich immer im Kontext mit der Erziehungswirklichkeit an Regelschulen und Schulen für Kinder mit Behinderungen zwecks Erstellung, Realisierung und Evaluation von Förderplänen (vgl. Kap. 8).

Diese Variante der Diagnostik, die primär die Förderung von Schülern betont, unterscheidet sich nicht so deutlich von der strukturbezogenen Diagnostik und von der Lerndiagnostik, wenn man vom theoretischen Bezugsrahmen absieht. Ausgangsbasis und Intention dieses Ansatzes pädagogischer Diagnostik beziehen sich auf die Faktoren der Schule als Lernsituation, der Klasse als Unterrichtssituation, des Lehrers als Lernkoordinator und auf die komplexen Prozesse zwischen Schüler und Material (Curriculum), die zu definierten Verhaltensänderungen führen sollen. Im Zusammenhang mit diesem Ansatz ist zu betonen, dass Lernen im Unterricht sich nicht nur begrenzt auf die lerntheoretischen Paradigmata reduzieren lässt, vielmehr soll die gezielte Intervention auch die jeweiligen Inhalte und sozialen Interaktionen berücksichtigen.

Schulische Probleme, d.h. Förderbedarf in den Bereichen Lernen, geistige, motorische, soziale und emotionale Entwicklung, Hören, Sehen, (Schulleistungen, Lern- und Leistungsstörungen, Verhaltensauffälligkeiten, Wahrnehmung, Motivation, ...) legen eine prozessorientierte Vorgehensweise unter Einbezug situativer und umweltbedingter Faktoren nahe. Es geht hierbei deutlich um eine in der pädagogischen Praxis wirksame und bedeutsame Diagnostik, d.h. um eine praxisbegleitende Diagnostik. Allgemein dargestellt versteht man unter Prozessdiagnostik Längsschnittanalysen über mehrere Zeitpunkte hinweg bei gleichzeitiger Beeinflussung des zu erfassenden Verhaltens.

Ein Aspekt dieser Diagnostik impliziert, dass Schülern in bestimmten Zeitabständen im Verlauf einer Unterrichtseinheit curriculumbezogene – formelle und informelle – Tests vorgegeben werden, um Informationen über Förderung und Differenzierung zu erhalten. Ein weiterer Aspekt läge in der Ausarbeitung von Testaufgaben, die es aufgrund ihrer Konstruktion dem Lehrer ermöglichen, bei falschen Lösungen gleichzeitig die spezifischen Lerndefizite der Schüler zu erkennen.

Ein sonder- und heilpädagogisch relevanter Aspekt einer prozess- und handlungsorientierten Diagnostik ist die unmittelbare und stetige Beobachtung schulischen Lern- und Leistungsverhaltens sowie sozialen Verhaltens und die Umsetzung dieser Beobachtungen in differenzierende, helfende und fördernde Maßnahmen didaktischer, pädagogischer und sozialer Art. Eine systematische Ausarbeitung eines solchen Ansatzes könnte für Kinder mit unterschiedlichen Beeinträchtigungsarten Gewinn bringend im Sinne der Möglichkeit eines Neuanfanges, der Initiierung entscheidender weiterführender Lernprozesse sein.

Allerdings liegen auch gegenwärtig immer noch Probleme im Zusammenhang mit der Veränderungsmessung vor, die nur in Ansätzen gelöst sind, zweifellos impliziert Prozessdiagnostik noch viele Schwierigkeiten. Ich bin der Auffassung, dass die wissenschaftliche Erforschung von Lernvorgängen und Überlegungen zum Ablauf von Lernprozessen dringend erforderlich sind, dass man sich jedoch von diesem künstlichen Zwang der absoluten Kalkulierbarkeit von Lernvorgängen befreien sollte. Das Kind, der Mensch generell ist eben weder eine Lernmaschine noch ein Computer. Es handelt sich um ein „Wesen", das nicht einfach funktioniert. Im Bereich des Zwischenhirnes (Thalamus) geschieht unter Einbezug emotionaler Prozesse im Hinblick auf Wahrnehmung und Lernen so Vieles und Komplexes, dass eine völlig logische wissenschaftliche Erfassung und Analyse vernetzter, komplexer kognitiver Prozesse (Lernvorgänge) unmöglich ist (vgl. Bundschuh 2003, 63-84, 111-126).

Eine Gefahr fertiger Beobachtungssysteme sehe ich auch in einer vorzeitigen Festlegung des Interventionszieles, unabhängig von den Anforderungen des Curriculums sowie in der ungenügenden Berücksichtigung der Beobachtungsbreite. Tatsächlich wirksame und bedeutsame Verhaltensbedingungen könnten dabei möglicherweise außer Acht gelassen werden. In der unreflektierten Übernahme von Beobachtungskategorien kann nicht das neue Heil der pädagogischen Diagnostik gesehen werden. Im Interesse der Schüler erweist es sich als besser, solche Verfahren im Interventionsprozess flexibel, variabel und unter Beachtung der gegenseitigen Verständigung mit den einbezogenen Kindern zu entwickeln.

Unter dem Aspekt der Quantität wird manchmal die höhere Effizienz einer integrativen schulischen Unterrichtung im Unterschied zum Unterricht in der Schule mit dem Förderschwerpunkt Lernen gesehen. Mag sein, dass sich die gemessenen Leistungen unterscheiden, als wirklich bedeutsam erweist es sich, wie sich die Persönlichkeit eines Kindes entwickelt, wie offen sie für zukünftiges Lernen, für das Leben in einer komplexen Welt sein wird. Unter dem Aspekt der Quantität von Leistungsfortschritten werden wir bei verschiedenen Ansätzen wie z.B. *Montessori, Steiner, Petersen,* bei der Unterrichtung nach der Methode des „Prototypischen Unterrichts" *(Westphal)* oder eines mehr handlungsorientierten Unterrichtes *(Nestle, M*ühl) meist zu unterschiedlichen Ergebnissen kommen. Wesentlich dürfte sein, was sich in der Person des Kindes im Rahmen erziehlicher und schulischer Prozesse bezogen auf Lernvorgänge, aber auch im Hinblick auf Gefahren (Alkohol, Drogen, Kriminalität, ...) oder auf die psychosomatische Befindlichkeit wirklich prozesshaft ereignet und wie gut ein Kind mit seinem gegenwärtigen

und zukünftigen Leben zurechtkommt, wie es sein Leben und seine Wirklichkeit konstruiert.
Es ist in der Tat fraglich, ob sich im pädagogischen Bereich eine messende Erfassung von Entwicklungs- und damit auch Lernfortschritten als sinnvoll erweist oder ob es nicht wichtiger ist, dass überhaupt eine positive Erweiterung der Persönlichkeit stattgefunden hat, auch wenn sie sich nicht mittels einer quantitativen Aussage bestätigen lässt. Wenngleich bei den Ansätzen der Lerndiagnostik und der lernprozessorientierten Diagnostik der direkte Bezug zu Inhalten und Struktur der pädagogischen Situation betont wird, fehlt die Berücksichtigung der außerschulischen Bedingungen für das Lernen wie die soziale Umwelt, die Beschaffenheit der Familie, Sprache, kulturelle Anregungen, ökonomische Situation, Wohnungsgröße und -beschaffenheit, Wohngegend, ggf. Heim. Es geht hier vor allem um die Qualität und Tiefe von Lernprozessen im Hinblick auf Offenheit für zukünftiges lebenslanges Lernen.
Durch hierarchische Schulsysteme hervorgerufene schulische Probleme, die Kinder in Notsituationen bringen können, legen eine erweiterte, offene prozessorientierte und verstehende Vorgehensweise im Sinne einer praxisbegleitenden Diagnose nahe.
Prozessdiagnostik ist die flexible, variable, individuumorientierte Anwendung diagnostischer Verfahren oder Methoden über einen längeren Zeitraum hinweg mit dem Ziel der Analyse und Beseitigung der die geistige, emotionale und soziale Entwicklung der Persönlichkeit behindernden Bedingungen, die sowohl in der sozialen und materialen Umwelt als auch in der Person des Kindes (Lernhemmungen, emotionale Probleme) zu suchen sind (vgl. Bundschuh 2008, 178-184; 225f.).

4.2.3 Der systemische Ansatz

Relativ häufig werden Behinderungen und Verhaltensauffälligkeiten in einen Zusammenhang mit systemischen Überlegungen gebracht. Bereits *Urie Bronfenbrenner* hat einen viel beachteten Ansatz zur systemischen Beschreibung kindlicher Entwicklungskontexte skizziert (1981). Der Wissenschaftler weist auf die Vielfältigkeit und Komplexität der sozialen Umwelten von Kindern hin. Es handelt sich um Systeme, die nicht unabhängig voneinander existieren. *Bronfenbrenner* unterscheidet zwischen dem Mikro-, Meso-, Exo- und Makrosystem (vgl. Abb. 3). Für die meisten Kleinkinder besteht das Mikrosystem aus ihrer Familie. Neben der familialen Umwelt lernen sie zunehmend weitere Mikrosysteme kennen, wie die Wohnung der Großeltern oder der Nachbarn, die Spielgruppe, die Kinderarztpraxis und den Lebensmittelladen. Diese bilden zusammen das Mesosystem. Das Mesosystem umfasst alle Wechselbeziehungen zwischen diesen Lebensbereichen, an denen das Kind aktiv beteiligt ist. Ein Mesosystem ist somit ein System von Mikrosystemen. Die verschiedenen Mikrosysteme werden jedoch von Exosystemen beeinflusst. Hierunter versteht *Bronfenbrenner* Lebensbereiche, – wie bei-

spielsweise der Kindergarten eines älteren Geschwisters oder auch die Arbeitsstätte der Eltern – „an denen die sich entwickelnde Person nicht selbst beteiligt ist, in denen aber Ereignisse stattfinden, die beeinflussen, was in ihren Lebensbereichen geschieht oder die davon beeinflußt werden“ (ebd. 42).
Unter Makrosystem wird eine grundsätzliche, formale und inhaltliche Ähnlichkeit der Systeme niedriger Ordnung, d.h. der Mikro-, Meso-, und Exosysteme verstanden. Diese bestehen in der Kultur bzw. einer Subkultur, einschließlich ihrer zugrunde liegenden Ideologien und Weltanschauungen. Sicherlich wird der systemische Ansatz der Komplexität der Problematik unter wissenschaftlichem Aspekt in hohem Maße gerecht, es besteht jedoch die Gefahr, dass durch die starke Betonung des Systemischen und der Systeme Einzelprobleme und Notsituationen der Kinder, Eltern und Erzieher gleichermaßen, also die Details im konkreten Fall, aus dem Blickfeld geraten.
Im Unterschied zu traditionellem medizinisch-psychiatrischem, aber auch psychologischem Denken geht es darum, das Augenmerk vor allem auf Bedingungskontexte im Bereich Kind und Umfeld zu richten, die Verhaltensauffälligkeiten generieren und weniger – wie das Psychologen, Psychiater, Ärzte und auch Kinderärzte lange Zeit verstärkt getan haben – die Bedingungen im Kind selbst suchen.

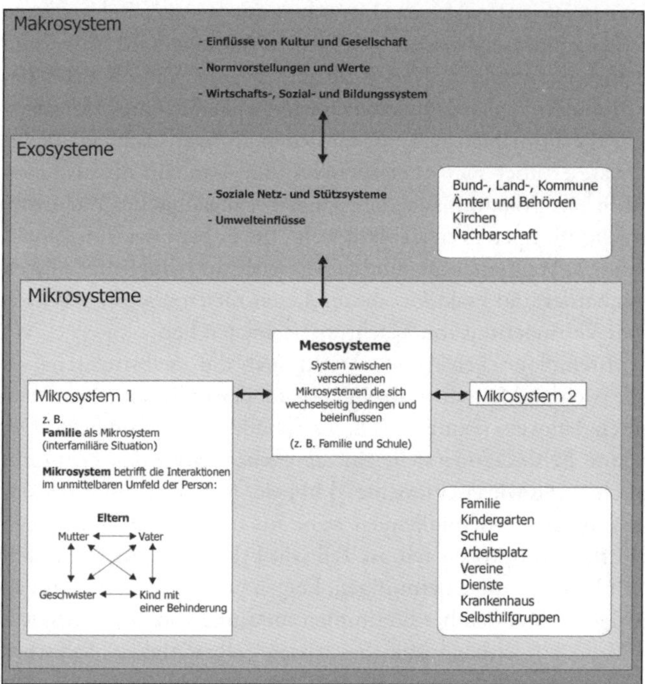

Abb. 3: Ökosystemischer Ansatz nach Bronfenbrenner (in Anlehnung an Cloerkes 2001, 189, 2007.)

4.2.4 Das epistemologische Subjekt-Modell

Das epistemologische Subjekt-Modell besagt, dass der Mensch grundsätzlich Herr über sein Tun und Denken sein kann. Er wird als „aktiver Träger von Erkenntnisfähigkeit und Erkenntnisfunktionen“ gesehen (Groeben/Scheele 1977). Die Humanwissenschaften, vor allem die Psychologie, fragen in diesem Zusammenhang nach den Bedingungen, die es ermöglichen und die es verhindern, dass jeder ein wissenschaftlich denkender und handelnder Mensch werden kann (Klaus/Buhr 1972, 1049). Wenn die Anforderungen und Angebote nicht den Lernbedürfnissen und Lernvoraussetzungen eines Schülers entsprechen, kann er sich – aus seiner Sichtweise – nicht sinnvoll betätigen, er kann oder will sich nicht mit dem angebotenen „Lerngegenstand“ auseinander setzen, ihm fehlen die Möglichkeiten der freien Persönlichkeitsentfaltung.

Wenn jeder Mensch „aktiver Träger von Erkenntnisfähigkeiten und Erkenntnisfunktionen“ ist, wäre er so etwas wie ein potentieller Wissenschaftler. Gilt dies etwa auch für Menschen mit Behinderungen, speziell für Menschen mit geistiger Behinderung? Man kann diese Frage nicht verneinen. Jedes Kind mit einer Behinderung wird die Welt, in der es lebt, in einer ganz bestimmten subjektiven Weise erfahren, wahrnehmen und auch erkennen, schließlich wird es sein Leben in dieser Welt in der ihm eigenen Weise bewältigen. Menschen mit geistiger Behinderung können ihre Mitmenschen mit sehr tiefsinnigen Fragen, Aussagen und Antworten in höchstes Erstaunen versetzen, ja in „Verlegenheit“ bringen. Wenn wir darüber hinaus schrittweise orientiert an den individuellen Möglichkeiten eines Menschen mit Behinderung, in die Prinzipien wissenschaftlichen Denkens und Handelns einführen würden, wäre er über sein Alltagsdenken und -handeln hinaus fähig, auch zu wissenschaftlichen Erkenntnissen zu gelangen. Pädagogisches Ziel ist es, jedem Menschen solche Kompetenzen zu vermitteln, die er benötigt, um zunehmend Einfluss auf seine Lebensgestaltung und seine soziale und dingliche Umwelt zu nehmen. Wissenschaftler und Praktiker, die an diesen Zielen orientiert Wissen vermitteln, tragen zur Verringerung von Machtunterschieden bei.

Auf der Basis des epistemologischen Ansatzes wird auch die „Selbstreferenz“ in dem Sinne deutlich, wie der Mensch mit seinem ganz persönlichen Eigenleben und einer bestimmten Umwelt (Familie, Schule, Schulklasse, ...) umgeht. Der Mensch mit oder ohne Behinderung stellt ein *autonomes System* dar, er nimmt nur wahr, was er möchte und wie er es möchte, d.h. jeder Mensch nimmt selektiv entsprechend seiner subjektiven Befindlichkeit wahr, die immer auch Wertungen einschließt, hat am Erkenntnisprozess teil, ist Teil von Erkenntnisprozessen. Wir sollten Menschen mit Behinderungen ermutigen, Fragen und Antworten selbst zu generieren, d.h. weniger von außen her bestimmen im Sinne von „ich weiß, was für Dich gut ist“. Wenn Förderdiagnostik dies leistet, Selbsttätigkeit, Selbstfindungsprozesse und damit auch Erkenntnismöglichkeiten zu fördern, trägt sie zur vertieften Findung von Lebenssinn bei.

4.2.5 Normalisierungs- und Integrationsdiagnostik

Im Rahmen der Normalisierungs- und Integrationsdiagnostik geht es nicht mehr darum, ein Problemverhalten, eine Lernsituation zu analysieren, mit dem Ziel Förderstrategien und Entwicklungsmöglichkeiten zu finden, „sondern um die Gestaltung dessen, was als Schicksal bleibt, wenn alle für uns lösbaren Probleme gelöst, das Heilbare geheilt, das Förderbare gefördert, kurz: das Veränderbare verändert worden ist“ (Kobi 2003, 72). Es geht um die Fragen, inwieweit ein Mensch mit einer bestehenden, nicht veränderbaren Behinderung am gesellschaftlichen Leben in größtmöglichem Umfang teilhaben kann, und inwieweit sich das „abnorm Bleibende“ in die – aus Sicht der Nichtbehinderten – „normalen Lebensverhältnisse“ integrieren lässt, inwieweit Menschen mit und ohne Behinderung – jenseits aller Veränderung – ein gemeinsames Schicksal gestalten können.

4.2.6 Bildbarkeit und konstruktivistische Entwicklungstheorien

Als sehr bedeutsam erweist sich die „Bildbarkeits- bzw. Förder(ungs-)Diagnostik“. Nach *Kobi* betritt man mit der Förderdiagnostik „ausgesprochen heilpädagogisches Gebiet“ (2003, 69). Als ihre Aufgabe nennt er, sich Klarheit über die Bildungsmöglichkeiten eines Kindes und die damit zusammenhängenden erzieherischen und unterrichtlichen Notwendigkeiten und Zielsetzungen zu verschaffen. Diese Diagnostik ist ausgesprochen subjektorientiert, auf ein bestimmtes Kind in einer spezifischen Lebens- und Lernsituation ausgerichtet. Es gilt, die veränderungsnotwendigen und veränderbaren Entwicklungs- und Lernbereiche eines Kindes mit Behinderung zu finden. „Aus einer konkreten Behinderungssituation heraus werden konkrete, kurz- und mittelfristige Bildungsziele und Förderungspläne entwickelt“ (ebd.).

Mit dem Konzept der Förderdiagnostik versucht die Sonder- und Heilpädagogik seit den siebziger Jahren, sich von der eher aus Medizin und Psychologie stammenden Status- und Zuschreibungsdiagnostik abzusetzen, um ein interaktionales prozessorientiertes Denk- und Handlungsmodell anzustreben. In *Kobis* Darstellung unterschiedlicher diagnostischer Fragestellungen (2003) wird deutlich, dass einige dieser Modelle, wie zum Beispiel die Klassifizierungsdiagnostik, die funktionale Diagnostik oder die Kausaldiagnostik vorwiegend Forschungszwecken dienen. Förderdiagnostik will dagegen keine allgemein gültigen Gesetzmäßigkeiten finden, sondern konkrete Auswege aus verfahrenen, scheinbar nicht förderlichen Lern- und Lebenssituationen. Sie wird häufig der Auslesediagnostik gegenübergestellt, wobei eine Tendenz zu beobachten ist, die Förderdiagnostik als fortschrittliche Form der Diagnostik zu beschreiben, während die Auslesediagnostik als rückständig und weniger human betrachtet wird.

Für die Praxis bei Menschen mit Behinderung erweist sich eine deskriptive Diagnostik als bedeutsam, allerdings werden hierbei ätiologische Aspekte sowie

Förder- und Behandlungsstrategien nicht aufgegriffen und diskutiert (vgl. Kobi 2003, 59f.). Im hierarchisch gegliederten Schulsystem und auch im Kontext Bewilligung finanzieller Unterstützung bspw. im Rahmen der Arbeitsförderung ist die normorientierte Auslese-Diagnostik immer noch gefragt.

Im Bereich sonder- und heilpädagogischer Diagnostik geht es allerdings primär um die Beschreibung von Kompetenzen und Ressourcen auf der diagnostizierten individuellen Entwicklungs- und Lernbasis mit der Zielrichtung bestmöglicher Entfaltung der Persönlichkeit. Förderdiagnostische Fragestellungen beziehen die jeweiligen Erziehungsfelder ein, denn es geht darum, den Prozess als Ganzes zu begreifen, der das Aufwachsen des Kindes in unserer Gesellschaft so nachhaltig zu beeinflussen und zu verändern beginnt. Jeder Entwicklungsprozess stellt einen Sozialisationsprozess dar. Förderdiagnostische Aufgabenstellungen berücksichtigen und analysieren den sozialen Bezugsrahmen, wobei ein Kind mit Lern- und Verhaltensproblemen als integrierendes Unterganzes eines Kommunikationssystems gesehen wird. Hier entwickelt eine Person das für ihren Werdegang so entscheidende Selbstkonzept Dieses Selbstkonzept und seine Interpretation stellen ein wichtiges Moment förderdiagnostischer Prozesse dar, denn es müssen vielleicht Hilfestellungen zu einer neuen Selbsteinschätzung oder zur Aufnahme weiterer Inhalte in dieses Selbstkonzept – größere Flexibilität, positivere Einschätzung als bisher – gegeben werden. Bezogen auf die Schule besteht der Gegenstand förderungsspezifischer Diagnostik nicht nur aus den Persönlichkeitsmerkmalen des Kindes. Das in diesen Merkmalen nicht beachtete Bildungswesen birgt die Gefahr behindernde Bedingungen (z.B. Armut, Unterrichtsqualität, unterschiedliche Möglichkeiten der Teilnahme an Bildungsangeboten) nicht zu berücksichtigen. Deshalb sollte das gesamte bildungstheoretische Bedingungsfeld des schulischen Erfolgs oder Misserfolgs und damit die Kind-Umfeld-Diagnose in die Überlegungen zu einem Diagnose-Förder-Modell mit einbezogen werden, um den gegenwärtigen und zukünftigen Anforderungen einer heilpädagogischen Diagnostik gerecht zu werden (vgl. Bundschuh 2014, 349ff.).

Es geht jedenfalls nicht darum, primär Negativabstände oder Defizite im Vergleich zu Durchschnittswerten oder zur so genannten Normalität zu diagnostizieren, sondern verstärkt von den vorliegenden Handlungsmöglichkeiten auszugehen, diese unter Einbeziehung der sozialen Lebensbezüge zu erkunden und im Hinblick auf möglichst selbstständige Lebensbewältigung, Lebensqualität und Wohlbefinden zu erweitern (vgl. Bundschuh 2003, 153ff.). Die Krise der Diagnostik im pädagogischen Arbeitsfeld, speziell im Kontext sonder- und heilpädagogischer Fragen hat auch zu einem Wandel von Einstellungen und Handlungsweisen geführt. Förderdiagnostik steht durch die Möglichkeit der Analyse und Modifikation behindernder Gegebenheiten und Bedingungen im Dienste der Integration, Inklusion und Bildung.

Der Verfasser geht davon aus, dass sich jedes Kind mit einer Behinderung in körperlicher, geistiger, emotionaler und sozialer Hinsicht auch durch den Einfluss von Erziehung und Unterricht weiter entwickelt.
Die ursprünglichste Möglichkeit der Erkenntnisgewinnung liegt in dem mehr oder weniger großen Ungleichgewicht und damit in den Austauschprozessen zwischen Subjekt und Objekt begründet (Piaget). Bereits das Neugeborene, der Säugling, erst recht das Kleinkind nehmen an dieser basalen Art der „subjektiven Erkenntnisgewinnung" teil und sind Teil dieser basalen Erkenntnisprozesse. Diese Vorgänge beginnen mit den sehr sensiblen emotionalen, sozialen und taktilen Prozessen zwischen Mutter und Kind, zwischen Kind und anderen Personen und setzen sich im Handeln mit Objekten (z.B. Spielmaterialien) fort, wie dies *Piaget im Rahmen seiner genetischen Erkenntnistheorie* beschrieben hat (vgl. Bundschuh 2008, 131-147).
Die Frage nach dem Unterschied zwischen den Erkenntnismöglichkeiten eines Wissenschaftlers, eines Philosophen und den Möglichkeiten eines Kindes mit einer Behinderung stellt sich hier weniger. Doch gibt es auch im Hinblick auf Erkenntnis eine Gemeinsamkeit, die aus den Grenzen der Erkenntnismöglichkeit hervorgeht. Mensch sein heißt Mängelwesen sein und auf geistige Prozesse bezogen bedeutet dies, eben doch nicht alles erkennen können, sich Grenzen der Erkenntnis eingestehen und ins Bewusstsein rücken. Seit *Platon* ist das Erkenntnisproblem Ausdruck der Endlichkeit und Begrenztheit des Menschen. Wäre der Mensch ein Gott, so würde das Erkenntnisproblem für ihn nicht existieren. Diese Grenzen werden z.B. deutlich bei der Frage nach dem Wesen des Menschen, erst recht bei der Frage nach Gott, die sich doch in mehr oder weniger existentieller Weise wohl bei allen Menschen stellt.
Jeder Mensch ganz gleich, ob mit oder ohne Behinderung hat teil am Leben und ist Teil des Lebens, nimmt teil an Austauschprozessen vielfaltiger Art, hat Gefühle, Sehnsüchte, spürt den Menschen, der sich ihm liebevoll nähert, der seine Haut berührt; er empfindet und nimmt wahr. Ablehnung und Zurückweisung wirken sich in negativer Weise auf die Persönlichkeitsentwicklung aus. In diesen scheinbar sehr einfachen Prozessen liegt also die Möglichkeit für ganz subjektive Erkenntnisse begründet. Es sind die subjektiven Voraussetzungen, die theoretischen oder nichttheoretischen Möglichkeiten, d.h. auch die primär emotionalen Prozesse wie Fühlen, Erfühlen, Werterkennen, die zur Eigen- und Daseinserkenntnis, also zur Wahrnehmung der Realität der Außenwelt führen. Erkenntnisgewinnung liegt im Subjekt begründet.
Die konstruktivistischen Entwicklungstheorien gehen davon aus, dass der Mensch in aktivem Austausch mit seiner Umwelt gesehen wird, auf die er handelnd einwirkt, deren Anregungen und Herausforderungen seine Entwicklung beeinflussen, aber nicht mechanisch-direkt, sondern stets vermittelt durch seine Sicht der Umwelt, also durch die Art und Weise, wie er seine Umweltverhältnisse wahr-

nimmt, empfindet, erkennt und interpretiert. Man kann in diesem Sinne, unter besonderer Berücksichtigung von Handlung und Kognition, Entwicklung im Allgemeinen und Erkenntnisentwicklung im Besonderen als einen Prozess fortschreitender Selbstkonstruktion der Umwelt bezeichnen. Die Umwelt wird durch den empfindenden und erkennenden Organismus quasi als inneres Modell konstruiert und „abgebildet". Abbildung und Widerspiegelung der Umwelt müssen prozesshaft begriffen werden. Die Widerspiegelung ist die Aktivität des Subjekts, die sich auf die außerhalb des Subjekts herrschende Realität bezieht und diese in die psychischen Strukturen des Subjekts einbindet. *Piaget* als Repräsentant dieser Theorie (später auch *Gagne, Bruner, Leontjew)* sieht primär das Individuum in einer aktiven Rolle.

Hier setzt Förderdiagnostik an, indem sie Aktivitäten von Kindern beobachtet und im Förderungsprozess erweitert, sich bei vorliegender Behinderung auf die Suche nach den Aktivitäten des Subjekts begibt. Wenn die Hauptprobleme der Erziehung von Menschen mit schwerer Behinderung in den Schwierigkeiten liegen, sich mitteilen, wahrnehmen, kommunizieren zu können, Mitteilungen wahrzunehmen, zu decodieren oder zu verstehen und es in der Herstellung von Aktivitäten zwischen dem Menschen mit Behinderung und anderen Personen bzw. Dingen aus der Umwelt Barrieren gibt, dann sollte diagnostisches Bemühen an diesen Stellen ansetzen.

Förderdiagnostik leistet einen Beitrag zur Erhellung dieser Erziehungswirklichkeit Aber wo ergeben sich bei einer mehr oder weniger schweren Behinderung oder auch bei Schülern mit massiven Verhaltensstörungen Anknüpfungspunkte, die von Erziehern gesehen werden müssen? Die besondere Problematik bei diesen Kindern und Jugendlichen liegt darin, dass die Anknüpfungspunkte für eine Erziehung und Unterrichtung nicht einfach zu erkennen sind und damit auf der Basis diagnostischer und heilpädagogischer Fachkompetenz – systematisch – gesucht werden müssen. Kinder mit leichten Entwicklungsverzögerungen und Kinder mit Behinderungen befinden sich – vergleichbar mit Kindern ohne Behinderung – unter Berücksichtigung der „Grenzen", die in irgendeiner Weise für alle Menschen gelten, auf dem Wege zur Eigenerkenntnis und zur Erkenntnis der Welt. Förderdiagnostik gibt den Impetus zur Öffnung von Erkenntnis- und Bildungsmöglichkeiten, Hilfen, das Subjekt zum Sprechen und Handeln zu bringen, auch wenn solche Prozesse von der im pädagogischen Arbeitsfeld ständigen Möglichkeit des „Scheiterns" (vgl. Bundschuh 2010, 130-141) begleitet sind.

4.3 Resümee

Im Zusammenhang mit der Absicht, „Entwicklungen“ im Bereich psychologisch-pädagogischer Diagnostik zu skizzieren und damit zum gegenwärtigen Diskussionsstand dieser diagnostischen Herausforderungen zu führen, wurden in akzentuierter Form einige wesentliche Momente dieses Prozesses aufgezeigt und kritisch erläutert.

Ein Rückblick auf diese Entwicklungen zeigt, dass es eine Reihe von Ansätzen gibt, die es ermöglichen zahlreichen Probleme einer traditionellen Diagnostik, die sich weitgehend als statische Diagnostik, Selektionsdiagnostik, Merkmals- und Eigenschaftsdiagnostik erwiesen hat und somit eher Festschreibungen und defizitäre Beschreibungen anstelle von Förderungsimpulsen im Zusammenhang mit sonder- oder heilpädagogischen Problemstellungen lieferte, zu überwinden.

Insbesondere Personen mit Lern- und Entwicklungshemmnissen, generell also Kindern in Problemsituationen im Rahmen von Erziehung und Unterricht oder Personen mit speziellen Erziehungsbedürfnissen wird durch diese herkömmliche Art von Diagnostik nicht geholfen, eher werden „Defizite“ verdeutlicht, „Negativabstände“ zur so genannten „Normalität“ festgeschrieben und verfestigt. Ein statisches Persönlichkeitskonzept führt zu den entsprechenden, zu linearen diagnostischen Verfahren, umgekehrt wurde durch diese Verfahren (psychometrische Tests) dieses Konzept bestätigt. Am Wert der lange Zeit offensichtlich unumstrittenen Gütekriterien der klassischen Testtheorie (Objektivität, Zuverlässigkeit, Gültigkeit und Normierung) ergaben sich immer mehr Zweifel, ja deren starre Applikation verhinderte geradezu Personen in Problem- und Notsituationen kennen und verstehen zu lernen.

Die neueren Entwicklungen führen weg von der statischen, indirekten Vorgehensweise über den Einbezug behavioristischer, sozialwissenschaftlicher, entwicklungspsychologischer und anthropologischer Einflüsse im weiten Sinne hin zu einer lernorientierten, „direkten“ Diagnostik. Häufig bestand nur Interesse an dem, was *„ist“* im weitgehend statischen Sinn (Persönlichkeitsmerkmale und -eigenschaften). Dieser Aspekt erweitert sich nun in Richtung was *„soll“*, und wie kann dieses *„Soll“* erreicht werden. Der Schwerpunkt der neueren Ansätze liegt auf dem Moment der Information zwecks Veränderung, Neuorientierung und Förderung, d.h., intendiert wird primär der Fortschritt der Persönlichkeit durch Erweiterung der Handlungskompetenz.

Als positiv erweisen sich bei einigen Modellvorstellungen der Diagnostik im Hinblick auf Kinder mit Behinderungen Ansätze, in denen nicht mehr die sozialen und leistungsmäßigen Bezugsnormen dominieren. Als Basis gilt vielmehr die individuelle bzw. intraindividuelle „Norm“, d.h. das einzelne Kind ist Träger des „Maßstabes“ und somit der eigentliche Ausgangs-, Bezugs- und Wertungspunkt schlechthin. Damit wird Diagnostik bei Kindern mit speziellen Entwicklungs-

und Erziehungsbedürfnissen (special educational needs) nicht mehr Defizitdiagnostik sein. Die primär normorientierte Denkweise der „klassischen Testtheorie" wird zunehmend kritisch betrachtet. Aus der Diagnostik der Defizite bzw. „negativen Abstände" (vom Durchschnitt) traditioneller Denkweise geht die Entwicklung in Richtung Diagnostik der Möglichkeiten Ressourcen und Kompetenzen eines Kindes in einer Problemsituation.

Eine besondere Affinität entwickelt Diagnostik im pädagogisch-heilpädagogischen Arbeitsfeld jetzt zur Didaktik, in Erweiterung auch zu therapeutischen Ansätzen. Im Hinblick auf die didaktische Frage steht vor allem der Lerngegenstand in seiner besonderen Struktur im Mittelpunkt der Überlegungen. Lerngegenstand und mögliche Lernprozesse gilt es zu erkennen, zu analysieren und didaktisch aufzubereiten. Wenn sich Didaktik mit Zielen, Inhalten und Methoden des Unterrichts sowie deren wechselseitigen Beziehungen (Klafki) befasst, sind damit auch die Schüler mit unterschiedlichen Biographien und Lernvoraussetzungen, d.h. größter Heterogenität, tangiert.

Schüler mit einem Förderbedarf geistige Entwicklung, Lernen, soziale und emotionale Entwicklung, mit Wahrnehmungs- und Integrationsstörungen, Kinder aus ungünstigem Milieu (Lernumwelt) sind in besonderem Maße darauf angewiesen, dass ihnen jemand das Lernmaterial so analysiert, ggf. in kleinste Einheiten zerlegt und didaktisch aufbereitet, dass sie selbst leichter lernen, unabhängiger werden, sich besser und selbstständiger weiterentwickeln, die Welt erschließen können. Hieraus ergibt sich, dass Diagnostik im heilpädagogischen Arbeitsfeld zunächst primär individuumszentriert, also am einzelnen Kind orientiert, ansetzt, denn vor allem aus der Kenntnis der Lernbiographie – sei es bezogen auf einen einzelnen Lernbereich oder stärker auf die Entwicklung und das Lernen des ganzen Kindes bis zum Hic-et-nunc-Stand – lassen sich die weiteren Lernschritte ableiten. Auch die Evaluierung, also die Beobachtung der Lernfortschritte im Gefolge der Fördermaßnahmen und -prozesse, lässt sich am ehesten individuums- und längsschnittorientiert realisieren.

Eine wichtige wissenschaftliche Basis für diese am Lernen orientierte Diagnostik stellt die Entwicklungspsychologie in ihrer Verbindung zur Lernpsychologie dar, denn nur aus der Kenntnis verschiedenartiger, aufeinander aufbauender Entwicklungs- und Lernprozesse (Bausteine der Entwicklung und des Lernens) wie sie in der Phasenlehre von *Piaget* und in Fortführung dann auch von *Leontjew, Galperin* und *Bruner* erforscht und aufgezeigt wurden, lassen sich auf der Basis eines lern- und prozessorientierten Ansatzes neue Lernschritte ableiten und finden, allgemein gesehen also Zonen der nächsten Entwicklung (vgl. Bundschuh 2008,50-54, 187-191).

Die am Kind und seinen Möglichkeiten orientierte Diagnostik ist zwangsläufig zeitintensiv und – vordergründig betrachtet – wenig ökonomisch. Die in Theorie und Forschung eruierten Erkenntnisse entsprechen weitgehend den Möglichkeiten und Notwendigkeiten der Praxis und werden von Praktikern im Bereich der Sonder- und Heilpädagogik aufgegriffen und in die Arbeit der sonderpädagogischen Förderzentren, der Diagnose- und Förderklassen und der Lerntherapie integriert. Vor allem die Prozessdiagnostik hat Eingang in Überlegungen und Handlungen im sonder- und heilpädagogischen sowie im lerntherapeutischen Arbeitsfeld gefunden. Ein Bemühen um eine möglichst dichte Annäherung an ein Verstehen kindlicher Lern-und Verhaltensvorgänge hat seit der Jahrhundertwende eingesetzt.

Die Diskussion der Problematik Diagnostik im Bereich des pädagogisch-heilpädagogischen Arbeitsfeldes reichte von der Forderung nach Abschaffung jedweder Art von Diagnose – es ergebe sich kein Gewinn für den Betroffenen, ja diagnostizieren sei schädlich – bis hin zu der Auffassung, Diagnostik sei ein notwendiger integraler Bestandteil jeglichen pädagogischen Handelns, wenn sie in „rechter Weise" realisiert werde. Mit dieser Auffassung von Diagnostik als integralem Bestandteil jeglichen Handelns im pädagogischen Arbeitsfeld ist – vorläufig ausgedrückt – die Verhaltensbeobachtung im Rahmen dieses sensiblen Zusammenspiels zwischen erziehlich-unterrichtlichem Angebot und der Reaktion eines Kindes gemeint. Die lernorientierten, didaktischen Ansätze hinterfragen vor allem den Lerngegenstand im Zusammenhang mit den Möglichkeiten des Kindes, bezogen auf diesen Lerngegenstand. Es geht dabei auch um die Beziehungsgestaltung.

Ein Konsens besteht im Rahmen der neueren diagnostischen Ansätze mit didaktischer Zielrichtung darin, dass jedes pädagogische Handeln den Fortschritt, die Weiterentwicklung („positive Entwicklung") eines Kindes intendiert und damit der Entfaltung der Persönlichkeit des Kindes dient. Wenn diagnostisches Handeln im unmittelbaren pädagogischen Raum sich im Rahmen dieser neueren Entwicklungen bewegt, verdient es auch bei kritischer Betrachtung Akzeptanz.

Es besteht kein Zweifel, dass mit der Unzufriedenheit über diagnostische Vorgehensweisen neues, innovatives Denken, Forschen und Handeln angeregt wurde, dass zumindest die Richtung dynamischer, prozessorientierter, förderungsorientierter und damit sicherlich auch kind- und kinderorientierter wurde, als dies im Rahmen der traditionellen, früheren Diagnostik der Fall war. Wenn die meisten Kinder und Jugendlichen mit Behinderungen gegenwärtig in Förderschulsystemen unterrichtet werden, ergibt sich gerade für die theoretisch reflektierenden und die in sonder- und heilpädagogischen sowie lerntherapeutischen Arbeitsfeldern praktisch tätigen Personen die Aufgabe, über eine optimale Förderung dieser Kinder mit speziellen Erziehungs- und Lernbedürfnissen im Sinne individuellen Verstehens sowie individueller Zielsetzung nachzudenken und in förderliches Handeln umzusetzen.

Im Rahmen der bisherigen Ausführungen hat sich gezeigt, dass sich Diagnostik im sonder- und heilpädagogischen sowie lerntherapeutischen Aufgabenfeld als sehr vielfältig erweist. Man kann allerdings unter förderdiagnostischem Aspekt betrachtet nicht zustimmen, wenn von der sonderpädagogischen Diagnostik und damit verbundenen Aufgaben gefordert wird: „Je nach Lage der Dinge muß sie sein: Statusdiagnostik oder Prozeßdiagnostik, normorientierte oder kriterienorientierte Diagnostik, Testen oder Inventarisieren, Messung oder Information" (Langfeldt 1993, 281). Mit dieser Aussage gerät Diagnostik primär in die Dienste der mächtigen (Schul-)Systeme, sie wäre und bliebe dann in der Tat Diagnostik im herkömmlichen Sinne. Normorientierte Diagnostik und Statusdiagnostik können jedenfalls dem Anspruch der Förderdiagnostik nicht genügen, denn diagnostische Messverfahren erfassen nicht die Lebenswirklichkeit von Kindern mit Behinderungen. Sie diagnostizieren in der Regel nicht, was ein Kind bisher gelernt hat, in welchen Beziehungsverhältnissen es gelebt hat, wo es, wie es und warum es handelt. Spezielle diagnostische, normorientierte Messverfahren implizieren die Gefahr, das Verhalten von Kindern mit Behinderungen auf Teil- bzw. Funktionsbereiche zu reduzieren, „Defizite" und „Normabweichungen" zu fokussieren und damit verstärkt zur Vorurteilsbildung und Stigmatisierung beizutragen (vgl. Bundschuh 2015, 529-533). Die Problemhaftigkeit und Macht von Systemen (vgl. 4.2.3), die Kinder und Eltern gleichermaßen unter Druck setzen können, wird im Rahmen normorientierter Verfahren nicht diagnostiziert. Der Blick für die impliziten und erzieherischen Möglichkeiten wird geradezu verstellt. Leben und Leben lernen bei Kindern mit und ohne Behinderungen umfasst weit mehr als das Hinaufsteigen einer Leistungstreppe in den funktionalen Bereichen. Was versteht man unter dem Begriff „Förderdiagnostik"? Kann Förderdiagnostik unter Beachtung elementarer pädagogischer Prinzipien die bestmögliche Entfaltung eines Kindes intendierend, als eine wesentliche Möglichkeit der Aktivierung ins Stocken geratener Lern- und Verhaltensvorgänge emotionaler und sozialer Art im pädagogischen Arbeitsfeld akzeptiert werden? Wie lässt sich Förderdiagnostik theoretisch begründen, systematisch darstellen und praktisch, d.h. konkret umsetzen? Diese und weitere grundlegende Fragestellungen werden im Rahmen der folgenden Kapitel aufgegriffen und beantwortet.

5 Grundlagen und Dimensionen der Förderdiagnostik

Begriff und Inhalt von Förderdiagnostik haben eine relativ kurze Geschichte. Fragen zu dieser Problematik wurden erstmals in systematischer Form 1974 im Rahmen eines Symposions in Heidelberg gestellt. Versuche zur Herstellung einer engeren Verbindung zwischen Diagnose und Förderung wurden unternommen (Barkey 1975; Langfeldt 1975; Munz/Schoor 1975).
Akzentuiert und treffend thematisiert wurde der Begriff Förderdiagnostik in einer schon sehr präzisen Gegenüberstellung von „Einweisungsdiagnostik“ und „Förderdiagnostik“ in Form von 28 Thesen (Kobi 1977a, 115-123). Diskutiert wurde die Problematik Förderdiagnostik im Zusammenhang mit einem Symposion, das wiederum in Heidelberg im Jahre 1981 stattfand. Die Einladung zu diesem wissenschaftlichen Gedankenaustausch enthielt zwei Aussagen, die in akzentuierter Weise die damaligen Probleme verdeutlichen:

1. „Das Konzept der Förderdiagnostik ist noch nicht so weit entwickelt, als daß es schon anwendungsreif mit breitem Geltungsanspruch formuliert werden könnte ...
2. Es ist sogar fraglich, ob überhaupt ein in sich geschlossenes Curriculum der Förderdiagnostik angestrebt werden sollte: möglicherweise widerspräche dies wichtigen Prinzipien der Förderdiagnostik...
3. Die Schwierigkeiten, die der Realisierung unter ‚echten‘ Praxis-Bedingungen entgegenstehen, müssen erst noch erkundet werden.“

Um der Komplexität der Phänomene (Formen und Schweregrade von Behinderungen, Lernbehinderungen, körperliche Beeinträchtigungen, psychische Störungen, Verhaltensprobleme, Autismus, ...) im sonder- und heilpädagogischen sowie im lerntherapeutischen Arbeitsfeld gerecht zu werden, muss Diagnostik in diesen Bereichen multidimensional, hinsichtlich der methodischen Vorgehensweisen offen und vielfältig, im Zusammenhang mit einer ganz bestimmten vorliegenden Problematik vor allem auch kompetent und speziell sein.

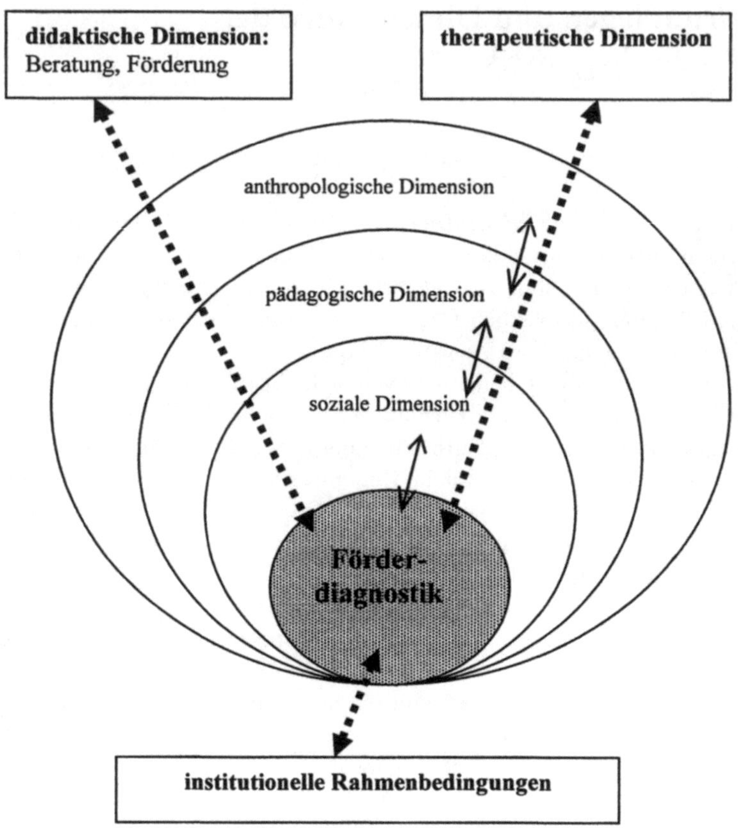

Abb. 4: Multidimensionales Konzept der Förderdiagnostik: Theoretische Grundlegung und Praxisbezüge

Der in diesem Kapitel vorgestellte multidimensionale Ansatz zur theoretischen Grundlegung von Förderdiagnostik (vgl. Abb. 4), versteht sich als „eklektische Vorgehensweise" mit pragmatischer Intention. Verschiedene theoretische Bezugssysteme unter Einbezug anthropologischer und pädagogischer Prämissen, Problem- und Fragestellungen gehen in die Überlegungen ein, um vor allem die Belange und damit die tatsächlichen Interessen und Bedürfnisse der betroffenen Person in hinreichendem Maße zu gewährleisten. Die Bestimmung des betroffenen Subjektes bzw. der Person durch Einordnung und Bewertung auf der Basis früherer Diagnostik hat einseitig die Sichtweise auf die „objektiven Verfahren und Instrumentarien" verlagert, das Kind als Subjekt gleichsam erdrückt, die Person zum Objekt gemacht. Akzeptabel scheint ein pragmatisch-eklektischer Ansatz zu sein, denn in der Tat fand sich Diagnostik im sonder- oder heilpädagogischen

Arbeitsfeld „mehr denn je in einem Netz verschiedener theoretischer Ansätze und Dilemmata verstrickt", die bei Personen, die mit theoretischen und praktischen Fragen der Entwicklung, Erziehung und Förderung unmittelbar konfrontiert waren, auch Verwirrung stiften konnten.

Die Grundlage und Ausgangsbasis liegt in der pädagogisch orientierten Neudefinition des Verhältnisses „Diagnostiker" – der sich immer als ein im pädagogischen Feld Handelnder verstehen muss, wie könnte er sonst die Zielfrage wahrnehmen – und Kind bzw. betroffene Person. In diesem „Verhältnis" verdichten sich die Fragen nach der Kompetenz, der Einstellung zum Kind oder Orientierung am Kind in seiner Problemsituation sowie die Erwartungen der „Institutionen" und „Systeme" zwischen Grund-, Mittel- und Realschule sowie Gymnasium, die – wie allgegenwärtige Erfahrungen zeigen – viel Druck auf Schüler und Eltern gleichermaßen ausüben können.

Komplex wird die Dynamik dieses Verhältnisses, mit der sich auch „personale Pädagogik" beschäftigt, dadurch, dass Erzieher und Schüler gleichermaßen aus der Vergangenheit (jeweilige Biographie), in der Gegenwart (Existenz, Erziehungswirklichkeit) für eine subjektiv bedeutsame Zukunft (Sinngebung) leben. „Die Subjektivität von Kind und Erzieher ist die Klammer, welche in jedem ‚Augenblick' Vergangenheit und Zukunft verbindet ... Beraubt man das menschliche Subjekt seiner Vergangenheit und seiner Zukunft, so wird seine Gegenwart und damit es unwesentlich ..." (Kobi 1977b, 282f.).

Förderdiagnostik muss sich im Rahmen dieser hier vorzustellenden Dimensionen bewegen, wenn sie die Ganzheit und Einheit der kindlichen Persönlichkeit berücksichtigen will. Nur wenn der Mensch zuerst in seiner Ganzheit gesehen und thematisiert wird, erscheint eine Zuwendung oder Erfassung weniger kleiner Ausschnitte sinnvoll, auch wissenschaftlich vertretbar. Ganzheit bedeutet dabei mehr als eine reine Sachaussage. Damit ist ein Wertprädikat von hohem Rang angesprochen, d.h. Ganzheit und Unganzheit, Teil, Bruchstückhaftigkeit polarisieren sich. Tatsächlich gibt es beim Kind und beim Erwachsenen die „Teilleistung" oder auch ein „Teilverhalten" nicht. In jedem Verhalten, in jeder Leistung, besser in jeder Handlung ist der ganze Mensch aufgehoben, involviert, denn motorische, psychisch-emotionale, soziale und kognitive Prozesse partizipieren überall und integrieren sich in mehr oder weniger starkem Maße in jeder Handlung auf dem Wege der komplexen Entwicklung eines Kindes, aber auch in der aktuellen Handlung, die bereits im Vorgriff zukünftiger Prozesse oder Handlungen vollzogen wird. Dies bestätigen auch neuere Forschungen der Wahrnehmungspsychologie. Der Begriff Ganzheit wird hier als Möglichkeit für beschreibende Aussagen vom Handeln in der Wirklichkeit verwendet, darüber hinaus für die theoretische Reflexion, also methodisch und nicht dogmatisch. Die Wahrheit der Ganzheit liegt in der Handlung selbst begründet, im Rahmen der vorliegenden Problematik in der Durchführung, Umsetzung, schlichtweg Fruchtbarmachung für eine radikalere Sicht von Förderdiagnostik.

Man kann Förderdiagnostik nicht akzeptieren und begreifen, wenn damit nicht gleichzeitig Fragen bedacht und zur Diskussion gestellt werden, die den Bereich der „reinen" Sachaussagen übersteigen. Es geht – neben einer empirischen Fragestellung – auch um eine sinnverstehende und sinnstiftende Methodik zur lebensnahen Rekonstruktion realer Verhältnisse, Verläufe und Zusammenhänge im Sinne einer echten Alternative zur quantitativen Diagnostik, die auf „objektive Messung" abzielt. Ein pragmatisch-eklektisches Vorgehen legt die Fesseln einseitiger theorieimmanenter Beschränkungen ab und vertritt primär die Überzeugung, dass unterschiedliche Denkweisen, Schulrichtungen mit verschiedenen theoretischen Implikationen und Methoden zur Lösung diagnostischer Fragestellungen beitragen. *Hansen* sieht darin „nichts anderes als eine phänomenologische Synthese der beiden konträren Erkenntniswege der Pädagogik, der hermeneutisch-verstehenden und damit dem holistischen Prinzip verpflichteten auf der einen und dem empirisch-analytischen auf der anderen Seite" (1992, 13f.). Prozessdiagnostik kommt im praktischen Arbeitsfeld diesen Vorstellungen nahe, indem im Hinblick auf Kinder und Jugendliche in Problemsituationen die ständige Herausforderung besteht, neue Informationen zu assimilieren und zu integrieren, um präzise und aktuelle Deskriptionen und Prognosen zu erstellen und nicht ein überholtes und vielleicht mehrfach beschriebenes Bild vom betroffenen Kind zu zeichnen. Dieser Prozess der sich bildenden diagnostischen Informationen, der wichtigen Erkenntnisse über die sozio-ökonomischen Bedingungen, hat systemischen Charakter.

Die systemische Grundstruktur des diagnostischen Prozesses zeigt sich in der Forderung nach Mehrdimensionalität der Erkenntnistätigkeit bzw. der Informationsgewinnung. Folgende Aspekte sind im Hinblick auf eine Beschreibung **diagnostisch bedeutsam:**

- die Lebenswirklichkeit (Analyse der Umwelt- und Mitweltbedingungen wie etwa Familie, Kindergarten, Heim, Schule, Wohnung, Eltern, Geschwister);
- die Interaktions- und Handlungsbedingungen (etwa familiäre Handlungsstrukturen und -möglichkeiten, Erziehungsstile, Erziehungsziele);
- die lernprozessualen Voraussetzungen (betrifft die Analyse des Lernens unter Berücksichtigung intraindividueller Differenzen wie etwa Variablen der Leistungsmotivation, Ängstlichkeit, Aspekte des Selbstbildes und des Selbstwertgefühles).

Diese drei Ebenen stehen nicht vereinzelt und isoliert nebeneinander, sondern beeinflussen sich wechselseitig.

Ich bin mir darüber im Klaren, dass sich Ganzheitlichkeit unter streng wissenschaftlichem Aspekt als problematischer Begriff erweist. Ganzheitlichkeit entzieht sich der Erfassung durch analytisch-wissenschaftliche Mittel. Insofern markiert diese Idee eine gewisse Differenz von Theorie und Praxis. Ganzheitlichkeit ist quasi ein Trennkriterium zwischen Wissenschaft und Lebenswelt. Insofern kann Ganzheitlichkeit eine orientierungsstiftende Handlungsmaxime sein, aber kein unmittelbares Praxiskonzept mit genauen präskriptiven methodischen Implikationen und Vorgaben. Schließlich liegt es im Wesen des Menschen begründet, wissenschaftlich nicht ganz erfassbar zu sein.

Ganzheitlichkeit meint den Einbezug der engen Verbindung und Vernetzung unterschiedlicher Prozesse innerhalb und außerhalb des Individuums. Zum einen beeinflussen diese Prozesse das Verhalten des Individuums und damit das Subjekt, zum anderen wirkt das Individuum beeinflussend auf die Umwelt ein. Hierbei spielen Körpererfahrung, Bewegung, Wahrnehmung, Emotion und Kommunikation eine Rolle, die in kognitive Verarbeitung, Kenntnis, aber auch Erfahrung und schließlich Kognition einmünden.

Umgeben wird das Kind von der sozialen und damit geistig-kulturellen sowie materiellen Welt, auf die es kraft seiner subjektiven, psychologischen Welt, die auch als Wahrnehmung bezeichnet werden kann, einwirkt. Diese subjektive Welt ist angereichert mit Erfahrungen, vermittelt durch die Wahrnehmung, begleitet von emotionalen Prozessen, kreativen Vorstellungen, vom Denken und Entwerfen im Sinne von innerem Handeln (vgl. Bundschuh 2003, 40-45). Schließlich führen diese Verarbeitungsprozesse über die Bewegung zum äußeren Handeln. Es geht um komplexe Prozesse, die mit psychischem Befinden eng verbunden sind und aus der Möglichkeit der Entscheidung und Freiheit der Person generiert werden.

Es ergibt sich im Kontext der weiteren Ausführungen die Frage, ob man der pädagogischen Dimension nicht die anthropologische voranstellen soll. Im Zusammenhang mit ethischen Herausforderungen im Hinblick auf Neugeborene mit schwerer geistiger Behinderung ergibt sich dieses Problem verschärft. Aufgrund der einschlägigen Untersuchungen zum Thema der Anthropologie in der Pädagogik ist es unzweifelhaft, dass die pädagogische Fragestellung die anthropologische tangiert und involviert (Bollnow 1968b; Roth 1971; Zdarzil 1978; König/Ramsenthaler 1980; Hamann 1982). Dieses Tangieren von Pädagogik und Anthropologie erweist sich in der einschlägigen Literatur auch als divergent, sowohl was das anthropologisch-theoretische Grundkonzept als auch was die Ergebnisse dieser Forschungsrichtung anbelangt. Dies wird im Einzelnen, d.h. anhand dreier Autoren *(Langeveld, Loch, Roth),* aufzuzeigen sein.

Die anthropologische sowie die pädagogische Frage erweisen sich jedenfalls als zentral, sie umgreifen die übrigen hier zu diskutierenden Dimensionen, die als soziale, didaktische, therapeutische und funktionale versus ganzheitliche beschrieben werden. Schließlich werden die Probleme aufgezeigt, die sich im institutionellen Bereich hinsichtlich der Verwirklichung der förderdiagnostischen Grundidee ergeben.

Zwischen der pädagogischen, der anthropologischen einerseits und der didaktischen Dimension andererseits ergibt sich die Notwendigkeit des Einbezugs einer Dimension, die den Umweltbezug mit den auf statistischem Wege nicht fassbaren vielfältigen sozialen Prozessen intendiert, die bereits im pränatalen Stadium beginnen und sich bis in die aktuelle Gegenwart eines Kindes fortsetzen. Es geht um das soziale Moment, um soziale Prozesse im weiten Sinne, Umwelteinflüsse, die das Werden eines Kindes entscheidend beeinflussen und prägen (vgl. Bundschuh 2008, 92-96).

Die soziale Dimension kann weder im Zusammenhang mit Diagnose im Sinne der Analyse der Förderungsbedürftigkeit noch im Rahmen des eigentlichen Förderungsprozesses negiert werden, sie ist zwingend. Aus der pädagogischen Dimension ergibt sich, dass das Verstehen eines Kindes eine unabdingbare Voraussetzung für die Hilfe darstellt. Wie aber soll man ein Kind verstehen lernen, wenn man die Wirkung der zahlreichen Interaktionen im Verlauf seiner bisherigen Biographie nicht einschätzen kann?

Ähnlich verhält es sich, wenn man die Förderung als solche intendiert. Hier sollten – wenn irgendwie möglich – Eltern, Geschwister und sonstige nähere Bezugspersonen berücksichtigt bzw. einbezogen werden.

Im Zusammenhang mit der didaktischen Dimension stellt sich die Frage, wie Diagnostik beschaffen sein muss, damit sie gleichzeitig Förderung impliziert und somit die enge Verbindung, ja Verzahnung zwischen Diagnose und Förderung im Sinne einer individuum- und problemorientierten Didaktik als Einheit zustande kommt. Konkret gesprochen geht es um die Frage: Wie unterstützt man ein Kind weiter, das in einer ganz bestimmten Phase seiner Entwicklung Förderbedarf in den Bereichen soziale und emotionale Entwicklung aufweist, bei dem, allgemein gesehen, Lernprozesse ins Stocken geraten sind, also Erziehungs- und Förderungsbedürftigkeit in spezieller Weise besteht? Eine Antwort auf diese Frage erweist sich als unmöglich, wenn man nicht die bisherige Entwicklung und den Lebensweg kennt, wenn man nicht die sozialen Umfeldprozesse einbezieht sowie die Verhältnisse, in denen ein Kind in seiner Alltagswirklichkeit gelebt und gehandelt hat. Schließlich geht es um die Beseitigung behindernder Bedingungen.

Im Anschluss an die pädagogische, anthropologische, soziale und didaktische Fragestellung ergibt sich die Notwendigkeit, über die Aspekte funktional/intentional und ganzheitlich zu reflektieren, die eigentlich in der didaktischen Frage aufgehoben sind, jedoch im Hinblick auf die immanenten dialektischen Momente einer besonderen Akzentuierung bedürfen.

Gerade bei Kindern mit hohem Förderbedarf ergibt sich die Frage, inwieweit zunächst vor allem eine ganzheitliche Vorgehensweise angezeigt erscheint und wann die differenzierte, gezielte Förderung einsetzen kann.

Das Verhältnis von „funktional" und „ganzheitlich" wird sich als komplex erweisen. Die Erörterung der Probleme bzw. die Frage nach der Setzung von Schwer-

punkten in diesem Verhältnis dürfte für die Förderdiagnostik eine wichtige Rolle spielen.
Der **Einbezug von Therapien** ist im Rahmen von Überlegungen zur Förderdiagnostik zunächst nicht zwingend. An therapeutische Unterstützung sollte jeweils gedacht werden, wenn die pädagogischen und didaktischen Möglichkeiten als Mittel der Erziehung und Entwicklungsförderung nicht mehr ausreichen. Therapie sollte aber nie ohne Beachtung elementarer pädagogischer Grundsätze erfolgen. *Krawitz* fordert „Pädagogik statt Therapie“ (1997) und fokussiert damit diese Frage aus der Sichtweise „individualpädagogischen Sehens, Denkens und Handelns“. Pädagogische und therapeutische Maßnahmen dürfen einander nicht widersprechen, sie sollten sich sinnvoll ergänzen, d.h. im Dienst der weiteren Entwicklung der kindlichen Persönlichkeit stehen.
Schließlich wird der Gedanke der **„Institutionen“** in das vorliegende Konzept einbezogen: Kindergärten, Schulen unterschiedlicher Art, das Förderschulwesen, das Sozialwesen. Sie alle sind an der Erziehung und an den vielfältigen Lernprozessen von Kindern und Jugendlichen auch im Sinne von Prävention, Integration und Inklusion beteiligt. Zunächst könnte es scheinen, es bestehe kein Zusammenhang zwischen Förderdiagnostik und Institutionen. Geht man jedoch von der Entwicklung von Kindern aus, muss man feststellen, dass jedes Kind mit einem speziellen pädagogischen Förderbedarf, relativ früh mit Institutionen konfrontiert wird. Wie gut bei vorliegenden Lebensbedrängnissen oder in Problemsituationen erzogen, gelernt, gefördert und geholfen wird, hängt nicht zuletzt von der Beschaffenheit, insbesondere vom „Geist“ oder vom Menschenbild einer Institution ab. Gedacht ist dabei an Institutionen wie z.B. Krankenhäuser, Einrichtungen, die sich mit Früherkennung und Frühförderung befassen, Kindergärten, vorschulische Einrichtungen, Regel- und Förderschulen, an Heime unterschiedlichster Art. Von den Möglichkeiten und der Flexibilität, vom Menschenbild solcher Einrichtungen wird letztlich nicht unwesentlich die Hilfe für Kinder abhängen, wobei ausdrücklich Kinder einbezogen sind, deren Entwicklung und Persönlichkeitsentfaltung durch sozio-ökonomische Bedingungen behindert werden.

5.1 Anthropologische Dimension – Wesen und Würde des Menschen

5.1.1 Aktuelle Herausforderungen

Die von utilitaristisch denkenden „Anthropologen“ bisweilen gestellte Frage, ob jeder Mensch eine Person sei, wird hier nicht als Frage aufgeworfen oder gar diskutiert. Von Menschen Gezeugte sind Personen per se, sie tragen Menschenwürde in sich und haben somit Rechte wie alle Menschen. Wäre es nicht so, müsste man die Frage nach der Funktionalität, besser „Funktionstüchtigkeit" einzelner oder aller Menschen vielleicht im Sinne des Maßes der Beteiligung an der Vermehrung des Bruttosozialproduktes oder der wissenschaftlichen Leistungsfähigkeit und Produktivität radikal stellen, dann wäre das Leben vieler Menschen unmittelbar bedroht. Man würde diese Frage im Zusammenhang mit alten Menschen, überhaupt bei vorliegender unheilbarer Krankheit stellen. Jeder durch Krankheit vom Tode Bedrohte müsste bangen, dass jemand darüber entscheidet, ob er getötet wird oder bis zu einem „natürlichen" Tode weiter am Leben bleiben „darf". Generell würde man auf der Basis solcher utilitaristischer „berechnender" Gedankengänge fragen: Hat er/sie es „verdient", hat er/sie es „sich verdient", leben zu „dürfen"? Wenn das Leben seinen Wert in der Leistungsfähigkeit oder im Ausblick auf Leistungspotenz hätte, wären wir alle gefährdet und bedroht, denn Mensch-Sein heißt auch gebrechlich, verwundbar, von physischer oder psychischer Krankheit, von Behinderung und schließlich vom Tod bedroht-sein. Diejenigen, die die Frage nach der Tötung von Säuglingen mit schwerer Behinderung stellen und diskutieren, haben die Vulnerabilität menschlichen Daseins nicht erkannt, verstanden bzw. erfahren. Mensch-Sein heißt Leben, Mitmensch-Sein, erziehungsbedürftigsein, auch hilfsbedürftig-sein, angewiesen-sein auf andere und liebebedürftig-sein. Erst diese Erfahrung, die hoffentlich auch zur Erkenntnis der generellen und ubiquitären Vulnerabilität des Menschen führt und nicht die Frage nach der Leistung oder Leistungsfähigkeit, macht das Leben auch lebenswert. Erziehung und Bildung dürfen nicht vom unversehrten, vollkommenen menschlichen In-der-Welt-Sein als Voraussetzung und Zielsetzung ausgehen. Jeder Mensch mit einer Behinderung – in welcher Form und Schwere auch immer – ist in seinem So-Sein zu akzeptieren und zu achten .

Zwischen Logik und Historik hindurch versucht die Allgemeine bzw. Philosophische Anthropologie – verstärkt seit Beginn des 20. Jahrhunderts – systematisch die Frage nach dem „Wesen des Menschen" zu beantworten: Erst in dem Augenblick, „wo der Glaube an die Vernunft als dem entscheidenden Wesenskern des Menschen hinfällig geworden war, entstand als Ausdruck dieser wirklichen Verlegenheit die Frage: Was ist der Mensch? Und diese Frage heißt darum genauer: Wodurch wird der Mensch in seinem Wesen bestimmt, wenn wir dieses nicht von der Vernunft her zu begreifen imstande sind?" (Bollnow 1968a, 13f.). Diese Frage ist ein Krisensymptom und zeigt das brüchig gewordene Selbstverständnis einer Epoche an. Als Basisphänomene des menschlichen Daseins, die in diesem Zusammenhang herausgearbeitet worden sind, gelten die „Weltoffenheit" (vgl. Portmann 1958; Gehlen 1962; Plessner 1975) und die „Sorge" (vgl. die Sorge in der Existentialontologie Heideggers 1976, 180-230).

Ähnlich vollzog sich im Rahmen der Pädagogik eine „anthropologische Wende". Die Klärung „pädagogischer Phänomene einerseits und die Begründung des erzieherischen Handelns andererseits machen eine genauere Sicht des Menschen erforderlich" (Hamann 1982, 9f.), die aber, von Autor zu Autor verschieden hinsichtlich Ortsbestimmung, Charakter, Thematik oder Gegenstand, Methode, Brauchbarkeit etc., die Pädagogische Anthropologie bestimmen.

Dabei spielt das Verhältnis von Pädagogischer Anthropologie und Allgemeiner bzw. Philosophischer Anthropologie eine besondere Rolle. Es stellt sich die Frage, ob das Verhältnis von Pädagogischer und Allgemeiner resp. Philosophischer Anthropologie als „partnerschaftlich", gegenseitig „befruchtend", angesehen werden kann. „Die Pädagogik kann zu einer Allgemeinen Anthropologie und damit zu einer allgemeinen Theorie des Menschseins einen Beitrag leisten, indem sie pädagogische Phänomene auf die in ihnen zum Ausdruck kommenden allgemeinmenschlichen Wesenselemente hinterfragt und so zur Deutung des Menschseins aus ihrer Sicht beiträgt. Was umgekehrt die Einbeziehung anthropologischer Einsichten in die Pädagogik und ihre Theorie betrifft, kann man sagen: Anthropologische Befunde werden durch die Pädagogik aufgenommen, auf ihre Verwertbarkeit für die pädagogische Fragestellung und die Lösung pädagogischer Probleme hin untersucht und – sofern sie sich als pädagogisch ergiebig erweisen – ihrem Aussagensystem integriert" (ebd., 10). Welches sind nun die aufgrund bestimmter pädagogisch-anthropologischer Grundkonzepte gewonnenen Einsichten aus dem Bereich der Erziehung, die sich als „allgemein-menschliche Wesensmerkmale" unter eine Theorie des allgemeinen Menschseins subsumieren lassen und gleichzeitig – und entscheidend – für eine ganzheitliche Sicht der Förderdiagnostik von Gewinn sein könnten?

Die Pädagogische Anthropologie hat die Aufgabe, „alle Beiträge zur Anthropologie, aber auch die einzelnen Dimensionen, unter denen die regionalen Anthropologien den Menschen erforschen, unter der pädagogischen Fragestellung auf ihren Ertrag für die Erziehung zu befragen und durch ihre eigenen Forschungen zu einer einheitlichen Theorie vom Menschen als einem homo educandus zu erweitern" (Roth 1971, 1 03).

Dieser integrative Ansatz der Pädagogischen Anthropologie hat zum Ausgangspunkt eine bestimmte pädagogische Fragestellung, nämlich diejenige nach der Wandlungsfähigkeit (Veränderungsmöglichkeit) der menschlichen Natur in Richtung auf Kultur (auf Erzogenheit, Bildung, menschliche und charakterliche Reife).

5.1.2 Die prinzipielle Erziehungsbedürftigkeit aller Menschen von Anfang an

Im Mittelpunkt stehen die Veränderungen, denen der Mensch während seiner Entwicklung und Entfaltung vom Kind zum Erwachsenen unter dem Einfluss der *Erziehung* nicht nur unterliegt, sondern deren er auch fähig ist. Dies besagt: Es geht um die Wechselbeziehung zwischen der Frage nach der Bildsamkeit (Erziehungsbedürftigkeit, Erziehungsfähigkeit) und Bestimmung (Erziehungsziele, Persönlichkeitstheorien, empirische Gesichtspunkte bei ihrer Bestimmung) einerseits und der Entwicklung (genetisch versus umweltlich) und Erziehung (Vermittlungsbereich zwischen genetischen Vorgegebenheiten und umweltbedingten Prozessen) andererseits. Folgende **pädagogisch-anthropologische Einsichten** ergeben sich sowohl für die Allgemeine bzw. Philosophische Anthropologie als auch für das zu inaugurierende förderdiagnostische Konzept:

- „An erster Stelle ist hier die prinzipielle *Erziehungsbedürftigkeit* des Menschen zu nennen."
- Der Mensch, so lautet die zweite Einsicht, beginnt beim Kinde: „Kindsein ist aber ein Modus des Menschseins."
- Ferner: Der Mensch hat auch als erziehbares Wesen Freiheit, d.h.: „Bildsamkeit des Menschen zur Selbstentscheidung."
- Erziehbarkeit ist nicht alles, da es individuelle Unterschiede gibt. Der Mensch ist nicht nur rationales Wesen, sondern Ganzes, Person, d.h., er ist in der Lage, hat Bedürfnisse und die Fähigkeit, „Einsichten, Werte, Normen zu erleben und sich für sie entscheiden zu können" (Roth 1971, 41-44).

Diese pädagogisch-anthropologischen Einsichten gelten ohne jeglichen Abstrich für alle Menschen, wobei die prinzipielle Erziehungsbedürftigkeit am Anfang des Lebens steht.

Der Mensch ist geschichtlich (auf Tradition und Zukunft orientiert) und gesellschaftlich bestimmt. Er steht im Spannungsverhältnis zwischen Einzel- und Mitmensch. Letztlich stellt sich der Mensch die Sinn-Frage, die Frage also nach transzendenten Bedingungen des Lebens.

Dennoch bedarf es der kritischen Hinterfragung dieses Begriffes der Bildsamkeit im Sinne eines Wechselspiels von Anlage und Umwelt, Entwicklung und Erziehung (vgl. Bundschuh 2008, 89-104) im Hinblick auf menschliche Reife und Mündigkeit. „In dem Maße aber, wie im Zuge dieses Prozesses (der Auflösung des Gegenstandes der Pädagogik, also der Erziehung, durch eine Theorie steuerbaren, programmierbaren Lernens; Anm. d. Verf.) die Lernfähigkeit des Menschen, als Inbegriff seiner Veränderbarkeit, verabsolutiert wird, geht der Blick für die Grenzen der menschlichen Lernfähigkeit verloren. Sie sind in den allgemeinmenschlichen und individuellen Anlagen, den biologischen Wachstumsphasen und den lebensaltersspezifischen Entwicklungsstadien, den lebensgeschichtlichen Faktizitäten und dem Selbstverständnis des Individuums als Ausdruck seiner Ängste und Hoffnungen, moralischen Überzeugungen und Lebensziele zu suchen" (Loch 1980, 193f.). Dieser kritische Ansatz der Pädagogischen Anthropologie sieht die pädagogische Fragestellung dadurch gegeben, dass Lernvorgänge zur „Technik" für alles und jedes degenerieren können, ohne Rücksicht auf die tatsächlichen Lerngrenzen, die dann als Lernhemmungen zutage treten und ein neues Interesse an der anthropologischen Betrachtungsweise inaugurieren. Gefordert wird nun anstatt eines grenzenlosen Lernens qua Lernen und Wandlungsfähigkeit des Menschen ein Lernenkönnen, d.h.: Lernen und Können wieder zusammen zu denken

und damit den Grad der Möglichkeit und der Freiheit zu erhöhen. „Als Fähigkeit ist Können Voraussetzung, als Fertigkeit ist es Ziel und Ergebnis des Lernens" (ebd., 212). Jedes Können muss folglich einem Nichtkönnen abgerungen werden. Alles Können ist ferner angewiesen auf Übung als einer Grundform menschlichen Lernens, der Erziehung und Selbstverwirklichung des Menschen.
Der Sinn des Übens liegt nicht nur in der Aneignung der Fertigkeiten, die man zum praktischen Leben benötigt, sondern auch in der Bildung des Menschen. Es geht also nicht nur um ein Lernen, das zum Können führt, sondern auch um das Können in seiner Bedeutung für das Lernen, nämlich als Lernenkönnen. Dieses ist nicht unbeschränkt, ja oft genug gehemmt, was begrifflich-anthropologisch zum Begriff der Lernhemmung führt. Lernhemmungen (Lernstörungen), so genannte „Verhaltensstörungen" und „Formen abweichenden Verhaltens" können insofern nicht einfach behoben werden, sondern sie sind die „unvermeidlichen Bedingungen des Lernenkönnens, die es (das Kind) im Lernprozeß als den Widerstand erfährt, der zu überwinden ist" (ebd., 215).
Die Essenz für die Allgemeine bzw. Philosophische Anthropologie und für das Anliegen der ganzheitlichen Förderdiagnostik wäre die Einsicht, dass Lernhemmungen nicht Störungen und Behinderungen sind, sondern pädagogisierbare Phänomene, die erst aus dem Lernen ein menschliches Lernen, nämlich ein Lernenkönnen machen. Diese Feststellung ist von weitreichender didaktischer und förderdiagnostischer Konsequenz, denn sie verweist auf die Relativität und Pädagogizität aller diagnostizierten Behinderungen, Störungen und Beeinträchtigungen des Lernens, insofern diese für das Lernen als Lernenkönnen Voraussetzung sind.
Neben den anthropologisch-pädagogischen Einzeluntersuchungen (vgl. Langeveld 1968) ist es besonders *Langevelds* „Einführung in die theoretische Pädagogik" (1969), die sich mit Anthropologie befasst, so dass sie auch als „anthropologische Pädagogik" bezeichnet wird (Hamann 1982, 18). „Die Person und ihre Welt bilden sich aneinander in einem dialogischen Prozeß. Deshalb ist es selbstverständlich, daß der Mensch und das Menschenkind nicht ‚ein Milieu haben' – so wie eine Zigarre in einem guten oder schlechten Etui steckt –, sondern daß Kind und Milieu eins *sind* und ebenfalls einander gegenüberstehen können" (Langeveld 1969, 24). Der Mensch entwickelt sich so als Person im Sinne eines Doppel-Prozesses – Personalisation und Sozialisation – und nicht mechanisch oder kreativ-selbstentfaltend kraft eigener Setzung.
Diese pädagogisch-anthropologische Betrachtung läuft auf eine *Fundierung* der gesamten Pädagogik durch die Pädagogische Anthropologie im Sinne einer anthropologischen Betrachtungsweise hinaus.
Alle Stadien der „Personagenese" werden zuerst als Stadien des ganzen Menschen phänomenologisch beschrieben und interpretiert (zum Beispiel Kindheit und Jugend). Die pädagogische Fragestellung lautet in diesem Fundierungszusam-

menhang von Anthropologie und Pädagogik ganz allgemein, welchen Beitrag Erziehung bei der „Personagenese" leisten kann. Die anthropologische Fundierung wird in **vier Basissätzen,** die „den Grund zu jeder möglichen Pädagogik legen" (ebd.) sollen, zum Ausdruck gebracht:

1. Es kommt darauf an, welche Wertbestimmung und welche Anschauung der Pädagoge vom Menschen hat. Es gibt Anschauungen vom Menschen, die pädagogisch unfruchtbar sind, z.B. asoziale Vorstellungen, Gleichgültigkeit, unsinnige Bestrafung.
2. Die Pädagogik stellt zwei Anforderungen an die Anschauung vom Menschen, nämlich das „Einheitsprinzip, das in der sittlichen Gleichwertigkeit der Menschheit liegt, und die Anerkennung des Bestehens individueller Unterschiede, die einen eigenen Wert repräsentieren."
3. Aus der Anerkennung der sittlichen Gleichwertigkeit der Menschheit (Menschheit ist das menschliche Wesen in seiner vollen Mannigfaltigkeit) – nicht der Gleichheit des tatsächlichen Niveaus! – erwächst, zusammen mit der Anerkennung des sozialen Charakters der Menschen, die Verantwortung; sie ist der soziale Aspekt sittlicher Selbstständigkeit, die wiederum im Gewissen *ihre* individuelle Ausprägung hat.
4. Es geht „um *die individuellen Unterschiede, soweit sie für das Personsein dieses Menschen bedeutsam sind.* Geben wir sie preis, dann geben wir diesen Menschen preis, was schwerlich eine Grundlage für seine Erziehung schaffen kann" (ebd., 63-69).

Diese anthropologischen Reflexionen laufen auf einen Fundierungszusammenhang für die Pädagogik allgemein hinaus, und zwar auf einen solchen mit normativ-ethischer Qualität. Dabei will man sich nicht von einem anderen Zweig der Wissenschaft, z.B. der philosophischen Pädagogik, leiten lassen, sondern die Pädagogik muss selbst die wesentliche Standortbestimmung der grundlegenden Phänomene im Ganzen des Sachgebietes (Erziehung) leisten (vgl. ebd., 173). Sofern ganzheitliche Förderdiagnostik sich gerade bei Kindern in Problem- und Notsituationen als wichtiger Prozess im Rahmen pädagogischen Geschehens versteht, muss ihr auch an einer normativ-ethischen Fundierung und an der Fundierung ihrer teleologischen Vorstellungen gelegen sein. Dies könnte, auf einem beschreibenden Niveau, *Langevelds* pädagogische Anthropologie leisten. Inwieweit sich hierbei auch Erkenntnisse ergeben für eine Allgemeine bzw. Philosophische Anthropologie, soll offen bleiben.

5.1.3 Anthropologie, Behinderung und behindernde Bedingungen

Förderdiagnostisches Vorgehen orientiert sich unmittelbar an den Bedürfnissen eines Kindes als Person in seiner Gesamtsituation. Damit ist ausgesagt, dass nicht in erster Linie von außen her bestimmt, nicht „behandelt" nicht „verwaltet" werden soll, vielmehr stehen die individuellen Möglichkeiten, die Entfaltung der

Persönlichkeit im Vordergrund. „Personen werden nicht auf einen Objektstatus reduziert, sondern als Subjekte interpelliert: sowohl während der Situationsanalyse, wie auch während des Meinungsbildungsprozesses bzgl. des Interventionskonzepts" (Kobi 1977a, 119). Sicherlich ergeben sich hier Probleme, wenn theoretische Ansprüche auf den Praxisbereich übertragen werden sollen. Insbesondere bei förderdiagnostischen Interaktionen mit Menschen, die sich mit Hilfe der Sprache kaum artikulieren können, oder im Zusammenhang mit Menschen mit schwerer Behinderung, deren Ausdruck, speziell Mimik und Gestik, ja Atmung, annähernd adäquat gedeutet werden müssen. Aber auch hier werden das intensive Kennenlernen und die kindorientierte Verhaltensbeobachtung schließlich dazu führen, dass eine Interpretation der individuellen Bedürfnislage bis zu einem gewissen Grad möglich wird.

Auf dieses Bemühen um das Subjekt, um die Hilfe zur Selbsterschließung einer Person kann nicht verzichtet werden. Der bayerische Lehrplan betont die Subjekt- und Schülerorientierung und hebt in diesem Kontext hervor, dass sich Lernen sinnlich-wahrnehmend, handelnd-aktiv, bildlich-darstellend oder begrifflich-abstrakt vollziehen kann (vgl. Bayerisches Staatsministerium für Unterricht und Kultus 2003, 14f.).

Mit dem Beispiel aus dem Bereich – schwere – Behinderung soll gezeigt werden, dass alle Fragen der Praxis in diesen Ansatz einbezogen werden, eingeschlossen die Probleme, die sich bei Kindern mit autistischen Zügen, generell bei Schülern mit einem hohen oder sehr hohen Förderbedarf im Bereich soziale und emotionale Entwicklung ergeben.

Hier wird Förderdiagnostik gesehen als Begegnung im Sinne der Herstellung von Kontakt und Kommunikation. „Im Zentrum des Interesses stehen das Subjekt und seine existentiellen Bedürfnisse" (Kobi 1977a, 120). Als Methode gilt „die Vernehmlassung der Person (welcher damit die Möglichkeit zur subjektiven Selbstdarstellung und -interpretation geboten wird) sowie die Analyse konkreter subjektbetreffender Konfliktsituationen (Lernstörungen/Verhaltensschwierigkeiten) ... Subjektive Bezüge und die Eigenwelt der Personen werden in ihrer existentiellen Bedeutung ernst genommen. Die Maske der Objektivität wird fallen gelassen; an deren Stelle tritt eine unverhüllte und möglichst dichte Subjektivität (was auf seiten des Beurteilers Selbsterschließung und Transparenz des Bezugssystems zur Voraussetzung hat)" (ebd.). Objektivität würde den Aufbau von Barrieren, Distanz bedeuten. Allerdings ist auch zu fragen, inwiefern eine Person eine unmittelbare Nähe wünscht. Vom theoretischen und vor vom allem praktischen Aspekt her betrachtet sind die Grenzen zwischen Angebot im Sinne von Möglichkeit und Aufdringlichkeit bzw. Manipulation fließend.

Es bedarf einer Erweiterung des Blickes, indem nicht nur die Person als Subjekt gesehen, sondern auch das gesamte Bezugs- und Umfeld mit seiner ganzen Dynamik in die förderdiagnostischen Überlegungen einbezogen wird. Demnach begibt sich Förderdiagnostik in den Lebens- und Erlebensraum der in Not geratenen Personen oder Konfliktpartner, sie versucht diesen auf den subjekthaften Realitätsebenen zu begegnen.

Ein besseres Verständnis für die Probleme und das So-Sein einer Person ist nur auf dem Hintergrund der Kenntnis des Lebensraumes, der täglichen Interaktionen, möglich; d.h., das gesamte personale und materiale Bezugsfeld wird einbezogen. Hier analysiert der förderungsorientiert arbeitende Pädagoge die Probleme und Möglichkeiten einer Person, von hier aus werden dann gemeinsam Überlegungen bezüglich Verbesserungen und Änderungen auch im Sinne eines Förderplanes angestellt.

Dieses Aufzeigen von Möglichkeiten und Alternativen kommt im förderdiagnostischen Prozess zum Ausdruck. Förderdiagnostik (FD) „sieht in ihrem Probanden einen Schüler,... mit dem zusammen Lernperspektiven zu entwerfen sind. – Dieses werdende Subjekt ist der FD vieldeutig. Was sie vornimmt, ist eine Art ‚Spektralanalyse', d.h. ein Aufweisen verschiedener Ziele und Wege, zwischen denen das Subjekt im Extremfall nach einem analogen (fliessenden, nahtlosen) Entscheidungssystem sich frei bewegen kann. FD befasst sich nicht mit einem Ab-Checken ontologisierter ‚Eigenschaften', sondern mit der Analyse von Zuständen und Kommunikationssystemen. Die Aufgabe der FD kann sich nicht darin erschöpfen, festzustellen, was ein sozialer Organismus (von der Mindestgröße einer Dyade) als objektivierte und damit – tote – Entität von irgend einem – als objektiv – definierten Aussenkriterium her besehen ist; sie hat vielmehr einsichtig zu machen, wie ein dyadisches oder multipel-dyadisches System sich erlebt. Nicht ex-akte Daten, sondern inter-akte Be-Deutungen sind von Interesse. Die Sorge der FD gilt dementsprechend der subjektiven Bedeutungshaltigkeit ihrer Botschaft sowie der Subjektivierung zunächst bloss objektiver Daten" (Kobi 1977a, 121).

Es wird hiermit den Modellen herkömmlicher Diagnostik, wie z.B. dem traditionell medizinisch-psychologischen Ansatz (vgl. 4.1.1), eine deutliche Absage erteilt. Bezugspunkte können nicht über repräsentative Stichproben gefundene Normen sein, ebenso wenig von außen gesetzte Lernziele wie dies im Rahmen der Verhaltensmodifikation ursprünglicher Prägung intendiert ist, vielmehr wird vom Subjekt in seinem Kommunikationssystem (Familie, Heim, Schule, ...) ausgegangen. Bei diesem Ansatz läuft das Kind mit einem sehr hohen Förderbedarf, nicht mehr Gefahr, einer primär defizitären Beschreibung ausgeliefert zu sein. Förderdiagnostik kann sich nicht der Frage nach dem Wesen des Menschen, nach der Anschauung und Auffassung vom Menschen entziehen, denn sie möchte eine Hilfe zur Entfaltung und Mensch-Werdung geben. Im Vordergrund steht das Recht auf Menschsein im Sinne von sein, was ich bin, auf Leben und Entfaltung, auf Werden und die daraus hervorgehende Betonung der individuellen Ressourcen, Stärken und Kompetenzen.

In der Hilfsbedürftigkeit des Neugeborenen drückt sich Erziehungsbedürftigkeit aus. Kinder warten darauf, dass Eltern, Bezugspersonen etwas „abgeben", an sie „weitergeben", etwas „vermitteln", dass diese Erzieher sie weiterbringen, ihnen Hilfen zur Weiterentwicklung geben. Hierin bewegt sich auch immer das Moment der Freiheit zur Selbstentscheidung und -entfaltung. Kinder können etwas annehmen, akzeptieren, aber auch ablehnen, sich ganz anders verhalten. Prinzipiell gilt, dass das Lernwesen Mensch auf Lehrende und damit gleichzeitig auf Erziehende angewiesen ist. Diese sollten sich zunächst als Mit-Menschen verstehen. Lernen, Lernprozesse schließen auch das Moment der Überwindung von Schwierigkeiten ein, so wird aus dem Lernen ein Können.

Ergeben sich Probleme beim Lernen, die zunächst als nicht überwindbar erscheinen, sollte man diese nicht als „Störungen" und „Behinderungen", vielmehr als Anreiz zu neuen, besseren und subjektorientierten Angeboten verstehen. Lernprobleme gelten als „pädagogisierbare Möglichkeiten" und nicht als absolute Grenzen.

Man kann auch den Eindruck des Menschseins „vermitteln", indem man eine Hand hält, streichelt, den Menschen „anspricht". So kann sich in der Pflege ein Höchstmaß an förderdiagnostischer Intention verwirklichen; dort realisiert sich Begegnung. „Der Mensch wird am Du zum Ich" (Buber 2006). Einen Menschen zu pflegen, ist Kommunikation, Antwort auf den persönlichen Anruf dieses Menschen, kann die Befriedigung seiner spezifischen Bedürfnisse nach menschlichem Kontakt, eine Hilfe zur Ich-Entwicklung, Identitätsfindung, ein Ausdruck der Anerkennung des Du als gleichwertigen Partner bedeuten. Die unaufdringliche Begegnung mit einem Menschen in einer Problem- bzw. Notsituation ist die Vermittlung der Wahrheit, nicht allein zu sein. Erschwernisse im Zusammenhang mit Entwicklung, Entfaltung und Selbstverwirklichung fordern gleichzeitig ein Mehr an Zuwendung, sicherlich auch ein Mehr an – intentionalen – qualitativ vertieften Förderungs- und Erziehungsbemühungen.

5.2 Pädagogische Dimension

Allgemeinpädagogik und Sonder- und Heilpädagogik geben zumeist keine direkten Hinweise für unmittelbar erzieherisches Handeln. Reflexionen, Diskussionen und Aussagen bleiben häufig allgemein gehalten, eben zu theoretisch-abstrakt. Für den, der wirklich erziehen will und soll (Lehrer, Eltern, Alleinerziehende, ...) sind rein pädagogische Abhandlungen bisweilen zu theoretisch, manchmal auch ärgerlich. Kann es sich die Pädagogik als Wissenschaft in einer höchst komplexen Wirklichkeit, die häufig mit „Chaos" in Verbindung gebracht wird, will sie „ernst" genommen werden, noch leisten, an den wirklichen Erziehungsfragen der Gegenwart, an den Problemsituationen von Kindern und Erziehenden vorbeizugehen, sie zu negieren und sich primär in Aufarbeitung der Geschichte der Erziehung zu erschöpfen? Pädagogik als Wissenschaft ohne Bezug zur Praxis, zu Fragen und Problemen der Gegenwart (Erziehungsprobleme, Zusammenleben von Kindern, Jugendlichen und Eltern, Bewertung von Schule und Unterricht, Zunahme radikalen, extremen Denkens, Fühlens und Handelns, Eskalierung von Verhaltensproblemen wie Aggressionen bis hin zur Gewalt) erweist sich als in hohem Maße provokativ.

Den Kritikern der Diagnostik im pädagogischen Arbeitsfeld mit der Argumentation, sie sei unwissenschaftlich, ja schädlich, sei gesagt, dass Förderdiagnostik entscheidend dazu beiträgt, das Kind in einer Problemsituation ernst zu nehmen, in eine Beziehung zu treten, es zu verstehen und vorliegende behindernde Bedingungen zu analysieren. Pädagogische Diagnostik zunächst im Sinne von Verhaltensbeobachtung in den Bereichen Erziehung und Unterricht stellt den Anfang pädagogisch-didaktischen Handelns dar und begleitet den Fortgang pädagogischer Prozesse (Prozessdiagnostik). Pädagogische, insbesondere förderdiagnostische Grundüberlegungen implizieren eine Schutz- und Wächterfunktion gegenüber diagnostischem Handeln, sollten zum Handeln auffordern, wenn bei einem Kind in einer Problemsituation zu wenig oder gar nichts Positives geschieht, auch im Zusammenhang mit der Anonymität und Mächtigkeit von Institutionen. Mag sich die Pädagogik vielleicht auch nicht als Handlungswissenschaft verstehen, ist es ihr doch aufgegeben, dass sie zumindest Anstöße zum erzieherischen Handeln, zur Verbesserung problematischer Situationen von Kindern und Jugendlichen gibt und ernsthaft darüber reflektiert, wie man erzieherische Situationen hinsichtlich der Ausgangslage und Zielfrage bewerten, wie man positiv wirken oder handeln, allgemein die Situation für die Betroffenen verbessern kann. Es kann im Rahmen dieser Überlegungen nicht darum gehen, gängige Wissenschaftler aus dem Bereich Allgemeinpädagogik zu rezipieren. Zu oft gehen theorieorientierte „Experten" geradezu am Kind mit seinen von außen induzierten und inneren Problemen vorbei. Allgemeinpädagogen argumentieren häufig, sie seien für „diese Kinder mit Behinderungen" nicht zuständig, sie bringen zum Ausdruck, sie seien auch keine Fachleute für diesen Bereich. Die so genannte „reine" Theorie führt hier nicht weiter, Kinder in Not- und Problemsituationen fordern einfach zum Wahrnehmen und Handeln heraus. Anthropologische Überlegungen werden im Zusammenhang mit der vorliegenden Problematik als fundamental angesehen, die pädagogische Frage erweist sich jedoch im Vergleich zur anthropologischen als gleich bedeutend, denn Förderdiagnostik wird hier als ein von pädagogischem Denken unmittelbar beeinflusster und durchdrungener Bereich verstanden, insofern als die Wertmaßstäbe aus dem Fundus pädagogischer Reflexion abgeleitet werden. Demnach wirken sich die pädagogischen Überlegungen durchgängig auf die übrigen Fragen- und Problembereiche der Förderdiagnostik aus.

Die traditionelle pädagogische Fragestellung kann heuristisch unter ihrem anthropologischen Aspekt (wer ist der Mensch?), ihrem teleologischen Aspekt (was soll der Mensch werden?) und ihrem methodischen Aspekt (wie kann Erziehung dem Menschen dabei helfen?) behandelt werden (vgl. Böhm 2000, 405; 2018). Mit der Vorläufigkeit und Unbestimmbarkeit des eigentlich Pädagogischen hat sie den Vorzug – noch vor einer Definition von Pädagogik mit ihrer bekannten Schwierigkeit der Trennung in Erziehungshandeln, Theorie der Erziehung und Metatheorie und der sie begleitenden Diskussion –, mit dem Anspruch auf Ganzheitlichkeit einer Förderdiagnose in der Pädagogik allgemein und der Heilpädagogik im Besonderen ernst machen zu können. Die drei genannten Aspekte innerhalb der pädagogischen Fragestellung müssen bei allen förderdiagnostischen Problemen berücksichtigt werden. So fragt auch die Förderdiagnostik nach den Erkenntnissen der pädagogisch-anthropologischen Forschungen im Hinblick auf das Wesen des Menschen. Ferner kann es keine pädagogische Diagnostik ohne Zielfrage geben. Die intendierte Förderung hat sich an einem aus der ganzheitlichen Betrachtungsweise der Pädagogik abzuleitenden Ziel zu orientieren (Funktionalität versus Ganzheitlichkeit). Letztlich ist auch in der Pädagogik zu fragen, mit welchen Methoden die aus den menschlichen Bedürfnissen und Entfaltungsmöglichkeiten abgeleiteten Ziele erreicht werden können. Diese Fragestellung verweist auf die didaktische bzw. therapeutische Dimension der Förderdiagnostik. Ich meine ferner, dass ein Konzept der Diagnose und Förderung (Förderdiagnostik), das sich aus der Pädagogik als Einheit von Theorie und Praxis versteht, interaktionistisch-kommunikative (soziale) und institutionelle Dimensionen als den Gesamtprozess wesentlich mitbestimmend reflektieren muss.

5.2.1 Verstehen als Basis für die Gestaltung von Beziehungsprozessen

Mit Verstehen wird eine Denk- und Handlungskategorie angesprochen, die in der Psychologie als Wissenschaft kaum thematisiert wird. Vom Verhalten des anderen Menschen aus betrachtet erscheint jede Handlung, jede Art von Verhalten als sinnvoll. Aggressives, autoaggressives, autistisches Verhalten und durch sexuellen Missbrauch, körperliche Züchtigung, psychische Verletzungen und durch schreckliche Kriegserlebnisse traumatisierte Kinder gehören sicherlich zu den großen Problemen und Herausforderungen im Erziehungs-, Unterrichts- und Therapiealltag. Auf lebensweltlichem Verstehenshintergrund darf man diese Phänomene jedoch keinesfalls als objektive Manifestation krankhaften Geschehens werten und ihnen mit medizinisch-therapeutischen Einstellungen begegnen; vielmehr ergibt sich die Aufgabe, sich verstehend darum zu bemühen, sie vor allem als intentionale, bedeutungs- und sinnhafte Lebensäußerungen einer Person in ihrer als schlimm und verletzend erlebten Situation zu interpretieren.

Beim Verstehen von Emotionalität und Verhalten geht es zunächst um eine Einstellung, die das Verhalten eines Kindes und eines Jugendlichen, also sein So-Sein achtet und akzeptiert, immer tiefer zu verstehen versucht, um Beachtung der Subjektivität einer Person.

Gerade im Kontext von Verstehen bedarf die enge Verflechtung von Theorie und Praxis sowie die Bedeutung für sonder- und heilpädagogische Fragestellungen der stetigen Weiterentwicklung im Hinblick auf ihre Bedeutung für die Förderdiagnostik.

> „Theorie und Praxis haben einander zu ergänzen; und es gibt nichts Praktischeres als eine gute Theorie" (Moor 1974, 259).

Kein Zweifel, im Rahmen heilpädagogischer Fragestellungen haben wir es in der Regel mit ungünstigen Bedingungen, mit mehr oder weniger gravierenden Erschwernissen der Erziehung und Förderung zu tun: extreme Verhaltensprobleme wie Aggressivität und Passivität, schwere Störungen der Persönlichkeitsentfaltung, autistische Verhaltensweisen, Integrationsstörungen (Ayres, 2013), Störungen einzelner Bereiche wie Kognition und Wahrnehmung, Sozialverhalten, Emotionalität, Motorik, Sprache und Lernen allgemein.
Die heilpädagogische Praxis *Paul Moors* nennt drei pädagogische Grundsätze (1974, 16-37), die eine wichtige Basis für Diagnose und Förderung im sonder- und heilpädagogischen sowie lerntherapeutischen Arbeitsfeld darstellen:

1. „*Wir müssen das Kind verstehen, bevor wir es erziehen.* Daraus ergibt sich die Grundfrage: Wie lernen wir das entwicklungsgehemmte Kind verstehen? Es ist die Frage nach einer dem heilpädagogischen Gegenstand angemessenen Psychologie."
   Der Verstehensbegriff als Denk- und Handlungskategorie impliziert einige Schwierigkeiten (vgl. Bundschuh 2008 69-73). Welches Verstehen könnte intendiert sein? Praktisch gesehen kann damit nicht völlige Kongruenz mit dem in einer Problemsituation befindlichen Kind gemeint sein, aber doch der ernsthafte Versuch einer möglichst dichten Annäherung an seine Situation, an seine schwierige Welt.
2. „*Wo immer ein Kind versagt, haben wir nicht nur zu fragen: Was tut man dagegen? – Pädagogisch wichtiger ist die Frage: Was tut man dafür? ... Nämlich für das, was werden sollte, soweit es werden kann.* Das ist die Frage nach einer dem heilpädagogischen Gegenstand angemessenen Pädagogik."
   Diese Zielfrage erzieherischen Handelns lässt sich angesichts häufiger „Sprachlosigkeit" von Kindern mit Behinderungen (geistige Behinderung, Autismus, psychische Probleme) nicht durchgängig bzw. endgültig beantworten. Auch die Gefahr der Manipulation, des zum Objekt-Machens ist in jedem erzieherischen Bemühen impliziert, bei Kindern mit schweren Behinderungen wesentlich vergrößert. Im Rahmen heilpädagogischer Fragestellungen befinden wir uns in der Regel in einem multidimensionalen Bedingungsfeld (Ausgangskompetenzen, Stärken, Probleme, ...), welches maßgeblich Einfluss auf die Erziehungs- und Förderpraxis hat.

3. „*Wir haben nie nur das entwicklungsgehemmte Kind als solches zu erziehen, sondern immer auch seine Umgebung.* Sie leidet am Leiden des Kindes und kommt damit meistens nicht zurecht; ...Daraus ergibt sich die Frage nach der Erziehung des Erziehers, ...".
   Paul Moor spricht hier die Kind-Umfeld-Situation an (vgl. Bundschuh 2014, 349-355).

Global ausgedrückt gehört zum Verständnis förderdiagnostischer Vorgehensweisen, dass zunächst versucht werden soll, den individuellen Entwicklungsprozess der Kinder zu verstehen, d.h., den bisherigen Weg nachzuvollziehen und sie in ihrem So-Sein anzunehmen. Dabei wird mit „Verstehen" eine Denk- und Handlungskategorie angesprochen, die in den psychologischen Lehrbüchern zu wenig Raum einnimmt. Es geht um eine Einstellung, die das kindliche Verhalten und So-Sein achtet und akzeptiert, schlichtweg immer vertiefter zu verstehen sucht, es geht um die Beachtung der Subjektivität eines Kindes. Diese Intersubjektivität impliziert, dass das Ich (des Pädagogen, des Heilpädagogen oder auch des Psychologen) die Welt des Anderen (des Du) in Not versteht, zumindest bemüht ist, in den Prozess des Verstehen-Wollens und -Lernens einzutreten. Vom Kind her gesehen erscheint jede eigene Handlung, jede Art von Verhalten als sinnvoll. Die Befindlichkeit des Anderen, des Kindes in einer Notsituation, des Schülers mit Problemen erfordert demnach Fremdverstehen.

Als ebenfalls in höchstem Maße für förderdiagnostische Fragestellungen relevant erweist sich, dass es nicht darum gehen kann, zu modifizieren und zu manipulieren, vielmehr sollen Wege, Möglichkeiten, Angebote aufgezeigt werden, die das Kind und der Jugendliche in einer Problemsituation wahrnehmen kann.

Einer ganz besonderen Fokussierung bedarf die Umwelt, in der ein Kind lebt, in der es erzogen wurde und wird. Hier gibt die Heilpädagogik in Verbindung mit der Soziologie und Sozialpsychologie wichtige Impulse für die Analyse sozialer Prozesse. Ohne Einbezug dieser unmittelbaren Umwelt kann keine sinnvolle Förderung erfolgen.

Die Aufgabe der Förderdiagnostik unterscheidet sich bezüglich der zentralen Fragestellung an sich überhaupt nicht von den Hauptaufgaben der Pädagogik und Heilpädagogik. Die Hauptaufgabe der Förderdiagnostik impliziert neben der Unterstützung bei Lern- und Entwicklungsproblemen leichter Art die Notwendigkeit, „nach den Möglichkeiten der Erziehung zu suchen, wo Unheilbares vorliegt" (Moor 1974, 259f.). In ähnlicher Weise besteht auch der Beitrag einer förderungsorientierten Diagnostik in der Mithilfe zu einer angemessenen Erziehung dort, wo *erschwerende Bedingungen* im pädagogischen Arbeitsfeld vorliegen. Förderdiagnostik bezieht stets pädagogisch-heilpädagogische Überlegungen ein, versucht sie zu beachten:

1. „Heilpädagogik ist diejenige Pädagogik, welche vor die Gesamtheit der über das Durchschnittsmaß hinausgehenden Erziehungsschwierigkeiten gestellt ist. Es muß also gefragt werden nach einer vertieften Pädagogik, welche der heilpädagogischen Situation gerecht zu werden vermag.
2. Wenn wir dem entwicklungsgehemmten Kinde trotz seiner beschränkten Möglichkeiten zu einem erfüllten Leben verhelfen wollen, dann müssen wir fragen, wie das, was im Kinde entstehen soll, psychologisch verstanden werden könne, d.h. verstanden werden nicht nur nach seinem Sinn und seinem Recht, sondern verstanden auch in seinem Werden und in den Bedingungen seines Werdens.
3. Als Erzieher orientieren wir uns in allem nach dem, was werden soll. Von daher fällt ein besonderes Licht auch auf das Gegebene. Unter allem, was vorliegt und was durch psychologische Forschung erhellt worden ist und weiter erhellt werden kann, gibt es für die Erziehung Wichtiges und weniger Wichtiges. Es erhebt sich die Frage nach einem heilpädagogischen Verstehen auch der Gegebenheiten.
4. Soll die wissenschaftliche Heilpädagogik immer und überall hinlenken auf das pädagogisch Bedeutsame, dann muß der Gegenstand ihrer Begriffsbildung identisch sein mit dem Gegenstand der Erziehung“ (ebd.).

5.2.2 Förderdiagnostik und Grenzerfahrung – „Scheitern“ als Chance zum Neuanfang

Förderdiagnostik hat es im sonder- oder heilpädagogischen Arbeitsfeld in der Regel mit Erziehungsaufgaben und individuellen Entwicklungen zu tun, die sich in ihren Dimensionen als vielschichtig und komplex erweisen. Sie muss versuchen, über die Biographie eines Kindes (Anamnese) unter Einbezug der Umwelteinflüsse das Werden zu analysieren, um das Kind besser zu verstehen, als dies bisher im Zusammenhang mit anderen Bezugspersonen der Fall war. Auf der Basis des Gegebenen ist im Hinblick auf Erziehungsziele die eminent bedeutsame Frage nach dem Wichtigen zu reflektieren und zu diskutieren und zumindest vorläufig zu beantworten.

Der förderungsorientiert arbeitende Diagnostiker findet sich häufig in der Situation, wie sie von *Moor* beschrieben wird. Er steht auf den ersten Blick bei manchen Kindern vor „unlösbaren Aufgaben“, Grenzen werden deutlich, die es „dennoch“ zu überschreiten gilt. In diesem „dennoch“ stellt sich die Frage nach den Förderungszielen, beginnt das Nachdenken über Möglichkeiten zur Erreichung dieser Ziele. Wir begeben uns zunächst gedanklich und vorstellungsmäßig mit dem Kind auf den Weg, wobei stets die Bereitschaft zur Hinterfragung der Ziele bestehen bleibt, Offenheit gefordert wird.

„Wir haben es in der heilpädagogischen Arbeit mit Kindern zu tun, welche die Alltagserziehung vor unlösbare Aufgaben stellen, Kinder, für welche die gewohnten Mittel und Wege nicht mehr ausreichen und mit welchen die üblichen Ziele nicht mehr erreicht werden können. [...] hier gilt es, mit dem Grundsatz ernst zu machen, daß für die Erziehung nicht das Gegebene, sondern das Aufgegebene das Wesentlichere ist. Auch der Grund für das Scheitern der Erziehungsversuche bei solchen benachteiligten Kindern soll nicht nur in den gegebenen Mängeln gesucht werden, sondern ebenso, ja zuerst, in der versuchten Erziehung selber. Könnte es nicht sein, daß unsere Erziehung etwas zu erreichen versucht, was der Eigenart dieser Kinder gar nicht angemessen ist? Und sind wir so sicher, daß unsere Vorstellung von dem, um was es in der Erziehung geht, auch die rechte ist? Wir stoßen uns daran, dass die üblichen Ziele nicht erreicht werden können. [...] Dadurch aber verschulden wir selber, daß alle Kinder, welche diese Voraussetzungen nicht mitbringen, aus dem Rahmen fallen, daß ihre erzieherische Betreuung vom Boden der geltenden Erziehung aus als sinnlos oder in ihrem Sinn doch geschmälert erscheint. Gerade für diese aus dem Rahmen fallenden und dann oft einfach übergangenen Kinder aber will nun die Heilpädagogik da sein. Heilpädagogik kann also als Pädagogik nur bestehen, wenn sie sich nicht schrecken läßt durch die Unmöglichkeit, ein geltendes Erziehungsziel zu erreichen. Der Heilpädagoge bleibt nur so lange wirklich Pädagoge, als er vor unüberwindlichen Schwierigkeiten nicht sagt: Hier ist nichts zu machen – sondern sich immer aufs neue wieder fragt: Was ist an meinem bisherigen Wissen von Sinn und Ziel der Erziehung noch immer zu eng, daß es hier den Sinn nicht zu sehen und nicht zu finden vermag? In der heilpädagogischen Arbeit kann uns keine Pädagogik genügen, die an einem festen Standpunkt unverrückbar festhält, die aus einer festgehaltenen weltanschaulichen, aus einem ein für alle Male festgelegten -ismus, aus einer Ideologie, bloß die Folgerungen zieht angesichts der allgemeinmenschlichen Situation (und dabei dann womöglich erst noch diese menschliche Situation durch die Brille einer wiederum einseitig orientierten Psychologie sieht). Als Heilpädagogen müssen wir uns offen halten für alle Möglichkeiten eines menschlichen Sonderschicksals und bereit sein, den von uns persönlich bevorzugten Standpunkt immer wieder in Frage stellen zu lassen durch die besondere Not, die es zu wenden gilt. – Ist es überhaupt möglich, eine Pädagogik aufzustellen, die kein festes und von vornherein faßbares Ziel besitzt? Ich weiß die Antwort nicht, ich glaube nur, auf dem Wege zu ihr zu sein. Ich meine aber, nicht nur aus der Not eine Tugend zu machen, wenn mir dieses ‚Auf-dem-Wege-Sein' wichtiger ist als das Wissen um das Ziel, sondern ich glaube, daß in diesem ‚Auf-dem-Wege-Sein', im status viatoris, schon das Wesentliche der gesuchten Pädagogik zum Ausdruck kommt" (Moor 1974, 260f.).

Paul Moor verunsichert bei der Frage nach dem „richtigen Weg. Entsprechend sollte der förderdiagnostisch Tätige auf der Basis seines Wissens und seiner Erfahrung auch in der Lage sein, sich selbst, seine Ziele und die Mittel, mit deren Hilfe er die Ziele erreichen möchte, zu hinterfragen. Der Pädagoge, Heilpädagoge und Lerntherapeut kann zunächst die Frage nach dem „richtigen Erziehungs- und För-

derungsziel“ in der Regel im Hinblick auf die subjektive Betroffenheit des Kindes und Jugendlichen nicht abschließend beantworten. Seine Aufgabe ist es dennoch Vermutungen oder Hypothesen darüber anzustellen, welche Ziele wie – mit welchen Mitteln – erreicht werden könnten.
Insofern werden neben der Fachkompetenz Flexibilität und Kreativität, vor allem die Möglichkeit zum Um- und Neudenken gefordert, weil eben doch die Wege gängiger Pädagogik und Erziehung, Didaktik und Unterrichtung im Zusammenhang mit erschwerten Erziehungs- und Lebenssituationen sowie Entwicklungsprozessen nicht so einfach begehbar sind. Es erweist sich z.B. nicht als pädagogisch sinnvoll, Schülerinnen und Schüler, für die im Zusammenhang mit Lernhemmungen, Lern- und Verhaltensstörungen aufgrund dieser Problemsituation Verstehen, Hilfestellung und Förderung angezeigt sind, primär als „Behinderte“ zu sehen, zu klassifizieren und sie in besondere Schulen aufzunehmen. Heilpädagogik muss in der Lage sein, ernsthaft einen Wandel zu vollziehen, zu einer Pädagogik der „Kinder in besonderen Lebenslagen“, welche flexibel in der Wahl ihrer Mittel mit einem Minimum an institutionell vermittelten Stigmatisierungen auskommt. Dies wird beispielsweise im Rahmen von Schule und Unterricht durch das BayEUG erleichtert, nach dem ein Schüler mit sonderpädagogischem Förderbedarf die allgemeine Schule besuchen kann, wenn er dort „aktiv“ am Unterricht teilnehmen und der sonderpädagogische Förderbedarf an dieser Schule mit Unterstützung durch Mobile Sonderpädagogische Dienste erfüllt werden kann (BayEUG 2005, Art. 41 Abs. 1, Satz 2).

5.2.3 Allgemeine Pädagogik, Sonder- und Heilpädagogik

Im Zusammenhang mit der mehrfach angesprochenen Problematik zum Verhältnis Pädagogik – Sonderpädagogik möchte ich die These aufstellen, dass weder ernsthafte bzw. ernst zu nehmende Sonderpädagogen noch ernsthafte Allgemeinpädagogen Pädagogik und Sonderpädagogik an sich prinzipiell unterscheiden. Die Grundfrage der Pädagogik, nämlich die Frage nach der Erziehung stellt sich für die Sonder- und Heilpädagogik und die Allgemeinpädagogik gleichermaßen. Heilpädagogen haben diese Frage entschieden aufgegriffen und als Herausforderung im Sinne des betroffenen Kindes bewusst und systematisch wahrgenommen, während Allgemeinpädagogen sich im Großen und Ganzen leider nicht oder viel zu selten mit solchen Fragen beschäftigten.
Die allgemeine Pädagogik befasst sich mit dem für alle pädagogischen Spezifizierungen Gültigen. Sonderpädagogik ist eher eine Spezifikation der allgemeinen Pädagogik. Man muss auch bedenken, dass es nicht *„die* Pädagogik“ schlechthin gibt, sondern „Pädagogiken“. Man sollte ferner in Betracht ziehen, dass es – spricht man von wesentlichen Unterschieden zwischen Pädagogik und Sonderpädagogik – im Verlauf der Geschichte dieser „Pädagogiken“ Um- und Irrwege gegeben hat und sicherlich noch geben wird.

Neben dem Studium der sonderpädagogischen Diagnostik, Didaktik und Methodenlehre muss dem allgemeinpädagogischen Basisstudium breiter Raum gegeben werden, dies gilt vor allem im Hinblick auf Bildungstheorie, Erziehungsphilosophie, Anthropologie und teleologische Aspekte. Dennoch gibt es auch andere Schwerpunkte, die von der Komplexität des pädagogisch-heilpädagogischen Arbeitsfeldes ausgehen.
Die Forderung nach einer gemeinsamen integrativen Beschulung ist an sich bekannt und wird seit mehreren Jahren im Hinblick auf Realisierungsmöglichkeiten untersucht und diskutiert (Eberwein u.a. 1995; Bundschuh 1997, 310-315; Berges 1998, 272-285). In den vergangenen Jahren hat sich die pädagogische Diskussion in diesem Bereich um den Begriff der Inklusion erweitert und damit auf vorläufig theoretischer Ebene eine neue Dimension hinzugefügt (vgl. Hinz 2002, 354-361, 2004, 245-250; Sander 2004, 240-244; Bundschuh 2010, 88-99).
Taubstummen-, Blinden- und Hilfsschullehrer waren die ersten und rund 100 Jahre lang die einzigen pädagogischen Berufe mit einer speziellen Ausbildung für Kinder und Jugendliche mit Behinderungen. Sie waren deren erste Anwälte, als es darum ging, diese aus ihrer menschlichen und sozialen Verelendung herauszuführen und ihnen durch spezielle pädagogische Methoden ein halbwegs menschenwürdiges Leben zu ermöglichen, wenn auch nur inselhaft innerhalb einer ansonsten eher sozial distanzierten Gesellschaft.
Sonderpädagogik ist sicherlich entstanden im Zusammenhang mit Notsituationen von Kindern. „Die Aussonderung jener Fälle, mit denen sich eine zukünftige Beschäftigung nicht zu lohnen scheint, wurde und wird traditionellerweise von den Platzhirschen der jeweils etablierten Pädagogik vorgenommen: sei dies durch expliziten Ausschluss oder sei dies durch automatische Ausfilterung im Seiher der Schlechthinigkeit eines phantasierten Normalkindes.... Es entspricht somit nicht den historischen Tatsachen, wenn gelegentlich der Sonderpädagogik und den Sonderpädagogen zum Vorwurf gemacht wird, sie würden Kinder aussondern und damit aktiv die Schuld für Desintegration und Diskriminierung, Etikettierung und Abstempelung auf sich laden: Sonderpädagogik ist als Ausgesondertenpädagogik entstanden für jene Restmenge von Kindern, die sich zwischen Medizin und Pädagogik nicht mehr aufdividieren liessen und denen ein inzwischen aufgeklärtes Zeitalter auch nicht mehr nur ein naiv-gläubiges ‚Gott befohlen!' auf den Lebensweg zu geben vermochte" (Kobi 1984, 27f.)
Vielleicht liegen die Schwierigkeiten einer Integration von Allgemeiner Pädagogik und Sonderpädagogik – die ich im Prinzip, vom „Gegenstand" her nicht sehe – darin, dass es zu viele Richtungen der Pädagogik gibt, dass das spezifische Problem der Pädagogik im Kontext der Frage nach der Interdisziplinarität geradezu darin besteht, „daß der disziplinäre Charakter der Pädagogik, mit anderen Worten: ihr Wissenschaftscharakter, seit ihren Anfangen bis heute reichlich ungeklärt, zumindest sehr umstritten ist, und dieser ihr desolater Zugang als Wissenschaft gerade

darauf zurückzuführen sei, daß innerhalb dieser Disziplin die disziplinäre Klärung einer möglichen epistemologischen Verknüpfung von technischen und praktischen Fragen, von Mitteln und Zwecken, nicht zu einem befriedigenden Konsens gelangt“ (Böhm 1982, 48f.), so dass man nicht von der Pädagogik, sondern eben von „Pädagogiken“ spricht (vgl. Loch 1982, 20-24; Böhm 2000, 404f.; 2018).
Die Notwendigkeit, in die Behandlung förderdiagnostischer Fragen die Problematik Sonderpädagogik – Allgemeine Pädagogik einzubeziehen, ergibt sich auch insofern, als Lern- und Erziehungsschwierigkeiten allgemein zu den Problemstellungen der Allgemeinpädagogen gehören (sollten). „Die besonderen Aufgaben der Erziehung, die sich aus angeborenen oder erworbenen, milieu- oder altersbedingten Beschränkungen der Lernfähigkeit ergeben, mit der allgemeinen Aufgabe der Erziehung, die in der Ermöglichung von Bildung und Mündigkeit für jedermann besteht, zu vereinbaren, ist das Problem, das im Verhältnis von Differenzierung und Integration praktische Lösungen fordert, über die selbstverständlich nachgedacht werden muß. Es betrifft jedoch keineswegs nur die sonderpädagogischen Disziplinen, sondern alle speziellen Pädagogiken. Und deshalb ist es zugleich eine Herausforderung ersten Ranges für die Allgemeine Pädagogik. Denn zu deren wichtigsten Aufgaben gehört doch wohl, sich immer wieder um Integration der speziellen Pädagogiken zu bemühen“ (Loch 1982, 21). Zum einen werden die „besonderen Aufgaben der Erziehung“ angesprochen, zum anderen wird die Forderung nach „praktischen Lösungen“ erhoben. Es dürfte eine Herausforderung für die Allgemeinpädagogik sein, sich um die Integration der speziellen Pädagogiken – die Sonder- und Heilpädagogik gehört zweifellos dazu – zu bemühen. Die generellen Probleme bezüglich des Verhältnisses Allgemeine Pädagogik zur Sonderpädagogik bestehen nicht in erster Linie im Verhältnis, also im Zwischenstück, in der Dynamik, Verzahnung, in der Verbindung, ja ich möchte sagen Kongruenz, vielmehr in den Problemen, die wissenschaftliche Vertreter der Allgemeinen Pädagogik mit der Allgemeinen Pädagogik und Vertreter der Sonderpädagogik mit der Sonderpädagogik haben. Die Vermutung liegt nahe, dass diese Probleme im Prinzip primär theoretischer Natur sein können, praktisch nicht vorhanden sind – oder besser – nicht existieren dürften. Wenn Vertreter der Allgemeinen Pädagogik und der Sonder- und Heilpädagogik ganz konkret mit der praktischen Problematik eines Kindes im Sinne einer Entwicklungs-, Lern- und Verhaltensstörung konfrontiert werden, dürften die Diskrepanzen über Erziehungsziele und Vorgehensweisen weitgehend neutralisierbar sein. Hier wird doch ein hohes Maß an Übereinstimmung angesichts der Notsituation eines bestimmten Kindes bezüglich Abbau behindernder Bedingungen und Förderungsangebot erwartet.
Die Probleme im Verhältnis Allgemeiner Pädagogik und Sonderpädagogik liegen vielleicht auch im Zustand der Allgemeinen Pädagogik begründet, der sich grob dahingehend kennzeichnen lässt, „daß auf der Ebene der Allgemeinen Pädagogik die Erziehungswissenschaftler viel zu sehr mit sich selbst, d.h. mit metatheoreti-

schen Erörterungen beschäftigt sind, als daß sie in der Lage wären, die Probleme systematisch zu verarbeiten, die die Erzieher in ihren verschiedenen Rollen und Professionen mit ihren Klientelen haben, geschweige denn die Probleme, die jene verschiedenen Gruppen von Edukanden, einschließlich der sogenannten Behinderten, mit ihren Erziehern und überhaupt mit ihren Mitmenschen, aber auch mit sich selber haben. Bei ihrem Bemühen um Modernität um jeden Preis haben sich die Repräsentanten der Allgemeinen Pädagogik so weitgehend von deren Traditionen gelöst, daß sie unfähig geworden sind, die Rolle des anderen, der erzogen werden soll, als Grundform des pädagogischen Denkens zu übernehmen und in den ‚einheimischen Begriffen' einer Bildungstheorie zu reflektieren" (ebd., 21). Vielleicht ist diese Art Ohnmacht gegenüber Erziehungsfragen in der Praxis auch ein wichtiger Grund für die Entstehung der extremen Verhaltensprobleme (Aggressivität, Brutalität, mangelndes soziales Einfühlungsvermögen, Egoismus) der Kinder- und Jugendlichen unserer Zeit, die Autorität auch manchmal durch polizeiliches Eingreifen provozieren, um Eltern und Lehrern in Familie und Schule gleichermaßen noch ein Zusammenleben, besser das „Überleben" zu ermöglichen. Der Verfasser neigt dazu, bezüglich der Problematik Allgemeine Pädagogik – Sonderpädagogik zwar im Zusammenhang mit der Komplexität Unterschiede hinsichtlich der Schwerpunkte, aber keine wesentlichen Unterschiede bezüglich des gemeinsamen „Gegenstandes" (Erziehung, Kind, Verstehen) zu sehen.

Die Unterschiede liegen also nicht in den zentralen Fragestellungen, sondern in der Spezifikation. Diese Spezifikation lässt sich eher aus der historischen Entwicklung ableiten als aus dem eigentlichen Gegenstand dieses Wissenschaftsbereiches. Wenn sich die Pädagogik von ihren Grenzen (Bundschuh 2010, 130-150) her verstehen lernt, könnten sich die manchmal beschriebenen Probleme im Verhältnis von Pädagogik und Sonderpädagogik weitgehend neutralisieren.

Die pädagogische Tradition bietet Ansatzpunkte für ein Verständnis von Förderdiagnostik, wenn sie von der Praxis her urteilt und spricht. Dies betrifft insbesondere die reformpädagogische Bewegung mit ihrem Protagonisten *Hermann Nohl:* „War bis dahin (bis zur reformpädagogischen Bewegung; *Anm. d. Verf.)* das Kind das willenlose Geschöpf, das sich der älteren Generation und ihren Zwecken anzupassen hatte und dem die objektiven Formen eingeprägt wurden, so wird es jetzt in seinem eigenen spontanen produktiven Leben gesehen, hat seinen Zweck in ihm selber, und der Pädagoge muss seine Aufgabe, ehe er sie im Namen der objektiven Ziele nimmt, im Namen des Kindes verstehen" (1961, 126f.). *Nohl* spricht in diesem Zusammenhang vom „Geheimnis des pädagogischen Verhaltens" und davon, dass hier seine ureigenste Verantwortung, sein Ethos liege. Was immer im Bildungsprozess an das Kind herangetragen wird: Es muss sich eine „Umformung" gefallen lassen, die „aus der Frage hervorgeht: welchen Sinn bekommt diese Forderung im Zusammenhang des Lebens dieses Kindes für seinen Aufbau und die Steigerung seiner Kräfte, und welche Mittel hat dieses Kind, um sie zu bewältigen? Insofern ist also jede Pädagogik Individualpädagogik" (ebd.). Pädagogische Begriffe wie Entwicklung der Individualität, Selbsttätigkeit und Selbstverwaltung, der Selbstwert jedes Moments im Zusammenhang des fortschreitenden Lebens, die Ausbildung des *ganzen* Menschen, werden erst durch diesen Wandel verständlich.

Individuelles Beachten ist aber nur die eine Seite des Bildungsprozesses, gleichberechtigt steht daneben das Objektive, das sich in Didaktik und Methodik kleidet, weil alle Erziehung „Doppelendigkeit" (Fröbel) besitzt. Der Erzieher ist Sachwalter des Subjekts in seiner individuellen Eigenart, er ist aber auch dem pädagogischen Bezug verpflichtet, d.h. der personalen Formung der Begabung und zwar „nicht aus der Sache alleine, sondern aus den persönlichen Kräften, zu denen dann allerdings auch die Sachlichkeit gehört" (Nohl 1961, 133; vgl. Flitner 1968, 70-86). Orientiert sich Förderdiagnostik an einer ganzheitlichen Sichtweise der Pädagogik, so ist für den Erzieher die im förderdiagnostischen Prozess übernommene Verantwortung genauso unteilbar wie es die pädagogische im Bildungsprozess allgemein ist, auch wenn gewisse, klar umschriebene Aufträge an einzelne Personen abgegeben werden (z.B. Mediziner, Sprachheilpädagogen).

Die Erfüllung und Durchführung eines Auftrages kann nicht von der Verantwortung für die gesamte Problematik losgelöst werden, d.h. dem betroffenen Kind, seinen Eltern (bzw. Bezugspersonen), Lehrern und evtl. Behörden werden nicht nur Entscheidungssituationen und die damit verbundenen möglichen Konsequenzen deutlich gemacht, vielmehr werden nach Möglichkeit alle Beteiligten in den Prozess der Förderdiagnostik unmittelbar einbezogen. Von ihnen wird gemeinsam mit dem Kind und Jugendlichen ein eigenverantwortliches Handeln zur Bewältigung der Gesamtproblematik erwartet.

Wenngleich im Zusammenhang mit den pädagogischen Überlegungen nicht die Gesamtheit aller tangierenden pädagogischen Fragestellungen angesprochen werden konnte, wird deutlich, dass die Pädagogik zwar die wesentlichen Fragen zur Erziehung aller Kinder an sich aufgreift, reflektiert und problematisiert, jedoch keine „Rezepte" gibt, sich kaum festlegt, vielmehr in wichtigen Aussagen, z.B. über Erziehungsziele, -methoden, -haltungen, offen – eher unverbindlich – bleibt. Insofern stellt der Einbezug und die Reflexion speziell pädagogischer Fragestellungen im Rahmen der vorliegenden Überlegungen zur Förderdiagnostik zunächst keine Erleichterung, wohl aber eine Erweiterung und Vertiefung dar. Als förderdiagnostisch relevant erweisen sich vor allem die Betonung des ganzheitlichen Momentes, die Beachtung der kindlichen Persönlichkeit in ihrer Ganzheit, die Orientierung am Kind und seinen Bedürfnissen. Als Desiderate bleiben zahlreiche Fragen offen z.B. nach der Konkretisierung von Erziehungszielen, Wertvorstellungen, schlechthin Handeln durch die Pädagogik als „praktische Wissenschaft", in der „Theorie und Praxis unlösbar verbunden sind" (Böhm 2000, 404, 2018). Hier erweist sich Förderdiagnostik im Vergleich zur Allgemeinpädagogik als eindeutig handlungsorientierter. Sie will, muss und kann etwas tun angesichts vorliegender Problemsituationen von Kindern und Jugendlichen. Sie wird in aller Schärfe auch ihren diagnostischen Blick auf häufig durch gesellschaftliche und institutionelle (systemische) Gegebenheiten hervorgerufene behindernde Bedingungen richten. Insbesondere die Heilpädagogik – die im Grunde genommen nichts anderes als Pädagogik ist – hebt in Anlehnung an Paul Moor (1974, 259f.) hervor, man müsse ein Kind erst verstehen, ehe man die Frage der Erziehung ansprechen könne. Förderdiagnostik begibt sich im Kontext heilpädagogischen Bemühens auf die *Suche nach Mög*lichkeiten der Förderung, der Hilfe zur Selbsthilfe, zur Entfaltung der kindlichen Persönlichkeit und damit auch der Erziehung, wo erschwerende Bedingungen vorliegen. In dieser Situation, in die in mehr oder weniger gravierender Form auch etwa 20 Prozent der „Regelschüler", aber auch Realschüler und Schüler der Gymnasien im Zusammenhang mit Lernproblemen und psychophysischen Schwierigkeiten geraten (vgl. Bundschuh 2008, 43-59), bietet Förderdiagnostik Hilfestellung durch die Suche nach einem Neuanfang und neuen Lern- und Erziehungswegen an. Es darf kein Zurückweichen vor Erziehungsproblemen und Förderungsfragen und kein Zurückweisen eines in Not geratenen Kindes geben. Pädagogische Verantwortung, auch das Gewissen als sensible „Wahrnehmungsinstanz", haben neben der Einstellung, Wissen, Erfahrung und Fachkompetenz ein starkes Gewicht. Die wesentliche förderdiagnostische Aufgabe liegt darin, sich mit Kindern in Problem- und Notsituationen in sensibler und verstehender Weise unter Berücksichtigung von Vergangenheit, Gegenwart (Realität, Sein) und Zukunft (Werden) auf den Weg zu begeben, unterstützende Angebote zu reflektieren, ohne diesen Weg festzulegen oder festzuschreiben. Hierzu leistet auch die Lerntherapie, die von Armin Metzger (2008) begründet wurde, einen wichtigen Beitrag (vgl. 7.5).

5.3 Soziale Dimension: Analyse behindernder Bedingungen im Umfeld

Entwicklung und Leben eines Kindes können von behindernden und beeinträchtigenden Prozessen begleitet werden, wie z.B. durch sekundäre Behinderung, Armut oder Diskriminierung durch Menschen im Umfeld und durch die Gesellschaft. Im Rahmen dieser Überlegungen geht es darum, das So-Sein des Kindes aus seiner Biographie und den sie begleitenden sozialen Prozessen zu verstehen. Förderdiagnostik beginnt mit dem Blick nach rückwärts in Richtung bisheriger Bedingungen, die Behinderungen auslösten, verfestigten oder verstärkten. Somit nimmt auch Förderung ihren Anfang mit der Diagnose vergangener und gegenwärtig behindernder Bedingungen. Mögliche zukünftige Erschwernisse sollten mit in die Diagnose einbezogen werden. Hierzu gehören z.B. Bedingungen in der Familie oder im Heim, im Bereich der Schule sowie in der Gesellschaft allgemein.

5.3.1 Diagnose und Analyse behindernder sowie benachteiligender Bedingungen und Verhältnisse

Behindernde Bedingungen und Verhältnisse sowie das soziale Vorfeld solcher Bedingungen sind zunächst Schwerpunkte des diagnostischen Prozesses. Auf der Basis der Analyse vergangener und gegenwärtiger Verhältnisse und Bedingungen sollen – darüber hinaus – Einflüsse, die das Leben und die weitere zukünftige Entwicklung erschweren könnten, beseitigt werden. Diese möglicherweise negativen Umweltkräfte und -prozesse können sich auf ein Kind und seine Entwicklung in verschiedener Weise ungünstig auswirken. Dabei sind nicht die Gesellschaft oder eine bestimmte Schule die eigentliche Norm, sondern es geht zunächst um das betroffene Kind mit seinen Problemen und Nöten, das in einer Gesellschaft mit ihren verschiedenen, höchst komplexen Systemen zurechtkommen muss. Es handelt sich dabei um eine Gesellschaft, die sich noch nicht in hinreichendem Maße auf eine echte Integration, schlichtweg auf das Leben von Menschen mit Behinderungen – auf das gemeinsame Leben – eingestellt hat. Diagnostik heißt hier auch Diagnostik der Lebensbedingungen, die unsere Gesellschaft Kindern mit oder ohne Behinderung als Lebenswirklichkeit anbietet mit der Frage, ob diese Bedingungen unter dem Aspekt von Kindern ein Leben als sinnvoll, d.h. lebenswert erscheinen lassen, oder ob die Bedingungen (z.B. Wohnungen, Kindergärten, Schulen, Behörden, Spielplätze, bedrohte Natur, übertriebene Leistungsanforderungen, Technisierung, ...) auf Kinder und Familien wie eine drückende oder gar erdrückende Last wirken.

Insofern steht Förderdiagnostik auch im Dienste der Integration von Kindern mit Behinderungen, indem diagnostiziert und analysiert werden sollte, welche Gegebenheiten einer Integration von Menschen mit Behinderungen im Wege stehen. Diagnostik im sonder- und heilpädagogischen sowie lertherapeutischen Arbeitsfeld stellt sich stets die Frage nach der Orientierung am Kind, seinen speziellen Bedürfnissen und Problemen (vgl. Kap. 3 bzw. 9). Diese Diagnostik betont nicht Defizite, Mängel und negative Abweichungen, stellt vielmehr Möglichkeiten und Können, Ressourcen und Kompetenzen in den Vordergrund ihrer Betrachtungsweise. Es besteht gegenwärtig die Gefahr, dass gerade soziale Probleme, die häufig auch zur Feststellung eines besonderen Förderbedarfs führen können, durch Behandlung mit Psychopharmaka (z.B. Ritalin) als medizinische Probleme gesehen werden und somit negative soziale, ökonomische und ökologische Bedingungen als Verursachungsfaktoren für Lern- und Verhaltensprobleme von Kindern verdeckt und damit verharmlost werden. Allerdings beachten moderne medizinische Sichtweisen die multifaktoriellen Bedingungsvariablen innerhalb dieser Problematik durchaus und betonen so die Bedeutung der Umweltfaktoren als Verstärker einer biologischen Basis (vgl. Steinhausen 2004, 153). Die Meinung, das Kind sei einziger Verursacher oder „Träger“ der Störung bzw. Behinderung, ist allerdings immer noch weit verbreitet (vgl. 4.1.1).

Auch wenn dies Schulpolitiker vielleicht nicht wahrhaben wollen, im Zusammenhang mit der Einrichtung und der – schulpolitisch bedingten – „Notwendigkeit" eines Besuchs von Diagnose- und Förderklassen, der Schulen zur Lernförderung, aber auch der Förderzentren mit dem Förderschwerpunkt geistige Entwicklung haben gegenwärtige soziokulturelle sowie sozio-ökonomische Bedingungen und Einflüsse eine große Bedeutung für Lernen und Entwicklung von Kindern. Die Überlegungen zur soziokulturellen Benachteiligung im Zusammenhang mit Sonderschulen (Begemann 1970) haben ihre Aktualität behalten, sind eher zu erweitern in Richtung neue Armut und zusätzliche Störfaktoren der Erziehung wie Medien, funktionalistische und technisierte Betrachtungs- und Einschätzungsweisen des Menschen auch in gegenwärtigen Schulen.
Nicht das Kind, nicht eine Person kann für sich allein betrachtet werden, vielmehr entwickelt sich jeder Mensch von Geburt an in einem sozialen Bezugsrahmen, d.h. in einem komplexen, sozial-dynamischen Feld mehr oder weniger liebevoller Beziehungen, aber auch – mächtiger – Systeme. Bereits der Säugling spürt vom ersten Lebenstag an die Gefühle seiner Umwelt, vor allem seiner Mutter: Ob sie ihn zum Beispiel sicher im Arm hält oder ob sie Angst hat, ihn anzufassen, ihn ablehnt oder liebevoll annimmt. So erleben Babys bereits spannungsreiche, aber auch harmonische Situationen ihrer Eltern mit.
Hinzu kommen in neuerer Zeit die Ängste von Müttern, Vätern oder Familien vor einer bedrohlichen Zukunft, die geprägt ist von Fortschritts- und Leistungsdenken und Umweltproblemen. Wartezeiten bei Kinder-, Zahnärzten und Orthopäden, der Kampf um Kindergartenplätze, um Wohnungen, insbesondere Auseinandersetzungen mit Schulen (Hausaufgaben, Leistungen, Erziehungsfragen) prägen die Atmosphäre in den Familien. Schulen und Lehrer können gegenüber Schülern und Eltern auch Macht ausüben, z.B. wenn es um Wiederholung einer Klasse und um weiterführende Schulen geht. Es kommt nicht selten vor, dass sich Eltern und Schüler nicht als Partner, sondern als Unterlegene fühlen.
Jeder Entwicklungsprozess stellt einen Sozialisationsprozess dar. Förderdiagnostische Aufgabenstellungen berücksichtigen und analysieren den sozialen Bezugsrahmen, wobei ein Kind mit Lern- und Verhaltensproblemen als „integrierendes Unterganzes eines Kommunikationssystems" gesehen wird (Kobi 1977a, 119). Hier entwickelt eine Person das für ihren Werdegang so entscheidende Selbstkonzept. Dieses Selbstkonzept und seine Interpretation stellt ein wichtiges Moment förderdiagnostischer Prozesse dar, denn es müssen vielleicht Hilfestellungen zu einer neuen Selbsteinschätzung oder zur Aufnahme neuer Inhalte in dieses Selbstkonzept, also in Richtung größere Flexibilität, positive oder zumindest positivere Einschätzung – oder einfach Wertschätzung – als bisher gegeben werden. Bezogen auf die Schule besteht der Gegenstand förderungsspezifischer Diagnostik nicht primär aus den Merkmalen des Kindes, sondern das gesamte Bedingungsfeld des schulischen Erfolgs oder Misserfolgs geht in die Überlegungen ein.

5.3.2 Behinderung als kreisförmiger Interaktionsprozess

Förderdiagnostik ist „Lifespace (Lebensraum)-Diagnostik". Sie findet an jenem Ort und unter jenen Umständen statt, wo ein Kind angeblich versagt hat oder sich bewähren sollte. Gegenstand der Förderdiagnostik sind nicht „Störungen", „Behinderungen" als solche, auch nicht „behinderte Kinder", sondern beeinträchtigte Erziehungsverhältnisse sowohl im einzelnen wie im Gesellschaftsganzen. Als wichtig erweist sich die Diagnostik behindernder Bedingungen. Dies bedeutet, dass förderungsorientiertes Vorgehen weit über das einzelne Kind hinausreicht.

- „Es gibt keine Behinderung ‚an sich' – im ahistorischen, unpolitischen, beziehungslosen Raum. Behinderungen erschliessen sich ... als psycho-soziales Funktionsnetz, nicht als ‚Gegenstand'.
- ... Behinderungszustände (Defektivität) werden in kreisförmigen Interaktionsprozessen erzeugt, Abnormität wird via Normierungen, Definitionen, Zuschreibungen gesetzt (sog. labeling approach). Zwischen der praktischen Intervention und deren intendiertem Subjekt besteht daher eine konstitutive Beziehung von der Art, dass das Interventionsobjekt durch den Eingriff erzeugt wird.
- ... Kinder sind einem labeling approach ziemlich wehrlos ausgeliefert: Im Kampf um die Definition ‚Erziehungsuntüchtige Eltern' versus ‚Verhaltensgestörtes Kind' legen die Eltern, in jenem zwischen ‚Lehrbehinderter Lehrer' versus ‚Lernbehinderter Schüler' legt die Lehrerschaft die Indizes fest ..." (Kobi 1980, 79f.).
- Interaktionen sind nicht linear, sondern kreisförmig. „In dieser Beziehungsform ist kein Verhalten Ursache des anderen: jedes Verhalten ist vielmehr sowohl Ursache als auch Wirkung" (Watzlawick 2016, 93).
- Die Ausgangsbedingungen stehen nicht in einem fixen Kausalzusammenhang zu Endzuständen. „Verschiedene Anfangszustände können zu denselben Endzuständen und gleiche Ausgangspositionen zu unterschiedlichen Ergebnissen führen. In Interaktionssystemen gibt es keine strengen Wenn-Dann-Gesetzlichkeiten.
- Behinderung in einem weiten Sinne ist durch ihre erwartungswidrigen Kommunikationsformen charakterisiert, welche eine soziale Homöostase erschüttern. ‚Der Behinderte', das ist eine Rollenzuschreibung auf diejenige Person, an welcher ein Defekt abgelesen (oder vermutet)" wird, (Kobi 1980, 79f.).

Diese äußerst komplexen Prozesse und Sachverhalte muss Förderdiagnostik beachten. Sie darf die Möglichkeiten, Verflechtungen und Tiefen zahlreicher Beziehungen und Interaktionen einer Person nicht negieren, muss vielmehr damit rechnen und sich stets – soweit wie möglich – um deren Erhellung und Analyse bemühen.

Insbesondere in Familien mit Kindern mit Behinderung entstehen im Zusammenhang mit wirklichen und antizipierten Belastungsprozessen Probleme. Es besteht infolge gesellschaftlicher Isolierung, Abgrenzung und Überbelastung im

Hinblick auf soziale Prozesse die Gefahr der Entstehung negativer Zirkel. Hier wird eine „systemische (Familien)-Diagnostik" notwendig, d.h. eine Diagnose der Interaktionsstrukturen in den betroffenen und unter dieser Situation leidenden Familien. Krankheiten und Behinderungen können Familienprozesse verändern. Für die Diagnose der Interaktionen in Familien erweisen sich drei überlagernde Ebenen als bedeutsam, die im Hinblick auf vorliegende Daten der Interpretation und der vernetzten Betrachtung bedürfen:

1. Eigenschaften der Familienkommunikation wie z.B. Klarheit, Situationsangemessenheit, Widersprüchlichkeit, Strukturiertheit;
2. Beziehungen zwischen den Familienmitgliedern: Koalitionen, Dominanzverhältnisse, Rollenbeziehungen und -zuschreibungen;
3. Mechanismen oder Regeln, die die Interaktion steuern: Dies sind u.a. Problemlösungsstrategien, Auseinandersetzungs- und Konfliktmuster, Familienideologien im Sinne gemeinsamer Vorstellungen, was erwünscht und was verpönt ist, und schließlich Belohnungs- und Bestrafungsmuster.

Mit Hilfe von Erhebungsverfahren werden Familienprozesse in ihrer Systemstruktur und Systemdynamik rekonstruierbar, eine Möglichkeit, die zur Aufweichung bereits erstarrter, „stabiler" – im Sinne pathologischer – Strukturen führen kann.

5.3.3 Offenheit, ein Grundprizip der Förderdiagnostik

Die von der betroffenen Person her gesehenen zahlreichen Möglichkeiten, die förderungsorientiertes Arbeiten einschließt, bringen es mit sich, dass man nicht mit einem vorbereiteten so genannten wissenschaftlichen und damit unangreifbaren Modell „aktiv wird", vielmehr wird das oberste Prinzip in der Offenheit für die jeweilige Problematik gesehen.
Mit dieser Offenheit sind vor allem drei Momente angesprochen:
Offenheit bezüglich der Phase des Kennen- und Verstehenlernens (erste Informationsgespräche, Anamnese), die Offenheit bezüglich aller Personen, die im Rahmen des Förderungsprozesses eine Rolle spielen. schließlich die Offenheit bezüglich der Hilfe, der helfenden Vorgehensweise (kein verbindliches Vorgehen im Sinne von unbedingtem „Festhalten an einem Konzept"). Hiermit ist die Verbindung zu den Bereichen „Didaktik" und „Therapie" und Förderplan (vgl. 6.4; 6.5; 8) angesprochen.
Der Aspekt der Offenheit während der Phase des Kennen- und Verstehenlernens meint, dass der förderdiagnostisch arbeitende Pädagoge dem Kind mit Vorurteilslosigkeit, mit völliger Unvoreingenommenheit begegnet. Er sollte auch auf der Basis der Anamnese weniger etwas suchen, beobachten oder bestätigen, was andere – „Fachleute", Erziehungspersonen – bereits sahen oder vermuteten, sondern versuchen, Möglichkeiten, Anknüpfungspunkte, Perspektiven für das betroffene Kind und die Eltern zu sehen und zu entdecken, die bisher verborgen waren oder nicht wahrgenommen wurden.

Der zweite Aspekt spricht die Offenheit bzw. **die Offenlegung** der „diagnostischen Situation“ an. Kind, Eltern, Lehrern und weiteren in den Diagnose- und Förderprozess einbezogenen Personen wird nach Möglichkeit – wenn immer pädagogisch vertretbar – der gesamte Verlauf einsehbar bzw. transparent gemacht. Es wird vermieden, dass zwischen den Beteiligten so etwas wie ein Arzt-Geheimnis Platz greift. ‚Offene Akten‘! werden gefordert (vgl. Kobi 2003, 90f.).
Keinesfalls dürfen die „Geheimnisse“ bestehen bleiben, die im Rahmen traditioneller Diagnostik, vor allem im Zusammenhang mit der Aufnahme in Sonderschulen, üblich waren. Möglichkeiten integrativer Erziehung und Unterrichtung bringen es auf natürliche Weise mit sich, dass die Eltern durch offene Informationen und durch transparente Kommunikation in die Entscheidungsprozesse einbezogen werden.
Der dritte Aspekt bezieht sich auf die **Förderplanung** (vgl. Kap. 8) und die eigentliche **Förderung**, ggf. auch **Therapie**. Die Überlegungen zum Interaktionsmodell sowie Erfahrungen mit Kindern, die in unterschiedlicher Weise hohen bis sehr hohen Förderbedarf im Bereich sozialer und emotionaler Entwicklung aufweisen, sprechen dafür, dass man förderdiagnostische Prozesse, die pädagogisch-didaktischen Angebote nicht gänzlich festlegen, programmieren kann und darf, denn zu unterschiedlich sind die Lernbiographien, die Bedürfnisse und die Lernmodi von Kindern, als dass sich hier etwas in einfache Schemata oder in Programme einordnen ließe.
Insofern ist der Gedanke einer differenzierten, individuellen Lernförderung in der Klassengemeinschaft oder auf dem Wege einer Einzeldifferenzierung zu begrüßen.

> „Wenn zwei Kinder dasselbe tun, so ist es nicht dasselbe; und wenn von zwei Kindern dasselbe erzählt wird, so ist es nicht sicher, daß sie auch dasselbe getan haben, noch daß sie auf dieselbe Weise dazu gekommen sind. Wenn mich darum jemand fragt: Mein Kind näßt noch immer das Bett, was kann man dagegen tun? Oder: Mein Kind will immer zu Kameraden, deren Umgang nicht gut für es ist; was soll ich da tun? – dann kann ich nur antworten: Das weiß ich nicht, erzählen Sie mir aber von ihrem Kind. Nicht nur von seinem Bettnässen, sondern von allem, was sich überhaupt erzählen läßt. Erzählen sie mir von seinen Kameraden und von ihm selber, was Sie überhaupt wissen, ob es die besondere Frage angeht oder nicht; und erzählen Sie mir von sich selber und von den Eltern der Kameraden und von ihrem eigenen Verhältnis zu den Eltern dieser unerwünschten Kameraden. Wenn ich das dann alles weiß, dann kann ich Ihnen vielleicht etwas sagen, was Sie tun können oder tun sollten. Aber allgemeine Rezepte, die auf ein bestimmtes äußerlich gekennzeichnetes Verhalten paßten, gibt es nicht. Will ich dem Kinde helfen, so muß ich wissen, was überhaupt vorliegt. Ich muß mich zuerst einmal darin bemühen, die Tatsachen festzustellen und sie zu interpretieren; ich muß versuchen, mir auf Grund der geprüften und geklärten Tatsachen ein Bild zu machen von der inneren Verfassung des Kindes“ (Moor 1974, 16).

Diese Überlegungen gehen in die Nähe einer Hypothesen geleiteten Vorgehensweise, indem von Erfahrungen und – soweit die Informationsträger zuverlässig sind – von Tatsachen ausgegangen wird. Zumindest vom Ansatz her wird in den Diagnose- und Förderklassen, in den verschiedenen sonderpädagogischen Förderzentren und in den Schulen mit dem Förderschwerpunkten Lernen, geistige Entwicklung, soziale und emotionale Entwicklung, ähnlich gedacht. Leider mangelt es hier in der Regel am entsprechenden Personal zur Umsetzung und Verwirklichung an sich vom Ansatz her akzeptabler Konzeptionen.

5.4 Didaktische Dimension: Trias aus Diagnose, Förderung und Vermittlung

Didaktik hat die Aufgabe der Vermittlung zwischen Subjekt und Objekt, Kind und Lernstoff/-gegenstand. Schon *Comenius* (1592-1670) verstand Didaktik als Lehrkunst, „allen alles vollständig zu lehren". Im weitesten Sinne wird Didaktik als Wissenschaft des Unterrichts definiert. Es geht dabei um die praktische Gestaltung des Unterrichts, um Lehren und Lernen.
Gerade von der Didaktik, insbesondere vom Lehrer in seiner Rolle als Vermittler gehen gegenwärtig Hilferufe aus. Fühlt er sich angesichts reizvoller und verlockender Medien nicht in einer schwierigen Lage? Welche Kinder interessieren sich wirklich noch – intrinsisch motiviert – für etwas, was gelernt werden soll, vor allem, wenn der Erwerb eines Lernstoffes mit Mühen und Schwierigkeiten verbunden ist, Anstrengung erfordert! Man kann doch eigentlich alles in einer relativ einfachen Art und Weise via Internet aus den Medien abrufen! Hinzu kommt noch die häufig äußerst komplexe Lernsituation bei Kindern und Jugendlichen. Es ist sinnvoll, die didaktische Dimension der Förderdiagnostik zunächst theoretisch in die Aspekte Diagnostik und Förderung aufzuteilen, dabei kann mit der Aufgabe der Vermittlung zwischen Kind und Lerngegenstand bzw. Unterrichtsstoff im Rahmen der Didaktik am ehesten die enge Verzahnung von Diagnose und Förderung aufgezeigt werden. Didaktik verbindet in einzigartiger Weise Diagnostik und Förderung.
Während sich im Rahmen der problemlosen, „üblichen" Erziehungs- und Unterrichtspraxis die Frage der Diagnostik weniger bewusst stellt, ergibt sich die Notwendigkeit des genauen Hinsehens, der gründlichen Beobachtung, also Diagnostik im Kontext Vorschule, Mobiler Sonderpädagogischer Dienst (MSD), bei vorliegenden Lernstörungen und – behinderungen in Regel – und Förderschulen, im Rahmen der Berufsfindung, bei vorliegenden Entwicklungsverzögerungen sowie einem speziellen Förder und Therapiebedarf auch in weiterführenden Schulen infolge komplexer multidimensionaler Herausforderungen. Diagnostik im Rah-

men didaktischer Problemsituationen stellt auf der Basis pädagogischer Verantwortung die Frage nach den Voraussetzungen des Schülers zunächst allgemein in geistiger, sozialer, emotionaler und motorischer Hinsicht.

5.4.1 Didaktik und Förderdiagnostik als Vermittlung

Diagnostik spielt insofern eine Rolle bei der Frage nach den Lernzielen und Lerninhalten, weil sie in fundierter Weise den Unterrichtsgegenstand hinsichtlich seiner Brauchbarkeit für ein bestimmtes Kind oder für eine Gruppe von Kindern mit speziellen Schwierigkeiten oder Bedürfnissen analysiert. Wie muss der Lerngegenstand beschaffen sein oder aufbereitet werden, damit er für ein Kind motivierend wirkt, begreifbar und verstehbar wird? Differenzierung und Individualisierung werden nötig. Vom Stoff her gesehen sind Aufarbeitung, Zubereitung, Veranschaulichung, schlichtweg Anpassung des Lerngegenstandes und somit der Unterrichtsinhalte an einen Schüler mit Lernschwierigkeiten gefordert. Hierin liegt eine große Herausforderung für die spezifische Aufgabe im Rahmen sonder- und heilpädagogischer Aufgabenfelder, in der Frage nach dem „Wie“ der Vermittlung angesichts – extrem – erschwerter Bedingungen.

Förderdiagnostik und Förderung treffen hier genau die entscheidende Mitte von Didaktik mit dem Blick nach rückwärts, d.h. einer fundierten Fehleranalyse und Verstehen des kindlichen Verhaltens sowie Lernens in der aktuellen Situation mit dem Blick in die Zukunft, auf sich eröffnende Möglichkeiten für Erziehung und Unterricht bzw. auf konkretes Lernen unter Berücksichtigung der Zone der nächsten Entwicklung.

An sich stellt Förderdiagnostik, speziell die didaktische Dimension keine Besonderheit, kein Privileg des sonder- und heilpädagogischen Arbeitsfeldes dar. Sie müsste aus pädagogisch-didaktischen Gründen in alle Schularten zwischen Grundschule und Gymnasium Eingang finden, um die mehr oder weniger permanente Überforderung, die bei mehr als 20 Prozent der Schüler transparent wird und in Formulierungen wie „Schulversager“, „lernschwacher Schüler“, „lern- und leistungsgestörtes Kind“, „Problemkind“ zum Ausdruck kommt, zu erkennen, zu analysieren und zu vermeiden. Die genannten Schulen gehen an der Chance vorbei, zu erkennen, dass in der Analyse von Lernproblemen die Möglichkeit für Prävention und vor allem für einen didaktischen Neuanfang besteht.

5.4.2 Fehler und Fehleranalyse, eine Chance zu förderdiagnostischen und lerntherapeutischen Erkenntnissen

Eigentlich muss im Zusammenhang mit vorliegenden Lernproblemen auch immer vom „Versagen der Schule“ und manchmal auch der Lehrer gesprochen werden. Schulen, konkret Lehrer und Lehrpläne könnten sich wesentlich besser entwickeln, könnten zu wirklichen Fortschritten kommen, wenn schulisch-didaktische Fehler bei der Ausarbeitung von Lehrplänen – Problematik achtjähriges Gymnasium – sowie im Rahmen des Unterrichtens im Hinblick auf das Lernen der einzelnen Schüler vermieden würden.

Würde man unter diagnostischem Aspekt verstärkt an das Problem der Didaktisierung herangehen, müsste man teilweise die Bewertung „mangelhaft" geben. Diese Aussage trifft in besonderer Weise die Situation des Gymnasiums. Bei dieser Schulart stellt sich die Frage nach der Orientierung am einzelnen Schüler in der Regel nicht. Lehrer an Gymnasien stehen in einer Fülle traditionell vermittelter Zwänge, die häufig die Sicht auf das wirkliche So-Sein von Schülerinnen und Schülern verstellen und eine nahe Verbindung zwischen Unterrichtsgegenstand und Alltagswirklichkeit geradezu verhindern.

Indem Förderdiagnostik die bisherigen Lernprozesse eines Kindes wahr nimmt und eine systematische Fehleranalyse vollzieht, wird auch der Blick für die Zukunft, für die Zone der so wichtigen, Fortschritt vermittelnden, nächsten Entwicklung geöffnet. Aus der Analyse und Kenntnis der Fehler ergibt sich – so paradox dies klingen mag – der entscheidende Prozess zukünftigen individuellen Lernens.

Die bisherige Lernbarriere oder -grenze wird zur Möglichkeit im doppelten Sinne: sowohl der Lehrer erfährt, wie es mit dem Kind weitergehen kann, als auch das Kind spürt einen Fortschritt, eine Erweiterung seiner Möglichkeiten. Es ergibt sich eine neue Wahrnehmung und Bewertung einer ursprünglichen „Grenze" oder Problemsituation. Für den Lehrer lässt sich diese Erfahrung auf Lernprobleme und -prozesse anderer Kinder transferieren, indem erkannt wird, wie Kinder durch die Berücksichtigung individueller Ressourcen und Potentiale lernen können, d.h. die Möglichkeiten der Didaktisierung werden größer und flexibler.

Sehr wichtig und entscheidend werden für die Lehrperson die Erfahrung und Erkenntnis, dass aus Lerngrenzen Lernmöglichkeiten entstehen können. Diese Aussage gilt für die Arbeit bei Schülern mit Behinderungen und mit ganz speziellen Bedürfnissen wie für den Unterricht an Gymnasien gleichermaßen, bei vorliegenden Lernproblemen allgemein.

5.4.3 Schüler, Lernausgangslage, Sachstruktur, Vermittlung und Lehrinhalte

1. Im Hinblick auf das Kind, seinen bisherigen **Lernweg,** sein Lernverhalten, den **Lösungsweg** und das Lösungsprodukt ist zu fragen:
   - Inwieweit kann das Kind die gestellte Aufgabe erfüllen?
   - Welche Teilschritte/-lösungen und Teilleistungen werden bereits erbracht? (Teilleistungen werden hier nicht als etwas Isoliertes, vielmehr als kleinste sinnvolle Handlungen im Zusammenhang mit einem Aufgabenlösungsprozess verstanden).
   - Wie lässt sich das individuelle Lernverhalten beschreiben? Welche Besonderheiten zeigen sich in der Lösungsstrategie?

- Welche einzelnen Handlungen lassen sich beobachten, die für den Lernprozess eine Rolle spielen (Vergleichen, Einordnen)?
- Auf welche erworbenen logischen Begriffe (bzw. Denkstrukturen) lassen Handeln und Sprache des Kindes schließen?
- Bilden die angewandten Handlungen eine sinnvolle und effektive Lösungsstrategie, sagen sie etwas über die Denk- und Handlungsprozesse des Kindes aus?
- Fehlen Handlungen bzw. Verhaltensmöglichkeiten für eine komplette bzw. gute Lösungsstrategie?
- Sind Handlungen im Sinne des Lerngegenstandes falsch bzw. unpassend, werden sie ungünstig oder in ungünstiger Reihenfolge vollzogen?

Wenn man diese Fragen einbezogen hat, löst sich mit großer Wahrscheinlichkeit das Motivationsproblem von selbst.

2. Im Hinblick auf die **Sachstruktur,** die Analyse der Anforderung ist zu fragen:
   - Welche Handlungsvollzüge bzw. welche Tätigkeiten und Denkvorgänge setzen Lerngegenstand und Lerninhalt voraus?
   - Welche sachstrukturellen Kenntnisse (Faktenwissen) sind für den aktuellen Lerninhalt Voraussetzung?

Hierzu ist etwa für den Bereich Mathematik eine Analyse hinsichtlich der vorhandenen – logischen – Begriffe bzw. Denkstrukturen (z.B. Klassifikation, Seriation) bezüglich Lösungsstrategien bzw. Handlungen (z.B. Vergleichen, Unterscheiden, Ordnen) und im Hinblick auf Fachbegriffe (z.B. Reihenfolge) erforderlich.

3. Erst dann können die Fragen der **Vermittlung** gestellt werden:

- Welche Abstraktionsebene haben die Vermittlung und das Unterrichtsmaterial (anschaulich – abstrakt)?
- Inwieweit ist sprachliche Kompetenz erforderlich?
- Welche Fähigkeiten (Lesen, Zuhören, Abschreiben, ...) erfordert die Vermittlung?
- Welche Anforderungen stellt die Unterrichtsform (eigenständiges, kooperatives Arbeiten) und das Unterrichtsmaterial (Sorgfalt, Ausdauer)?

Anhand einer solchen Analyse, die hinsichtlich Kind und Lerngegenstand je nach Situation detaillierter Modifizierung und Differenzierung bedarf, lassen sich aus dem Lernverhalten Rückschlüsse über die aktuelle Ausgangslage, die Kompetenzen und die Stärken des Kindes ziehen. Aus den Diskrepanzen zwischen der Ausgangslage und den gestellten Anforderungen können Fehlerquellen identifiziert werden. Es ist also zu fragen, ob die vom Kind angewendeten Handlungen eine sinnvolle und effektive Lösungsstrategie darstellen, ob bestimmte Handlungen für eine komplette Lösung bzw. zur Strukturierung einer Lösungsstrategie fehlen, ob Handlungen und Zwischenschritte evtl. falsch bzw. unpassend sind, d.h., ob sie unsystematisch und in ungünstiger Reihenfolge vollzogen werden.

In der Möglichkeit des Ausgleichs dieser Diskrepanzen zwischen Lösungsproblematik und gestellter Aufgabe bzw. in der Möglichkeit der Angleichung des Lerninhaltes an die Fähigkeiten des Kindes auf der Basis der Abwärtsdiagnose liegen die Ansätze zur Förderung. Es geht also um die Analyse und Erforschung der aktuellen Entwicklungszone, die sich in der Lernausgangslage manifestiert sowie um die Veränderung der Anfangssituation bzw. des Lehrangebotes, um den Lernprozess eines Kindes in Gang zu setzen und zu begünstigen.
Immer wieder stellt sich die Frage nach den Faktoren, die am Lernen beteiligt sind und zum Lernerfolg beitragen, bzw. welche Faktoren Lernerfolge verhindern (vgl. 7.1, 7.2).

4. Im Hinblick auf **Vermittlung** und **Lehrinhalt** ergeben sich folgende Fragen:
   - Welche Aspekte bezüglich Lehrinhalt und Lösungsstrategie wurden vernachlässigt und müssen zusätzlich thematisiert werden?
   - Welche Erinnerungsmöglichkeiten und -hilfen bieten sich im Zusammenhang mit den vernachlässigten Aspekten der Schülerlösungen an? Wie können Lernmaterial und Umgang mit diesem vereinfacht werden? Welche zusätzlichen, vereinfachenden Erklärungen sind denkbar?
   - Wie lassen sich die sprachlichen Anforderungen vereinfachen?
   - Wie lassen sich ein erworbener Sachverhalt und ein verbesserter Lernprozess manifestieren, üben, verfestigen, vielleicht automatisieren?
   - Wie kann man bereits im Sinne neuer Lernschritte, also der Zone der nächsten Entwicklung, Anforderungen variieren?

Bezüglich Kommunikation, Erstlesen, grundlegenden mathematische Fähigkeiten (Zahlenverständnis, Grundrechenarten, geometrische Grunderfahrungen), Erstschreiben und mündliche Sprachgestaltung gibt es wichtige diagnostische Möglichkeiten und Fragen. Am Beispiel „Erstlesen" wird nach den Kategorien „unsicher – sicher" eine Einschätzung der Voraussetzungen möglich:

1. Kann Geräusche und Töne differenzieren;
2. Kann Geräusche und Töne lokalisieren;
3. Kann Wörter und Laute akustisch wahrnehmen und unterscheiden;
4. Kann Buchstaben visuell wahrnehmen und benennen;
5. Kann Laute akustisch unterscheiden und den Buchstaben zuordnen;
6. Kann die Position von Lauten wahrnehmen;
7. Kann Silben erkennen und lesen;
8. Kann Wörter zusammenziehend erlesen;
9. Kann Wörter lesen und Sinn erfassen;
10. Kann Sätze lesen und bereits den Sinn erfassen.

Kein Zweifel, bei diesen förderdiagnostischen Analysen und Hinterfragungen (Aufbereitung und Strukturierung von Lernstoff, Diagnose des Entwicklungsstandes, Analyse von Fehlerstrukturen bzw. Lernprozessen im Ganzen) spielen

die Überlegungen zum persönlichen Sinn dieses Lernprozesses, dieses Handelns bei den Schülern wie bei der Lehrperson eine wichtige Rolle. Damit kann auch der Gefahr einer vielleicht zu stark theoriebezogenen Analyse, in der die kausalerklärenden Elemente einer Lernsituation eine Überbewertung erfahren, begegnet werden. Es wäre fatal, den Lernprozess eines Kindes auf bloße Informationsverarbeitung im Sinne der Vermittlung primär kognitiver Strategien zu reduzieren und die so entscheidenden emotionalen, ganzheitlichen Prozesse eines Lernvorganges, in die auch die Beziehung und Interaktion zwischen Lehrendem und Lernendem einbezogen sind, nicht hinreichend zu berücksichtigen.
Die Komplexität menschlichen Erlebens und Handelns schließt im Rahmen von Lernprozessen die Notwendigkeit der Berücksichtigung sozialer, emotionaler und motivationaler Prozesse im erzieherischen und damit unterrichtlichen Handeln ein. Wahrscheinlich ist ein Großteil der Probleme im Unterricht auf die Vernachlässigung dieser wichtigen Prozesse zurückzuführen. Im Rahmen von Unterricht sind auch die unbewussten Ebenen des erleidenden und handelnden Subjekts zu berücksichtigen (Metzger 2008, 13f., 25). Es wird deshalb darauf ankommen, in den diagnostischen Prozess wie in das pädagogische Handeln generell auch und besonders sinnverstehende und nicht nur kausal-erklärende Elemente einzubeziehen, also unter Einschluss der lebensweltlichen, lebensgeschichtlichen (zeitlichen) und zwischenmenschlichen Dimension. Zu letzterer gehört vor allem die Beziehung und Interaktion zwischen Kind und Pädagogen/in.

5.4.4 Kognitionspsychologische Überlegungen zum Lernprozess

Diagnostik beschäftigt sich mit der Frage der Vermittlung in zweifacher Richtung, nämlich im Hinblick auf das Kind und den Lernstoff.
Förderung kann hier als Zwischenschritt, als Zwischenprozess der Vermittlung verstanden werden, der sich als notwendig erweist, wenn die Schwierigkeiten des Kindes im Hinblick auf den Unterricht – zu – groß werden. Wenn im Grund- und Hauptschulbereich, in den Realschulen und Gymnasien die Frage der Lernsteuerung an Aktualität zugenommen hat, werden Überlegungen zur Lernsteuerung, zum prozessorientierten Lehren und Lernen bei Kindem mit Förderbedarf soziale, emotionale und geistige Entwicklung besonders relevant.
Obgleich Lernvorgänge sich in den Köpfen, in den kognitiven Prozessen der Lernenden abspielen und als an sich nicht direkt beobachtbare Phänomene gelten, ergibt sich die Notwendigkeit:

- Lernaktivitäten, Lernprozesse und Arten der Lernsteuerung möglichst sichtbar zu machen. Empirisch betrachtet kann diese Diagnose bis zu einem gewissen Grade die Verhaltensbeobachtung in Verbindung mit formellen und informellen Lerntests leisten:
- den Kindern die Frage nach dem eigenen Lernen zu stellen: „Wie lernst Du eigentlich? Was geht in Dir vor, wenn Du lernen willst, wenn Du Dir etwas

merken möchtest?" Lernen selbst sollte als Unterrichtsgegenstand und Unterrichtsthema, als Möglichkeit im Rahmen eines Förderungsvorganges thematisiert werden. Im Förderungsprozess und im Rahmen des Unterrichts im sonder- oder heilpädagogischen Arbeitsfeld soll der Lehrende die Lernenden stimulieren und herausfordern, über ihre eigenen, aber auch über verschiedene Lernstrategien und deren Einsatz bei ganz bestimmten Aufgabenstellungen nachzudenken.

Kognitionspsychologische Untersuchungen der vergangenen Jahre haben gezeigt, dass man nicht aktiv lernen kann, wenn nicht bestimmte emotionale Bedingungen gegeben sind. Die entsprechenden Hirnzentren, die für den Ablauf emotionaler Prozesse verantwortlich sind, gehören zum älteren Anteil geistiger Aktivitäten. Das Nervensystem als Netzwerk, die Gedächtnisprozesse, die Vorgänge im Bereich der Synapsen (Transmitter), der Nervenzellen, Prozesse der Wahrnehmung und kognitiven Verarbeitung schlechthin, markieren, dass die emotionale Befindlichkeit, das Emotionale den Weg zum Bewusstsein zu öffnen oder zu blockieren vermag. Emotionalität kann Zuwendung und Wahrnehmung (Interesse, Neugierde,...) fördern oder hemmen (Ängste, Druck, innere Spannung, ...), geistige Tätigkeit intensivieren (Interesse und Neugierde nehmen zu, Lösungen werden gesucht,..) oder abschwächen (Lerngegenstand ist langweilig, uninteressant, zu schwer, keine Lösungen/Ergebnisse sind erkennbar, Müdigkeit,...). Thalamus und Hypothalamus, die zum Zwischenhirn gehören, gelten vor allem als die Hirnzentren, die für die emotionale Befindlichkeit und Qualität verantwortlich sind (Radigk 1998, 120f.; 2004; Bundschuh 2003, 64-84; 117-122). Hinzu kommt, dass man nicht aktiv lernen kann, wenn man nicht daran glaubt, dass es „funktioniert", d.h. zum Erfolg führt. Vor allem ergibt sich bei Kindern mit „Förderbedarf soziale, emotionale und geistige Entwicklung" im Rahmen spezifischer Förderung die Notwendigkeit, Voraussetzungen für neue Lernprozesse zu schaffen, d.h. Umwege, neue Wege zu gehen, Zusatzinformationen, -kenntnisse und -fertigkeiten zu vermitteln, also zu fördern.

Bekannte und berühmte Pädagogen und Didaktiker haben über diese Frage der Förderung nachgedacht, etwas Wesentliches von diesen Gedanken erfasst, ihre zum Teil auch ganzheitlichen Systeme eingebracht wie z.B. *Johann Heinrich Pestalozzi, Maria Montessori, Rudolf Steiner, Peter Petersen, Wolfgang Klafki, Marianne Frostig, ...*

Bestimmte Prinzipien prozessorientierten Lernens tragen dazu bei, Lernprozesse effektiver zu gestalten:

1. Betonung von Lernaktivitäten und Lernprozessen, anstatt ausschließlicher Betonung von Lernergebnissen (Prozessprinzip).
2. Lernen wird zum Diskussions-/Unterrichtsthema gemacht, damit sich die Lernenden ihrer Lernstrategien und Selbstregulierungsfähigkeiten und der

Relation zwischen diesen und den Lernzielen bewusst werden (Rückbesinnungsprinzip).
3. Der Einfluss affektiv-emotionaler Prozesse auf das Lernen und deren Interaktionen mit kognitiven und metakognitiven Prozessen wird berücksichtigt (Affektivitätsprinzip).
4. Den Lernenden werden Relevanz und Nützlichkeit der Kenntnisse und Fähigkeiten, die sie lernen sollen, bewusst gemacht (Nützlichkeitsprinzip).
5. Transfer und Generalisierbarkeit des Gelernten werden explizit im Unterricht berücksichtigt und thematisiert, und es wird nicht erwartet, dass sie von selbst auftreten (Transferprinzip).
6. Lernstrategien und Selbstregulierungsfähigkeiten werden längerfristig und im Kontext von Unterrichtsfächern geübt (Kontextprinzip).
7. Die Lernenden werden explizit darin unterwiesen, wie sie ihr eigenes Lernen beobachten, diagnostizieren und korrigieren können (Selbstdiagnoseprinzip).
8. Der Unterricht wird so gestaltet, dass Lernende aktiv lernen und dass sie konstruktive Lernaktivitäten wählen können (Aktivitätsprinzip).
9. Die Verantwortung für das Lernen verlagert sich allmählich vom Lehrer zu den Lernenden (Prinzip des allmählichen Abbaus von Hilfen).
10. Maßnahmen zur Realisierung selbstregulierten Lernens werden mit anderen Betreuern/Bezugspersonen abgesprochen (Betreuungs- und Förderungsprinzip).
11. Kooperationen und Diskussionen zwischen den Lernenden werden im Unterricht aufgegriffen (Kooperationsprinzip).
12. Höhere kognitive Lernziele, die aktives und konstruktives Lernen erfordern, werden betont (Lernzielprinzip).
13. Neues Wissen wird auf Vorwissen bezogen (Anknüpfungs- und Vernetzungsprinzip).

Diese Prinzipien können in nur leicht modifizierter Form auf Prozesse der Einzelförderung und auf den Unterricht bei Kindern mit Behinderungen, bei vorliegendem Förderbedarf soziale, emotionale, Lernen und geistige Entwicklung transferiert werden.

Förderung kann nur im Rahmen von Erziehung begriffen werden, bringt sich in das Werden, die Entwicklung und Entfaltung der kindlichen Persönlichkeit ein, nicht als etwas Isoliertes, Künstliches, Additives, sondern als etwas Ganzheitliches, das sich harmonisch in den Lernprozess und damit in die Entwicklung und Vernetzungsprozesse des Gehirns einfügt.

5.4.5 Spezielle Probleme und Herausforderungen

Im Rahmen des Verhältnisses von Diagnostik und Didaktik, speziell bei der Frage der Informationsgewinnung und im Zusammenhang mit der Umsetzung diag-

nostischer Erkenntnisse in didaktisches Handeln (Förderung), ergeben sich insbesondere vier komplexe Problemstellen:
Die **erste Schwierigkeit** für eine Diagnose besteht darin, dass eben relevante Einzelheiten in der Entwicklungs- und Schulgeschichte des Kindes oft verborgen bleiben und Lehrern, Schülern und Eltern nicht bewusst werden wie z.B. belastende Erlebnisse bis hin zu erlittenen traumatisierenden Erfahrungen.
Die **zweite Schwierigkeit** liegt darin, dass wir zunächst zu wenig darüber wissen, wann und unter welchen Bedingungen eine gezielte Hilfe sinnvoll und Erfolg versprechend ist und wann nicht.
Die **dritte Schwierigkeit** ist in den Bildungsplänen begründet. Es ist vor allem zu fragen, ob der Zeitpunkt für das Angebot und den Erwerb bestimmter Lerninhalte der Schule nicht immer wieder neu geprüft werden muss; ob es beispielsweise im Rahmen der Grundschule möglich wäre, individueller auf die jeweils vorliegenden Kompetenzen eingehen zu können, ohne in einem bestimmten Alter eine feste Zielvorgabe erreichen zu müssen. Überlegungen zur Diagnostik werden zwar dadurch komplizierter, weil genauer analysiert werden muss, aber Fragen der Therapie können dann aufgrund einer präventiven Denkweise wahrscheinlich relativiert werden. Die Frage nach den basalen Voraussetzungen für den Erwerb der Kulturtechniken müsste also erst geklärt werden (vgl. 9.1).
Die **vierte Schwierigkeit** für eine Diagnose liegt darin, dass die Familien der Schüler die Erziehung durch die Schule nur immer mittragen. Jede Diagnose von Schulkonflikten und jede Prognose muss die vorhandene oder fehlende Unterstützung der Familie mit bedenken. Diese Möglichkeiten der Unterstützung durch und Kooperation mit der Familie sind nichts Feststehendes. Sie können besser oder schlechter genützt, sie können aktiviert oder verschüttet werden.
Die vier genannten Bereiche, die wesentliche Probleme und Möglichkeiten insbesondere einer förderungsorientierten Diagnose aufzeigen, zielen vor allem auf die Momente der Biographie eines Kindes, auf didaktische Probleme und auf soziale, speziell familiäre Aspekte. So ist heute eine diagnostische Pädagogik zu einer dringenden Aufgabe der Heilpädagogik geworden. Die Diagnostik selbst, speziell die Förderdiagnostik muss schon ein Schritt zur Heilung der Wunden sein, welche die meisten Kinder in den vorangegangen Lernkonflikten und -problemen davongetragen haben.
Nicht so sehr die Frage nach der Bewältigung eines möglichst großen Lernstoffes steht im Vordergrund, vielmehr das Problem, warum ein Kind Lernschwierigkeiten hat, wie sich diese analysieren lassen, wie man eine Hilfe zur Überwindung dieser Schwierigkeiten anbieten kann. Nicht trennen kann man diese Fragestellung von entwicklungspsychologischen Überlegungen. Es interessiert, inwieweit ein Kind von seinen Reifungsbedingungen her in der Lage ist, einen ganz bestimmten Lernvorgang zu vollziehen. So könnte es sein, dass zunächst die Lernziele mehr im ganzheitlichen Tun gesehen werden müssen, wie z.B. im Spiel

mit funktionsorientierten Aspekten, d.h., dass ein Kind im Spiel in erster Linie Basisfunktionen wie Wahrnehmung, Koordination, Motorik allgemein übt, ehe man mit der eigentlichen funktionsorientierten intentionalen Aktivität beginnt. Tangiert wird auch die Frage nach der didaktischen und motivationalen Aufbereitung eines Lerngegenstandes: Wie kann man die Interessenlage eines Kindes einbeziehen, wie einen Lerngegenstand motivierend gestalten?
Diese Problematik versuchen bekannte didaktische Modelle in besonderem Maße zu berücksichtigen z.B. die als „Berliner Modell" bekannt gewordenen Ansätze von *Heimann/Schulz* zur verbesserten Didaktisierung. Bei diesen Ansätzen müssen gewisse Bedingungen beim Kind erfüllt sein und vorher erkundet und beobachtet werden, ehe bestimmte Lernprozesse intendiert werden. Ansätze wie der Handlungsbezogene Unterricht (Mühl 2004, 53-74) und die subjektorientierte Didaktik (Fischer 2004, 7-51) berücksichtigen Lernausgangslage und Entwicklungsstand des jeweiligen Kindes.
Wenn der Unterricht von der Erlebnis- und Erfahrungswelt der Schüler ausgehen soll, muss sich der förderungsorientiert arbeitende Pädagoge in der Individual- oder Kleingruppensituation in besonderem Maße auf den Erfahrungshintergrund einstellen. Diese Verschiedenheit, diese einzigartige, spezielle und individuelle Entwicklung eines Kindes, die zur konkreten Lernausgangsbasis führt, wird stets auch soziokulturell bedingt sein. Pädagogen und Lerntherapeuten werden sich damit sowohl mit dem sozialen Milieu beschäftigen, in dem Kinder mit Lern- und/oder Verhaltensproblemen aufwachsen als auch mit dem kulturpädagogischen Niveau der Familie. Letzteres lässt sich z.B. daraus erkennen, ob einem Kind vorgelesen wird, ob man mit ihm spielt, ob etwas erzählt wird, ob die Eltern mit ihm über die Erlebnisse im Kindergarten und in der Schule sprechen.
Zu berücksichtigen sind bei allen förderdiagnostischen Aktivitäten auch intraindividuelle Aspekte des Kindes. So erweisen sich je nach Lerninhalten oder auch Spielangeboten aufgrund von Veranlagung und Umweltbedingungen die Motivation, das Lerntempo, schlechthin die Intensität, mit der ein Kind handelt und Aktivitäten entwickelt, als unterschiedlich.
Man bezeichnet die soeben beschriebenen Bedingungen und Möglichkeiten am besten mit den Begriffen Anfangssituation oder Lernausgangslage. Diese Frage stellt sich stets im Rahmen des Unterrichts und im Kontext Lerntherapie, sie ist besonders relevant bei einem Kind mit speziellen Erziehungs- und Lernbedürfnissen. Es ist stets zu fragen, welche Bedingungen vorliegen, damit in adäquater Weise die Ausgangssituation gefunden und die Anfangssituation gestaltet werden kann. Die systematische Suche nach der Ausgangssituation beginnt mit der sensiblen Auf- und Abwärtsdiagnose.
Unter Anfangssituationen kann man die Ganzheit aus persönlichen (emotionalen, sozialen, kognitiven) situativen, gegebenenfalls also auch schulischen Gegebenheiten verstehen, die es im Zusammenhang mit förderdiagnostischen Maß-

nahmen zu eruieren gilt. An sich sind es Grundschullehrer (im vorschulischen Bereich können dies auch andere Personen sein), die die Anfangssituation für einen Lernprozess beobachten bzw. feststellen. Ergeben sich im Regelschulbereich hierbei Schwierigkeiten, können bereits förderdiagnostische Überlegungen notwendig werden, d.h., es müssen – wie bereits in diesem Kapitel dargestellt – die Möglichkeiten (Ressourcen, Kenntnisse, Fertigkeiten) erkundet werden, damit ein Kind nicht überfordert wird und in einen „Teufelskreis Lernstörungen“ (Betz/Breuninger1998) gerät.

Wenngleich bei den vorangegangenen Überlegungen stärker das einzelne Kind im Vordergrund stand, ist hervorzuheben, dass sich die Anfangssituation in einer Schulklasse, aus einem Komplex von Variablen zusammensetzt, wobei vor allem neben dem Schüler an den Lehrer, die Klasse oder Schülergruppe, die Schule und die wechselnden situativen Gegebenheiten und Verhältnisse zu denken ist. Für jeden dieser Aspekte ließen sich noch eine ganze Anzahl von Variablen anführen, deren Beschreibung den Rahmen dieser Ausführungen jedoch sprengen würde.

5.4.6 Handlungsfähigkeit, Bildung und Ausbildung

Im Zusammenhang mit der didaktischen Frage spielt immer das Problem der Vermittlung, das kommunikative Moment, eine Rolle. Es wird auch von der „Kommunikativen Didaktik“ gesprochen, die sich durch den politischen Aspekt, den Aspekt der Handlungsforschung, den interaktionspädagogischen Aspekt, den Aspekt der Metakommunikation und der Handlungsfähigkeit sowie den realistischen Aspekt charakterisieren lässt. Insbesondere die Frage der Handlungsfähigkeit impliziert für den sonder- und heilpädagogischen Bereich Relevanz, weil es im Hinblick auf Selbsttätigkeit und Eigenkompetenz gilt, vor allem die Handlungsfähigkeit von Kindern mit Förderbedarf in den Bereichen soziale, emotionale, geistige Entwicklung und Lernen zu aufzubauen und zu erweitern. Es geht aber im Rahmen von Handlungsfähigkeit nicht nur um die Handlungsfähigkeit des Lernenden, sondern auch um die der Lehrenden.

Im Zusammenhang mit der Frage nach der Handlungsfähigkeit der Lehrenden dominiert die Problematik, wie die Lehrenden zu sensibilisieren und auszubilden seien, dass sie ihren Wissens- und Erfahrungsvorsprung zugunsten wachsender Mit- und Selbstbestimmung der Lernenden einsetzen können, ohne voreilig zu überfordern oder das notwendige Maß an Hilfestellung und Lenkung zu verweigern. Es erweist sich bei jeder förderungsorientierten Tätigkeit von besonderer Wichtigkeit, dass der Lehrende erkennt, wie er am ehesten der ihm begegnenden Problematik gerecht wird, wo und in welcher Stärke er seine Hilfestellung in partnerschaftlicher Weise anbietet. Dies verlangt nicht nur Bewusstmachung, sondern auch praktische Erfahrung, d.h. der Lehrende muss lernen, zu sehen und zu erkennen, was notwendig im Sinne der Weiterentwicklung eines Kindes ist, er muss lernen, sich für das in spezifischer Weise erziehungsbedürftige Kind zu sensibilisieren.

Bezüglich der Handlungsfähigkeit der Lernenden kann man zwischen spezifischer und allgemeiner Handlungsfähigkeit unterscheiden. Die spezifische Handlungsfähigkeit bezieht sich auf rollenspezifisches, situationsspezifisches und funktionsadäquates Handeln, also auf die Fähigkeit, Rollen und Funktionen im Sinne der gegebenen Normen erwartungsgemäß zu vollziehen. Allgemeine Handlungsfähigkeit bedeutet die Fähigkeit, am Diskurs teilzunehmen, d.h. Sinnzusammenhänge und Geltungsansprüche zu erkennen. Hier geht es in erster Linie um die bewusste Teilnahme am Handeln, um die Frage, wie erreicht es der förderdiagnostisch arbeitende Pädagoge, dass Kinder und Jugendliche mit einer Behinderung reflektierend-kritisch und nicht einfach angepasst handeln. Es soll aber auch darauf verwiesen werden, dass es auch das unbewusst-intuitive Handeln gibt, z.B. die vielen Handlungen des Kleinkindes, des spielenden Kindes, des Jugendlichen, die einen tiefen Sinn haben, und diese Art von Handeln ist förderdiagnostisch in höchstem Maße relevant. Der spezifischen und der allgemeinen Handlungsfähigkeit kann man die kritisch-praktische Handlungsfähigkeit hinzufügen, die aus den beiden zuerst genannten die Fähigkeit entwickelt, neue Möglichkeiten handelnd zu erproben, Widerstände und theoretische Kritik in reale Handlungschancen umzusetzen und dadurch Handlungsspielräume aktiv wahrzunehmen und nach Möglichkeit zu erweitern.

Zweifellos muss die Förderung von Kindern mit Förderbedarf, von den Handlungen der Schüler ausgehen, die man im Alltag beobachten kann. Kinder handeln immer. Aber aus dem sozialen Bezugsrahmen ergibt sich, dass es Kinder gibt, bei denen im Vergleich zu anderen die Möglichkeiten zum Handeln eingeschränkt sind, sei es, dass sie zu wenig Handlungsmaterial wie z.B. gute Spiele sowie Bastel- und Gestaltungsmöglichkeiten angeboten bekommen, sei es, dass die räumlichen äußeren Verhältnisse ungünstig sind oder sei es, dass physische Behinderungen das Handeln beeinträchtigen. Die Handlungen von Kindern sind subjektiv sinnvoll, auch wenn dies der Außenwelt nicht so erscheint. Auch solche Handlungen, die manche Pädagogen als unsinnig zu bezeichnen geneigt sind, müssen vom Kinde aus gesehen als sinnvoll bezeichnet werden; z.B. alles, was mit Verhaltensstörungen gemeint ist (Aggressionen, Unruhe, Passivität, ...), wird vom Kind aus betrachtet subjektiv sinnvoll. Kinder verfolgen Ziele und sie bilden hierbei Mittel aus, mit deren Hilfe sie ihre Ziele erreichen können (vgl. Wagner 2000, 145f.). Die Handlungen von Kindern vollziehen sich immer in einem sozialen Kontext. Auch wenn es so aussieht, als würden Kinder etwas für sich selbst tun, geschieht solches Handeln in einem sozialen Bezugsrahmen. Die Objekte mit denen ein Kind handelt, erweisen sich ebenfalls als sozial vermittelt. Deutlich tritt dieses Moment beim Montessori-Material hervor. Hier versteht sich die Sachauseinandersetzung als bewusst eingesetztes Mittel, um sozial relevante Handlungen zu fördern. Auch wenn Kinder in Abwesenheit anderer Kinder oder Erwachsener handeln und aktiv sind, muss dieses – gewachsene soziale – Moment der Handlungen stets mitberücksichtigt werden.

5.4.7 Handlung und Kommunikation

Handlungen sind letztlich immer sozial und damit kommunikativ eingebunden vermittelt. Auch diese Tatsache hat eine Bedeutung für alle Sachauseinandersetzungen von Kindern. Dabei kann es durchaus sein, dass sie scheinbar keine oder nur wenig Sprache benützen. Aber die Welt (Handlungen, Erlebnisräume) der Erwachsenen ist sprachlich strukturiert, so dass auch alle Handlungen von Schülern entweder sprachlich begleitet werden bzw. begleitet werden können oder vorher durch – verbale oder nonverbale – Kommunikation initiiert worden sind. Es gibt wohl Abstufungen des Umgangs mit der Sprache im Rahmen des sozialen Handelns von Kindern, so dass es im Extremfall oder auch bei Aktivitäten, die an sich kaum der Sprache bedürfen, scheinen kann, als wäre das Handeln der Kinder sprachlos. Das Handeln erhält einen Sinn, insbesondere im Kontext Kommunikation, welche Erwachsene und Kinder miteinander verbindet.

Will man Handeln und Kommunikation von Kindern und damit ganz allgemein Lernen fördern, dann ist die Reihenfolge Handeln – soziales Handeln – kommunikatives Handeln auch umkehrbar. Förderdiagnostisch bedeutsam werden dann Beobachtung – Anpassung durch Handeln (Lernen, kognitive Verarbeitung) – kognitive und praktisch-motorische Integration in das gesamte Handlungskonzept. Die Sprache kann am Anfang des Handelns stehen. Da Sprache immer soziale Sprache ist, bewirkt sie auch soziales Handeln, d.h. sinnvolles Handeln. Förderung kann daher genauso gut von der Sprache des Kindes ausgehen, um seine Sprachkompetenz und seine Sprachperformanz zu fördern. Sprache initiiert dann Handeln und neues Handeln. Es kann aber auch umgekehrt das Handeln, das auf einer vorsprachliehen Stufe verläuft, auf eine höhere sprachliche Stufe gehoben werden, indem dem Kind sein Handeln sprachlich gedeutet und bewusst gemacht wird. Der Erwerb der Zahlbegriffe kann z.B. grundsätzlich als ein Sprachunterricht aufgefasst werden, dem Handlungen, vor allem spielerische Handlungen, entsprechen sollten, wie etwa Handeln mit verschieden großen Mengen. Er kann aber genauso gut auch aufgefasst werden als ein Unterricht zur Verbesserung, Differenzierung und Hinführung zu einem immer genaueren Handeln.

Förderung im Vorschulalter ist immer auch Sprach- und Kommunikationsförderung. Die Förderung muss dort ansetzen, wo das Handeln der Kinder und ihre Sprachentwicklung stehen. Vorschulförderung ist daher daran interessiert, den sprachlichen Entwicklungsstand zu kennen und zwar bezogen auf bestimmte Bereiche des Handelns. Je nachdem, welche Bereiche gefördert werden sollen, müssen auch die entsprechenden Handlungen beachtet, berücksichtigt und einbezogen werden. Das heißt also, nur wenn die Handlungen der Kinder beobach-

tet und folglich auch beachtet werden, kann sinnvoll mit einer Förderung begonnen werden.
Förderung ist daher sowohl an einem Inventar der Handlungen der Kinder als auch an einem Inventar der Gegebenheiten, z.B. im Bereich der sprachlichen, sozialen, kulturellen (schulischen) Möglichkeiten, interessiert. Dabei muss ein besonderes Augenmerk den Begriffen entgegengebracht werden, die grundlegende Handlungen bezeichnen. Diese grundlegenden – basalen – Handlungen und ihre Bezeichnungen (Begriffe) sind daher Gegenstand der Diagnostik im sonder- und heilpädagogischen Arbeitsfeld wie auch Gegenstand der Förderung. In dieser Beziehung liegt Förderdiagnostik begründet. Praktisch gesehen bedeutet das z.B.: Wie geht das Kind mit einem Buch um, wie mit einer Zahl, wie reagiert es auf andere Kinder, welche Signale versteht es und welche sendet es, ...?

5.4.8 Förderdiagnostik als Begleitdiagnostik

Während im Zusammenhang mit der pädagogischen Dimension der Förderdiagnostik (vgl. 5.2) stärker der ganzheitliche Aspekt betont wurde, stehen bei der didaktischen Dimension Kriterien orientierte, curriculare, auf Lernen bezogene Interventionsfragen, also unterrichtliche sowie institutionell bedingte Aspekte im Vordergrund, sofern sich ein Kind bereits in der Schule befindet. Es werden für die Lehr- und Lernprozesse die günstigsten Positionen, Konstellationen und Möglichkeiten gesucht. Förderdiagnostik ist nicht eine einmalige Aktivität, vielmehr ein Prozess. Kontinuierliche Situationsanalysen innerhalb der Intervention weisen Förderdiagnostik als Begleit-Diagnostik aus, sie ermitteln Daten und Fakten, die in einem direkten Bezug stehen zu heilpädagogisch-orthodidaktischen Interventionen und Innovationen (Kobi 2003, 120).
Wie aber kommt man zu Informationen über die zu fördernden Bereiche, darüber, welche Funktionen man fördern sollte und wie man Förderung, Weiterentwicklung, Entfaltung im Sinne der Beseitigung von Hemmnissen und behindernden Bedingungen erreichen kann? Informationen hierzu liefern zunächst die Personen, denen Lernprobleme auffallen (Eltern, Lehrer) im Zusammenhang mit anamnestischen und explorativen Gesprächen (Bundschuh 2014, 142-151), aber auch das Kind selbst ist eine wichtige Informationsquelle in diesem Zusammenhang. Es weiß relativ oft um seine Handlungsgrenzen. Weitere wichtige Informationen können aus zunächst freier, dann primär systematischer Beobachtung, z.B. im Unterricht, beim Spiel, in der Gruppe gewonnen werden. Auch an der klassischen Testtheorie orientierte Verfahren können Informationen liefern, die in ausreichendem Maße förderdiagnostischen Ansprüchen genügen, dies ist z.B. der Fall, wenn sich Informationen in Richtung Abbau negativer Einstellungen bezüglich Persönlichkeit, Leistungs- und Sozialverhalten ergeben, wenn sich durch die qualitative Analyse einzelner Testitems Wege der Erkenntnis bezüglich neuer Lernmöglichkeiten eröffnen. Dies besagt, dass Testwerte nicht mehr – nur – im

Hinblick auf Stichprobe und Normalverteilung interpretiert werden, vielmehr dienen die Rohwerte und deren Zustandekommen als direkte Information für förderungsorientiertes Vorgehen. Somit fügt sich Förderdiagnostik in ein pädagogisch-didaktisch orientiertes, integrierendes System von Analyse- und Veränderungsprozessen.

Worin unterscheidet sich überhaupt die hier beschriebene Vorgehensweise vom Unterricht des guten, kind- und kinderorientierten Pädagogen, der beobachtet, erzieht, Lernziele intendiert, evaluiert? Auch er sieht das Kind, seine besonderen schulischen Probleme, er versucht Leistungsanforderungen dort anzusetzen, wo ein Leistenkönnen und -wollen vom Kind aus möglich ist, dennoch gibt es in der realen pädagogischen Situation (Schule) viele Lernprobleme. Lehrer sehen sich im Allgemeinen mit großen Gruppen und mit zu vielen multidimensionalen Herausforderungen konfrontiert, als dass sie allen pädagogisch-didaktischen Intentionen gerecht werden könnten. Wenn man unter Didaktik die Wissenschaft vom Unterricht versteht, die sich vor allem mit Zielen, Inhalten und Methoden sowie deren wechselseitigen Beziehungen befasst, mit Gegenwarts- und Zukunftsbedeutung, Sachstruktur, exemplarische Bedeutung und damit Bildung, so sind damit auch die einzelnen Schüler tangiert mit ihren unterschiedlichen Biographien und Lernvoraussetzungen. Diese gilt es zu erforschen, zu beobachten und zu berücksichtigen. Um solche Aufgaben zu realisieren, benötigt der Lehrer nicht nur Wissen und Informationen, z.B. aus den Bereichen Pädagogik, Didaktik und Psychologie, speziell Entwicklungspsychologie und Diagnostik, sondern auch unmittelbare praktische Erfahrungen.

5.4.9 Funktionalität bzw. Intentionalität versus Ganzheitlichkeit

Während im wissenschaftlichen Bereich, speziell in der Forschung und teilweise auch im pädagogischen Arbeitsfeld – z.B. Pisa Studien – stärker die funktionalen Aspekte fokussiert werden, d.h. die Testung und Analyse von Lernprozessen in einzelnen Fächern, Bereichen und Teilbereichen, wird hier auf der Basis der Erkenntnis, dass man die Persönlichkeit eines Menschen nicht – exakt – in einzelne Funktionsbereiche (wie z.B. Intelligenz, logisches Denken, Bereiche der Wahrnehmung, Gedächtnis, Sprache, Denken, Willen, ...) aufteilen kann, zunächst der ganzheitliche Zugang zum Kind fokussiert. Man kann dies zunächst damit begründen, dass das der Menschenbildung zugrunde liegende Wissen und Können sowohl dem Bereich des Natürlichen als auch dem Kulturschaffen entstammt. Auch beinhaltet in der Regel das Ganze eine größere Gestalt- und Erlebnisqualität als der Teil. „Es geht um die Persönlichkeit als ganzes und nicht nur um einzelnes Verhalten; nicht nur um ihr Versagen oder Vergehen, sondern um ihr ganzes Sein und Wesen. Dieses aber erkennen wir gerade in dem, was erzieherisch wichtig ist, viel besser aus den alltäglich wiederkehrenden Verhaltensweisen als aus dem einmaligen Versagen. Grundsätzlich ist es schon richtig, daß in jedem einzelnen Verhalten, ja schon in jeder kleinsten und unbedeutenden Regung der ganze Mensch drinsteckt mit allen seinen Eigenschaften und also auch daraus zu erkennen wäre für denjenigen, der die durchdringende und umfassende Kraft und Fähigkeit des Verstehens besäße. Da aber kein Mensch über diese große Begabung verfügt, sind wir darauf angewiesen, das Tatsachenmaterial erst zu suchen, zusammenzutragen, zu sammeln, aus dem heraus wir dann das Verständnis gewinnen können" (Moor 1974, 227). Ähnlich wie das Verstehen die bestmögliche Kenntnis der Person voraussetzt, wird auch Förderung von der Kenntnis der betroffenen Person abhängen. Die ganze Person steht also im Mittelpunkt förderdiagnostischer Überlegungen unter Berücksichtigung der in diesem Buch beschriebenen Dimensionen (vgl. Kap. 5).

Am Beispiel von Tests kann man die Probleme von Teilerfassungen aufzeigen. Bei der Analyse traditioneller psychologischer Tests erkennt man, dass in der Regel nur ein einzelner Aspekt erfasst wird, nie z.B. die Intelligenz als ganze und erst recht nicht die ganze Persönlichkeit. Je exakter ein Test „misst", desto enger ist im Allgemeinen der Ausschnitt der Wirklichkeit, den er beobachtet. Aber auch eine Häufung von Testuntersuchungen führt an sich nur zu einer Ansammlung von Einzelergebnissen. Diese Informationen stehen häufig nicht nur unverbunden nebeneinander, sie führen als solche auch nie zu einer Art Gesamterfassung der Persönlichkeit. Solche Einzelaspekte unter Einbezug vieler weiterer Informationen ganzheitlich, d.h. speziell auf die Situation des Kindes bezogen, zu diskutieren und zu interpretieren, gehört zur Aufgabe des förderungsorientierten Diagnostikers. Gemeint ist damit allerdings nicht, dass Gutachtenerstellung zu einem „konstruktiven Akt" werden sollte, denn hierbei wäre die Gefahr der Deutung und Verfälschung groß. Die solide Basis für Förderdiagnostik sind die Informationsquellen Anamnese, Verhaltensbeobachtung, Screenings, ggf. auch psychometrische Tests (vgl. Bundschuh 2014, 132-142).

Es kommt relativ häufig vor, dass Kinder über eine hohe Intelligenz verfügen, aber aus motivationalen Gründen nicht adäquate Leistungen erreichen. Ähnliches kann vermutet werden im Zusammenhang mit Lesen-, Schreiben- und Rechnenlernen. Auch hier können die Voraussetzungen für den Erwerb dieser Kenntnisse gegeben sein, aber fehlende Motivation, Konzentration, auch aktuelle und länger andauernde Konflikte und psychische Störungen könnten die optimale Aneignung dieser Kenntnisse und Fertigkeiten verhindern.

Zum Lernen gehören gewisse soziale und motivationale Voraussetzungen und weitere Basis-Prozesse wie z.B. Wahrnehmung, Gedächtnis, sprachliche Fähigkeiten, ein gewisses Durchhaltevermögen,... Lernen kann aber auch nicht losgelöst vom ganzheitlichen Erfahrungshorizont Familie, Wohnung, Nachbarschaft, Verwandtschaft, Dorf, Stadt, Spielplatz, Lehrer, Schule, ... gedacht werden. Lernen wird realisiert auf der Basis von Handlungen und Erfahrungen kognitiver, emotionaler, sozialer und motivationaler Art.

Vielleicht finden Schulen gegenwärtig vor allem deshalb keinen Zugang zu Kindern mit Lernschwierigkeiten, weil man zu sehr funktional, intentional, fachbezogen und curricular denkt und diese Vorstellungen, die institutionell bedingt sein können, ohne den Versuch, das Kind in seinem Bezugsgefüge und seiner Ganzheit zu verstehen, realisiert. Zweifellos kann man im Zusammenhang mit vielen Lernproblemen der Gegenwart sagen, dass sich das Lernangebot weniger am Schüler als vielmehr an den Forderungen der Institution Schule und damit am Lehrplan orientiert.

Es spricht vieles dafür, dass Schulen gegenwärtiger Prägung, insbesondere aber die Grund- und Hauptschulen, nicht in der Lage, nicht flexibel genug sind, individuelle Lernprozesse so zu gestalten und zu beeinflussen, dass mit Hilfe von Verständnis, Einfühlung und Einsicht neues Lernen ermöglicht und neue Lernwege erschlossen werden können. Dabei kommt es sicherlich nicht darauf an, allgemein gültige Lerngesetze anzuwenden, vielmehr gilt es, durchaus Möglichkeiten unterschiedlichen Lernens zu sehen und genau diese zu fördern.

Wenn von Wissenschaftlern und von praxisorientierten Didaktikern gesagt wird, man könne nahezu jeden Lerngegenstand in seiner Gesetzmäßigkeit erschließen, so ist damit noch nichts über die Methode des Erwerbs dieser Sachlogik ausgesagt. Man kann und muss vielmehr vor allem auf der Basis konstruktivistischen Denkens vom Kinde ausgehen und unterschiedliche Prozesse bzw. Möglichkeiten des Herangehens an einen Lerngegenstand annehmen. Vieles spricht dafür, dass in unseren Schulen zu früh einseitig kognitiv gearbeitet wird, dass Erwachsene Kindern ihre Vorstellungen von Lernen aufoktroyieren ohne die vorhandenen Ressourcen und Möglichkeiten zu berücksichtigen. Manchmal spricht man in diesem Zusammenhang und darüber hinaus im Kontext Lernen in Gymnasien von „Verkopfung". Viele der in unseren Schulen propagierten Lernansätze sind zu linear, zu schematisch und zu wenig spielerisch, zu wenig handelnd, experimentell und praktisch, als dass sie von Kindern mit Lernschwierigkeiten – im Sinne der Unmöglichkeit des Erwerbs solchen von Erwachsenen vorstrukturierten Wissens – „wahrgenommen" werden können. Lerninhalte und Lehrmethoden entsprechen oft nicht dem Denken, Fühlen und Handeln von Kindern und dies führt zu Lern- und häufig auch Verhaltensstörungen.

Hier setzt Förderdiagnostik ein: Ein Schüler mit Lernproblemen muss spüren, ja er muss wissen, dass er verstanden wird, dass Lernschwierigkeiten bei jedem Menschen auftreten können. Bei einem Kind mit solchen Problemen muss Verschüttetes freigelegt, sollten neue Möglichkeiten des Handelns, Denkens, Lernens und damit auch des Fühlens eröffnet werden. „Emotionalität, Lernen und Verhalten" (Bundschuh 2003) gehören zusammen. Schon eine Einstellungsänderung, ein gewisses Umdenken von Lehrern, auch die Bereitschaft zur Selbstkritik, könnten helfend und fördernd wirken. Dies wird z.B. deutlich, ja es wirkt sehr beeindruckend, wenn man beobachten kann, wie rasch türkische Kinder mit einem bestimmten Punktesystem relativ schwierige mathematische Operationen vollziehen können und es ist frustrierend, wenn man sieht, dass viele dieser Kinder in unseren Schulen eben nicht mit diesem System arbeiten und lernen dürfen und damit als „Schulversager" gelten.

Das Verständnis von funktional, intentional und ganzheitlich erscheint zunächst unproblematisch, erweist sich bei gründlicher Reflexion jedoch als komplex. Funktionales bzw. intentionales Lernen kann auch am indizierten Ziel vorbeigehen, weil vielleicht ein Schüler nicht in der Lage ist, zu begreifen, was er soll und durch die Anforderungen in einen Zwang gerät, der an sich nur personell, d.h. von außen gesteuert ist. Hieraus lässt sich folgern, dass man im Zusammenhang mit funktionalem Lernen ganzheitliche Momente, wie soziale emotionale und motivationale Aspekte nicht negieren darf, zumindest die Beziehung zwischen Kind und Lehrer sollte gut und tragfähig sein.

Aus dem zuletzt genannten Aspekt geht hervor, dass ganzheitliches Lernen Kinder entlasten, von Hemmungen befreien, Verkrampfungen lösen kann, so dass dann wiederum auch intensive, funktional orientierte Übungen und Programme eingesetzt werden können. Funktionstraining – z.B. im Bereich der Wahrnehmung oder speziell im Leseunterricht, in Legasthenikerkursen, – konfrontiert den Schüler unter kontrollierten Bedingungen möglicherweise zum ersten Mal in seinem Leben mit einer Folge von Aufgaben, die er zu seiner eigenen Freude bewältigen kann. Hier löst – paradoxerweise – das Funktionstraining eine ganzheitliche Wirkung aus. Das Problem liegt darin, ob erkannt wird, was „indiziert" ist: ganzheitliches oder funktional-intentionales Lernen; ob Lehrerinnen und Lehrer über genügend ganzheitliche und funktionale Verfahren verfügen, um sie entsprechend einsetzen, gegebenenfalls rechtzeitig wechseln zu können. Allzu oft wird man erst durch vorsichtiges Vorgehen, manchmal vielleicht sogar langsames Erproben erkennen, welche Ansätze weiterführen und Lernfortschritte provozieren. Ganzheitliches Tun ist vor allem auf erziehliche und sozial-emotionale Bereiche ausgerichtet. Bedürfnisorientierung spielt eine Rolle, weniger also der curriculare Aspekt. Ganzheitliche Prozesse und Erfahrungen ergeben sich innerhalb von Familie, Wohnung, sozialer und materialer Umgebung in der Regel ständig, meist auch in Kindergärten und auch noch in den Eingangsstufen unserer Schulen und sollten vor allem im Rahmen von Förderschulen eine wichtige Rolle spielen. Unterricht beansprucht häufig in seinen sachlichen, gegenstandsorientierten Abläufen kognitive Prozesse. Er wird aber im Hinblick auf Lernen wirksamer sein, wenn er immer wieder ganzheitliche Momente aufgreift, d.h. den Unterrichtsgegenstand in Handlungen und Erlebnisse der Schüler aus dem alltäglichen Leben und Erfahrungsbereich einbettet, vor allem den emotionalen Bereich, sei es in Form von Geschichten, Bildern, Handlungen oder speziell durch Kreativität und Eigenaktivitäten der Kinder einbezieht (Abb. 5).

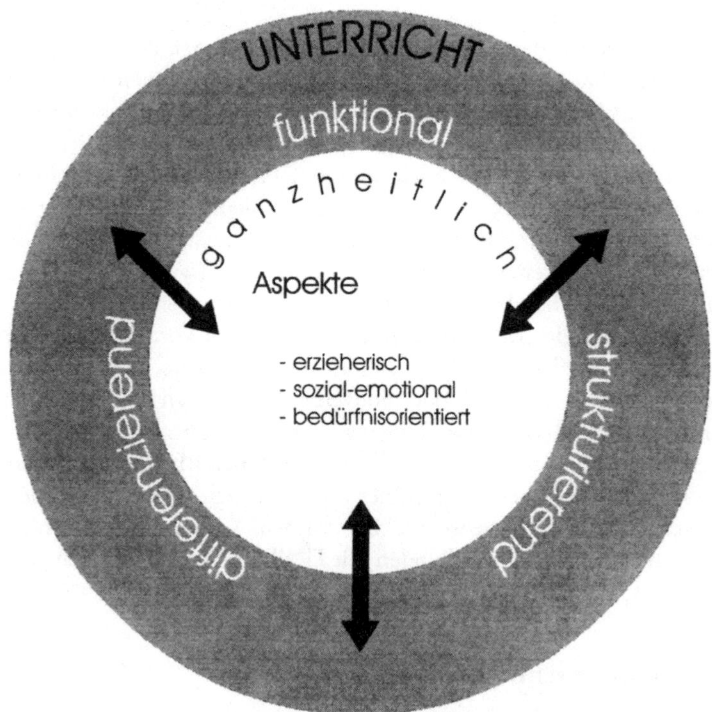

Abb. 5: Dynamische Verbindung und Vernetzung ganzheitlicher und funktionaler Prozesse im außerschulischen und schulischen Geschehen

Die Abbildung verdeutlicht, dass der Unterricht stets ganzheitliche und damit „ursprüngliche" Inhalte und Aspekte aus dem Handlungsbereich von Schülern aufgreifen muss, wenn er sie erreichen will. Die Pfeile heben die Notwendigkeit der prinzipiellen Verknüpfung von Unterricht und ganzheitlichen Aspekten hervor.

Man kann oft feststellen, dass sich Erwachsene weniger an das erinnern, was sich in der Schule kognitiv im Sinne von Stoffvermittlung ereignete, vielmehr an emotionale Inhalte, eventuell auch an „Geschichten", die Lehrer zur Veranschaulichung des zu vermittelnden Stoffes erzählten. Oder sie erinnern sich daran, ob ein Lehrer Verständnis für ihre Probleme zeigte. Unterricht bis hin zu Seminaren und Vorlesungen an Universitäten sollte je nach Bedürfnislage immer wieder auch auf ganzheitliche Momente zurückgreifen, die im Methodenwechsel oder auch in verschiedenartiger Betrachtung und Reflexion des Lerngegenstandes bestehen

können, d.h., es werden unterschiedliche kognitive Prozesse, an sich metakognitive Prozesse angeregt.
Häufig generiert die Beziehung zwischen Lehrer und Schüler, ob etwas gelernt wird. Schüler können von Lehrern begeistert sein, sie können bestimmte Lehrer auch förmlich „hassen", wie sie manchmal sagen, also total ablehnen. Kinder mit einem Förderbedarf, der auf soziale Bedingungen zurückzuführen ist, sollten im Bereich der Schule zunächst nicht im Sinne bisheriger Lehrpläne unterrichtet werden, vielmehr sollte „Schule" als Familie mit Wohnstubencharakter realisiert werden. Das heißt, Lehrer sollten zunächst nicht als Lehrer, also primär als „Wissensvermittler" auftreten, vielmehr, ähnlich wie Eltern, als Vorbilder, Bezugs- und Vertrauenspersonen handeln. Der Erwerb sozialer Verhaltensweisen für ein gutes Zusammenleben steht bei diesen Kindern zunächst im Vordergrund. Hierzu gehören auch Nebeneffekte, wie Gegenstände und Handlungen des Alltags sprachlich benennen, sich sprachlich oder nonverbal verständlich ausdrücken, Sprache verstehen, in der Gruppe handeln, interagieren, sich gegenseitig helfen, unterstützen, gemeinsam etwas tun. Erst dann kann man allmählich mit dem Unterrichten in Kleingruppen beginnen, aber immer noch mit den Möglichkeiten des Rückgriffs auf ganzheitliche Lebens- und Lernformen. Vom Lehrer wird hierbei ein breites Verhaltensspektrum verbunden mit Flexibilität und Kreativität gefordert.

5.5 Therapeutische Dimension

Der Ruf nach Therapie wird laut, wenn im individuell-menschlichen oder im zwischenmenschlich-kommunikativen Bereich etwas nicht so „funktioniert", wie es die von kulturellen Normen geprägte soziale Umwelt sich wünscht und vorstellt. Therapien befassen sich also mit Störungen und Abweichungen von Normen im Zusammenhang mit menschlichem Erleben und Verhalten, wobei wir unter Verhalten zunächst die unmittelbar beobachtbaren Aktivitäten, von außen registrierbare Verhaltensformen meinen, mit Erleben erschließbare innerpsychische Bereiche, wie jemand wahrnimmt, fühlt, leidet im Sinne ganzheitlicher Prozesse (vgl. Bundschuh 2008, 64-82). Gerade um dieses individuelle Erleben und Verhalten, häufig auch Leiden zu beleuchten und zu analysieren, muss förderorientierte Diagnostik mit Interventionsmaßnahmen und Therapien verzahnt werden. Nicht nur liefert eine kindorientierte Förderdiagnostik wertvolle Ansatzpunkte für bestimmte therapeutische Vorgehensweisen beispielsweise im Zusammenhang mit latenten und bewussten Konflikten, traumatischen Erlebnissen und Erfahrungen, negativ wirkenden Umfeldbedingungen oder familiären Konstellationen, vielmehr geht es im Rahmen dieses Kapitels zur therapeutischen Dimension auch um Chancen für eine ganzheitlich orientierte Förderdiagnostik, sich mit einzelnen therapeutischen

Schulen und Theorien auseinanderzusetzen bzw. diese Ansätze in konstruktiver, pädagogischer Weise zu nutzen. Außerdem soll in kritischer Auseinandersetzung mit Therapieansätzen beleuchtet werden, wie „dünn das Eis ist", auf dem der Pädagoge sich bewegt, wenn er sich primär an medizinisch-psychiatrische Denk- und Handlungsweisen im Sinne von „Pillen für den Störenfried" orientiert. In Kapitel 6.5.3 werden Unterschiede und Gemeinsamkeiten der beiden Disziplinen Pädagogik und Therapie aufgezeigt, und schließlich wird dargelegt, wie die Heilpädagogik eine therapeutische Dimension integrieren kann, ohne dabei ihr Selbstbild im Sinne *Moors* Aussage „Heilpädagogik ist Pädagogik und nichts anderes (1974, 273)" aufgeben zu müssen.

5.5.1 Psychische Probleme und Auffälligkeiten als Herausforderung

Zunächst sollen allgemein psychische und psychosomatische Aspekte aufgezeigt werden, die sowohl für Pädagogen als auch Therapeuten eine Herausforderung darstellen Die Situation von Kindern in unseren Schulen ist teilweise gekennzeichnet von Problemen wie Verhaltensauffälligkeiten, Erziehungsschwierigkeiten, Lern- und Leistungsstörungen, Ängsten, psychosomatischen Störungen (Essstörungen, Kopf- und Bauchschmerzen, Tics, Obstipation, Magenbeschwerden, Einschlafschwierigkeiten, ...) und Abhängigkeit von Medikamenten, Drogen, Alkohol. Angesprochen wird damit die Alltagswirklichkeit von ca. 25% der Kinder im Kontext Schule und Unterricht unter Einbezug von Auswirkungen auf die Familien oder Erziehungsberechtigten. Vielleicht aber benötigen auch manche Schulen eine Therapie. Möglicherweise ergibt sich für ein ganzes Schulsystem Therapiebedarf.

Es gibt im Zusammenhang mit psychischen Problemen und Auffälligkeiten viele Begründungen für die Beschäftigung mit der Frage nach den Möglichkeiten und Grenzen von Therapien im Rahmen sonder-, heilpädagogischer und lerntherapeutischer Problemstellungen und Herausforderungen:

1. Notwendig ist ein Basiswissen über wesentliche Psychotherapieformen, um deren Begründungen, Implikationen und Wirksamkeit einschätzen zu können. Die wissenschaftliche und die praxisrelevante Literatur bietet Anleitungen zur Umsetzung psychotherapeutischer Ansätze für den Bereich Erziehung und Unterricht an. Wenn Lehrer, Lerntherapeuten und Erzieher Kinder anvertraut bekommen, die mit einer bestimmten Therapie konfrontiert wurden oder werden, sollte man einschätzen können, welche Wirkung diese Therapie auf ein Kind hatte oder hat.
2. Zahlreiche Gelegenheiten zur praktischen Anwendung therapiewirksamer Prozesse im Erziehungsfeld bieten sich an. Lehrer, Heilpädagogen und Lerntherapeuten sind bestrebt, alle Möglichkeiten ausschöpfen, Kindern in Problem- und Notsituationen zu helfen. Viele Handlungsweisen im Rahmen von Unterricht und Erziehung werden wahrscheinlich auf der Basis therapeutischer Kennt-

nisse bewusster vollzogen (Spiel- und Sportstunden, szenische Darstellungen, Zeichnen, Freizeitgestaltung, Einzelgespräche mit Schülern und Eltern, Gruppengespräche, Beratungsgespräche überhaupt, Maßnahmen im Unterricht, die aus dem Bereich der Lerntheorie bzw. Verhaltenstherapie hervorgehen wie Verstärkung, Ermutigung, Aufbau von Verhaltens- und Handlungsprozessen). Die Einstellung von Lehrern und Erziehern gegenüber Eltern und Kindern wird z.B. von der Kenntnis der Humanistischen Psychologie sowie ihrer Persönlichkeitstheorie und der damit zusammenhängenden Gesprächstherapie nach Carl Rogers, Reinhard und Anne-Marie Tausch positiv beeinflusst sein.

3. Die Kenntnis von und die Auseinandersetzung mit einer Therapieform trägt dazu bei, das eigene Verhalten bewusster zu hinterfragen, zu erleben und auch zu gestalten. Ein Basiswissen könnte zur Erklärung der Genese einer bestimmten psychischen Problematik eines Schülers beitragen. Allgemein gesehen kann man besser analysieren und verstehen, warum in einer konkreten Situation von Kindern und Jugendlichen ein ganz bestimmtes Verhalten gezeigt wird.
4. Beim Umgang mit Testverfahren, z.B. projektiver Art, wird ein psychoanalytisches Hintergrundwissen von Bedeutung sein.
5. Insbesondere im Rahmen der Studien Pädagogik, Sonder- und Heilpädagogik sowie Lerntherapie erweist sich die Beschäftigung mit Therapien als sinnvoll. Hervorzuheben ist die Bedeutung der Tiefenpsychologie zum besseren Verstehen und Erklären der Genese von Verhaltensstörungen unter dem Aspekt der (frühen) Kindheit und allgemein zur Erziehungshilfe für Kinder mit Verhaltensauffälligkeiten in der Schulklasse (vgl. Bundschuh 2008, 256-270).

5.5.2 Möglichkeiten und Grenzen von Therapien

Wenn man im Zusammenhang mit Förderdiagnostik von der „therapeutischen Dimension“ spricht, begibt man sich – so scheint es – unzweifelhaft in die Nähe des medizinischen Modells, man läuft Gefahr, Beeinträchtigungen zu individualisieren und zu ontologisieren, d.h. die Sichtweise auf Bedingungen im Bereich einer Person zu verengen. Die „soziale Dimension“ der Förderdiagnostik (vgl. 5.3) betonte, dass diese Sichtweise einseitig, ja falsch ist. Kind- und kinderorientierte Therapien haben dieses starre Blickfeld längst erweitert, vor allem hat die analytische Kinderpsychologie das Verständnis für die kindliche Entwicklung und die Erziehungseinwirkungen vertieft. Wenn man kindliche Entwicklungen und Entwicklungshemmnisse richtig verstehen will, darf man sich nicht auf das Studium angeborener, biologisch präformierter Triebtendenzen beschränken, vielmehr muss die ganze Kultursituation mit ihren Ansprüchen an das Kind ins Auge gefasst werden. Kinder gewinnen ihre Ich-Identität nur innerhalb einer bestimmten Kultur. Erziehung vollzieht sich in einem dialogischen Verhältnis, in einer Beziehung von Person zu Person, nicht in erster Linie in einzelnen pädagogischen „Maßnahmen“ und „Akten“. Eltern und Lehrer tragen sich selbst, ihre eigenen

Erwartungen, Wünsche und unbewussten Konflikte in Erziehungssituationen hinein; das Kind wächst in diesem Spannungsfeld auf und gewinnt in ihm seine eigene innere Gestalt und Dynamik. Diese Spannungen in Erziehungssituationen nehmen in jüngster Vergangenheit deutlich zu und man hält dort bereits eine Therapie für notwendig, wo eine kindliche Entwicklung infolge einer Störung vom „Normalverlauf" abweicht. Hier wird meines Erachtens zu rasch nach Therapien gerufen. Zweifellos kann man nicht nur im Bereich der Sonder- und Heilpädagogik, sondern im pädagogischen Aufgabenfeld ganz allgemein von einer zunehmenden Neigung zur Bezeichnung bestimmter Aktivitäten als Therapie ja von einer Inflation des Therapiebegriffes sprechen. Vor allem hinsichtlich des methodischen Vorgehens werden z.B. Spiel-, Mal-, Musik-, Arbeits-, Stimulationstherapie, ja Unterrichts-, Erziehungs- und pädagogische Therapie unterschieden. In stärkerem Maße aufgabenorientiert sind Bezeichnungen wie Sozial-, Milieu-, Verhaltens-, Psycho-, Lern-, Sprach-, Legasthenie-, Sexual-, Eltern- und Familientherapie neben einer Reihe anderer Formen.

Nicht ohne kritisches Hinterfragen kann eine therapeutische Dimension in förderdiagnostische Überlegungen aufgenommen werden. Im Zusammenhang mit dem Therapiebegriff werden häufig die Aufgabenspezialisierung, also Verbindungen zu Krankheit, Symptomen, Schwächen, die Rollenhierarchie, das Verhältnis Fachmann – Klient/Patient und die Normensicherheit assoziiert, d.h., Therapie ist in der Regel durch eine geradezu erstaunliche Normensicherheit gekennzeichnet. Die Kritik an der Anwendung und Verbreitung von Therapien – im traditionellen Sinne – im sonderpädagogischen Bereich kann man wie folgt zusammenfassen: Therapie lässt sich tendenziell in ihrem Ansatz als aufgabenverengend, in ihrer Struktur als hierarchisch und in ihrer Zielauffassung als normenhörig kennzeichnen, womit sie zugleich Ausdruck und Instrument problematischer gesellschaftlicher Gegebenheiten ist: Verfremdung, Machtausübung und der Normenfestschreibung. Daher kann die Sonder- und Heilpädagogik von einer Öffnung gegenüber der Therapie zunächst keine positiven Impulse erwarten und sollte deshalb auch die unüberlegte Benennung ihrer Maßnahmen als Therapie vermeiden. Die Gefahr einer voreiligen Weichenstellung gemäß den Ansätzen, der Struktur und den Zielvorstellungen von Therapie ist nicht zu unterschätzen. Andererseits sind auch drei Aspekte zu betonen: Zum ersten gibt es Therapieformen, die den sonderpädagogischen Prinzipien sehr nahe kommen und in der Tat eine Unterscheidung zwischen beiden Bereichen kaum angezeigt erscheinen lassen, zum zweiten könnte im Bereich bestimmter Therapieformen zunehmend eine Entwicklung in Richtung auf pädagogische Prinzipien hin erfolgen, so dass eine strenge Unterscheidung überflüssig würde, und zum dritten bedarf es auch im Bereich der Sonder- und Heilpädagogik manchmal partieller Maßnahmen, die in Richtung Aufgabenspezialisierung, Rollenzuweisung und Zielbestimmung weisen.

Es ist unzweifelhaft, dass eine Therapie, die sich ganzheitlich an den Bedürfnissen und Möglichkeiten eines Kindes orientiert und vom Subjekt ausgeht, im Rahmen förderdiagnostischer Fragestellungen akzeptiert werden kann. Als konkrete Möglichkeiten seien genannt: therapiewirksame Gespräche, Rollenspiele, Psychodrama, einige Formen psychoanalytisch orientierter Therapie, Lerntherapie im Sinne von Armin Metzger, Spieltherapie, eventuell auch einige Formen lerntheoretisch orientierter Therapie, wie z.B. Modelllernen, Selbstinstruktion und Selbstverstärkung, Aufbau von Verhaltensketten, wenn diese die Aspekte des Kindes in hinreichendem Maße berücksichtigen (vgl. Bundschuh 2008, 268-288).

5.5.3 Pädagogik statt Therapie und die krank machende Alltagswirklichkeit

Es wird manchmal von der „Therapie-orientierten Diagnostik" gesprochen, von der man erwartet, dass sie möglichst genaue Informationen darüber liefert, ob und wann bei einer Person eine psychologische Behandlung angezeigt ist, welche Art psychologischer Therapie im Hinblick auf spezifische Ziele optimal wäre, ob und wann ein Wechsel in der therapeutischen Methode angeraten erscheint, welche nächsten Schritte zu gehen sind und ob eine Therapie als erfolgreich einzuschätzen ist. Einige Beispiele aus der Erziehungsberatung lassen die förderungsorientierte Richtung erkennen. So kann gesagt werden, dass in etwa einem Drittel der Erziehungsberatungsfälle eine einvernehmliche Problem-Neukonzeptualisierung durch Beratung der Eltern und damit Beeinflussung der Einstellung zu einer hinlänglichen Problembewältigung ohne therapeutische Intervention führt:

- Die Eltern betrachten ihr Problem als viel geringer, so dass sie damit leben bzw. den Problemrest alleine meistern können.
- Das Problem besteht für sie nicht mehr in der ursprünglichen Form; eine neue Sichtweise bzw. Wahrnehmung führt zugleich zu neuen Lösungsmöglichkeiten. Beispielsweise ist die bisherige Einstellung „unser Kind ist gestört" zugunsten der konstruktiveren „wir überfordern unser Kind" entkräftet.
- Die Eltern erkennen, dass ihr Problem auf einem Irrtum beruht, z.B. nicht einen objektiven Sachverhalt, sondern ein fragwürdiges normatives Etikett, keine pathologische, sondern eine durchaus noch alterskonforme Abweichung bildet.
- Die Eltern begreifen das Problem komplexer, als Teil eines Wechselwirkungsgefüges sozialer, situativer und konstitutioneller Variablen. Das Kind wird nicht länger als Verursacher oder gar Schuldiger der familiären Belastungen angesehen – der vormals behandlungsbedürftige Symptomträger wird nun als ungerecht behandelter Diagnoseträger identifiziert. Das kritische Verhalten ihres Kindes erscheint den Eltern verständlicher, gegebenenfalls sogar gerechtfertigt, wenn sie z.B. seine stabilisierende oder kompensatorische Funktion erkennen. Damit ist nicht allein anstelle des alten ein grundlegend anderes Problem gestellt worden – auch der Lösungsansatz ist gänzlich anders: Das Symptom des Kindes, etwa Aggressivität wird aus therapeutischen Gründen nicht therapiert,

vielmehr sorgen die Eltern dafür, dass ihr Kind nicht länger darauf angewiesen ist, aggressiv zu sein.

Hier werden Kinder oder Jugendliche nicht manipuliert, vielmehr wird zunächst die Einstellung der Bezugspersonen analysiert. Bereits durch Einstellungsänderung kommt der therapiewirksame Prozess in Gang, ohne dass Kinder „behandelt" werden.

Zunächst scheint es fraglich, ob im Rahmen einer förderdiagnostischen Konzeption die Aufnahme einer therapeutischen Dimension sinnvoll erscheint.

Kein Zweifel, es gibt Therapieformen, die sonder- und heilpädagogischen Prinzipien sehr nahe kommen, eine Entwicklung von Therapien in Richtung pädagogisch akzeptabler Prinzipien ist erkennbar, manchmal wird auch eine gewisse Aufgabenspezialisierung im Bereich der Sonder- und Heilpädagogik notwendig. Dominierend ist im Zusammenhang mit der therapeutischen Dimension der Förderdiagnostik die Frage nach dem Kind mit seinen Problemen. Es geht um das Aufgreifen des Möglichen, es bedarf der Wahrnehmung eines Bereiches, in dem die Möglichkeiten des Kindes flexibel aufgenommen und gleichsam „zum Sprechen" gebracht werden. Es geht nicht um etwas, was dem Kind in irgendeiner Weise beigebracht werden sollte, vielmehr muss etwas gefunden werden, etwas, was im Kind bereits vorhanden ist und was es nur selbst zu entdecken braucht und woran es problemlos anknüpfen kann. Hier wirkt das Pädagogische quasi therapeutisch und das Therapeutische pädagogisch, d.h. die enge Verbindung zwischen pädagogischen und therapeutischen Aspekten kommt durch die unmittelbare Orientierung an den Bedürfnissen eines Kindes deutlich zum Ausdruck.

Wenn *Krawitz* die Problematik „Pädagogik statt Therapie" aufwirft, wird damit der zeitliche und erzieherische Vorrang von Pädagogik vor Therapie postuliert (vgl. 1997, 34). Die zahlreichen Erziehungsnöte, -probleme und -fehler sowie die von der Gefahr des Zusammenbruchs bedrohten Erziehungsfelder lassen jedoch die Frage nach – pädagogisch akzeptablen – Therapien als notwendig erscheinen. Zu viele Eltern, Erzieher und Lehrer haben auch angesichts der eigenen mit Problemen und Störungen angereicherten Biographie Probleme mit Kindern, die auf rein pädagogischer Basis nicht – mehr – lösbar sind, weil sie sich durch jahrelange negative Beeinflussung verfestigt haben. Es gibt zahlreiche Kinder und Jugendliche, die ihre Probleme und Störungen nur zum Teil bewusst wahrnehmen, angesichts einer von Technik, Hektik, Leistungsdenken, Lieblosigkeit ... geprägten Alltagswirklichkeit sowie Erfahrungen in Grund-, Haupt-, Realschulen, insbesondere Gymnasien, die von der Orientierung an Kindern und Jugendlichen weit entfernt sind. Lerninhalte und die Art der Didaktisierung, insbesondere in weiterführenden Schulen, berücksichtigen kaum das gegenwärtige und zukünftige Leben der betroffenen Schülerinnen und Schüler. Sowohl die bewusste Wahrnehmung von Problemen als auch die Verdrängung der Schwierigkeiten können zu Störungen des psychischen Gleichgewichtes führen.

„Pädagogik statt Therapie“ (ebd.) spricht die Realität des in negativen sozialen Systemen und technisch-materialen Gegebenheiten verstrickten Kindes mit ihren permanent psychisch und physisch krankmachenden Auswirkungen aufgrund der genannten Wirklichkeiten nicht ganz an. Pädagogik muss auch diese, die Kinder der Gegenwart ständig beeinträchtigenden, störenden, schädigenden, ja traumatisierenden Bedingungen analysieren und diese behindernden Bedingungen – auch in den schulischen Alltagswirklichkeiten – diagnostizieren und thematisieren. Vielleicht kann man erst dann wirklich von „heilender Wirkung“ sprechen, wenn die krankmachenden und therapiebedürftigen so genannten sozialen Wirkmechanismen unmittelbar in die Überlegungen zum Aufgabenbereich pädagogischer Handlungsmöglichkeiten impliziert werden. Die Kluft zwischen der „Idee individualpädagogischen Sehens, Denkens und Handelns“ (ebd.) und einer leider viel zu häufigen eher kinder- und menschenfeindlichen Alltagswirklichkeit erscheint kaum überbrückbar. Pädagogik muss im Sinne von Förderdiagnostik bewusst wahrnehmen, gründlich analysieren und diagnostizieren, wenn sie wirklich „sehen“ will.

Im Rahmen eines förderdiagnostischen Konzepts erweist sich die Auseinandersetzung mit dem Therapieproblem als notwendig. Man muss eine Therapie oder eine therapieorientierte Vorgehensweise postulieren, wenn sich damit eine Möglichkeit ergibt, einem Kind mit einem Förderbedarf in besserer Weise zu begegnen und zu helfen, als dies bisher der Fall war. An die Stelle der Eltern oder Bezugspersonen tritt jemand anderer, z.B. der Pädagoge oder Therapeut, speziell ein Lerntherapeut, der sich darum bemühen sollte, wenigstens auf zwei Dinge zu achten: Dass einerseits nicht dem Kind die Schuld für sein Verhalten zugeschrieben wird, also dass sein so genanntes „Versagen“ nicht als Versagen oder Ungehorsam interpretiert wird, sondern dass es angenommen wird, wie es ist; und dass andererseits dem Kind die Möglichkeit gegeben wird, den rechten Weg selbst zu suchen und zu finden, indem in der therapeutischen Situation Gelegenheiten verschiedener Art angeboten werden, damit z.B. in spielerischer Form das geschehen kann, was in „absichtlichem Tun“ nicht möglich ist. Es müssen die krankmachenden Ergebnisse von Fehlerziehung und die erlittenen Traumata aufgearbeitet und korrigiert, Konflikte gelöst, Selbstverwirklichung in Familie, Schule und Gesellschaft ermöglicht werden. Um diese Ziele zu erreichen setzt der Therapeut seine eigene Persönlichkeit, seine Beziehung zum Klienten, seine psychologischen Methoden, seine therapeutische Kompetenz und Verantwortung ein. Dies ist eine pädagogisch akzeptabler therapeutischer Weg.

Bei manchen Kindern mit schweren Behinderungen werden allerdings auch aktivere Therapieformen nötig sein, um Hilfestellungen zur Daseinsbewältigung zu geben. Hierbei sei auch an einige Möglichkeiten lerntheoretisch orientierter Therapie gedacht, wie Modell-Lernen, Aufbau von Verhaltensketten, körpernahe

basale Stimulation im Sinne von Wahrnehmungsförderung, wenn dabei die Aspekte und Bedürfnisse des Kindes in hinreichendem Maße berücksichtigt werden. Es gibt einige therapiewirksame Einstellungen, Aktivitäten und Prozesse, zu denen ich im Hinblick auf das heilpädagogische Arbeitsfeld, speziell auch im Kontext von Schule und Unterricht ermutigen kann: therapiewirksames Malen, Musizieren und Schreiben (Träume, Erlebnisse, Probleme) ohne Benotung, Bewertung und Leistungsdruck, ferner Konfliktverarbeitung im Rollenspiel, in Entscheidungsspielen, Prozessen wie sie beim Psycho- und Soziodrama ablaufen, szenische Darstellungen, therapiewirksame Gespräche, Ermutigungs-, Selbstbehauptungs- und Selbstermutigungstrainings – auch zur Lösung von Konflikten im Rahmen von Unterricht und Erziehung durchzuführen – und mit einer gewissen Vorsicht verhaltensmodifikatorisch wirksame Vereinbarungen mit dem Ziel der Veränderung von Lern- und Sozialverhalten.
Therapie im sonder-, heilpädagogischen und lerntherapeutischen Arbeitsfeld bedeutet nicht „Heilung" im Sinne einer Heilung von einer konkreten, schweren Krankheit im medizinischen Sinne, vielmehr Hilfe zu einer möglichst unabhängigen Lebensbewältigung, Vermittlung von Erlebnis-, Interaktions- und Handlungsfähigkeit. Neben den grundlegenden Aufgaben der Förderung von Wahrnehmung, Motorik, Sprache und Lernprozessen im Allgemeinen hat therapeutisches Vorgehen im vorschulischen und schulischen Bereich vor allem folgende **Ziele,** die jedoch stets auch vernetzt zu intendieren sind (vgl. Bundschuh 2008, 296ff.):

- Identitätsförderung, d.h. Stärkung der Persönlichkeit, des Selbstwertgefühles, der Frustrationstoleranz und der Realitätskontrolle im Sinne der Alltagsbewältigung.
- Emanzipationsförderung, d.h. Vermittlung von Strategien zur Lebensbewältigung, „Anpassungsfähigkeit" im positiven Sinn bis zur Befähigung zum Widerstand (nicht alles mit sich geschehen lassen, es nicht zulassen, zum Objekt zu werden), zur Verwirklichung eigener Persönlichkeit, sei es allein oder solidarisch mit anderen.
- Förderung der Erfahrung von Selbstwirksamkeit, d.h. Schaffung von Situationen, die in Interaktion und Kommunikation mit der Umwelt den eigenen Einfluss spüren und erkennen lassen.

Die Anwendung einer Therapie ist im Bereich sonder- und heilpädagogischer Problemstellungen nicht zwingend. Die Behandlung und Aufarbeitung vieler Probleme und Konflikte wird im Rahmen des Erziehungsgeschehens möglich sein. Es können sich allerdings – wie bereits dargestellt – Situationen und Probleme im komplexen Erziehungsgeschehen ergeben, die eine therapeutische Vorgehensweise erfordern. Allerdings kann es im erzieherischen Kontext wie Schule und Unterricht kein rein therapeutisches Vorgehen geben. Therapie muss aufgrund der Einschränkungen im Kontext Handeln und Aktivität der betreffenden Person

immer in einem konstruktiven Austausch mit pädagogischen Prinzipien stehen und deren Grundsätze beachten.
Diagnostik im heilpädagogischen Arbeitsfeld dient dazu, emotionale, psychische und vor allem exogene Störfaktoren – im Sinne behindernder Bedingungen – und mögliche Auswirkungen auf betroffene Personen zu erkennen und zu analysieren. Auf dieser Basis kann auch in Orientierung an den individuellen Bedürfnissen und unter Einbezug nahe stehender Bezugspersonen bezüglich der Aufnahme einer Therapie entschieden werden.

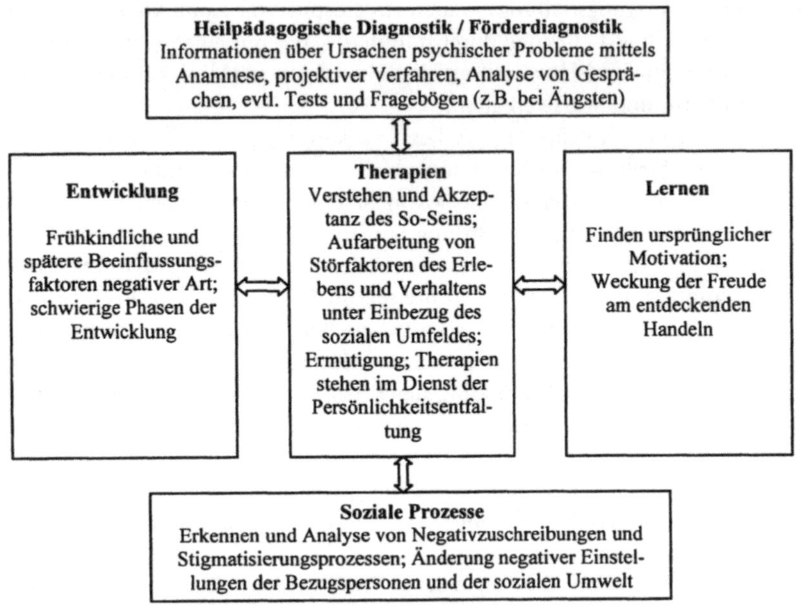

Abb. 6: Therapien-Querverbindungen und Zusammenhänge

Aus der Kenntnis der kindlichen Entwicklung, dem Wissen über Entwicklungs- und Lernvorgänge im Allgemeinen und dem Einbezug zentraler sozialer Prozesse lassen sich mögliche Auswirkungen schädigender erziehlicher und sonstiger Einwirkungen wie z.B. Gewalt, sexueller Missbrauch, jede Form von Unterdrückung sozialer Art einschätzen. Hierbei spielen das Alter, die Entwicklungsphasen des Kindes, Schwere und Dauer negativer und damit schädigender Einwirkungen eine Rolle. Förderdiagnostik und Therapien sollten hierbei so arbeiten, dass sie sich gegenseitig ergänzen und bereichern können (vgl. Abb. 6). Eine ungünstige Einstellung zu einem Kind mit oder ohne Behinderung seitens der Bezugspersonen kann verheerende Auswirkungen auf die Entwicklung haben. Therapiewirksame Prozesse können dazu beitragen, psychische Probleme aufzuarbeiten, Wahrnehmungsbarrieren (Lernhemmungen) abzubauen und die Freude an der Zuwendung zur Welt und damit am Lernen zu erwecken. *Fritz Redl* prägte den Begriff des „therapeutischen Milieus", welcher auch in den bayerischen Lehrplan im Förderschwerpunkt emotionale und soziale Entwicklung (Bayerisches Staatsministerium für Unterricht und Kultus 2001) Einzug gefunden hat. Umgekehrt betrachtet werden Lernerfolge und damit Erweiterung der Handlungsfähigkeit und -möglichkeit befreiend und persönlichkeitsfördernd wirken (vgl. Kap 7). Im Zusammenhang mit Therapien geht es um die Akzeptanz des So-Seins eines Kindes, um das Finden und Aufgreifen, Wahrnehmen und Fördern des Möglichen. Es ergeht sowohl an Heilpädagogen, Pädagogen, Psychologen als auch an Therapeuten der Aufruf, das Mögliche „zum Sprechen" zu bringen. Dies kann nur gelingen, wenn Förderdiagnostik nicht isoliert betrachtet wird, vielmehr eine Integration, d.h. eine wechselseitige Vernetzung der in diesem Kapitel dargestellten anthropologischen, pädagogischen, sozialen, didaktischen und therapeutischen Dimensionen gelingt.

6 Rahmenbedingungen förderdiagnostischer Prozesse

In diesem Kapitel wird die Frage nach der Umsetzung der im Rahmen von Kapitel fünf theoretisch dargestellten, fundierenden Dimensionen im Zusammenhang mit Institutionen behandelt und diskutiert. Vieles, was hier aufgezeigt wurde, mag theoretisch, manches vielleicht auch nur ansatzweise in der Praxis realisierbar erscheinen. Die bisherigen Ausführungen dienen der Informationsvermittlung, vor allem aber auch als theoretische Basis kind- und schülerorientierter Einstellungen und Handlungsweisen.
Kann man in einem solchen Konzept die Realität, also z.B. das System und die Institution Schule, ausklammern? Keinesfalls. Dringlichkeit und Notwendigkeit für förderdiagnostische Überlegungen gehen bereits häufig vom vorschulischen Bereich aus, tatsächlich akut wird jedoch diese Problematik, wenn die Schule als Institution angesprochen wird, deren Erziehungs- und Vermittlungsauftrag sich grundsätzlich auf der Basis des jeweils vorliegenden Lehrplans auf alle Schüler bezieht. In diesem Zusammenhang droht dem Schüler mit sonderpädagogischem Förderbedarf die Gefahr, „existentiell verwahrlost", d.h. als Subjekt negiert und aufgehoben zu werden. *Emil Kobi* drückt dies – etwas provokativ – wie folgt aus: „Die Faszination, welche von einem Defekt, einer Normabweichung auszugehen pflegt; die Reduktion des Kindes auf diesen Defekt und in der Folge die Neigung auch des Behinderten selbst, seine Identität in der Behinderung zu suchen; die fokale Position, durch welche eine Behinderung aber auch durch therapeutische Betriebsamkeit geraten kann im Lebenskreis eines Kindes; die beherrschende Rolle, welche eine Behinderung für die Lebensgestaltung und im Zukunftsentwurf einnimmt; die ‚Totale Institution', in deren Sog ein behinderter Mensch steht und die Therapie-, Betreuungs- und Besorgungszwänge, denen er und seine Familie ausgesetzt sind: All dies schafft eine Situation, durch welche dem Behinderten schliesslich die gesamte Beweislast für die Wahrheit seiner Subjektivität zufällt" (Kobi 1977b, 283). Es ist z.B. zu fragen, ob sich die oft so wohl organisierten kleinen und großen Institutionen von Heimen darüber bewusst sind, welche große Wirkung sie durch die Möglichkeiten der totalen Vereinnahmung von Kindern, allgemein von Menschen mit Problemen und Beeinträchtigungen haben – bis hin zu körperlichen Züchtigungen und sexuellem Missbrauch.
Schulversagen erweist sich – institutionell betrachtet – als ein Zuordnungs- und Platzierungsproblem. „Personale Kompetenz des Schülers und schulsystemimmanente Anforderungsprofile entsprechen einander nicht. In dem dadurch bedingten Interessenkonflikt hat praktisch ausnahmslos der Schüler sich anzupassen oder zu weichen" (Kobi 1977a, 115). Es besteht kein Zweifel, dass sich häufig die

Persönlichkeitsentfaltung schulischen Vorgaben wie Leistung, Lehrplan und Disziplin unterzuordnen hat. Auslesediagnostik zwischen Grundschule und Gymnasium dient kritisch betrachtet der Erhaltung teilweise mehr starrer als durchlässiger schulisch-institutioneller Hierarchien und Systeme. Systeme tragen in sich die Tendenz, sich selbst zu erhalten und zu reproduzieren.
Dagegen fragt Förderdiagnostik nach Neuordnung, nach Flexibilität des Systems. Förderdiagnostik findet ihre Zweckbestimmung in der am Schüler orientierten Unterstützung und Förderung und hat ihren Bezugsrahmen in einem Fluss-System. Je dynamischer, durchlässiger und verwandlungsfähiger ein solches System ist, umso eher kann Förderdiagnostik individualisierte, ad personam konkretisierte und problemzentrierte Innovation anstoßen.
Systemimmanente Barrieren legen sich der Realisierung kindorientierter Förderung häufig in den Weg. Es könnten z.B. bei einem Schüler gute Aussichten bestehen, ein Störverhalten über eine mehrere Wochen hinweg durchzuführende Therapie abzubauen. Die dazu notwendigen Systemumstrukturierungen scheitern jedoch an räumlichen, zeitlichen, stundenplantechnischen, reglementarischen, amtshierarchischen, ... Begrenzungen. „Der Lehrer befindet sich diesbezüglich in einer paradoxen Situation, die verglichen werden kann mit derjenigen eines Liftboys, von dem die Klientel verlangt, dass alle mitfahren können – ohne dass ein Gedränge entsteht, dass er die Türen dicht macht für jene, die drin sind – und sie zugleich offenhält für die, welche noch draussen sind, dass er endlich abfährt –, und trotzdem noch wartet, dass er jeden in individuellem Tempo direkt in die gewünschte (ausschließlich obere) Etage bringt, dass er in seinem festgemauerten Schacht Senkrechtstart garantiert –, wenn immer möglich aber auch noch Taxidienste anbietet in die verschiedenen Rayons des Bildungsmarkts“ (ebd., 122).
Diese systemtheoretischen, auf Institutionen bezogenen Überlegungen, welche zusammen mit den im vorherigen Kapitel beschriebenen Dimensionen ein multidimensionales Konzept der Förderdiagnostik ergeben sollen, führen zu Rahmenbedingungen, die ein pädagogisch akzeptables Konzept der Diagnostik und Förderung umreißen (vgl. Abb. 7).

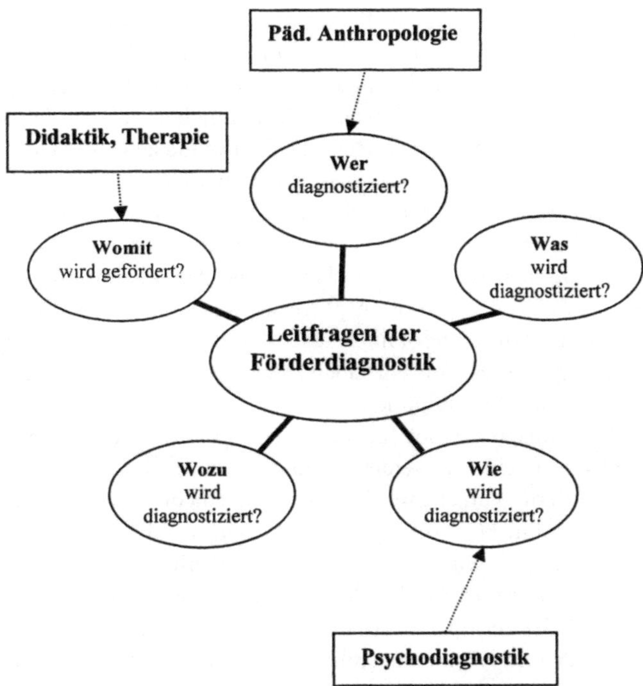

Abb. 7: Rahmenbedingungen für förderdiagnostisches Vorgehen

Diese Rahmenbedingungen, die in modellhafter Form dargestellt und in diesem Kapitel beschrieben werden, skizzieren die wesentlichen Haltungen, Einstellungen, Aspekte und Prozesse, die im Rahmen förderdiagnostischer Aufgaben im sonder- oder heilpädagogischen und im allgemeinpädagogischen Arbeitsfeld eine Rolle spielen und akzentuieren Zusammenhänge und Verbindungen zu angrenzenden Disziplinen (vgl. Abb. 6).

An sich passen Förderdiagnostik und Institution Schule bzw. das Schul-System nicht ganz zusammen, denn Förderdiagnostik fokussiert zunächst nur die Belange des Kindes, versucht den Schüler, seine Konflikte und Probleme zu verstehen, während es in den Schulen (Grundschule bis zum Gymnasium) vor allem auch um Leistung, Anpassung, Zwänge, Druck und Hierarchisierung durch Auslese geht. Die extremen Schlüssel- bzw. Hierarchisierungsfunktionen der Klassen vier bis sechs der Grund- und Hauptschule in Richtung weiterführende Schulen sind bekannt.

Förderdiagnostik fordert Institutionen, das Schulsystem, zu mehr Flexibilität und Integrationsfähigkeit, zur Orientierung am Kind, an seinen Interessen, an seinen Möglichkeiten, Ressourcen und Kopmpetenzen, an seiner Handlungs- und Leistungsfähigkeit heraus. Durch die Schaffung flexibler Möglichkeiten (MSD, MSH, Förderzentren,...) reagieren Kultusministerien auf diese Notwendigkeiten eher halbherzig. Exakte und breit angelegte Längsschnittuntersuchungen, die Schülerschicksale mit und ohne intensive Förderung beobachten und erforschen, könnten zu mehr Transparenz beitragen. Die Notwendigkeit einer Um- und Neuorientierung könnte man dann quasi auf der Basis wissenschaftlicher Erkenntnis ins Bewusstsein rücken und mit Nachdruck fordern. Es gehört auch zur Aufgabe heilpädagogischen Reflektierens, Förderungen und Hilfen für Problemkinder aller Art zu erforschen und zu entwickeln, ohne dass institutionelle Isolierung erforderlich wird. Benötigt wird ein prozesshaftes, kinderorientiertes – inklusives – Angebot von Förderung, Hilfen und Maßnahmen innerhalb der üblichen Schulsituation, ein neues Konzept einer Pädagogik „vor Ort“, das nicht in die Institution Förderschule einmündet.

Der Begriff Förderdiagnostik soll hier keineswegs *speziell* in Verbindung mit einem Gesamtschulsystem gebracht werden, vielmehr könnten bei etwas gutem Willen förderungsorientierte Vorgehensweisen auch in einem üblichen Klassensystem realisiert werden, d.h. Förderungsprozesse müssen unabhängig von bestimmten Schulsystemen möglich sein. Voraussetzung ist ein erhöhtes Maß an Flexibilität. Vor allem in den Grundschulstufenklassen sollten wesentliche Prinzipien der Förderung und auch der Lerntherapie (Metzger 2008) beachtet und verwirklicht werden. Widerstände und Kritik von Schülern und Eltern dürfen von Lehrern nicht schlechthin als „Dummheit“ oder Auflehnung und Besserwisserei interpretiert werden, sollten vielmehr auch zum Nachdenken über die Vorgehensweise im Unterricht veranlassen. Dem Verfasser sind zahlreiche Berichte von Eltern bekannt, die die Schulzeit ihrer Kinder (Zeit der Einschulung bis einschließlich Gymnasium) als „Horror-Erlebnis“ schildern, wobei es sich hierbei auch um Schüler mit guten bis sehr guten Noten handelt. Familien mit mehr als zwei Kindern erweisen sich gegenwärtig in diesem Kampf um Leistungsplatzierungen im Schulsystem häufig als völlig überfordert. Die Dichte solcher negativer Informationen und Erfahrungen im Zusammenhang mit Kindern und Eltern muss zu der banalen, aber leider treffenden Feststellung führen, dass in Schulen gegenwärtiger Prägung viel zu häufig unpädagogisch gedacht und gehandelt wird. Lernstörungen und -behinderungen können schulisch generiert sein. Merkwürdigerweise „leiden“ offensichtlich Lehrerinnen und Lehrer selbst in Grundschulen, Realschulen und Gymnasien am meisten an diesem Problem. Möglicherweise ist dieses Dilemma im Kontext einseitiger Überbewertung kognitiver Leistungen in unserer Gesellschaft zu sehen.

Die förderdiagnostisch relevante Frage lautet im Zusammenhang mit der Hinterfragung des Systems Schule: Was kann getan werden, damit sich dieses System in Richtung mehr Flexibilität, Kinderorientierung und Familienfreundlichkeit verändert und somit tatsächlich einen Beitrag zur bestmöglichen Entfaltung von Kindern leistet. Dass dies dringend notwendig ist, verdeutlicht auch das schlechte Abschneiden des deutschen Schulsystems in internationalen Studien, wie PISA 2000 bis 2018 sowie in der TIMS-Studie (2015).
Eine weitere Möglichkeit, das Problem Schule als Institution zu relativieren, liegt in einer veränderten Ausbildung von Lehrerinnen und Lehrern, weniger im wissenschaftlich-didaktischen, als vielmehr im pädagogisch-psychologischen Bereich. Vor allem in der Ausbildung von Lehrern weiterführender Schulen ist eine dahingehende Schwerpunktsetzung weg von der rein fachwissenschaftliehen Struktur hin zur Orientierung an Ressourcen, Kompetenzen und Möglichkeiten der Schüler notwendig. Aus Gesprächen mit Eltern und Lehrern konnte ich entnehmen, dass es gerade diesen Lehrern oft an Einfühlungsvermögen und Verstehen, an Sensibilität für die Probleme von Kindern und Eltern fehlt, dass aber auch Lehrer darunter leiden. Tatsächlich bräuchten wir in unseren Schulen „mehr Menschlichkeit“ anstelle von Zwängen, Vorschriften, Verordnungen und Bürokratie. Man kann sich des Eindrucks nicht erwehren, dass manche Lehrer das Fühlen, Denken und Handeln ihrer eigenen Kindheit und Jugend völlig vergessen haben, sie reagieren fast wie Automaten: „Objektiv“, kühl, kalkulierbar, aber leider auch manchmal als unkalkulierbar.
Wir sollten damit aufhören, Entwicklung und Wachsturn unserer Kinder zu forcieren, indem wir sie über ihre jeweilige Entwicklungsstufe hinaustreiben, stattdessen sollten wir ihnen diejenige Zeit zubilligen, die sie brauchen, um alles, was in ihnen steckt – ohne Barrieren – entfalten und entwickeln zu können und ganze Menschen und selbstbewusste Persönlichkeiten zu werden.

6.1 Legitimation

Ausgangspunkt ist die Frage nach der Legitimation für förderdiagnostisches Vorgehen. Wir kommen also zum realen Anlass, zur Notwendigkeit für die Einleitung eines förderdiagnostischen Prozesses: Kinder werden mit Behinderungen geboren. Störungen, Hemmnisse der Entwicklung können im Verlauf der frühen Kindheit, im vorschulischen Bereich, in der Schule, im Bereich der Berufsfindung im Sinne behindernder Bedingungen entstehen. Diese Bedürfnisbereiche werden im folgenden in kurzer Form konkretisiert.
Sie ergeben sich zunächst im Frühbereich. Unmittelbar nach der Geburt eines Kindes erstellt der Arzt auf der Basis des Apgar-Indexes eine Diagnose, deren

Ergebnis die Klassifikation des Säuglings nach den Kategorien „gesund“ oder „krank“, vielleicht auch schon „behindert“ oder „nicht behindert“ bedeutet.
Für die betroffenen Eltern speziell und für den Pädagogen allgemein ist es vielleicht zunächst eine harte Realität, dass ein neugeborenes Kind schon „klassifiziert“ wird. So kommen z.B. Kinder zur Welt, bei denen Reflexe nicht richtig ablaufen, deren Sinnesfunktionen und Bewegungsfähigkeit infolge motorischer Störungen beeinträchtigt sind. Sie werden geboren mit Spasmen leichter bis schwerster Art, es werden ganz allgemein gesehen physische Beeinträchtigungen festgestellt. An dieser Realität der Diagnose mit der sich daraus ergebenden „Klassifikation“ führt in unserer Gesellschaft kein Weg vorbei. Während der Phase des Säuglings- und Kleinkindalters können durch Erkrankungen, Unfälle und sonstige exogene Einflüsse Beeinträchtigungen und Behinderungen auftreten, die die weitere Entwicklung negativ beeinflussen können. Auf die manchmal verheerenden Auswirkungen solcher „Informationen“, also der Diagnose „krank“ und/oder „behindert“ für eine Familie, kann hier nicht eingegangen werden. Als zweiter großer Komplex, in dem sich Entwicklungsprobleme von Kindern manifestieren, ergibt sich der **vorschulische Bereich.** Im Zusammenhang mit dieser Altersstufe können beispielsweise Beeinträchtigungen und Verzögerungen der Sprachentwicklung, der Grob- und Feinmotorik, der Wahrnehmung, der geistigen Entwicklung und des Sozialverhaltens transparent werden. Möglicherweise bemerken und beobachten Eltern und Erzieherinnen Auffälligkeiten, die dann von Fachleuten, insbesondere von Medizinern und Psychologen, genauer untersucht werden.
Während der **Schulzeit** fühlen sich Kinder oft überfordert, unverstanden, hilflos, ohnmächtig, depriviert. Sie resignieren, weil von ihnen einseitig Leistungen kognitiver Art, vor allem aber auch Anpassungsverhalten gefordert werden. Rückstellung vom Schulbesuch, Wiederholung von Klassen, „Überweisung“ an Förderschulen ergeben sich als institutionelle Reaktionen auf solche Probleme. Lern- und Leistungsstörungen treten insbesondere in den Fächern Deutsch (Lesen, Schriftspracherwerb) und Mathematik auf.
Erkannt – oder vielleicht auch nicht wahrgenommen – werden solche und ähnliche Notsituationen und Probleme, d.h. spezielle Bedürftigkeiten von Kindern durch Eltern, Lehrer, evtl. Mitschüler und vielleicht auch vom Kind selbst durch den Vergleich der eigenen „Leistungen“ mit den Lern- und Verhaltensmöglichkeiten etwa gleichaltriger Kinder.
Ähnliche Problem- und Notsituationen können auftreten im Jugendalter im Zusammenhang mit der **Berufsfindung** oder im Ausbildungsbereich, im Bereich von Heimen, bei gravierenden Verhaltensproblemen, bei Drogen- und Alkoholmissbrauch, bei Verfehlungen oder Delikten.
Problemsituationen von Menschen können natürlich auch in der Folgezeit, also im Erwachsenenalter, spontan oder bereits „angebahnt“ auftreten, hervorgerufen

durch negative Einflüsse der sozialen Umwelt sowie durch kritische Lebensereignisse.

Zwei Möglichkeiten bieten sich an: Diese Bedürfnisse ignorieren, nichts tun, oder die Bedürfnisse, die Notsituationen von Menschen und damit verbundene Signale bewusst wahrnehmen, die Rahmenbedingungen für das Auftreten solcher Probleme und Bedürfnisse in der Erziehungs- und Lebenswirklichkeit erkunden, sich mit der Komplexität dieser Bedürfnisse und Schwierigkeiten auseinandersetzen; d.h. auch diagnostizieren und analysieren.

Über diesen Anlass, nämlich die Wahrnehmung von Bedürfnissen und Problemsituationen ergibt sich die Legitimation, der Auftrag oder auch die Ermächtigung für eine Unterstützung. Es ist sicherlich ein nicht näher zu begründendes Prinzip der Pädagogik, Problemsituationen insbesondere junger Menschen wahrzunehmen und nach besten Möglichkeiten Hilfe anzubieten.

Auch unsere Gesellschaft, die sich als soziale Gesellschaft versteht, hat ein Interesse am Wohlergehen ihrer Mitglieder. Auch sie ist bereit, ja verpflichtet, zu helfen, wenn herausfordernde Probleme von Mitmenschen vorliegen. Im Zusammenhang mit der Institutionalisierung solcher Hilfen besteht allerdings die Gefahr, dass etwas geschieht, was der Bedürftige unter Umständen gar nicht will, d.h., dass „Hilfe" in übertriebener Weise oder in einer Art angeboten wird, die sich der Hilfesuchende gar nicht wünscht, etwa wenn ein Kind „erziehungsunfähigen Eltern" weggenommen und in ein Heim eingewiesen wird. Dies könnte wider den Willen der Eltern und gegen den Willen des Kindes geschehen sein. Dass hier manchmal von institutioneller Seite her vorschnell ein „Übermaß an Hilfe" realisiert wird, ist durchaus möglich. Die Notwendigkeit für die Einleitung eines förderdiagnostischen Prozesses ergibt sich aus der Problemsituation und aus den speziellen Bedürfnissen von Menschen. Hierbei sind auch Missbrauch oder Fehlinterpretationen seitens der Institutionen und ihrer Vertreter möglich.

Die Frage, **wer** diagnostiziert, lässt sich ebenfalls auf der Basis des jeweiligen realen Anlasses beantworten. Orientiert man sich am Entwicklungsverlauf, so sind zuerst Mediziner zu nennen, die in der bereits dargestellten Form in die Kategorien „gesund" oder „krank" einteilen. In der Folgezeit können wiederum Mediziner, Frühpädagogen und Psychologen, evtl. auch Therapeuten sich mit Säuglingen, Klein- und Vorschulkindern konfrontiert sehen, wenn Entwicklungsprobleme auftreten. Im Bereich der Schule können in diesem Kontext Lehrer an Regelschulen, Sonderschullehrer, Schulpsychologen und Lerntherapeuten erste Diagnosen erstellen.

Hier interessiert zunächst weniger die Frage, wer diagnostiziert und fördert, als vielmehr, auf welcher anthropologischen und pädagogischen Basis dies geschieht. Aufriss und Kritik der Modelle diagnostischen Vorgehens haben bereits einige Aspekte zu dieser Frage aufgezeigt (vgl. Kap. 4.). Sie sollen hier nicht mehr Diskussionsgegenstand sein, vielmehr geht es um die Verdeutlichung grundlegender

Prinzipien im Zusammenhang mit diagnostischen Problemen, um Fragen der Orientierung, Einstellung und Haltung. Man wird sagen, Ärzte, Pädagogen, Sonderpädagogen, Schulpsychologen und Psychologen haben ihre Vorschriften, sie kennen ihre Pflichten.
Dennoch scheint die Quelle der Kritik gerade hier am diagnostischen Vorgehen zu liegen. Ärzten wird der Vorwurf entgegengebracht, sie orientierten sich primär am Krankheitsbild, an den Symptomen, die Diagnosen zielten in hohem Maße in Richtung Krankheit und damit Therapie, der Mensch, z.B. mit seinen sozialen Bedürfnissen, interessiere weniger. Frühpädagogen, Pädagogen und Sonderschullehrern wird insofern Skepsis entgegengebracht, als sie als Vertreter von Institutionen auftreten, d.h., sie bedienen sich ganz bestimmter Methoden, die wiederum von den Institutionen vorgegeben oder vorgeschlagen werden, auch im Sinne des Erhalts dieser Institutionen. Nur auf der Basis einer von Pädagogik und Anthropologie getragenen Einstellung und mit einer verstehenden Haltung sollte im allgemeinpädagogischen und heilpädagogischen Arbeitsfeld diagnostiziert werden. Hier liegt der Schlüssel zu einer akzeptablen förderdiagnostischen Vorgehensweise.

6.2 Einstellungen zu Fragen der Diagnose und Förderung

Wenn es gelingt, Medizinern, Pädagogen, Sonder- und Heilpädagogen, Therapeuten und Psychologen, also allen Personen, die es mit diagnostischen Aufgaben zu tun haben, neben der fachlichen Kompetenz eine verstehend – pädagogische, d.h. an Kindern sowie Erwachsenen und deren Bedürfnissen orientierte Einstellung zu vermitteln, die auch Aspekte der beeinflussenden sozialen Umwelt einschließt, ist eine Basis für eine akzeptable diagnostische Vorgehensweise geschaffen. Der von pädagogischen und anthropologischen Prinzipien getragenen Einstellung kommt eine zentrale Bedeutung zu. Bei allen diagnostischen Begegnungen und Prozessen geht es auch um Beziehungsgestaltung. Der Dialog ist bereits heilend und entwicklungsfördernd. Im Rahmen der „Beziehungsgestaltung“ geht es darum, Beziehungen einzugehen, sie zu reflektieren und zu gestalten (Römer u.a. 2017)
Die Ausführungen zur pädagogischen und anthropologischen Dimension der Förderdiagnostik (5.1, 5.2) sowie die Überlegungen zur Frage der Bedürfnisorientierung (vgl. Kap. 3) geben hierzu die entscheidenden Informationen. Hilfreich im Sinne der Vermittlung und Praktikabilität sind auch Einstellungen, Haltungen und Aktivitäten von helfenden Personen wie sie bei *Carl Ransom Rogers* (1942, 1949, 1962, 1972), *Virginia Axline* (2016), und *Reinhard* sowie *Anne-Marie Tausch* (1979, 2017) beschrieben werden. Die förderlichen Haltungen und Aktivitäten werden bezeichnet mit: „Einfühlendes nicht-wertendes Verstehen“, „Ach-

ten-Wärme-Sorgen" und „Echtsein-Ohne-Fassade-Sein" (Tausch/Tausch 1979, 29-116, 2017). Diese Einstellungen sind die Grundlagen für eine gute heilpädagogische Beziehung und für die Beziehungsgestaltung im Rahmen des förderdiagnostischen Prozesses sowie für das Verstehen. Die genannten Einstellungen und Haltungen verbinden sich mit den Grundprinzipien und den Fragen nach dem Gegenstand, den Methoden, den Zielen und den Wegen der Förderdiagnostik.
Neben die Dimensionen Vergangenheit-Verstehen, Gegenwart-Erkennen/Beobachten tritt die Frage nach der Zukunft-Erziehen, Bilden und Fördern mit der Zielrichtung Personalisation (Entfaltung der Persönlichkeit) und Sozialisation (Hineinwachsen in die Gesellschaft). Diese Aspekte werden vor allem im Zusammenhang mit der Frage der „Erziehung" von Menschen mit Behinderungen wichtig. Immer wieder drängt sich das Problem der Erziehung auf. Woher nehmen wir das Recht, zu erziehen? Wie erziehen wir? In welche Richtung und mit welchen Mitteln erziehen wir?
Solche Fragenkomplexe erörtern und diskutieren Pädagogen meist in theoretisch-abstrakter, ja idealistischer Form, die Konkretisierung für die Einzelsituation bleibt als Problem bestehen. „Führen oder Wachsenlassen?" (Litt 1927) erweist sich in der Tat als das „Pädagogische Grundproblem", das auch immer wieder den Anstoß zu neuen Reflexionen gibt, die aber – bezogen auf die konkrete Situation – nur approximativ befriedigen können.
Pädagogik muss sich zwischen Erziehungswirklichkeit (Sein), Erziehungsaufgabe (Sollen) und Erziehungspraxis (Verwirklichung) Grenzen eingestehen und diese stets mitbedenken(vgl. Bundschuh 2010, 130-145).
Wenn das Hauptresultat der Philosophierenden über die menschliche Bestimmung und Situation darin zu sehen ist, dass der Mensch ein Wesen ist, „das nur durch Erziehung zu sich selbst kommen kann", so steht tatsächlich im Mittelpunkt der öffentlichen Funktion wissenschaftlicher Pädagogik die „pädagogische Verantwortung, die wir in unserer historischen Situation vorfinden und deren Wahrheitsgrundes wir uns zu vergewissern, deren empirisches Wirkungsfeld wir in seiner Faktizität uns aufzuklären haben. Da diese Faktizität aber keine objektivnaturhafte und auch keine objektiv-geistige, in Texten und Dokumenten festliegende ist, sondern eine erst noch aufgegebene, in die Zukunft hin offene, verantwortbare, so bleibt der Pädagogik nur das Verfahren der existentiellen Besinnung in einer historisch vorhandenen und zu interpretierenden Struktur, in der erst die Tatsachen erscheinen, die zu untersuchen sind" (Flitner 1968, 26).
Im Mittelpunkt aller Fragen zur Erziehung steht in einer konkreten Situation die pädagogische Verantwortung, in der quasi alle Überlegungen zu Vergangenheit, Gegenwart und Zukunft zusammenfließen und sich verdichten. Wobei sich nicht nur Gegenwart und Zukunft des Zöglings als Problem erweisen, vielmehr auch die Gegenwart und Zukunft einer gewordenen und noch in der Entstehung begriffenen, sozialen und dinglichen Umwelt. Spannungen, Unsicherheiten oder

Ungleichgewichte im Sinne *Piagets* ergeben sich nicht nur aus der Person, dem Subjekt, sondern vor allem aus den Interaktionen mit der Umwelt und dem Bezug zu einer noch offenen Zukunft. Hieraus resultieren die eigentlichen Unsicherheiten und Grenzen.

Es geht darum, dass wir bei allen Versuchen, uns auf die Bedürfnisse von Kindern einzustellen, die Frage der Erziehung und damit die Problematik der Zukunft nicht aus den Augen verlieren; d.h., der förderdiagnostisch Tätige muss entweder gleichzeitig Pädagoge sein, bereit sein, sich Fragen der Erziehung in der konkreten Situation zu stellen, dem Kind behutsam neue Wege in die Zukunft eröffnen oder sich zumindest in die Partnerschaft und Kompetenz von Pädagogen begeben, die sich der aktuellen Erziehungsproblematik annehmen.

Die Fähigkeit des förderdiagnostisch tätigen Erziehers, sich auf den Zuerziehenden einzustellen, sich in die Rolle des Zuerziehenden zu versetzen, ist durch seine Position begrenzt. Dem Erzieher und speziell dem förderdiagnostisch tätigen Erzieher sind diese Grenzen im „Verstehenkönnen des Zuerziehenden ... ein entscheidendes Argument für die Aufgabe, die Erziehung nicht nur mit den Augen des Erziehers, sondern auch mit den Augen des Zuerziehenden zu konzipieren" (ebd., 25). Der Wissens- und Informationsvorsprung des förderdiagnostisch tätigen Pädagogen wird an sich selbstverständlich. Er muss aber jederzeit bereit sein, dieses Wissen im Sinne einer besseren Entfaltung des Zuerziehenden einzusetzen und auch zu erweitern und von diesem Wissen, d.h. von seiner Kompetenz etwas an den Klienten abzugeben.

Mit der „von Prinzipien der Pädagogik und Anthropologie getragenen Einstellung" assoziiere ich: unmittelbare Orientierung am Kind, an seinen Problemen und Fragen, seinen Bedürfnissen, Subjektivität zugunsten Objektivität, Wahrnehmung von Erziehungsbedürfnissen, Einbezug der sozialen Komponenten und Flexibilität. Diese Art von Einstellung sollte auch der „Einstellung guter Eltern" gleichen und dient der Vermittlung zwischen Subjekt (Kind) und Objekten (soziale und materiale Umwelt) im Sinne von Erfahrung und Lebensbewältigung sowohl in der aktuellen Situation als auch in der Zukunft.

Im Zusammenhang mit der Frage nach dem Gegenstand der Diagnose werden im Unterschied zu bisherigen diagnostischen Vorgehensweisen sicherlich keine Normabweichungen, keine Differenzen zum Mittelwert einer „Bezugsgruppe", keine Fehler, keine Defizite, Beeinträchtigungen allgemein diagnostiziert, vielmehr sind es behindernde Bedingungen, Bedürfnisse, vorhandene Ressourcen und Kompetenzen, Basis bildende Stärken und mögliche Perspektiven im Dienste der zukünftigen Entwicklung. Der „Maßstab" für diese Art von Diagnostik liegt in der Person, im Kind selbst, in den Aussagen und Mitteilungen, im weiten Sinne in der Mimik und Gestik, im Ausdruck allgemein, die es zu beobachten, anzunehmen, aufzunehmen, wahrzunehmen und in Handeln umzusetzen gilt mit dem Ziel Handlungsfähigkeit im Dienste von Lebensbewältigung.

Die Komplexität einer derartigen diagnostischen Vorgehensweise ergibt sich auch aus den Ausführungen über die „soziale Dimension" der Förderdiagnostik (5.3), die insbesondere den Rückgriff auf den Lebenslauf intendiert, den „egologischen Horizont der Erziehung". Der Lebenslauf „ist das umfassende Curriculum, in dem alle öffentlichen und privaten, offiziellen und verborgenen, fiktiven und faktischen Curricula enthalten sind, die ein Mensch in seiner Lebenszeit hinter sich zu bringen hat: alle Erfahrungen, die er durch seine Lebensgeschichte machen und alle Leistungen, die er auf seinem Lebensweg vollbringen kann, alle Fähigkeiten, die in diesen Leistungen zum Ausdruck kommen, und alle Unfähigkeiten, die als Situation des Scheiterns die Vergangenheit belasten, alle Lebensziele, die er erreicht hat, und alle, die unerfüllte Wünsche geblieben sind. Insofern ist das Curriculum vitae der Inbegriff aller ‚Bildungsinhalte', die das Leben einem Menschen zum Lernen und damit zur Entwicklung seiner Anlagen wie zur Bildung seines Charakters, zur Erfüllung seiner sozialen wie zur Bestärkung seiner personalen Identität aufgibt. Allerdings ist der Lebenslauf eher ein individueller und subjektiver als ein allgemeiner und objektiver Zusammenhang. Sein umgreifender Horizont bildet sich faktisch immer nur als die Lebensperspektive eines Individuums. Man kann sagen: Der Lebenslauf ist das Individuum in seiner zeitlichen Gestalt. Insofern hat jeder Lebenslauf etwas Einmaliges" (Flittner 1968, 26). Der Lebenslauf stellt schlichtweg den Inbegriff aller Lebensprozesse eines Menschen dar (vgl. auch Bundschuh 2014, 136-151).

6.3 Methodisch-didaktische Überlegungen zur Umsetzung von Förderungsprozessen

Zunächst geht es um die Qualifikation und Einstellung des förderungsorientiert arbeitenden Lehrers, ggf. auch des Lerntherapeuten. Er muss eine pädagogische Einstellung mitbringen, die sich zunächst ausschließlich an den jeweiligen Verhaltens- und Lernmöglichkeiten der Kinder mit Lern- und Verhaltensproblemen im Sinne des Verstehens orientiert. Diese kindorientierte Einstellung soll auch in vollem Maße den emotionalen Bedürfnissen Rechnung tragen. Lehrer und Lerntherapeuten müssen über entsprechende, theoretisch fundierte didaktische Kenntnisse verfügen, die sich auch auf eine Praxis unter erschwerten Bedingungen übertragen lassen, d.h., was man anbietet und wie dieses Angebot zusammen mit dem Kind realisiert wird, muss der – schwierigen – individuellen Lernsituation entsprechen, wobei die Bedingungen in der Schülerpersönlichkeit, in der Familie und der häuslichen Umgebung sowie der bisherigen schulischen Laufbahn zu berücksichtigen sind. Doch wie unterscheidet sich Didaktik im Rahmen von Förderungsprozessen von allgemeiner Didaktik? *Stein* (2006, 178) betont zunächst die Notwendigkeit gezielter allgemein-didaktischer Überlegungen, um besondere Schwierigkeiten bzw. Störungen in der Unterrichtsplanung und -durchführung zu berücksichtigen. „Didaktik wird im Sinne einer systematischen Reflexion von Lehr-Lern-Prozessen als wichtiges Teilgebiet der Pädagogik aufgefasst. Dies scheint sinnvoll, indem Lernprozesse nicht auf die Vermittlung von kognitiven Inhalten, von Kenntnissen beschränkt werden können. Lernen bezieht sich auf die Entwicklung der gesamten Person – im Sinne einer umfassenden Persönlichkeits-Bildung".

Veränderungen und Lernen umfassen Strukturen und Prozesse der Informationsaufnahme und -verarbeitung (Wahrnehmung, Kognitionen) im Sinne von Aneignung von Wissen und Kenntnissen oder auch Problemlösestrategien; sie umfassen darüber hinaus Einstellungen und überdauernde Motive, emotionale Gehalte, Körper-Empfindungen sowie konkrete Verhaltensgewohnheiten, insbesondere in sozialen Bezügen.

Sonderpädagogische Überlegungen zur Didaktik werden zunächst von möglichen – besonderen – Störungen ausgehen. Diese werden zumeist auf Beeinträchtigungen und besondere Lernbedürfnisse bei den Kindern und Jugendlichen zurückgeführt. Dabei ist der Zusammenhang zwischen diesen Voraussetzungen, Bedingungen und Herausforderungen der Lernenden, dem Unterrichtsgeschehen sowie den daraus resultierenden Lernprozessen komplex. Störungen des Lernens können

- durch geringere oder erhebliche kognitive Einschränkungen (Lernbehinderungen) zustande kommen,
- das Resultat erheblicher Einschränkungen von Sinnesfunktionen (Sehen, Hören) sein,
- können unter Umständen auch durch Entwicklungsrückstände, Fehlentwicklungen oder Problemen im Bereich von Sprache und Sprechen entstehen,
- sich schlichtweg durch eine mangelhafte Unterrichtsqualität ergeben,
- unter Umständen zunächst weniger als ungünstige Voraussetzungen bei bestimmten Kindern oder Jugendlichen, sondern schon als ein Resultat einer missglückten Interaktion zwischen diesen lernenden Personen und dem Lernraum Schule betrachtet werden,
- durch soziale und emotionale Störungen (verschiedene Verhaltensstörungen) entstehen, die sich aus dem Zusammentreffen von Kindern mit den Gegebenheiten und Anforderungen einer bestimmten Situation (Schule) entwickeln (vgl. Stein 2006, 179f.) .

Daher kann Unterricht aus sonderpädagogischer Perspektive, als Unterricht mit Störfaktoren, d.h. als Unterricht unter erschwerten Bedingungen bezeichnet werden. Diese Störungen können unterschiedlichste Ursprünge haben, und sie können verschiedenster Art sein, also sehr heterogen ausfallen. Die Vorstellungen von Unterricht müssen solche Störungen mit berücksichtigen. In diesem Zusammenhang können Unterrichtsstörungen im Kontext Förderdiagnostik unterschiedlich wahrgenommen werden:

- Förderdiagnostik trägt dazu bei, diese Störfaktoren zu diagnostizieren, zu analysieren und somit dieses – störungsanfällige – Unterrichtsgeschehen besser zu didaktisieren bzw. zu strukturieren.
- Es könnte sich um Störungen handeln, die spontan auftreten und die auch nicht oder kaum in dieser Form vorherzusehen sind. In solchen Fällen sind Lehrpersonen gefordert, adäquat zu reagieren, indem sie neu planen und umstrukturieren oder auch zunächst auf den Anlass für eine Störung eingehen. Es ergeben sich hohe Anforderungen an die Persönlichkeit und an das Handlungsrepertoire der Pädagogen, d.h. der Lehrer muss nicht nur über gute fachlich-didaktische, sondern auch über diagnostische und organisatorische Kompetenzen verfügen und diese flexibel einsetzen.

Der förderorientiert arbeitende Lehrer benötigt also zum einen die Kompetenz, die erschwerte Lernausgangslage zu erkennen bzw. einzuschätzen und zu verstehen, andererseits muss er Lernvorgänge förderbedarfsorientiert und differenziert weiterentwickeln können. Verhaltensbeobachtung spielt hierbei eine besondere Rolle. In diesem Zusammenhang werden auch gründliche lern-, entwicklungs- und sozialpsychologische, soziologische sowie diagnostische Kenntnisse benötigt (Bundschuh 2008). Nach Möglichkeit sollte der Pädagoge über therapeutische Erfahrung verfügen. Ganzheitliches Vorgehen erfordert ferner Kreativität, d.h. Ideen, um einem Kind dort weiterzuhelfen, wo bisher anscheinend alle Mittel versagten. Das nötige Engagement des förderungsorientiert arbeitenden Lehrers reicht weit über den Bereich der Schule hinaus. Bereitschaft für Elternarbeit, Aktivitäten im Freizeitbereich der Schüler und verstärkte Teamarbeit innerhalb der Kollegenschaft werden vorausgesetzt.
Die Vielzahl der Tätigkeitsschwerpunkte der Lehrer und Lerntherapeuten in der Regel- und Förderschule, in sonderpädagogischen Förderzentren, im Rahmen von Mobilen Sonderpädagogischen Diensten und Hilfen soll die folgende Abbildung verdeutlichen (vgl. Abb.8).

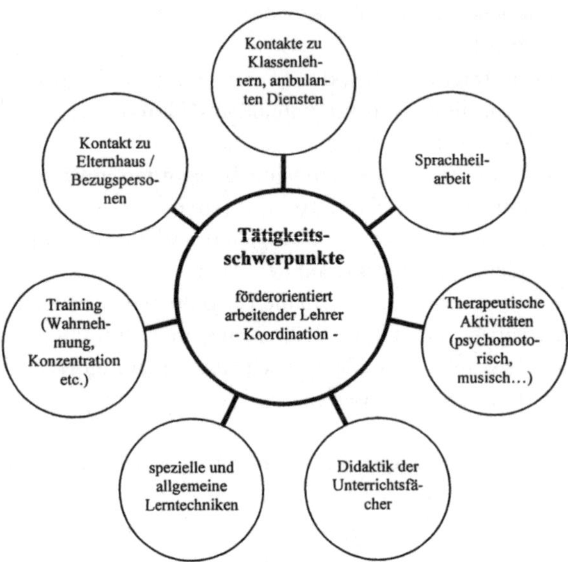

Abb. 8: Tätigkeitsschwerpunkte im Rahmen von Förderung und Lerntherapie

Bei der Wahl bestimmter Förderprogramme sollte der förderungsorientiert arbeitende Lehrer, ggf. Lerntherapeuten beachten, dass die unkritische Anwendung vorgegebener Förderprogramme im Zusammenhang mit der Heterogenität der Schüler mit Förderbedarf nicht immer sinnvoll ist. Förderprogramme berücksichtigen eben nicht die bereits beschriebenen unterschiedlichen Bedingungen, die zu Lernproblemen führen; vor allem ganzheitliche Aspekte, wie z.B. die emotionale Situation, speziell die Motivationslage und auch das Lernen in kleinen Schritten finden oft keine Berücksichtigung. Bei umfangreichen Problemen in einer Klasse wird zunächst ein primär am einzelnen Schüler orientiertes Vorgehen notwendig sein, denn die Förderung setzt die genaue Kenntnis der individuellen Lernbedingungen voraus. Selbstverständlich sollten Lernprozesse möglichst in der Gruppe bzw. Schulklasse stattfinden. Eine Separierung einzelner Kinder oder Kleingruppen mit dem Ziel förderungsorientierter kompensatorischer Arbeit sollte sich auf einen kurzen Zeitraum von ca. sechs Stunden pro Woche beschränken. Das Ziel wird in einer Aufhebung bzw. Verringerung der zusätzlichen Förderarbeit, ggf. Lerntherapie und in der Integration in die Klasse gesehen. Eine Förderung, die sich nur auf den kognitiven Lernbereich bezieht, wird sicher nicht allen Lern- und Entwicklungsbedürfnissen der Kinder mit einem hohen Förderbedarf gerecht. Förderung und Unterstützung dieser Kinder dürfen sich nicht auf die Untersuchung kognitiver Strukturen und auf die Analyse der Sachlogik eines Lerngegenstandes beschränken, müssen vielmehr die gesamte Lern- und Er-

fahrungsbiographie einschließlich der jeweils aktuellen Umweltbedingungen des Kindes berücksichtigen.
Um eine gewisse Effektivität der Förderarbeit zu erreichen, ist neben den Kompetenzen auf Seiten des Lehrers eine Erhöhung der Flexibilität der Institution Schule unabdingbar. Diese Möglichkeit zur Flexibilität sollte vor allem für den Lehrer mit förderungsorientierten Aufgaben gegeben sein. Eine teilweise oder gänzliche Befreiung von der Klassenführung bzw. vom Unterricht herkömmlicher Art erscheint notwendig, d.h., diese Lehrer legen in gewissen Zeitabständen unter Einbezug der übrigen Lehrer fest, mit welchen Kindern sie zu ganz bestimmten Zeiten arbeiten, wobei immer noch ein Spielraum für aktuell auftretende Probleme vorhanden sein muss.
Jeder Schule mit dem Förderschwerpunkt Lernen, aber auch der Grund- und Hauptschule, sollten Lehrer für die bereits dargestellten Aufgaben zur Verfügung stehen. Notfalls könnten sich auch Lehrer einer Schule speziell in ganz bestimmte Tätigkeitsschwerpunkte einarbeiten, wie z.B. Elternarbeit, Sprachheilarbeit, Wahrnehmungs- und Konzentrationstraining motorisches Training. Die Schulen sollten über ausreichende räumliche Möglichkeiten zur psychomotorischen, musischen und sportlichen Betätigung verfügen. In diesen Räumen sollte der förderungsorientiert arbeitende Lehrer zusammen mit einzelnen Kindern oder Schülergruppen förderungswirksame Aktivitäten entwickeln können. Spiele und therapiewirksame Materialien sollten ebenso vorhanden sein wie spezielle didaktische Materialien, die besonders anschaulich und handlungsorientiert Lernfortschritte in den Bereichen Lesen, Schreiben, Sprache, Mathematik, Sachunterricht und auch Verhalten bewirken können.

6.4 Beratung als begleitendes Prinzip der Förderdiagnostik

Als weitere Rahmenbedingung des förderdiagnostischen Prozesses im institutionellen Kontext kann der Bereich der Beratung als wesentliches Element pädagogischen Handelns und als integraler Bestandteil des Erziehungsgeschehens gesehen werden. Durch die Auseinandersetzung mit der Pädagogik und der Existentialphilosophie gelangt *Bollnow* zu einem Erziehungsverständnis, in welchem „unstetige Formen der Erziehung" als Phänomene dargestellt werden, die sich aus einem stetigen Verlauf der Erziehung teilweise herausheben (1984, 6). Im Rahmen der unstetigen Formen der Erziehung spielt nach *Bollnow* auch die Beratung eine Rolle. Beratung als unstetige Form der Erziehung kommt überall dort zur Geltung, „wo die eigene Erkenntnis nicht ausreicht" (ebd., 78). Beratung wird dann eine „pädagogische Angelegenheit" bzw. zum erzieherischen Element, „je mehr der Kern der Beratung sich dem inneren Kern des Menschen nähert, je mehr er die sittliche Lebensführung berührt" (ebd., 84). Beratung als pädagogisches Element wird notwendig, wenn das ganze Leben des Menschen in Frage steht bzw. betroffen ist. Ähnlich wie *Bollnow* sieht *Mollenhauer* die Beratung als einen Erziehungsvorgang, der sich von dem laufenden Erziehungsprozess abhebt (1965, 26). *Mollenhauer* betrachtet schulische Beratung als einen fruchtbaren erzieherischen Vorgang, da Lehrer und Schüler in unmittelbarem Austausch stünden, merkt jedoch kritisch an, dass die hierarchischen Verhältnisse diese Maßnahmen erschweren können. Wolfgang *Mutzeck* sieht Beratung als eine Form erzieherischen Handelns, welche sich zwischen den Polen einer gezielten Beeinflussung und direkten Lenkung einerseits und einer Unterstützung zur Selbststeuerung und Selbsthilfe andererseits bewegt.. Ziel ist die Lösung oder Konkretisierung eines Problems, wobei die Entscheidung über die Ausführung auf Seiten des Ratsuchenden liegt (vgl. 2002, 14). Ein besonderes Problem speziell auch der Beratung im Zusammenhang mit Fragen, die institutionell bedingt sind, stellt das manchmal vorhandene hierarchische Abhängigkeitsverhältnis dar. Dieses Verhältnis kann die pädagogische Fruchtbarkeit zerstören. An sich übernimmt der Berater oder die Beraterin die Rolle eines unabhängigen Beistandes und nicht die eines Vorgesetzten. Als wichtig erweist sich die aufklärende Funktion des Gespräches in Richtung Neuwahrnehmung des Problems. Hierzu gehören die Erweiterung der Sichtweisen etwa bei vorliegenden Erziehungsschwierigkeiten oder bei Lern- und Leistungsstörungen, das Aufzeigen von Möglichkeiten der Kooperation zwischen Elternhaus und Schule, aber auch die Vermittlung von Informationen z.B. über Möglichkeiten der Lernförderung, über die Möglichkeiten der Wahl von Schulen für ein bestimmtes Kind, über Implikationen und Vorteile im Zusammenhang mit dem Bundessozialhilfegesetz. Die entscheidende Bedeutung der Beratung liegt in der kritischen Aufklärung, in der Möglichkeit, im Gespräch kritische Distanz zum Problem zu entwickeln, den Gesprächsinhalt objektivierend betrachten zu können und somit eine rationale Position zum eigenen Dasein und dessen Bedingungen zu erlangen, aber auch in der Produktion neuer Fragen (vgl. Mollenhauer 1965, 32).

Im neueren Verständnis hat Beratung nicht nur die Funktion der Hilfeleistung bei akuten pädagogischen Problemen und psychischen Notlagen, vielmehr zielt sie ebenso auf Vorbeugen und Prophylaxe ab, denn nach Möglichkeit soll der junge Mensch nicht erst zum Problemfall werden. Beratung mit der Intention der Prävention spielt zunächst im Bereich der Frühförderung eine Rolle. Dieses wichtige Aufgabengebiet setzt sich über den Schulbereich bis zur Frage der Berufsfindung fort.

Beratung umfasst im schulischen Kontext folgende Aufgabenfelder: Schullaufbahnberatung

- Pädagogisch-psychologische Beratung
- Unterrichtsberatung
- Schule als Organisationssystem
- Eltern, Schüler, Lehrer.

Für Lehrer im heilpädagogischen Bereich sowie für Lerntherapeuten im lerntherapeutischen Arbeitsfeld gibt es im Zusammenhang mit Beratung mehrere Spannungsfelder. Benötigt wird Kompetenz, um Zeitpunkt und Brisanz einer möglichen Beratungssituation zu erkennen und zu analysieren, den Umfang des Beratungsbedarfes einzuschätzen und wichtige Aspekte der Gesprächsführung zu beachten. Zum einen ist Kooperation innerhalb einer Einrichtung und mit Eltern gefordert, um in differenzierter, problemkundiger und verständiger Weise der Komplexität und Multidimensionalität vorliegender Problemsituationen zu begegnen, zum anderen wird vielleicht auch der Einsatz von zusätzlichem Beratungspersonal nötig, wenn die Problemsituation eine erweiterte Kompetenz erfordert.

Auf der Basis der Kenntnis der Problemlage in der Praxis empfehle ich einzelnen Einrichtungen eine spezielle Ausbildung der Mitarbeiterinnen und Mitarbeiter für ganz bestimmte Problemsituationen. Aufgrund vorliegender Erfahrungen erweist sich der Beratungsbedarf im Zusammenhang mit der größeren Heterogenität der Phänomene (leichte Sprachstörungen, unterschiedliche Lernschwierigkeiten, Förderbedarf Lernen, geistige Entwicklung und Verhalten, psychische Störungen und Auffälligkeiten,…) in der Regelschule, in den Diagnose- und Förderklassen und in (Sonder-) Pädagogischen Förderzentren, vor allem auch in der Mittel- und Realschule bis hin zu den Gymnasien als groß. In die Problemstellungen eines Beratungsgespräches sind häufig Fragen nach der Erziehung, dem Lernen, der Entwicklung, nach sozialen Prozessen, der Diagnostik, der individuellen Förderung, ggf. auch nach therapeutischen Maßnahmen involviert.

Die systemische Sichtweise (vgl. 4.2.3) impliziert **Dimensionen des Beratungsvorganges**, die von den Beratern berücksichtigt und verstanden werden müssen:

- die ökologische Dimension als übergreifende Perspektive, die den Einzelnen in seinen Lebenszusammenhängen zu verstehen versucht,
- das autonome System Mensch, d.h. die Einsicht, dass sich der Mensch durch Interaktion mit der Umwelt im Laufe seiner Entwicklung selbst strukturiert und weiter konstruiert,
- der Lebenswelt-Aspekt sozialer Systeme, d.h. die Einsicht, dass jeder Mensch primär aus seinem individuellen Kontext heraus handelt.

Eine wichtige Voraussetzung für die Beratungstätigkeit liegt darin, dass es sich in dieser Situation um eine Begegnung von zwei oder mehreren Menschen handelt, die sich grundsätzlich aus freier Entscheidung, d.h. aus Selbstverantwortlichkeit und Handlungsfreiheit treffen mit der Absicht, eine bestmögliche Problemlösung zu finden.

Der Berater hat in diesem interaktionistischen Feld eine wichtige Funktion. Er muss durch sein Handeln deutlich machen, wie eine vertrauensvolle Kommunikation aussehen kann, um in einem nach wie vor von gegenseitiger Aktivität ge-

prägtem Prozess Vertrauen aufzubauen, zu sichern und hemmende Bedingungen abzubauen.
Um Kooperation in diesem Bereich verwirklichen zu können, muss von der Lehrkraft und anderen betroffenen Personen quasi Vorarbeit geleistet werden, in welcher das Beratungsbedürfnis als existent erkannt und in seiner Multidimensionalität weiterentwickelt werden muss. Die im pädagogischen, speziell im heilpädagogischen Arbeitsfeld stehende Lehrkraft und auch der Lerntherapeut wird also in der jeweiligen Situation, in der sie/er sich mit Eltern oder sonstigen Erziehungsberechtigten befindet, eine adäquate Soll-Vorstellung im Zusammenhang mit der Notsituation, also der Problemlage haben. Auf Aspekte einer möglichen Beeinflussung von Menschen im Rahmen der Kommunikation und Interaktion kann hier nur verwiesen werden. Pädagogische Verantwortung, die dazu beiträgt, sich auch wirklich in die Lage der Betroffenen zu versetzen, ist unabdingbare Voraussetzung für das Procedere im Rahmen von Beratungsgesprächen.

6.5 Förderungsziele: Möglichkeiten und Grenzen

Auch im Rahmen der Frage nach dem *Wozu* von Förderdiagnostik stehen die Bedürfnisse von Kindern in Problemsituationen und -lagen im Vordergrund der Überlegungen. Wenn Ziele der Förderung angesprochen werden, bedeutet das nicht, dass Ziele im Sinne traditioneller Verhaltensmodifikation von außen „gesetzt" oder „bestimmt" werden. Vielmehr sind hier Angebote gemeint, die ein Kind wahrnehmen kann, aber nicht muss. Bedürfnisse und damit der emotionale Bereich dürfen nicht unterdrückt werden, vielmehr geht es um Wohlbefinden, um die Freilegung und um das Evozieren von Bedürfnissen, in erster Linie um ursprüngliche Motivation mit der Zielrichtung Ermöglichung von Zuwendung zur Welt. Ein Kind sollte im Rahmen von Diagnose und Förderung die Möglichkeit haben, sich selbst zu finden, sich selbst – neu – zu entdecken, eigene Möglichkeiten auszuprobieren, auszuloten und zu wagen. Ein wichtiges Prinzip dürfte sein: „Nicht gegen den Fehler, sondern für das Fehlende" (Moor 1974, 317). Dabei erweist es sich als selbstverständlich, dass alles getan wird, um Erziehungs- und Entwicklungshemmnisse sowie behindernde Bedingungen von außen zu beseitigen. Hierbei ist sowohl an die familiäre, die schulische als auch an die übrige soziale Umwelt zu denken, die einem Kind im Bereich Spiel und Freizeit (Nachbarschaft, Bekanntenkreis, Verwandtschaft, ...) begegnet, denn „nicht nur das Kind, auch seine Umgebung ist zu erziehen" (ebd., 400).
Konkret geht es um die bestmögliche Hilfe und Förderung im Sinne des betroffenen Kindes, um die Beseitigung von Erziehungs- und Entwicklungshemmnissen: ein Kind aus institutionellen Verstrickungen und Hemmnissen herausholen, ihm Möglichkeiten eröffnen, wieder „frei atmen" zu können, sich selbst zu finden,

neu anzufangen z.B., wenn Mobbing vorliegt. Es geht darum, Verschüttetes freizulegen, es von der Antipathie eines Lehrers zu befreien, ebenso vom (Leistungs-) Druck einer Schule, der psychosomatische Beschwerden, wie Bauchschmerzen, Schlafstörungen, Erbrechen, ... hervorrufen kann. Es geht auch darum einem Kind mit Förderbedarf soziale und emotionale Entwicklung zu sagen, dass man auch selbst Probleme der Aggression, der Angst, der Unlust hat und somit eine Basis für neues Selbst- und Fremdverständnis schaffen, neue Wege besserer Alltags- und Daseinsbewältigung mit dem Kind überlegen.
Die Frage nach den Wegen der Förderung muss hier nicht mehr vertieft behandelt werden. Sie wurde im Zusammenhang mit den Dimensionen „Didaktik" und „Therapie" reflektiert. Auch hierzu ist noch einmal zu betonen, dass die Förderungsansätze sich nicht nur an einen Bereich oder Bereiche richten, sondern das Kind in seiner Ganzheit begleiten.
Förderungsrichtung und -wege eröffnen und entwickeln sich interaktional und prozesshaft aus dem immer besseren Verstehen des Kindes und seinen Möglichkeiten. Der Pädagoge, Didaktiker und Diagnostiker in einer Person verfügt zwar über ein Repertoire an Förderungsmöglichkeiten, aber er passt das Kind nicht an einen bestimmten Lernweg an, sondern bietet ihm vielmehr Hilfen, den seiner Individualität am besten entsprechenden Weg, vielleicht auch verschiedene Wege, zu finden und diese neuen Möglichkeiten in seine Gesamtpersönlichkeit zu integrieren. Dem Pädagogen selbst eröffnen sich vielleicht hierbei neue Erfahrungen und Beobachtungen, die ihm bei der Förderung anderer Kinder hilfreich sein können.
Die Überlegungen zum Modell der „Rahmenbedingungen für förderdiagnostisches Vorgehen" (vgl. Abb. 7) geben Impulse und Antworten dafür, wie es am besten gelingen könnte, ein Kind mit seinen Problemen, seinen Chancen, Möglichkeiten und auch Grenzen (vgl. Bundschuh 2010, 134-147), besser kennen- und verstehen zu lernen, ihm Hilfen und Unterstützung zum Finden neuer Perspektiven zu geben. Um den gegenwärtigen Stand eines Kindes kennen zu lernen, also um die Gesamtpersönlichkeit besser zu verstehen, erweisen sich vor allem die Analyse des Lebenslaufes, die vielseitige Beobachtung und das Gespräch als sinnvoll. Man wird auch erkennen, dass die konzentrierte Beschäftigung mit einem Kind in vielen kleinen Alltagssituationen neue Wege sichtbar werden lässt und Ansatzpunkte für Hilfen und damit Förderung eröffnet. Im Verlauf der bisherigen Ausführungen wurde die Frage nach der kindorientierten Diagnose stärker unter dem Aspekt der Möglichkeiten behandelt. Es ergibt sich aber auch die Notwendigkeit, die Problematik der Grenzen der Erziehung und Förderung im Rahmen von Problemsituationen und erschwerter Erziehungswirklichkeit aufzugreifen. Die hier vorliegende Fragestellung schließt die Problematik unserer Wirklichkeit und die Gesamtproblematik mitmenschlicher Beziehungen ein. Obgleich sich Erzieher bemühen ihr kognitives Vermögen auf die Analyse und Reflexion der Erzie-

hungswirklichkeit einzustellen und somit auch zu erweitern, entbindet dies nicht davon, sich in besonderer Weise mit Konfliktmöglichkeiten im Erziehungsfeld auseinander zu setzen. Es besteht die Notwendigkeit, prophylaktisch Bedingungen und Risiken zu artikulieren, Grenzen menschlicher Belastbarkeit anzusprechen, schließlich menschliche Begrenztheit zu nennen, damit wir die Bedingung der Möglichkeit nicht vergessen und verdrängen, dass Kinder mit und ohne Behinderungen gleichermaßen am Interaktionsprozess beteiligt werden. Wenn wir dies wollen, bedarf es der Bereitschaft, gemeinsam mit Kindern in Lernprozesse einzutreten. Es geht also auch um das Ansprechen des Konfliktes zwischen Selbst- und Fremdbestimmung, der sich zwischen sozietär bedingenden Gegebenheiten und subjektiv bedeutsamen und sinnhaften Zielsetzungen des Kindes ergeben kann.

Die häufig modellhaft und stark vereinfacht dargestellten Bedingungen im didaktischen Dreieck Lehrer – Schüler – Unterrichtsstoff, die ich insofern variiere, als ich von Lehrer/Erzieher – Kind/Schüler – Erziehungssituation/Schule/Unterricht insgesamt Erziehungswirklichkeit, sprechen möchte, sind gekennzeichnet durch das Moment der Grenzen. Diese Grenzen erweisen sich im Rahmen der Erziehungsprozesse bei Kindern und Jugendlichen ohne – offensichtliche – Behinderungen insofern als existent, als Lernhemmungen z.B. als Störungen und weniger als Möglichkeiten für pädagogisch fruchtbare Aktivitäten gesehen werden, als Kognitionsprobleme auf Seiten der Lehrer vorliegen und somit Kommunikation und Verstehen erschweren, bei der Aufbereitung des Lerngegenstandes transparent werden können. Diese Grenzen zeigen sich jedoch bei Kindern mit Behinderungen, insbesondere mit schweren Behinderungen, als auf den ersten Blick unüberwindbar.

Grenzen stellen Schwellen, Hindernisse, Barrieren dar. Sie implizieren die Möglichkeit des Aufgebens und Scheitems, des Nichtüberwindenkönnens, aber auch den Impetus zur Überwindung, Überschreitung, schlechthin zur Aufhebung und Beseitigung; es können dann entscheidende Prozesse initiiert werden (ebd. 140f.).

Die Wirklichkeit der Alltagswelt, die für Kinder mit größeren Problemen im Bereich des Lernens, der Entwicklung und Erziehung allgemein die adäquate sein könnte, zu artikulieren, scheitert oft am Informationsdefizit, das fast durchgängig besteht und das sich auch durch eine kindorientierte Diagnose manchmal nicht oder nur mühsam abbauen lässt. Dieses Informationsdefizit ergibt sich aus der Schwierigkeit der betroffenen Kinder und Jugendlichen, Mitteilungen über die Befindlichkeit zu formulieren, sich über Wohlbefinden und Konflikte oder Probleme zu äußern.

Wenn damit der Versuch unternommen wurde, mögliche Grenzen auf Seiten des Kindes anzusprechen, so werden damit auch gleichzeitig die Grenzen des Erziehers tangiert. Kinder mit Problemen sind oft auch Ausdruck unserer Not, unserer Unfähigkeit, ihnen zu helfen. So fällt es manchmal schwer, sich einzulassen, gemeinsames Leben und Erleben durchzuhalten, trotz Verunsicherung und – vielleicht – Ratlosigkeit auszuharren, weiter nach Möglichkeiten zu suchen, wenn sich kaum oder gar keine Fortschritte zeigen. Somit bestehen die Grenzen des Erziehers vor allem in der Unfähigkeit, hinreichend sensibel zu sein für die Wahrnehmung von Problemen und Bedürfnissen, für das Verstehen, für die adäquate Interpretation möglicher Signale. Verunsicherung und Ratlosigkeit können diese intersubjektive Wirklichkeit als pädagogische Wirklichkeit bestimmen. Die Frage begleitet den im Dienste des pädagogischen Auftrags stehenden Diagnostiker permanent, ob seine Anamnese, Analyse und Förderungsarbeit einen Beitrag zur Erhellung dieser hier versuchsweise dargestellten Erziehungswirklichkeit leistet, ob sie im Dienste dieser Wirklichkeit stehen, die gekennzeichnet ist durch Momente wie Störung, Hemmung, Konflikt, Insuffizienz, Defizit oder Behinderung aller am Erziehungsprozess Beteiligten.

Jede systematische Erziehung braucht Anknüpfungspunkte, die von den Erziehern bestimmt werden müssen. Dies verhält sich bei allen Kindern so. Die besondere Problematik bei den im Zentrum unserer Überlegungen stehenden Kindern und Jugendlichen liegt darin, dass diese *Punkte* für eine systematische Erziehung, für Lernen speziell, nicht einfach zu erkennen sind und in der Tat systematisch gesucht werden müssen. Die Suche nach Anknüpfungspunkten hat in der Geschichte der Pädagogik Sonder- und Heilpädagogik schon immer eine Rolle gespielt. Ich denke beispielsweise an Georgens und Deinhardt, *Pestalozzi, Itard, Guggenmoos, Guggenbühl, Montessori, Moor* und *Klafki,* um nur einige zu nennen (vgl. Bundschuh 2010, 42-57). Die eigentliche diagnostische Aufgabe deutet sich in der Suche nach diesen Anknüpfungspunkten an.

Diese Suche orientiert sich

- an der Beziehung zwischen Kind und Erzieher,
- an der Beziehung zwischen Kind und anderen Personen,
- an der Beziehung zwischen Kind und Lerngegenständen und
- an der „Beziehung" des Kindes zu sich selbst.

Als zentrale Momente erweisen sich die **Beziehung, die Situation und damit die Interaktionsprozesse**, es geht dabei also um die Beziehungsgestaltung. So kann der Schwerpunkt der förderdiagnostischen, der therapeutischen und speziell der lerntherapeutischen Arbeit nicht oder nicht nur – wie etwa bei der traditionellen Diagnostik – im Einsatz standardisierter Verfahren bestehen, sondern im flexiblen, kreativen Umgang mit Suchinstrumenten (Screenings) zur Erforschung der Ausgangsbedingungen für Erziehungs- und Lernprozesse, die Verhaltensbeobachtung eingeschlossen. Die diagnostische Aufgabe besteht damit im bewussten Hinterfragen von Interaktionen und Handlungen zwischen Kind und Eltern, Kind und Lehrern, Kind und anderen Kindern sowie sonstigen Personen und schließlich im Beobachten des Umgangs mit Lerngegenständen und Objekten allgemein. Der sich in einen förderdiagnostischen Prozess Befindliche ist nicht mehr Beobachter im Sinne traditioneller teilnehmender Beobachtung, er bringt sich vielmehr unmittelbar in den Handlungsprozess ein, ist jederzeit sensibel für Signale bzw. Zeichen eines Kindes, handelt selbst, trägt die Bereitschaft zur Veränderung seiner Handlungsweise, seiner Einstellung in sich, er ist Teil der ablaufenden Prozesse und damit nicht mehr objektiv, geradezu Subjektiv wie dies auch in der Handlungsforschung beschrieben wird. Der gesamte Prozessbereich wird als Handlungsfeld aufgefasst, in dem Menschen agieren, die selbst „Subjekte" sind, Probleme haben, mit denen sie in ihrem diagnostischen Handeln zurechtzukommen versuchen, nicht einfach bleiben wollen, was sie sind, sondern sich selbst je nach Problemlage verändern. Der Diagnostiker und Pädagoge in Einheit steht als Subjekt unter Subjekten in diesem Problembereich. Die Probleme und Konflikte stellen das – gemeinsame – Objekt des Bemühens und Arbeitens dar. Der Diskurs, d.h. die argumentierende, analysierende und interpretierende Auseinandersetzung mit Kollegen um adäquates heilpädagogisches und lerntherapeutisches Handeln begleitet die gesamten Bemühungen und Prozesse (vgl. auch Kap. acht). Förderdiagnostisches Handeln im Zusammenhang mit Kindern betrachte ich zunächst als pädagogische Aufgabe, als etwas vom Beruf her Aufgegebenes, als Aufforderung und Postulat, als Anruf, Herausforderung an die Fachkompetenz und Sensibilität angesichts einer Problem- und Notsituation in der Erziehungswirklichkeit.

6.6 Resümee

Eine zusammenfassende Analyse der theoretischen Überlegungen zur und praktischen Erprobung von Förderdiagnostik im Kontext mit den zu Beginn dieses Kapitels angeführten Fragestellungen ergibt Folgendes: Auf der Basis der durch Praxis und Theorie erworbenen Erkenntnisse und Erfahrungen erscheint ein in sich völlig geschlossenes Curriculum der Förderdiagnostik in einem wenig flexiblen institutionellen Rahmen eher kontraproduktiv, weil die Gefahr einer relativ starren Durchführung der Diagnose- und Fördermaßnahmen besteht und die Möglichkeit einer adäquaten Begegnung vielschichtiger individueller Probleme bei Kindern und Jugendlichen reduziert wäre. Gemeint ist vor allem die Heterogenität der möglichen Erscheinungsbilder von Störungen und Behinderungen bzw. die sich hieraus ergebenden unterschiedlichen Förderbedürfnisse und damit verbundene Implikationen wie etwa die behindernden Bedingungen im Bereich der sozialen und auch materialen Umwelt zwischen Traumatisierung, Lieblosigkeit und Armut. Dies schließt eben nicht aus, dass ein Rahmenkonzept der Förderdiagnostik besteht (vgl. Abb. 7), das je nach dem Stand der theoretischen Reflexion und Überlegungen und nach den Erkenntnissen der Forschung, einschließlich

der praktischen Erprobung, je nach Situation und Lage der Gesamtproblematik erweitert werden kann und muss. Die zahlreichen im Verlauf der Universitätslaufbahn durchgeführten Einzelfallstudien des Verfassers bestätigen, dass der Rahmen des vorliegenden theoretischen Konzeptes so breit und umfassend angelegt ist, dass damit alle mit diesem Problembereich zusammenhängenden Fragen erfasst sind. Dieser Ansatz schließt selbstverständlich Überlegungen und Vertiefungen der einzelnen implizierten Dimensionen nicht aus. Ferner muss die intensive Reflexion über Methoden bei der Realisierung dieses Ansatzes fortgesetzt werden, wobei insbesondere an Möglichkeiten der Verhaltensbeobachtung, an die „Rolle" – Art und Weise der Verwendung – normorientierter, psychometrischer Tests und an den konzeptionellen Einbezug handlungsbegleitender Beratung gedacht ist.
Es sollten alle Lehrer mit den Grundkenntnissen der Sonderpädagogik, speziell sonderpädagogischen Diagnostik, Didaktik und Methodik vertraut sein. Die Probleme erweisen sich in der Tat als vielschichtig und komplex, wie diese Ausführungen gezeigt haben und die Alltagswirklichkeit in den verschiedenen Schulen uns vor Augen führt. Die Einführung der Diagnose- und Förderklassen, die Errichtung Sonderpädagogischer Förderzentren sowie die Neukonzeptualisierung des Regel- und Förderschulwesens in Richtung mehr Integration und Inklusion stellen bereits einen pädagogischen Fortschritt dar.
Integratives, inklusives und differenziertes Lernen wäre mit der Neukonzeption einer Schule für kindorientiertes Lernen möglich (vgl. Bundschuh 2008, 49-55).

7 Diagnostische Fragen und Herausforderungen – Förderbedarf Lernen, emotionale und soziale Entwicklung

7.1 Lernen und Emotionen im Kontext schulischer Erziehung und Unterrichtung

Neben der Frage der Erziehung ist „Lernen" die große Herausforderung in den Arbeitsfeldern der Pädagogik, speziell der Sonder- und Heilpädagogik. Was bedeutet Lernen bei Kindern und Jugendlichen mit individuellem Förderbedarf? Wie lernen Kinder am besten? Welche Voraussetzungen für optimales Lernen werden benötigt? Wie gestalten und aktivieren Kinder Lernprozesse in sich? Lernen benötigt sowohl Differenzierung als auch Einbettung in ganzheitliches Handeln, in Prozesse, d.h. Erfahrungen der Alltagswirklichkeit. Konkret heißt dies Berücksichtigung der Motivationslage und der Lernausgangsbasis mit der Zielrichtung der „Zone der nächsten Entwicklung" (Wygotski 1981). Lernen bedeutet aber auch Aktualisierung und Änderung von Verhalten mit dem Ziel der bestmöglichen Entfaltung der Persönlichkeit im Kontext weitgehend selbstständiger Konstruktion und Bewältigung des eigenen zukünftigen Lebens. Lernen erfolgt mittels bewusster und unbewusster Verarbeitung von Umwelteinflüssen und -reizen und führt somit zur Veränderung individuellen Denkens, Fühlens und Handelns. Im allgemeinen Sinne handelt es sich dabei um Prozesse im Organismus, die zu Veränderungen des Verhaltens führen (vgl. auch Radigk 1998, 40f.). Dabei bestimmen emotionale Prozesse Lernvorgänge wesentlich. Emotionalität und Motivation sind im Hinblick auf Lernen, Lebensbewältigung und Bildung eine besondere Herausforderung für Pädagogik, Didaktik und Psychologie. Die Stimulation, d.h. die Beeinflussung durch die Umwelt, stellt im Sinne der Milieutheoretiker den Hauptantrieb menschlichen Lernens und damit der kognitiven Entwicklung dar. Durch Erfahrungen, speziell durch Lernangebote, entwickelt sich der Mensch im Wesentlichen weiter. Aus milieutheoretischer Sicht, insbesondere auf der Basis ökologischer und systemischer Ansätze kommt der Kind-Umfeld-Situation in emotionaler Hinsicht besondere Bedeutung zu.

Unter sonder- und heilpädagogischem Aspekt betrachtet wird immer wieder deutlich, dass sich offensichtlich ungünstige Umfeldbedingungen wie Heim- und

Krankenhausaufenthalte, problematisches Milieu, hospitalisierende und deprivierende Erziehungseinflüsse, störende Lernbedingungen im Unterricht und zu Hause sowie traumatische Erlebnisse und ungünstige Vorbilder negativ auf die psychische Entwicklung und auf die Lernentwicklung von Kindern, auswirken (Bundschuh 2008, 91-97).

Interaktionistische Entwicklungstheorien und ökologisch-systemische Ansätze führen zur Neubewertung von Entwicklung und Lernprozessen, vor allem auch bei Kindern mit Behinderungen. Die Individualentwicklung, d.h. die Entwicklung des Einzelmenschen (Ontogenese) ist durch die Einwirkungen der Umwelt beeinflussbar und somit veränderbar. Daraus ergibt sich die Aufgabe, etwa bei vorliegenden Behinderungen im organischen Bereich und im Sinnesbereich, Möglichkeiten bereitzustellen, diese behindernden Bedingungen auszugleichen, zu kompensieren, d.h. neue Wege des Lernens und der Kommunikation zu gehen. Es ergibt sich die Notwendigkeit, verstärkt Integration und Inklusion zu fördern, um Menschen mit Behinderungen aus der Isolation zu führen und uneingeschränkte Teilhabe am sozialen Leben zu ermöglichen. Es müssen Unterstützung und Hilfen angeboten werden, um Sachgegenstände zu erschließen, die Umwelt durch gemeinsames Handeln in das Wahrnehmungsfeld der Betreffenden zu rücken und dadurch Impulse zu weiterem Handeln zu geben.

Lernen beruht auf Kommunikation, auf einem Nachrichtenaustausch zwischen einer Person und unbelebten oder belebten Objekten bzw. anderen Personen. Auch das Denken vollzieht sich auf der physiologischen Grundlage des Zentralnervensystems. Diese Grundlage ist jedoch nicht von vornherein gegeben, sondern entwickelt sich in der Begegnung mit der Umwelt und entsprechend der Wechselwirkung mit dem jeweiligen Umfeld. Der Lernprozess selbst erschafft sich das (materielle) Substrat auf dem Wege elektrischer Impulse und chemischer Prozesse (Eccles 1984). Bis zum 15. Lebensjahr vervierfacht sich das Hirnvolumen des Kindes. Verzweigungen und Verbindungen (Neuriten, Dendriten, Synapsen) bilden sich auch unter dem Einfluss der Umwelt. Ergebnisse von Untersuchungen sprechen dafür, dass sich die Ribonukleinsäure (RNS) und andere Substanzen – am wichtigsten scheinen hier die Proteine zu sein – durch Lernvorgänge verändern. Insofern kann man sagen, dass Lernen tatsächlich das Gehirn verändert. Wenn sich das (materielle) Substrat und die Bahnung der Funktionen im Zentralnervensystem unter dem Einfluss der Kommunikation bilden, dann sind die Entwicklungsperspektiven bei adäquater individueller Förderung auch unter schwierigen Bedingungen (Lernbehinderungen, geistige Behinderung), d.h. bei Vorliegen eines speziellen Förderbedarfs in den Bereichen Lernen, geistige, soziale und/oder emotionale Entwicklung, aussichtsreich. Geistige Tätigkeiten vollziehen sich auf der Basis geistiger Operationen (Radigk 1998, 24). Das Kind als „Akteur seiner Entwicklung" (Kautter u.a. 1998) und seiner Lernprozesse erfordert im Zusammenhang mit einer Behinderung und behindernden Bedingungen vom Erzieher erhöhte Sensibilität für spezielle Lebens- und Lernbedürfnisse. Wichtig ist die Aufgabe der Vermittlung zwischen Kind/Schüler und Lerngegenstand und damit zwischen Leben bzw. Alltagswirklichkeit. Differenzielle und ganzheitliche Aspekte gehen in dieses dynamische Geschehen ein. Insofern ergibt sich die Notwendigkeit einer Beschäftigung mit der Frage nach Möglichkeiten des – kindgemäßen, schülerorientierten, sinnvollen – Lernens in besonderer Weise.

Im Rahmen der Überlegungen zu Lernvorgängen wird hier nicht mehr auf die immer wieder in Lehrbüchern referierten Theorien des frühen und späten Behaviorismus *(Pawlow, Watson, Guthrie, Thorndike, Skinner, Hull* und *Hebb),* also auf S-R-Theorien, d.h. Stimulus-Reaktionstheorien eingegangen (vgl. Bundschuh 2014, 234f.). Während sich die Input-Output-Variablen und Vorgänge meist direkt beobachten lassen, finden die eigentlichen Lernprozesse im Bereich intervenierender Variablen, d.h. der Verarbeitung, in äußerst komplexen, vernetzten inneren Prozessen statt. Sie konnten bis zu einem gewissen Grade durch neuropsychologische und -physiologische Forschungen erhellt werden. Die wesentlichen Phasen eines Lernprozesses sind bekannt: Reiz oder Lerngegenstand – Rezeptor/Reizaufnahrne, Empfindung – Weiterleitung zum Gehirn mittels afferenter Nervenbahnen – Speicherung bzw. Filterung der Informationen (Ausblenden unwichtiger Informationen) – Vergleich mit bereits gespeicherten Informationen – Koordination, Vernetzung (Verarbeitung im Zusammenhang mit Informationen aus gleichen oder anderen Wahrnehmungsbereichen und Arealen des Gehirns im Sinne von Denken) – Einsicht – Reaktion, Anwendung, Handeln. Die Erfahrungen von außen (Sensomotorik), Wahrnehmung, Denkprozesse, Erweiterung von Vorstellungen und Handeln werden von der Emotionalität begleitet, d.h. Lernen, Denken und Handeln hängen somit von emotionalen Prozessen ab (Bundschuh 2003, 63-77).

Ängste können schon sehr frühzeitig Lernprozesse hemmen und behindern, hervorgerufen durch rigide – Angst auslösende, vielleicht sogar traumatisierende – Erziehungspraktiken und Überforderungssituationen. Es spricht vieles dafür, dass manche Lernstörungen und Lernbehinderungen bereits frühzeitig auf dem Weg – negativer – emotionaler Prozesse erworben werden, die sich auch später neurophysiologisch betrachtet als „Synapsenhemmer" und damit als Lernhemmung auswirken.

Emotionalität, Motivation und Lernen bilden eine Einheit. Eine positive emotionale Befindlichkeit stellt die Basis für Lernen bei Kinde dar. Jede Begegnung mit einer Situation wirkt über die sinnliche Erfahrung auf den emotionalen Bereich, der bewertet und grob unterscheidet zwischen erwünscht, angenehm und interessant einerseits, unerwünscht, unangenehm und bedrohlich andererseits. Emotionales geht dem kognitiven Prozess voran, fördert oder verhindert ihn und begleitet die weitere Verarbeitung im Nervensystem. Das Nervensystem als Netzwerk,

Gedächtnisprozesse, Vorgänge im Bereich der Synapsen (Transmitter) sowie der Nervenzellen, Prozesse der Wahrnehmung und kognitiven Verarbeitung schlechthin markieren, dass die emotionale Befindlichkeit, das Emotionale schlechthin, den Weg zum Bewusstsein und damit auch zum Lernen – und im weiteren Sinne zum Leben sowie zur Alltagsbewältigung – zu öffnen oder zu blockieren vermag. Emotionalität kann Zuwendung zu Personen und Dingen fördern oder hemmen, geistige Tätigkeit intensivieren oder abschwächen.

Das Bedürfnis nach Selbstverwirklichung auch durch Lernen und damit Entfaltung bzw. Aktualisierung der Persönlichkeit kann nur entstehen, wenn die bereits genannten Bedürfnisse, ja Grundbedürfnisse nach Sicherheit, Angstfreiheit, Ordnung, Liebe, Wertschätzung, Achtung und Anerkennung in der (frühen) Kindheit adäquat befriedigt werden. Allgemein gesehen führen positive Erfahrungen im Unterricht, die von den genannten Bedürfnissen abhängen, zur Freude am Lernen. Das Netzwerk des Lernens zeigt eine Verflechtung all der Phänomene auf, die mit Gehirnaktivitäten verknüpft sind. Lernen erfordert die gute Zusammenarbeit aller Hirnteile, sowohl einzeln als auch untereinander. Diese Vernetzungsprozesse hängen in hohem Maße von einer positiven Emotionalität ab.

Studien im Kontext Metakognitionsforschung (vgl. z.B. Schneider 2000, 83f.) haben gezeigt, dass gute Strategieanwender neben aufgaben- und zielbezogenen Strategien auch über allgemeine Strategien verfügen müssen, die den Einsatz kognitiver Strategien unterstützen. Neben Aufmerksamkeitssteuerungsprozessen und einer nichtstrategischen Wissensbasis zählen hierzu Arbeitsstile (Reflexivität, Ängstlichkeit, Impulsivität) sowie motivationale Variablen (Selbstkonzept, Kausalattribuierung). Vor diesem Hintergrund und unter besonderer Berücksichtigung der emotionalen Aspekte erscheinen folgende Fragen nach der Vermittlung und Verarbeitung von Informationen von besonderer Bedeutung. Welche wichtigen Prozesse finden beim Lernen statt? Wie kommt man zu den Lernvoraussetzungen? Was ist für das Kind mit seinen speziellen Lernbedürfnissen einfach und was ist komplex? Wodurch werden Lernen und eine optimale Aktivierung sowie Entfaltung kognitiver Prozesse verhindert? Worin bestehen die behindernden Bedingungen im Hinblick auf Lernen? Wie kommen wir angesichts einer scheinbar aussichtslosen Situation weiter? Das sind nur einige Fragen, die immer wieder im sonder- und heilpädagogischen und darüber hinaus gerade unter dem Eindruck der Ergebnisse der PISA-Studie auch im allgemeinpädagogischen und schulischen Arbeitsfeld gestellt werden.

Aus der metakognitiven Forschung ergibt sich die Notwendigkeit, Schülern die Frage nach dem eigenen Lernen zu stellen: „Wie lernst du eigentlich? Was geht in dir vor, wenn du lernen willst, wenn du dir etwas merken möchtest? In welchen Situationen kannst du gut und in welchen Situationen kannst du nicht so gut lernen? Welcher Lernstoff ist für dich einfach, welcher schwierig oder kompliziert?"

Wichtige **Prinzipien der Lernförderung**:
- Gestaltung des Förderungsprozesses entsprechend den grundlegenden Bedürfnissen von Kindem nach Emotionalität, Beziehung, Neugierde, Bewegung und Wahrnehmung.
- Ausgehend von der Lernausgangslage, von den vorhandenen Verhaltensmöglichkeiten und Fähigkeiten eines Kindes hin zur Zone der nächsten Entwicklung (Wygotski), d.h. Vermeidung von Über- oder Unterforderung.
- Die kindliche Neugierde weckendes sowie der kindlichen Neugierde entsprechendes Förderungsangebot, wobei erstrebenswerte Handlungsziele und interessante Angebote den Erfolg fördern.
- Einbettung des Förderungsprozesses, konkreter Förder- und Lernangebote in ganzheitliche, spielerische Prozesse. Das Spiel als spezielle, intrinsisch motivierte, grundlegende Handlungs- und Lernform vermittelt Freude.
- Flexibilität der Personen, die Schüler unterrichten und fördern, mit der Fähigkeit, aktuelle Bedürfnisse zu erkennen und in den Förderungsprozess einzubeziehen (vgl. Bundschuh 2008, 189ff.).

Meist findet Lernen als kommunikativer Prozess in enger Verbindung mit der Eigenaktivität und Eigenkonstruktion der jeweiligen Person statt. Entwicklung ist von der Umwelt insgesamt abhängig, die geistige Entwicklung und damit das Lernen von der Kommunikation, von Anregungen und Begegnungen. Der Weg zum Kind, zum Menschen überhaupt, führt über die emotional bedeutsamen und beziehungsstiftenden Prozesse mitmenschlicher Kommunikation. Aber Kommunikation ist auch weit mehr als Nachrichtenübertragung zwischen Menschen sowie von Menschen produzierten Informationen und Botschaften (Musik, Malerei, Literatur), zur Kommunikation gehört, wenn sie gelingen soll, vor allem der Beziehungsaspekt, d.h. die soziale und emotionale Begegnung. Lernen erfolgt über unterschiedlich bevorzugte Wahrnehmungskanäle (Bundschuh 2014, 302-312) und besonders gut ausgeprägte Nervenbahnen. Je mehr Möglichkeiten der handelnden Begegnung und Auseinandersetzung, je mehr Arten der Erklärung angeboten werden, desto wahrscheinlicher wird Lernen. Je nach Lerntyp erreichen visuelle, auditive, taktil-kinästhetische und vestibuläre Reize die entsprechend ausgebildeten und bevorzugten Wahrnehmungskanäle. Es werden Informationen je nach Person unterschiedlich verarbeitet, vernetzt, gespeichert und verstanden. Informationen werden also nach neuen wissenschaftlichen Erkenntnissen individuell wahrgenommen, empfunden, gestaltet und konstruiert. Eine wichtige Bedingung hierfür besteht darin, dass es sich dabei nicht um chaotische, schlecht strukturierte, das Kind überfordernde Angebote handelt. Es muss also versucht werden, die Ganzheit eines Lernprozesses in einem System äußerer (sozialer, motorisch handlungsorientierter) und innerer (emotional-motivationaler und kognitiver) Prozesse zu vermitteln. Erkenntnisse sowohl naturwissenschaftlich als auch geisteswissenschaftlich orientierter Disziplinen sprechen dafür, dass die emotionalen Bedingungen im Kind und die sozialen Prozesse, speziell das Lernklima sowie der Lerngegenstand für Lernvorgänge wichtig sind. Diese Prozesse sind zunächst ganzheitlich zu sehen, können sich aber auch relativ rasch fokussieren und differenzieren, d.h. ein Lernvorgang, aber auch ein emotionaler Prozess – z.B. Freude und Trauer – umfasst zunächst die ganze Person, kann sich aber dann durch Denken, Nachdenken und Bewerten differenzieren. Lernvorgänge beeinflussen entscheidend die Entwicklung und damit auch die Zukunft eines Kindes. Aus der Kenntnis der individuellen Entwicklung kann auf die Lernausgangslage geschlossen werden. Handlungen und Verhalten weisen auf Können und Verhaltensmöglichkeiten hin, lassen aber gleichzeitig auch bis zu einem gewissen Grade Rückschlüsse auf innere Vorgänge und damit auf kognitive oder emotionale Prozesse im Netzwerk des Nervensystems zu. Diese inneren Vorgänge stehen wiederum in einem engen Vernetzungsprozess mit dem Außengeschehen, also den Begegnungen mit der Welt.

7.1.1 Beziehung zwischen Lernprozessen und Emotionen: neurobiologische Grundlagen und schulische Implikationen

Entwicklungsgeschichtlich, also phylogenetisch und ontogenetisch gesehen, gehören die entsprechenden Hirnzentren, die für den Ablauf emotionaler Prozesse verantwortlich sind, zum älteren Anteil geistiger Aktivitäten. Die Großhirnrinde hat sich später entwickelt.

Die emotionale Befindlichkeit kann den Weg zum Bewusstsein öffnen oder blockieren. Emotionalität kann Zuwendung fördern oder hemmen, geistige Tätigkeit intensivieren oder abschwächen.

„Chemische Boten", hervorgerufen durch Emotionen, sind in der Lage, höchste Aktivität auszulösen oder ganze Bereiche zu blockieren. Zwischen höchster geistiger Aktivität und totaler Lernhemmung (Blockierung) bzw. „black out" ist alles möglich. Rauschgiftindustrie, Rauschgifthandel und die Konsumenten – leider häufig überforderte jugendliche Schüler und auch Erwachsene – kennen und nutzen diese gefährlichen süchtig machenden „Möglichkeiten", auf künstlichem Wege „chemischen Boten" zu aktivieren oder sich allgemein zu stimulieren.

Ich habe hier nur einige wesentliche Aspekte aufgegriffen, die auf die enge Beziehung zwischen Lernprozessen und Emotionen verweisen. Insbesondere der Anfang eines jeden Lernprozesses hängt vom emotionalen Zustand des Subjekts ab. Gefühle drücken die Befindlichkeit des Subjekts in seiner Beziehung zu einem Objekt und zu einer Person aus. Dies sollte man bei Lernprozessen und generell in jeder Erziehungssituation bedenken. Insbesondere bei Kindern mit Lernschwierigkeiten, mit sozialen und emotionalen Störungen oder mit einer Behinderung, allgemein mit individuellem Förderbedarf wird eine „Ansprache" auf der Basis des Emotionalen aus Gründen der Unmittelbarkeit, des Ursprünglichen, des Ba-

salen im Hinblick auf Vermittlung kognitiver Verarbeitungsprozesse der zunächst einzig gangbare Weg sein. Von der Entwicklung her betrachtet ist unter tiefenpsychologischem Aspekt der Mensch in den ersten Entwicklungsetappen „völlig den emotionaltriebhaften Kräften unterworfen, die im „Es" stecken (...) Allmählich entwickeln sich die geistigen Prozesse: Wahrnehmung, Gedächtnis, Denken bzw. das „Ich", das zu einem die Emotionen regelnden Mechanismus wird" (Reykowski 1973, 22; zum „Es" und „Ich"; vgl. auch Bundschuh 2008, 259ff.). Ich möchte aufgrund der bisherigen Überlegungen die These formulieren:
Die eigentliche Basis kognitiver Prozesse oder geistiger Operationen stellt die Emotionalität dar.
Auch in anderen wissenschaftlichen Disziplinen wird diese grundlegende und ubiquitäre „Potenz" von Emotionen anerkannt: „Die Speicherung und Verarbeitung von Informationen wird (...) stark durch deren emotionalen Gehalt beeinflußt" (Vester 2015, 52f.). Bedenkt man, dass die kognitiven und sozialen Fähigkeiten wie Wahrnehmung, Lernen und Kognition allgemein sowie Handeln in der Gemeinschaft das Ergebnis der Auseinandersetzung einer Person mit der Umwelt und damit das Ergebnis von Anpassungsprozessen darstellen, die vor allem auch die Aufgabe haben, unsere Grundbedürfnisse zu befriedigen, wird deutlich, dass Überforderung, Gefährdung, Bedrohung, Entzug oder Blockierung ihrer freien Anwendung sich indirekt oder direkt bedrohlich auf die Verwirklichung grundlegender Bedürfnisse, auf Basisprozesse emotionaler, sozialer und geistiger Art, auf das Lernen generell und das menschliche Dasein schlechthin auswirken müssen. Hieraus ergibt sich die Notwendigkeit der Forderung nach Vermittlung elementarer und basaler Grundbedürfnisse nach Sicherheit, Liebe, Geborgenheit, Anerkennung und Selbstverwirklichung im Kontext basalen Lernens in sozialen Situationen und Prozessen in Kindergärten und Schulen gleichermaßen. Basales Lernen ist nicht nur einfaches Lernen, vielmehr in erster Linie Initiierung emotionaler Prozesse. Motivation für einen Lerngegenstand ergibt sich aus den emotionalen Prozessen, die entweder der Lerngegenstand selbst oder ein/e Vermittler/in im Kind oder Schüler, allgemein in einer Person hervorruft. Hieraus entwickeln sich dann Neugierde und Interesse, den Lerngegenstand näher kennen lernen, erobern, „interiorisieren" oder sich einverleiben zu wollen im Sinne *Piagets*.
Die Informationen über den Zusammenhang zwischen Emotionalität und geistigen Prozessen erlauben auch eine Erklärung der häufigen Kopplung von Verhaltensschwierigkeiten und Problemen bei Lernvorgängen, Lernstörungen und Lernbehinderungen. Weil der Schüler negative Erfahrungen im Rahmen von Lernprozessen macht, entwickelt er Unlustgefühle. Weil er Unlustgefühle entwickelt, wird der Lernprozess gestört. Durch die Störung des Lernprozesses wird die Ausbildung der funktionellen Systeme beeinträchtigt, die als Grundlage für kognitive Prozesse gelten. Weil die funktionellen Systeme nicht ausgebildet sind, werden geistige Operationen beeinträchtigt. Weil die geistige Operation beein-

trächtigt ist, leidet die verstandesmäßige Regulierung der emotionalen Prozesse. Ein Teufelskreis tut sich auf (vgl. Abb. 9), der eher schon als eine Spirale des Abstiegs zu bezeichnen ist, die immer tiefer in die Lern- und Verhaltensstörungen hineinführt.

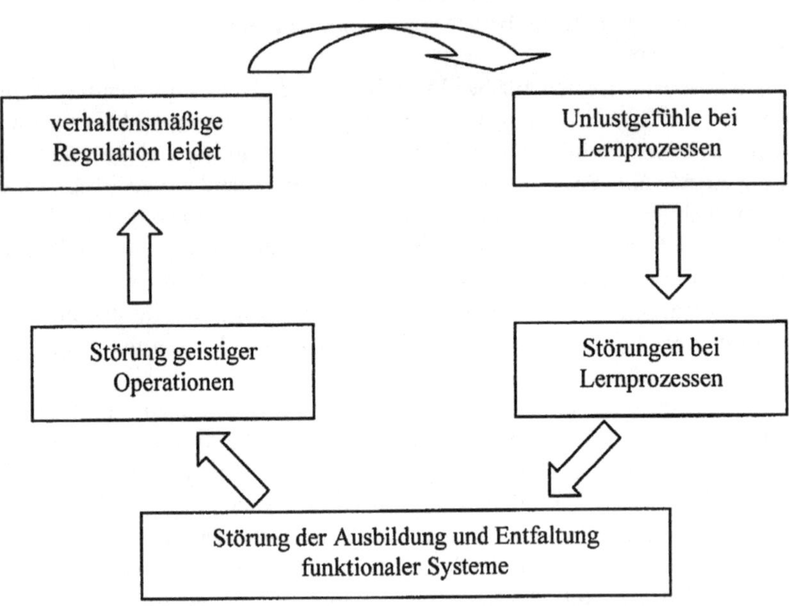

Abb. 9: Schüler/Innen mit negativ konnotierten Erfahrungen

Auch der umgekehrte Prozess ist erklärbar. Positive Erfahrungen im Unterricht führen zu Lustgefühlen (vgl. Abb. 10). Hierdurch werden Lernprozesse angeregt. Dies führt zu besseren funktionellen Systemen, diese zu besseren geistigen Operationen und diese wieder zur besseren kognitiven Steuerung der Emotionen.

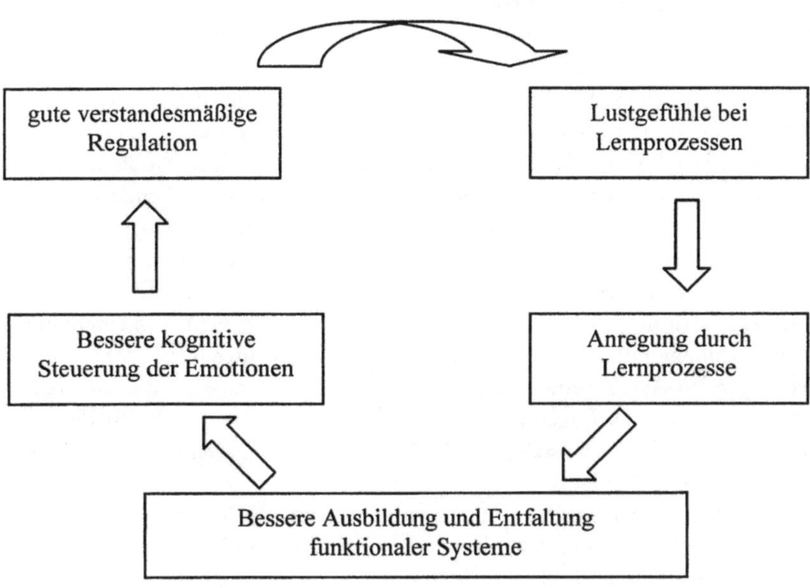

Abb. 10: Schüler/Innen mit positiv konnotierten Erfahrungen

Bessere schulische Leistungen führen auch zu immer besserem Sozialverhalten. Das Problem der Leistungsmotivation ist nicht in erster Linie eine Frage des Lerngegenstandes, sondern eine Frage der emotionalen Beziehung zum Lerngegenstand. Auf der Basis dieser Aussagen gehören zum Lernen „Wahrnehmen und Speichern, Erkennen und Wiedererkennen, Einordnen, Verarbeiten, Vergleichen, Abrufen, Suchen und Finden, Behalten und Verstehen" (Vester 2017, 51). Dies ist ein höchst komplexer Prozess, der allerdings keinesfalls immer alle diese Vorgänge vereinen muss.

Kein Zweifel, beim schulischen und außerschulischen Lernen sind emotionale und kognitive Prozesse auf vielfaltige Weise miteinander vernetzt So können beispielsweise rigide, vielleicht Angst auslösende Erziehungspraktiken und Überforderungssituationen schon frühzeitig Lernprozesse hemmen und behindern. Lernstörungen und -behinderungen können bereits sehr früh auf dem Weg – negativer – emotionaler Prozesse erworben werden. Eine isolierte Betrachtung von Lernen, Kognition, Denken und Fühlen würde wichtige Erkenntnisse der letzten Jahrzehnte über Zusammenhänge zwischen Informationsverarbeitung und Stimmung, Gedächtnis und Emotion ignorieren. Entsprechende Wechselwirkungen zwischen Emotionalität und Lernen finden in zunehmendem Maße auch beim schulischen Lehren und Lernen Beachtung. Gefühle können nicht nur Anreize oder störende Hindernisse im Rahmen von Lernprozessen sein, sie bedingen vor allem auch das Interesse für bestimmte Lerninhalte und haben einen Einfluss auf den Arbeits-, Denk- und Lernstil einer Person, der z.B. intuitiv, analytisch oder eher synthetisch sein kann.

Die neurophysiologische und neuropsychologische Forschung weist zwar auf den Zusammenhang zwischen emotionaler Befindlichkeit, Hormonen und Wahrnehmungs-, Gedächtnis-, Denk- sowie Lernprozessen hin. Diese Problematik wird jedoch im eigentlichen lernpsychologischen Bereich zu wenig thematisiert. Hervorgehoben werden vor allem kognitive Funktionen und Vorgänge. Aber stellt nicht gerade eine positive emotionale Befindlichkeit die Basis für Lernen bei Kindern allgemein und speziell bei Kindern mit Behinderungen dar? Emotionale und soziale Störungen im Rahmen der Entwicklung stehen auch in einem engen Zusammenhang mit Verhaltensauffälligkeiten und -störungen.

Die folgenden Ausführungen sollen beispielhaft darlegen, wie Emotionen schulisches Lernen mit bedingen und welche Implikationen die Ergebnisse der Emotionsforschung für die Gestaltung schulischer Lernsituationen haben (vgl. Hänze 2000, 586-594).

Lern- und Bewältigungssituationen sind in unserer heutigen Gesellschaft allgegenwärtig. Insbesondere schulisches Leben und Alltag sind durch immer wiederkehrende Lern- und Bewältigungssituationen gekennzeichnet, die von Emotionen begleitet werden. Gefühle verschiedener Art spielen beim Lernen in der Schule eine bedeutsame Rolle. Man kann zwischen aufgabenbezogenen und sozialen Emotionen in schulischen Leistungssituationen unterscheiden. Bei aufgabenbezogenen Emotionen steht der zeitliche Bezug im Vordergrund. Sie können auf den Augenblick, die Zukunft oder die Vergangenheit gerichtet sein. Treten sie zeitgleich mit der Aufgabenbearbeitung auf und sind sie auf die Gegenwart gerichtet, spricht man von prozeduralen Emotionen. Hierzu gehört unter anderem Lernfreude und Interesse oder – auf der negativen Seite – das Gefühl der Langeweile. Prospektive Emotionen sind auf zukünftige Ereignisse gerichtet und umfassen zum Beispiel Hoffnung bzw. Vorfreude oder – als aversives Gefühl – die Angst. Ein dritter Bereich sind die retrospektiven aufgabenbezogenen Emotionen; Hierbei geht es um einen Vergleich der eigenen Leistungsstandards mit der tatsächlich erbrachten Leistung. Werden die eigenen Ziele erreicht, so können Gefühle der Erleichterung oder Freude entstehen. Stolz ergibt sich darüber hinaus, wenn das eigene Ich mit dem eingetretenen Erfolg in eine ursächliche Beziehung gebracht wird. Beschämung ist das negative Pendant zu Stolz und kann entstehen, wenn ein Misserfolg mit eigenem Unvermögen in eine ursächliche Beziehung gesetzt wird. Auch Ärger kann retrospektiv nach Misserfolgen entstehen. Gerade die beiden zuletzt genannten Aspekte, Erfolg und Misserfolg, Ärger, Unmut und Gefühle der Minderwertigkeit müssen bei Schülern mit besonderem Förderbedarf erhöhte Beachtung finden, es besteht die Notwendigkeit, Gefühle der Minderwertigkeit zu kompensieren, wenn möglich abzubauen und Erfolge, d.h. positive Gefühle zu vermitteln. Welche konkreten Emotionen im Kontext einer Leistungssituation entstehen, hängt von der Art der individuell und situativ unterschiedlichen Ursachenzuschreibung (attributionstheoretische Ansätze) ab. Besonders zu beachten ist dabei die kommunikative Bedeutung von Gefühlen: Schüler nehmen die Attributionen, die sich ihrer Meinung nach hinter der emotionalen Äußerung ihres Lehrers verbergen, wahr, akzeptieren und übernehmen sie häufig für sich selbst. Neben den direkt mit der Leistung und Leistungsrückmeldung verbundenen Emotionen spielen in schulischen Lernsituationen auch auf die Mitschüler bezogene, also soziale Gefühle eine Rolle. Hier ist zu beachten, dass auch aufgabenbezogene Emotionen in hohem Maße durch soziale Vergleichsprozesse beeinflusst werden: Entscheidend für die Einschätzung einer Leistung ist häufig nicht ein absolutes, sondern ein relatives Kriterium, d.h. wie man in Relation zu Mitschülern abschneidet (soziale Bezugsnorm).

Jedes Motivsystem des Menschen, sei es Hilfeleistung, Macht, Aggression oder soziale Affiliation, steht mit Gefühlen in Verbindung. Eine Untersuchung von *Petillon* (1993) zeigt, dass Leistungs- und aufgabenbezogene Emotionen bei Schülern eine vergleichsweise untergeordnete Rolle spielen: So gingen 80 % der in einem offenen Interview geäußerten Gefühle von Schülern der ersten beiden Grundschuljahre auf Interaktionen mit Mitschülern zurück, während auf die Schulleistung bezogene Ereignisse nur in 13 % und Interaktionen mit dem Lehrer nur in 7 % der Fälle als bedeutsam für die Entstehung von Emotionen eingeschätzt wurden. Einflussmöglichkeiten des Lehrers in Bezug auf soziale Emotionen liegen beispielsweise im Unterrichtsstil (etwa „direktiv“ vs. „offen“) oder in der Anregung und Förderung unterschiedlicher Arbeitsformen („kooperativ“, „individualistisch“ oder „konkurrenzorientiert“ (vgl. Perrez/Huber/Geißler 1993). Die allgemein- und sozialpsychologische Stimmungsforschung hat gezeigt, dass positive und negative Stimmungen einen Einfluss auf Lernen und Informationsabruf haben. Es lässt sich aus den bisherigen Untersuchungen schließen, dass positive Stimmung kreative Strategien der Informationsverarbeitung begünstigen kann, während negative Stimmung eher zu einem detailorientierten Verarbeitungsstil führt.

Zusammenfassend kann man sagen, dass sowohl leistungsbezogene als auch soziale Gefühle im Erleben der Schüler im Rahmen des Unterrichts im Klassenverband eine bedeutsame Rolle spielen. Für den Umgang mit Gefühlen beim Lernen in der Schule ergeben sich verschiedene Implikationen. Ziel effektiven Lernens und Arbeitens sollte es sein, die mit dem Lernen verknüpften Emotionen in ihrer Funktion für die Auseinandersetzung mit der Umwelt sinnvoll zu nutzen und sie nicht ausschließlich als störend für den Lernprozess anzusehen. Eine solche Steuerungsfunktion der Gefühle könnte beim Lernen etwa darin liegen, den Lerngegenstand emotional bedeutsam und interessant zu gestalten oder den Arbeitsstil den eigenen emotionalen Bedürfnissen anzupassen. Im Folgenden wird dargestellt, wie Gefühle auf adäquate Weise in den Lernprozess eingebunden werden können, um so Lernmöglichkeiten und Förderung zu verbessern.

7.1.2 Lerninhalte und Emotionen

Jede Begegnung mit einer Situation wirkt über die sinnliche Erfahrung auf den emotionalen Bereich, der bewertet und grob unterscheidet zwischen erwünscht und angenehm einerseits, unerwünscht und unangenehm andererseits. Emotionales geht dem kognitiven Prozess voran, fördert oder verhindert ihn, begleitet die weitere Verarbeitung im Nervensystem. Es sind zunächst die Lerninhalte an sich, die mit Gefühlen verknüpft sein können. Hoffmann (1993) diskutiert ausführlich die Rolle von Antizipationen für das Lernen und weist in diesem Zusammenhang auf die Bedeutung von Emotionen für die Verhaltenssteuerung hin. Das Eintreffen vorhergesagter Verhaltenskonsequenzen kann mit positiven Emotionen bis hin zu einem Gefühl tiefer Befriedigung einhergehen. Diskrepanzen zwischen Erwartungen und erzielten Resultaten gelten auch als Auslöser für Emotionen. Aus lerntheoretischer Sicht ist daher vorherzusagen, dass Ereignisse oder Lerninhalte, die Emotionen auslösen, die Aufinerksamkeit erhöhen und infolgedessen besser behalten werden.

Auch aus empirischer Sicht lässt sich bestätigen, dass Personen emotional anregendes Lernmaterial besser behalten als neutrales (Bower 1992; Schürer-Necker 1994). Beispielsweise wurden in der Untersuchung von *Schürer-Necker* Texte, die emotionale und physiologisch aktivierende Themen behandelten, besser erinnert als Texte mit emotional neutralem Inhalt. Zweifellos ist es so, dass bei emotional anregendem Lernmaterial insbesondere die zentralen Inhalte gut behalten werden, während vergleichsweise wenig Aufmerksamkeit auf periphere Bestandteile gelegt wird. Überträgt man die dargestellten Ergebnisse auf schulisches Lernen, so wäre es sicherlich vorschnell, möglichst viele Lerninhalte emotional angereichert darzubieten, nur um ihre spätere Behaltensleistung zu verbessern. Ein solches Vorgehen würde auch zu einer emotionalen Übersättigung führen. Beachtung sollten die dargestellten Erkenntnisse über den Zusammenhang von Emotionen und Lernen auch auf eine andere Weise erlangen. Findet das Lernen in einem selbstbestimmten Rahmen statt, so kann der Lernstoff an sich eine größere Selbstrelevanz entfalten. Wichtig ist, dass wir besser lernen, weil durch Lerninhalte eine größere persönliche Bedeutung emotional oder somatisch (Damasio 2004) „markiert" ist. Selbstbestimmt erworbenes Wissen wird durch die Anknüpfung an eigenes Handeln und an die eigenen Ziele emotional bedeutsam. Zu beklagen ist, dass Schüler ihre Alltagskenntnisse und ihr in der Schule erworbenes Wissen oft nicht miteinander in Verbindung bringen. Auch ein Transfer schulischen Wissens auf lebensnahe Probleme ist ihnen häufig nicht möglich; es entsteht quasi „träges Wissen".

Eine Ursache hierfür liegt darin, dass der Wissenserwerb nicht oder viel zu selten mit Handlungszielen verknüpft wird. Wenn keine Ziele erreicht werden können oder wenn Ziele verfehlt werden, entstehen auch keine mit dem Lernstoff verbundenen Emotionen. Alle Unterrichtsformen sind daher zu hinterfragen, inwieweit sie Handlungsziele der Schüler einbeziehen, um so dem Inhalt mehr persönliche Bedeutsamkeit zu geben. Beispielsweise bietet „situiertes Lernen" eine Möglichkeit, Wissenserwerb mit Handlungszielen zu verknüpfen. Zentrales Merkmal des situierten Lernens ist das Problemlösen-Wollen. Durch das Lernen an einem aktuellen, am besten selbst gestellten Problem wird das Lernen selbst relevant; durch den emotionalen Bezug wird der Lernstoff besser im Gedächtnis verankert. Es kann eine emotionale Markierung im Sinne von „Das ist wichtig; das hat mir schon einmal geholfen" stattfinden.
Sicherlich werden im sonder- und heilpädagogischen Arbeitsfeld didaktische Prinzipien wie Lebensnähe, Handlungsorientierung, Problemorientierung verstärkt beachtet. Dennoch bedürfen emotionale Begleitprozesse je nach Schüler in diesem Arbeitsfeld größerer Aufmerksamkeit; hierzu sei auf die besondere Bedeutung von Motorik, insbesondere Sensomotorik **und** Wahrnehmung verwiesen (vgl. 9.2).
Die Empfehlung, Emotionen in den Lernprozess einzubeziehen, ist nicht neu. Lernen mit „Kopf, Herz und Hand" forderte schon der Pädagoge *Johann Heinrich Pestalozzi.* Auch die von Reformpädagogen wie Montessori und Freinet Anfang des 19. Jahrhunderts eingebrachten Vorschläge zielen auf eine bessere emotionale Verankerung des Lernstoffes ab. Ähnliches fordern Vertreter der Humanistischen Psychologie wie *Carl Rogers, Reinhard Tausch* und *Virginia Axline.* So sollen die Schüler beispielsweise die Möglichkeit erhalten, Fragen selbst zu formulieren, eigene Themen zu suchen, und die Antworten auf ihre Fragen eigenständig zu erarbeiten. Dadurch wird das Wissen in einen Handlungskontext eingebunden und erhält eine stärkere persönliche und emotionale Relevanz. Auch Unterrichtskonzepte wie Projektunterricht, Freiarbeit und offener Unterricht, Gestaltungsformen wie Morgenkreis und gemeinsames Entwerfen des Wochenplans zielen darauf ab, die Selbstverantwortung zu fördern und so die Ziele und Gefühle der Schüler verstärkt in den Unterricht einzubeziehen.

7.1.3 Lernprozesse, Emotionen und Wohlbefinden

Emotion und Wohlbefinden wirken sich auf Lernprozesse aus. Gefühle und Stimmungen steuern nicht nur die Lerninhalte, sondern gehen auch mit ganz spezifischen Problemlöse- und Lernstilen einher. Kein Zweifel, die Art und Weise des Denkens ist stimmungsabhängig: Gut gelaunt lösen wir Probleme anders als schlecht gelaunt; wir sind dann kreativer, aber auch weniger kontrolliert, allerdings vielleicht oberflächlicher; wir haben nicht das Bedürfnis, die Gedanken oder das Verhalten übermäßig kontrollieren zu müssen – die Dinge laufen quasi wie von selbst. Schlecht gelaunt ist das Denken hingegen sorgfältiger, langsamer und rigider; wir versuchen, das Verhalten mehr zu kontrollieren – wie das geschieht, hängt allerdings auch von der Intensität der Emotionen ab.

Mit jeder Stimmungslage geht auch ein eigener, charakteristischer Denkstil einher. Der Passung zwischen Stimmung und Denkstil sollte auch beim Lernen in der Schule Beachtung geschenkt werden. Eine Funktion der Stimmung liegt in ihrem Informationswert für die Verhaltensregulation: Gute Stimmung signalisiert der jeweiligen Person, dass die psychologische Situation in Ordnung ist. Sie kann den Gedanken und dem Verhalten freien Lauf lassen, ohne dass die eigenen Tätigkeiten besonders kontrolliert werden müssen. Das sind ideale Voraussetzungen für die Entfaltung von Kreativität, „Geistesblitzen" und eher intuitivem Denken. Schlechte Stimmung signalisiert hingegen: Pass auf, es läuft nicht alles so, wie es deinen Zielen entspricht; versuche jeden Schritt, den du tust, zu kontrollieren!. Anstehende Aufgaben werden entsprechend mit größerer Kontrolle und Sorgfältigkeit erledigt. Verknüpfungen von Stimmungslagen mit Denk- und Arbeitsstilen können genutzt werden. Die Entfaltung von ideenreichem Denken und Kreativität wird eher begünstigt durch eine offene, positive Gefühlslage. Kreativität kann allerdings nicht erzwungen werden. Versucht man sich in einer negativen Stimmungslage hingegen nicht an kreativen Höhenflügen, sondern an einfachen Routineaufgaben, die Sorgfalt erfordern, so stellt sich wahrscheinlich schneller ein Erfolg ein.

„Wohlbefinden" ist für Lernprozesse wichtig. Vor allem *Michaela GläserZikuda* hat sich mit der Frage des „Wohlbefindens" im Zusammenhang mit Emotionen und Lernen beschäftigt (2001, 32-42). Sie betont, dass in der Literatur der Begriff des Wohlbefindens und einige verwandte Konzepte wie Glück oder Lebenszufriedenheit nicht einheitlich d.h. ohne definitorische Exaktheit verwendet werden. Um Unklarheiten und Widersprüche zu vermeiden, kann man zwischen aktuellem Wohlbefinden (AW), das die augenblickliche Befindlichkeit beschreibt, und habituellem Wohlbefinden (HW) als relativ stabiler Eigenschaft unterscheiden. Dabei ist unter AW das momentane Erleben einer Person gemeint, das positive Emotionen, Stimmungen und körperliche Empfindungen sowie das Fehlen von Beschwerden umfasst. Im Zusammenhang mit dem AW werden positive Emotionen, die sich auf Personen, Situationen oder Erlebnisse beziehen, erlebt, so z.B. Freude und Glücksgefühle. Positive Stimmungen unterscheiden sich von Emotionen durch ihre fehlende Intentionalität, längere Dauer und meist schwächere Intensität. Wohlbefinden im Sinne einer Stimmung ist mit positiver Stimmung gleichzusetzen. Die Erkenntnisse zur Passung zwischen Stimmung und Arbeitsformen legen im Hinblick auf das Lernen in der Schule schülerzentrierte Unterrichtsphasen nahe. Neben den kognitiven Lernzielen sollten vor allem bei jüngeren Schülern und bei Kindern mit einem besonderen Förderbedarf die emotionalen Bedürfnisse bedacht werden. Können Schüler selbst die Arbeitsformen wählen, besteht die Möglichkeit, auch selbst eine optimale Passung zwischen Stimmung und adäquatem Denk- und Arbeitsstil herzustellen.

7.1.4 Emotionen und Motivation

Motivation für Lernen ergibt sich aus den emotionalen Prozessen, die entweder ein Lerngegenstand selbst oder ein Vermittler im Subjekt hervorrufen. Hieraus entwickeln sich Neugierde und Interesse, den Lerngegenstand näher kennen lernen, erobern und sich damit aneignen zu wollen. Zur Motivation gehören die Bestimmungsstücke, Situation, individuelle Person und ein daraus hervorgehendes (gerichtetes) Verhalten, das wir als Anfang eines Lernprozesses bezeichnen. Im Kontext sowohl gegenstandsorientierter als auch schülerorientierter Motivierungsmöglichkeiten besteht das Ziel, ein positives Spannungsverhältnis zwischen Stoff und Lernenden zu generieren, in dem Schüler autonom personale Wertentscheidungen treffen können. Motiviertheit können wir als eine Art Energie mit aktiver Tendenz auffassen. Motiviertheit und Emotionalität schließen gleichermaßen eine psychophysische Erregtheit – Aktiviertheit – ein. Der Motiviertheit wird ein konstruktiv zu nennender Anteil an Aktiviertheit beigemessen, der zielgerichteten Handlungen zufließt und auch in Phänomenen wie Willensstärke und Konzentration zum Ausdruck kommt. Emotionalität könnte aber auch einen Anteil an Aktiviertheit enthalten, der sich in ungeordneten Tätigkeiten entlädt und zielgerichtete Handlungen stört.
Ein Motiv können wir als Sammelbegriff für dahinter liegende psychische Ursachen, Triebfedern und Bedingungen von Handlungen sowie innerpsychischen Zuständen und Prozessen bezeichnen. Motive gelten als bewusste Beweggründe des Handelns und als erlebte Handlungsimpulse. Motivation ist als Bedingung für die aktive Auseinandersetzung mit der realen oder kognitiv repräsentierten Umwelt zu verstehen. Die Frage nach dem Motiv ist die Frage nach dem Warum? und was will ich tun? In diesem prozesshaften Geschehen drückt sich die Person-Umwelt-Beziehung aus. Auch bei der Emotion fragen wir nach dem Warum? Es geht hier um die subjektive Befindlichkeit, die Zuständlichkeit. Emotionen sind elementarer als Motive. Sie sind als Voraussetzung für die Entwicklung jeglicher Handlungsimpulse, also Motivationen zu sehen. Geht man davon aus, dass nahezu alle Wahrnehmungen und Kognitionen eine emotionale Komponente haben, stellt sich die Frage, ob Emotionen als Folge vorausgegangener kognitiver Einschätzungen zu sehen sind oder ob Emotionen der kognitiven Verarbeitung vorausgehen? Eine derartige Unterscheidung ist nicht sinnvoll, denn alle Prozesse beeinflussen sich gegenseitig. Sie sind zueinander komplementär und können nicht unabhängig voneinander funktionieren.
Emotionen, Kognitionen und Motive wechseln ihre Dominanz, bald steht das Gegenstands-Bewusstsein, dann wieder das Zustands-Bewusstsein im Vordergrund. Es gibt allerdings im praktischen Bereich Gründe, die Aspekte Emotion,

Kognition und Motivation voneinander abzuheben wie bei der Frage der Leistungsstörung oder eines Leistungsabfalls. Hier interessiert zu wissen, ob das Kind nicht will, nicht kann oder vielleicht Angst hat.

Im Rahmen schulischen Lernens sind im Hinblick auf Motivation drei Kategorien entscheidend: Sinn, Relevanz und Interesse. Schüler werden sich auf Lernanforderungen, auch auf ungeliebte und langweilige, einlassen können, wenn sie wenigstens den Sinn solcher Anforderungen erkennen können. Relevanz für Lernarbeit entsteht, wenn Bedeutsamkeit und Betroffenheit im Spiel sind. Hat etwas Relevanz, ergibt sich nicht nur der Sinn, sondern auch die Notwendigkeit zur Wahrnehmung des Gegenstands oder der Sache. Interesse ist die dritte Kategorie. Wenn jemand Interesse an einer Sache entwickelt hat, sind für ihn Sinn, Relevanz und affektive Befindlichkeit in einer positiven Weise gegeben, so dass er von sich aus die Auseinandersetzung und Beschäftigung mit dem Thema, mit einem Gegenstand oder einer Disziplin sucht.

Sicherlich ist einer der im Unterricht am meisten beachteten und bekanntesten lernbeeinflussende Faktoren die Motivation. Diese ist bestimmend für Lernerfolg bzw. Lernmisserfolg. „Motivierung ist die momentane Bereitschaft eines Individuums, die sensorischen, kognitiven und motorischen Funktionen auf die Erreichung eines künftigen Zielzustandes zu richten und zu koordinieren. Dabei ist in Lernsituationen der Grad der Aufmerksamkeit entscheidend, mit welchem der Schüler überhaupt sich dem Unterrichtsgeschehen im Klassenzimmer zuwendet" (Gläser-Zikuda 2001, 43). Die Lernmotivierung ist als Wechselwirkungsprodukt von relativ überdauernden Zügen der Persönlichkeit und von momentanen Eigenschaften der Situation zu sehen. Hier spielt auch die Unterscheidung von intrinsischer und extrinsischer Motivation eine Rolle. Intrinsisch motiviertes Lernen, also Lernen aus dem Spaß an der Sache heraus, hat – wie häufig nachgewiesen – deutlich bessere Lernleistungen zur Folge. Hat man einmal mit einer Tätigkeit begonnen, so spielen die prozessorientierte Motivation, also Freude und Interesse an der Aufgabe, eine größere Rolle für die Aufrechterhaltung des Verhaltens als die ergebnisorientierte Motivation. Eine hohe emotionale und kognitive Involviertheit ist ein Anzeichen für prozessbezogene Motivation und ein Hinweis darauf, dass eine Aufgabe zu Ende gebracht und gut gelöst wird. Wie bereits zum Ausdruck gebracht können wir solche Motiviertheit als Energie mit aktiver Tendenz begreifen.

Als eine besonders intensive Form der emotionalen und kognitiven Involviertheit kann das Flow-Erleben (Csikszentmihalyi 1992) angesehen werden.

Flow ist ein freudevolles Aktivitätsgefühl, bei dem man völlig in der Sache aufgeht, mit der man sich beschäftigt; eine Aufmerksamkeit, die ganz von der Aufgabe absorbiert wird und die eigene Person vergessen lässt. Flow-Erleben wird begünstigt durch eine klare Aufgabenstruktur mit eindeutigen Zielen. Dazu gehört auch, dass der Handelnde unmittelbar Rückmeldungen über die Ergebnisse seiner

Aktivitäten erhält. Schüler haben dann eine Chance, beim Lernen einen Flow-Zustand zu erreichen, wenn eine gute Passung zwischen Anforderung und Fähigkeit, sie zu lösen, vorliegt. Auch hier müssen allerdings die emotionalen Voraussetzungen stimmen: In emotionalen Phasen der Langeweile oder Angst ist es nahezu unmöglich, Flow zu erleben. Gute Gefühle – z.B. Freude an der Tätigkeit – stellen eine Voraussetzung und bis hin zum Glück auch eine Folge des Flow-Erlebens dar. Kompetenzsteigerung und Wissenserwerb können im Flow nahezu nebenbei stattfinden. Gerade geistige und kreative Höchstleistungen werden, so *Csikszentmihalyi,* häufig in einem Zustand des völligen Aufgehens in der Tätigkeit, also im Flow, erreicht. So sind Schüler, die beim Lernen in einen Flow geraten, die besseren Lerner. Insgesamt zeigt die Forschung zur intrinsischen und extrinsischen Motivation, dass Lernen, welches selbstbestimmt und nicht ausschließlich auf die Erreichung von außen gegebener Ziele ausgerichtet ist, zu deutlich besseren Erfolgen führt. Unter solchen Bedingungen entsteht nämlich ein verstärkt „situiertes“ und weniger „träges“ Wissen.

Die kognitiven Bedingungen für die Aktualgenese von Lern- und Leistungsemotionen können wie folgt beschrieben werden:

- Bei prozeduralen Emotionen wie Lernfreude und Langeweile spielen Kognitionen wie die Einschätzung der Aufgabenschwierigkeit oder Interesse am Thema eine Rolle. Für die Entstehung von Freude ist anzunehmen, dass ein mittlerer Grad an Schwierigkeit und Neuheit verantwortlich ist, während diese Faktoren für Langeweile eher im oberen oder unteren Extrembereich liegen.
- Die prospektiven Emotionen wie Hoffnung und Angst entstehen in Abhängigkeit davon, ob die Aussicht auf Erfolg sicher bzw. unsicher ist. Ein Schüler hat Hoffnung, wenn die Ereignisse positiv bewertet werden, bei negativer Bewertung mit einer gleichzeitig niedrigen Bewertung der eigenen Kompetenzen wird er Angst haben. Die prospektiven Emotionen Vorfreude und Hoffnungslosigkeit entstehen aus subjektiv sicheren Eintretenswahrscheinlichkeiten von Erfolg (Lernfreude) und Misserfolg (Hoffnungslosigkeit).
- Retrospektive Freude stellt sich nach einem Erfolg ein, Traurigkeit hingegen nach entsprechendem Misserfolg. Erleichterung wird empfunden, wenn ein befürchtetes negatives Ereignis nicht eintritt, Enttäuschung, wenn ein erhofftes positives Erlebnis ausbleibt. Stolz geht mit persönlich erlebtem Erfolg einher.

Zur Wirkung von Emotionen auf Motivation, Lernen und Leistung lässt sich folgendes festhalten: Emotionen haben einen tief greifenden Einfluss auf Lernen und Leistung. Man kann zwischen aktivierenden Emotionen (z.B. Lernfreude, Angst, Ärger) und deaktivierenden Emotionen (z.B. Langeweile oder Hoffnungslosigkeit) unterscheiden. Darüber hinaus soll in Anlehnung an die motivationspsychologische Terminologie – in bekannter Weise – zwischen intrinsischen Emotionen, die direkt auf eine Tätigkeit oder einen Gegenstand gerichtet sind, und extrinsischen Emotionen, die sich auf handlungsexterne Umstände oder Folgen einer Tätigkeit richten, unterschieden werden. Ein Beispiel für intrinsische, auf die Lernhandlung selbst gerichtete Lernemotion wären Lernfreude und Lernlangeweile. Eine entsprechende extrinsische Lernemotion wären dann z.B. Vorfreude auf gute Noten und Angst vor Lernversagen (vgl. Gläser-Zikuda 2001, 40). Aktualgenetisch gesehen werden Emotionen von situations-, selbst-, handlungs- und gegenstandsbezogenen Kognitionen ausgelöst. Wesentlich sind in diesem Zusammenhang (a) lernrelevante Erinnerungen, Sozialvergleiche und Erwartungen und (b) Valenzkognitionen und Interessen.

Emotionen hängen einerseits von den genannten vorhergehenden Prozessen und andererseits von strukturellen Bereitschaften (somatischen Dispositionen wie z.B. Gesundheit sowie von prozeduralen Emotionsschemata, d.h. gelernten und automatisierten emotionalen Bewertungs- und Reaktionsschemata) ab. Emotionen beeinflussen das Lernverhalten sowie metakognitive Prozesse (Handlungskontrolle). Daraus ergeben sich kognitive Lernprozesse und damit auch Lernergebnisse bzw. Lernleistungen. Mit dem Begriff „Lernverhalten“ werden diejenigen Aspekte des Lernens bezeichnet, die einer metakognitiven und willentlichen Kontrolle unterliegen.

Wir können also zusammenfassend sagen, dass Emotionen Lernleistungen und damit kognitive Prozesse und Leistungen allgemein beeinflussen und dadurch wesentlich zur Lebensbewältigung und Persönlichkeitsentfaltung beitragen.

7.1.5 Emotionale Intelligenz

Motive als Beweggründe menschlichen Verhaltens sind mit Wertgefühlen verbunden, die Dynamik in Richtung Zielvorstellung entwickeln, aufrechterhalten und steuern. Bedürfnisse, Strebungen und Triebe des handelnden Individuums, Merkmale der wahrgenommenen Situation sowie der wertbesetzten Zielzustände sind wirksam. Schule muss sich stets um die Pflege und den Erhalt von im vorherigen Kapitel dargestellten Interessen bemühen, in denen auch immer Emotionen aufgehoben sind. Unter pädagogischem Aspekt geht es um die Förderung von Selbstvertrauen, eines positiven (Leistungs-) Selbstbildes und um eine erfolgsorientierte Einstellung zu eigenem Lernen und Leisten. Im Rahmen der didaktischen Förderung müssen also neben der kognitiven Aktivierung der Intelligenz auch zusätzliche alltags- und lernrelevante Aspekte Berücksichtigung im individuellen Unterrichtsstil und in den Erziehungszielen finden. Hierzu gehören zum Beispiel: offene Atmosphäre, Handlungs- und Denkfreiräume, Akzeptanz und Kreativität. Greifen wir auf die Ausführungen über den erforschten Einfluss der Emotionalität aus der Neurobiologie/Neuropsychologie zurück, kann man die These vertreten, dass alles Denken und Handeln maßgeblich von Emotionen gesteuert wird. Vorstellungen lassen sich von Emotionen leiten, folgen einander in prozesshaften Sequenzen, die jeweils wiederum angenehme Ziele erstreben. Offenbar ist mit jeder Vorstellung auch eine Wertung verbunden.

Nicht nur in der neurobiologischen Hirnforschung, sondern auch in der Pädagogik drängt sich aktuell häufig die Frage auf, welchen konkreten Einfluss Emotionen auf die Wahrnehmung, das Handeln und auf individuelle Lernprozesse haben. Bei deren Beantwortung wird vermehrt auf das Konstrukt der Emotionalen Intelligenz, kurz „EQ", verwiesen. Diese bezieht sich auf den intelligenten Umgang mit eigenen und fremden Gefühlen. Mit diesem Begriff wird darauf verwiesen, dass der herkömmliche Intelligenzquotient, der in erster Linie die kognitive Leistungsfähigkeit misst, nur zu einem kleinen Teil das erfasst, was im Leben tatsächlich zu beruflichem und privatem Erfolg führt. Offenbar werden soziale und emotionale Fähigkeiten, die für bestimmte Berufe und für das Leben ebenso wichtig sind wie kognitive Fähigkeiten, vom herkömmlichen Intelligenzkonzept völlig vernachlässigt. Emotionale Intelligenz umfasst Qualitäten wie das Verstehen der eigenen Gefühle, Einfühlungsvermögen in andere Menschen und die Fähigkeit, Emotionen so zu steuern, dass sich die Lebensqualität verbessert. Verwendet man den Begriff der emotionalen Intelligenz, so betrachtet man die Erkenntnisse, aber auch Fragestellungen aus einem veränderten Blickwinkel: Inwieweit machen sich Menschen ihre Gefühle und Stimmungen zunutze, um ihr Verhalten den anstehenden Problemen auf effektive Weise anzupassen? Ist es sinnvoll, sich auch von Emotionen leiten zu lassen? Es gibt offensichtlich Menschen, die intuitiv effektiver mit ihren Gefühlen umgehen können als andere, für die möglicherweise die Gefühlswelt eher belastend ist. *Salovey und Mayer* (1990) gehen davon aus, dass die zur emotionalen Intelligenz gehörenden Fähigkeiten auch erlernbar sind, was natürlich von pädagogischem Interesse ist.

Emotionale Intelligenz umfasst drei Bereiche: Interpretation und Ausdruck von Emotionen, Regulation von Emotionen und produktive Nutzung von Emotionen. Diese Dimensionen sollen in akzentuierter Form aufgezeigt werden (vgl. Salovey/Mayer 1990; Hänze 1998, 200, 592; Gläser-Zikuda 2001, 52ff., Bundschuh 2003, 85ff., 109f.).

1. **Interpretation und Ausdruck von Emotionen:** Hier geht es darum, wie gut man seine eigenen Gefühle erkennen und wie angemessen man die Emotionen anderer wahrnehmen, interpretieren und nachempfinden kann. Die Fähigkeit zur Empathie, die eine entscheidende Rolle in der zwischenmenschlichen Kommunikation spielt, ist hier gemeint. In einigen Studien konnte gezeigt werden, dass emotional intelligente Menschen eigene Gefühle genau und schnell wahrnehmen können (Hänze 1998). Sie können die eigenen Gefühle auch deutlicher anderen gegenüber ausdrücken, und zwar verbal und nonverbal, das heißt in ihrer Mimik, Gestik und Körperhaltung. Im Rahmen der Klientenzentrierten Psychotherapie von *Carl Rogers* (1984) gilt dies als Fähigkeit zur Empathie (vgl. Bundschuh 2008, 278-284.).
2. **Regulation von Emotionen:** Es geht dabei um die Frage, wie gut eigene Gefühle gesteuert und reguliert werden können. Zur Regulation von Emotionen

gehört, die Möglichkeiten und Strategien der Emotionsregulation flexibel zu handhaben, sich z.B. in einer angespannten, aufreibenden oder beängstigenden Situation auf etwas anderes konzentrieren zu können, einen anderen Ort aufzusuchen oder zu kommunizieren. Der emotional intelligente Mensch hat seine Emotionen „im Griff", ohne sie zu verleugnen oder zu verdrängen, er kann mit seinen Emotionen umgehen. Bei manchen Kindern und Jugendlichen besteht im sozial-emotionalen Bereich ein großer Förderbedarf, der jedoch auch ein hohes Maßes an Sensibilität voraussetzt.

3. **Produktive Nutzung von Emotionen:** Im Handeln von emotional intelligenten Menschen zeigt sich ihr Wissen über die Auswirkung von Gefühlen und Stimmungen auf Denkinhalte und Denkformen, auf Gedächtnis, Kreativität, Risikobereitschaft und Motivation. Wie gut nutzen Menschen implizit oder explizit ihre Emotionen und ihr Wissen über ihre Emotionen beim Planen, Denken und Problemlösen, bei der Aufmerksamkeitssteuerung, zu ihrer eigenen Motivation und zum Handeln allgemein? Insbesondere der letztgenannte Punkt hat große Bedeutung für effektives Lernen: Der emotional intelligente Schüler kann seine Gefühle bei der Wahl des Lernziels, der Aufgabe und seines Arbeitsstils nutzen. Er weiß – bewusst oder unbewusst – dass seine Gefühle ihm signalisieren, welches Verhalten oder welche Tätigkeit seinem momentanen Gefühlszustand am ehesten entspricht und so ein effektives Lernen ermöglicht.

Populär wurde der Begriff emotionale Intelligenz durch *Goleman* (1995, 2001), der am Ende seines Buches „Emotionale Intelligenz" (2018) die These aufstellte, emotionale Intelligenz sei ein wichtiger Garant für Erfolg im Leben: „Wer Erfolg im Leben haben will, muss klug mit seinen Gefühlen umgehen können und das emotionale Alphabet beherrschen". In stärkerem Maße als beim Intelligenzquotienten, der ein Maß für die intellektuelle Leistungsfähigkeit darstellt, wird davon ausgegangen, dass die zur emotionalen Intelligenz gehörenden Fähigkeiten erlern- und trainierbar sind (Salovey/Mayer 1990). Daher sieht *Goleman* die Förderung emotionaler Intelligenz auch für den Schulunterricht als ein zentrales Erziehungs- und Lernziel an (vgl. 2018, 377f.). Emotionen stehen auch im Zusammenhang mit dem Denkstil. Gut gelaunt ist Denken kreativer und flexibler. Schlechte Laune macht kritisch und führt zu kontrollierbareren Abläufen und Denkprozessen. Dasselbe könnte man auch einem Schüler raten, der bei seiner Vorbereitung für die nächste Klassenarbeit nicht vorankommt. Nach einer Spielpause im Freien oder dem Lesen eines Buches ist die Stimmung wieder positiver und die für die Aufgabenbearbeitung erforderlichen Denk- und Lernprozesse laufen leichter und schneller ab. Man kann auch sagen, der emotional Intelligente nutzt seine Gefühle für eine optimale Verwertung der persönlichen Ressourcen, er versucht sich nicht krampfhaft an kreativitätserfordernden Aufgaben, wenn er weiß, dass in solchen Situationen Aufgaben besser am Platze sind, die Genauigkeit, Sorgfalt und ein gewisses Gleichmaß erfordern. Auch für die Lenkung der Aufmerksamkeit spielen Emotionen eine Rolle. Emotionen signalisieren, was im Moment gut oder schlecht ist. Positive Gefühle können als Motivatoren eingesetzt werden. Die Vorstellung von angenehmen künftigen Ereignissen z.B. lässt Vorfreude entstehen und wirkt geradezu antreibend. Im Zusammenhang mit Motivation fordert gute Stimmung die Lust an einer Tätigkeit um ihrer selbst willen (intrinsische Motivation), während bei schlechter Laune kaum ein Verhalten intrinsisch motiviert ist. Emotionale Intelligenz ist ein Konstrukt mit vielen verschiedenen Facetten, die für den Zusammenhang von Lernprozessen und Emotionen von Relevanz ist (vgl Bundschuh 2003, 85-110).

Zusammenfassend lassen sich für positive und negative Lern- und Leistungsemotionen drei Aspekte hervorheben (vgl. auch Gläser-Zikuda 2001, 54):

1. Positive Emotionen führen zu leistungsfördernden Effekten.
2. Negativ aktivierende Emotionen wie Angst und Ärger wirken einerseits leistungsmindernd, indem sie kognitive Ressourcen binden und damit intrinsische Motivation verringern, andererseits kann dies über eine Erhöhung extrinsischer Motivation kompensiert werden.
3. Negative desaktivierende Emotionen wie Langeweile und Hoffnungslosigkeit motivieren eine Person nicht zum zielorientierten Handeln. Abschweifende Gedanken und Tagträumen bei Langeweile verringern kognitive Ressourcen. Dies führt zu einer Reduktion intrinsischer wie extrinsischer Motivation und damit zu negativen Auswirkungen auf die Lernleistung.

Angesichts zunehmender Probleme und Herausforderungen in der Gegenwart und Zukunft wird die soziale und emotionale (Entwicklungs-) Förderung einen neuen Stellenwert im Rahmen von Erziehung, Schule, Unterricht und Therapien erhalten. Die Lerntherapie von Armin Metzger ((2008) hat dies bereits erkannt.

7.2 Spezifischer Förderbedarf

7.2.1 Förderbedarf Lernen

Traditionell betrachtet werden unter dem Begriff Lernbeeinträchtigungen je nach Schweregrad Lernschwierigkeiten, Lernstörungen und Lernbehinderungen zusammengefasst. Diese Einteilung wurde bei aller Kritik auch häufig benutzt. Das Erscheinungsbild von Lernschwierigkeiten zeigt sich – durch „Auffälligkeiten" – im Lern-, Arbeits- und Sozialverhalten sowie im Erlernen der Kulturtechniken allgemein. Bei Lernstörungen, die sich auch manchmal als Teilleistungsstörungen manifestieren, sind Bereiche des Lernens betroffen, die unabhängig vom Intelligenzniveau traditionell als spezifische Störungen vorübergehender Art in motorischen, perzeptiven, sprachlichen und kognitiven Funktionen gesehen wurden. Der individuelle Förderbedarf wird hier als nicht so hoch eingeschätzt wie bei

„Lernbehinderungen", die einen hohen Förderbedarf – meist differenzierter und lang dauernder Art – erfordern und den gesamten Lernprozess betreffen können. Heute benutzen wir im Zusammenhang mit der Bildung von Vorurteilen und Diskriminierungen die traditionellen Begrifflichkeiten nicht mehr und sprechen von einem speziellen sonderpädagogischen, besser individuellen Förderbedarf, z.B. in den Bereichen Lernen, soziale, emotionale und auch geistige Entwicklung oder auch speziell im Bereich der Sinne wie Hören, Sehen. Bei einem geringen bis hohen Förderbedarf kann es sich um Auffälligkeiten bzw. Störungen in den Bereichen Kognition, Wahrnehmung, Motorik, Sozial- und Emotionalverhalten handeln.

Die Störungen in den Bereichen Wahrnehmung (Gedächtnisleistungen, taktil-kinästhetisches, auditives und visuelles System) und Motorik (Feinmotorik, Grobmotorik, Handlungsplanung und -steuerung) werden an dieser Stelle nicht explizit thematisiert, vielmehr geht es hier um psychisches Allgemeinbefinden und Selbstwertgefühl im Kontext Lernen.

Die sozial-emotionale Befindlichkeit kann sich im psychischen Allgemeinzustand ausdrücken wie mehr oder weniger große Niedergeschlagenheit, Ausgelassenheit, Ängstlichkeit, Fröhlichkeit, im Antrieb und in der Anregbarkeit (Passivität, Aktivität, Gleichgültigkeit, Interesse, Erregtheit, Ruhe, Hypersensibilität, Ausgeglichenheit, Hyperaktivität, Ruhelosigkeit), in der Motivation (Grad der Ansprechbarkeit, hohe oder niedrige Leistungsmotivation), im Arbeitsverhalten (Konzentration, passives und aktives Verhalten, Ermüdbarkeit, rasches bzw. schleppendes Arbeitstempo, Impulsivität), in der Selbststeuerung (überlegtes oder kurzschlussartiges Handeln, Labilität, Rigidität, Flexibilität), im Selbstwertgefühl (Minderwertigkeitsgefühl, Selbstbewusstsein, Geltungssucht, Bescheidenheit, Überheblichkeit, Egozentrik und in der sozialen Einordnung (Isolation, Kontaktfreude, Geselligkeit, Kontaktarmut, Überangepasstheit, Rücksichtslosigkeit, Rücksichtnahme, Umsichtigkeit, Empathie, Fürsorglichkeit, Aggressivität).

Wenn wir Lernen als Ergebnis von Interaktionsprozessen zwischen Mensch, Umwelt und Eigenkonstruktion verstehen, wird deutlich, dass die Ursachen für eine Störung des Lernprozesses entweder im Bereich des Individuums selbst oder aber in bestimmten Umfeldbedingungen zu suchen sind. Immer noch Praxis ist teilweise der einseitige Blick auf das Individuum, das im Sinne des traditionellen medizinischen Modells (vgl. 4.1) primär als „gestört" angesehen wird, während andere Aspekte wie die sozialen, emotionalen und insgesamt die soziokulturellen Bedingungsfaktoren der Entwicklung und der aktuellen Situation zu wenig Beachtung finden.

Spezieller Förderbedarf wird auch als Ergebnis eines Zusammenwirkens von beeinträchtigenden organischen, psychischen, sozialen und schulischen Bedingungen betrachtet, wobei niemals von einem Ursachenbereich allein ausgegangen werden sollte, vielmehr handelt es sich meist um ein Bedingungsgeflecht, das als ursächlich für die Entstehung von Lernbehinderungen und -beeinträchtigungen betrachtet werden muss. Bei den personbezogenen Bedingungen können somatische Probleme sowie die physische Verfassung die entscheidende Rolle spielen, während bei den umfeldbezogenen Bedingungen schulische, soziale, familiäre und auch materiale Aspekte wie z.B. Schulangst, Außenseiterrolle, Erziehungsfehler und Armut in den Vordergrund rücken. Beide Bereiche, die Person selbst und das Umfeld, haben großen Einfluss auf die emotionale Befindlichkeit und damit auf Lernprozesse. So sollte berücksichtigt werden, aus welchen Wohnverhältnissen und finanziellen Verhältnissen die Kinder kommen, welchen Stigmatisierungsprozessen sie aufgrund ihrer Lernprobleme, einer Behinderung und/oder Umfeldbedingungen ausgesetzt waren und sind, wie sie mit der Stofffülle und dem Lerntempo eines Lehrers zurechtkommen, ob nicht auch methodisch-didaktische Mängel eine Rolle spielen können, wie sich die Lehrer-Schüler-Beziehung darstellt, ob ungünstige Lernstile und -strategien dominieren, welches Selbstkonzept ein Kind in der Schule entwickelt hat, ob Angst, Konzentrationsprobleme oder ob somatische Störungen vorliegen.

Nicht die Leistungsanpassung an Lehrplannormen, sondern die optimale Entfaltung der Persönlichkeit wird intendiert und hierzu gehören gute Bedingungen für eine harmonische emotionale und soziale Entwicklung. Wie bereits zum Ausdruck gebracht, beeinflusst die Atmosphäre des kindlichen Umfeldes das psychische Allgemeinbefinden in hohem Maße. Insofern wird die Bedeutung des Emotionalen sowohl in der Familie als auch in der Schule für konstruktive Lernprozesse eines Kindes betont, um eine aktiv-gestalterische Interaktion mit dem Umfeld zu ermöglichen.

Auf Stress und Probleme reagieren Kinder häufig mit Unruhe, Unkonzentriertheit, Aggressionen, Unaufmerksamkeit, Clownerie, aber auch Passivität bis hin zu depressivem Verhalten. Damit werden sie für Pädagogen in der Regel „unangenehm". Sie stören und irritieren, schließlich werden diese Verhaltensweisen möglicherweise als Provokation aufgefasst und sanktioniert. Häufig wird im Zusammenhang mit dem Auftreten dieser sozial-emotionalen Reaktionen von „Verhaltensauffälligkeit" oder auch „sekundärer Verhaltensstörung" gesprochen. Kinder gelten als auffällig, wenn sie in Verhaltens- und Leistungsbereichen nicht den Erwartungen der Erwachsenen entsprechen. Man spricht von einer Störung, wenn sich dieses abweichende Verhalten über einen größeren Zeitraum hinweg wiederholt. Aus diesem Grund versuchen gegenwärtig Klassenlehrer verstärkt, in Kooperation mit Eltern und Beratungslehrern, Schulpsychologen und Mobilen Sonderpädagogischen Diensten bei einem Förderbedarf im Bereich des Lernens über Förder- und Interventionsmaßnahmen wie Nachhilfe, Konzentrations- und Entspannungsprogramme sowie kompensatorische Erziehungshilfe dem Kind die Möglichkeit zu geben, die Grundschule erfolgreich zu absolvieren. Oft reichen die vom System Schule vorgesehenen Möglichkeiten nicht aus, für tiefer liegende

Probleme ist dann auch Lerntherapie angezeigt, die nicht nur den Lernprozess analysiert, sondern auch die sozialen und emotionalen Bedingungen schulischen Lernens und damit zusammenhängenden Störungen.

7.2.2 Emotionale und soziale Entwicklung – „Auffälligkeiten" und psychische Situation

Verhaltensauffälligkeiten sind längerfristige Auffälligkeiten bei Kindern und Jugendlichen, die sich auf die dialogische Basis verschiedener Erziehungs und Bildungsverhältnisse negativ auswirken, so dass heilpädagogische und ggf. lerntherapeutische Bemühungen und Maßnahmen herausgefordert werden. Verhalten wird prägnant und hebt sich von einem sozialen Erwartungshintergrund vergleichbar mit einem Figur-Hintergrund-Effekt ab. Dabei gehört der Umgang mit sozial auffälligen Kindern und Jugendlichen zur pädagogischen Normalität. Dass sich Kinder und Jugendliche nicht immer angepasst verhalten, sondern Normen und Werte der Erwachsenen in Frage stellen, ist geradezu ein Kennzeichen jeder neuen Generation. Während die als aggressiv, hyperaktiv, ausagierend, unkonzentriert, leistungsunwillig bezeichneten Schülerinnen und Schüler besonders auffallen, werden die passiven, zurückgezogenen, traurigen und ängstlichen erheblich seltener wahrgenommen. Aber gerade bei der zuletzt genannten Gruppe können massive leistungshemmende Probleme bis hin zur akuten Suizidgefahr vorliegen. Entwicklungspsychologisch betrachtet gehört auffälliges Verhalten zu bestimmten Entwicklungsphasen, die sich durch Rollenunsicherheit, Statusungewissheit und durch Veränderung des Selbstbildes auszeichnen.

Verhaltensauffälligkeiten werden auf dem Hintergrund traditioneller medizinischer, psychologischer und zum Teil auch soziologischer Vorstellungen als von Normen und allgemeinen Erwartungen negativ abweichende Verhaltensweisen gesehen, die die psychosoziale Entwicklung sowie die soziale und berufliche Integration beeinträchtigen, unter Umständen verhindern und häufig schulisches Leistungsversagen mit einschließen.

Verhaltensauffälligkeiten sind – traditionell gesehen – Verhaltensweisen von Personen oder Gruppen, die nicht den in der Gesamtgruppe oder Gesellschaft als gültig anerkannten Regeln, Normen und Vorschriften entsprechen. Verhaltensauffälligkeiten widersprechen allgemein betrachtet den Verhaltenserwartungen der sozialen Umwelt. Behinderungen an sich wie z.B. Körperbehinderung, geistige Behinderung können aufgrund psychischer und sozialer Belastungsprozesse Verhalten bedingen, das von Außenstehenden als „auffällig" bezeichnet wird, tatsächlich aber mit der Primärbehinderung verbunden ist. Sekundäre Bedingungen können Verhaltensauffälligkeiten verstärken. Auffälligkeiten können darüber hinaus im Zusammenhang mit Über- und Unterforderung durch Eltern und Schule, allgemein bedingt durch das soziale Umfeld auftreten. Es besteht die Gefahr, dass Verhaltensauffälligkeiten innerhalb einer Gesellschaft oder Gruppe den Betreffenden durch Stigmatisierung in die Rolle des Außenseiters drängen und die Verhaltensprobleme verstärken.

Der Begriff Verhaltensauffälligkeit ist, obwohl er sowohl im allgemeinpädagogischen Bereich als auch in einer sonderpädagogischen Fachrichtung als Grundbegriff dient, nicht unumstritten. Neben ihm sind verschiedene andere Begriffe wie Verhaltensstörung, Erziehungsschwierigkeit, emotionale Störungen auch seelische Störungen und „seelische Behinderung" gängig. Der Begriff Verhaltensauffälligkeit wird von verschiedenen Autoren deshalb bevorzugt, weil er auf die beurteilende Instanz verweist und so eine Bezugsgröße für das Verhalten impliziert. Er wird als weniger mechanistisch angesehen als der Störungsbegriff, der ein technisches Modell von ‚Störung' und ‚Reparatur' impliziert. Unter Störungen werden all jene Prozesse und deren Ergebnisse verstanden, die dazu führen, dass Entwicklung und Handeln/Verhalten einer Person als von der Norm abweichend erlebt werden und dadurch die Handlungs- und Kommunikationsfähigkeit behindert, d.h. Personalisation und Sozialisation erschwert werden. Gegenüber dem Begriff ‚emotionale Störung' (in den USA verbreitet) bleibt er auf der beschreibenden Ebene und lässt Ursachen und Bedingungsgefüge offen. Die Definitionsmacht des Erwachsenen gegenüber dem Kind und die Unklarheit des Objektbereichs – alles ist ‚Verhalten' – haben beide Begriffe jedoch gemeinsam. *Norbert Myschker* bleibt jedoch in seinem Lehrbuch beim Begriff Verhaltensstörung und definiert: „Verhaltensstörung ist ein von den zeit- und kulturspezifischen Erwartungen abweichendes maladaptives Verhalten, das organogen und/oder milieureaktiv bedingt ist, wegen der Mehrdimensionalität, der Häufigkeit und des Schweregrades die Entwicklungs-, Lern- und Arbeitsfähigkeit sowie das Interaktionsgeschehen in der Umwelt beeinträchtigt und ohne besondere pädagogisch-therapeutische Hilfe nicht oder nur unzureichend überwunden werden kann" (2009, 49).

Folgende Aspekte erweisen sich für das heilpädagogische Arbeitsfeld als bedeutsam (vgl. Bundschuh 2008, 255-259):

1. Die Feststellung einer Verhaltensauffälligkeit, Verhaltensstörung/ psychischen Störung, eines ‚abnormen Verhaltens' steht in engem Bezug zu den Normvorstellungen des Beurteilers. Verhaltensstörung wird als Begriff primär auf Kinder und im Zusammenhang mit einer Behinderung für Außenstehende „auffällige" Personen angewandt.
2. Unter Berücksichtigung der Gesamtsituation und der Befindlichkeit des Organismus gibt es fließende, z.T. kaum mehr als ‚Störung' zu kennzeichnende Übergänge zwischen so genanntem ‚auffälligem', ‚gestörtem', ‚abnormem' und ‚normalem' Verhalten. In empirischen Untersuchungen wurde die Häufigkeit sozial auffälliger Verhaltensweisen bei Kindern und Jugendlichen zwischen 2 und 50 % angegeben, wobei die Mehrzahl der Angaben zwischen 20 und 30% lagen.

3. Auffälligkeiten/psychische Störungen und Belastungen sind – wie jedes Verhalten eines Menschen – das Resultat eines komplexen Geschehens zwischen mehreren Personen. Störungen können wiederum von zahlreichen psychischen, sozialen und auch materiellen Gegebenheiten abhängen.
4. Die sozialen Bedingungen, unter denen das als ‚auffällig' bezeichnete Verhalten entstanden ist und unter denen es weiter gezeigt wird, sind in die Diagnose und Therapie einzubeziehen. So kann sich möglicherweise bei der Diagnose ergeben, dass das ‚auffällige' Verhalten nicht mehr als gestört beurteilt wird, weil es dem Beurteiler nun als verständlich erscheint. Für die Behandlung ist es sinnvoll, das Verhalten der Interaktionspartner (z.B. Eltern) einzubeziehen und möglicherweise zu ändern, d.h. alle haben Verantwortung. Der Therapeut sollte die Verantwortung für die Gesamtheit einer Behandlung tragen, d.h. er muss auch die sozialen Bedingungsfaktoren einbeziehen.
5. Verhaltensauffälligkeiten stellen (unangemessene) Bewältigungsversuche der Realität durch die betroffenen Kinder dar, deshalb kann auch von ‚Kindern in Not' gesprochen werden.
6. Neben den Entstehungsbedingungen, die potentiell für alle Kinder Gültigkeit haben, können Verhaltensauffälligkeiten bei Kindern mit Behinderung als Bewältigungsversuch der Behinderung bzw. als eine unangemessene Reaktion der Bezugspersonen auf die Behinderung verstanden werden (Über- und Unterforderung, ambivalentes Verhalten, nicht entwicklungsadäquate Interaktionen).
7. Soweit auffälliges (abweichendes) Verhalten gegen bestehende Bestimmungen und Gesetze einer Institution oder Gesellschaft verstößt, wird es als Delinquenz (Vergehen) bezeichnet und führt zu entsprechenden Sanktionen.

Ergänzt werden können diese Merkmale durch die amerikanische Fassung von ‚Gefühls- und Verhaltensstörungen', wonach das Verhalten über einen längeren Zeitraum in zwei verschiedenen Verhaltensbereichen (‚settings') auftritt, wobei mindestens einer dieser zwei Bereiche schulbezogen ist.
Im Unterschied zu traditionellen, medizinischen, psychologischen und sonderpädagogischen Auffassungen begreift Heilpädagogik in Anlehnung an konstruktivistische Vorstellungen (Bundschuh 2003, 137-147) jedes Verhalten von Kindern mit (psychischen) Auffälligkeiten zunächst als für diese sinnvoll. Verhalten steht im Dienste der Lebensbewältigung. So können und müssen Aggressionen, Autoaggressionen, Tics, Apathie und Passivität auch als Ausdruck der Befindlichkeit und Bedürfnisse dieser Kinder interpretiert werden, denn gerade diese Auffälligkeiten können – bei Kindern, Jugendlichen und Erwachsenen mit und ohne Behinderung – Isolation, Frustration, Deprivation und vielleicht auch subjektive Vernachlässigung signalisieren (vgl. Bundschuh 2008, 254ff.). Das heißt die unmittelbaren Bezugspersonen scheitern häufig an Barrieren der Kommunikation, der Wahrnehmung und damit des Verstehens. Gerade auch Auffälligkeiten kön-

nen im Zusammenhang mit dem Signalcharakter auch als Ausdruck der subjektiven Betroffenheit im Sinne einer Abwehrreaktion im Kontext Bedürftigkeit Ansatzmöglichkeiten für die Förderung und ggf. Therapie darstellen. Es ist wichtig, die Notsignale zu erkennen und auslösende Bedingungen zu diagnostizieren und zu analysieren, um passende, individualisierende und entwicklungsfördernde Lebensbedingungen und Lernsituationen zu arrangieren.

Diese Neuorientierung ist vom Ansatz her für die Heilpädagogik fruchtbar und wegweisend. Wir gehen davon aus, dass jeder Mensch als aktiv handelndes, sein Leben gestaltendes, kompetentes Individuum betrachtet und wertgeschätzt werden möchte, so dass es im Umgang mit Verhaltensauffälligkeiten darum geht, Kompetenzen, individuelle und soziale Ressourcen freizulegen und zu aktivieren, damit der/die Betreffende seine/ihre Situation möglichst autonom, aber auch sozial verantwortungsvoll bewältigen und im persönlichen Leben Sinn erkennen kann.

Es dürfte das Dilemma der Kinder und Jugendlichen mit Auffälligkeiten sein, dass die Vielfalt und die Möglichkeiten ihrer aktuellen Kompetenzen, die reichhaltige symbolische Repräsentation ihrer Erfahrungswelt häufig falsch verstanden und unterschätzt werden. Was jeder Einzelne aus seinem kompetenten Verhalten macht bzw. was jeweils inhaltlich daraus wird, hängt nicht etwa nur von der Person und ihren Potentialen ab, sondern von dem Zusammenspiel personaler (innerer) und sozialer (äußerer) Faktoren.

‚Störungen', ‚Auffälligkeiten', ‚psychische Abnormitäten' müssen auch immer auf dem Hintergrund der Genese, der – möglicherweise mit Leid angereicherten – Erfahrungen, subjektiver Betroffenheit und subjektiven Betroffenseins gesehen und verstanden werden. Häufig sind Auffälligkeiten und ‚Störungen' Notsignale, Notrufe, Ausdruck eines psychischen Schmerzes, Leidensschreie.

Für den Naturwissenschaftler, der von Beobachtbarkeit, Operationalisierbarkeit und vom ‚objektiven Sachverhalt' ausgeht und differenzierte Begriffe für das binnendisziplinäre und interdisziplinäre Fachgespräch benötigt, mögen solche Denkweisen auch eine Zumutung darstellen. Aber bleiben Definitionen und Beschreibungen nicht theoretisch, oberflächlich, ja ‚unmenschlich', vielleicht sogar unwissenschaftlich, wenn die Person in ihrer Betroffenheit und Autonomie nicht zur Sprache gebracht, nur über sie ‚verfügt' wird?

Heilpädagogik distanziert sich von traditionellen Störungsbegriffen. Die Ursache für eine ‚psychische Störung' im Leben eines Menschen ist nicht zwangsläufig – wie etwa im Rahmen des medizinischen Modells (vgl. 4.1.1) – in der betroffenen Person zu suchen. Man kann nicht in erster Linie von einer ‚psychischen Krankheit' sprechen, von einem spezifischen Prozess im Individuum, der sich in naturgegebenen Gesetzmäßigkeiten vollzieht, als ob es die Beeinflussung durch das Umfeld nicht gäbe, die den Menschen schon vom pränatalen Stadium an begleitet (Bundschuh 2008, 92-97).

Kinder werden – operational betrachtet – als „auffällig" bezeichnet, wenn sie in ihrem Verhalten, ihrer Persönlichkeit und im Lernen von dem abweichen, was man von Kindern ihres Alters „normalerweise" erwartet. Sie entsprechen nicht den Erwartungen der Eltern, Lehrer etc. Viele erwachsene Bezugspersonen kommen mit dem Kind und seinem Verhalten nicht mehr zurecht, verstehen es nicht und wissen sich nicht mehr zu helfen. Ob man ein Verhalten für auffällig hält, ist zunächst abhängig von der – subjektiven – persönlichen Einschätzung. Das gesellschaftliche Umfeld, Normen und Werte und eigene Handlungsressourcen spielen dabei allerdings eine wichtige Rolle.
Wir können auffälliges Verhalten als Ausdruck einer Störung des Verhältnisses zwischen Individuum und Umwelt begreifen, als Signal einer Beziehungsstörung also, die die betreffende Person durch spezifische problemlösende Verhaltensweisen zu bewältigen versucht, die von anderen als normabweichend oder sozial unerwünscht bezeichnet werden.
Myschker (2009, 55) unterscheidet verschiedene Grundtypen von Verhaltensauffälligkeiten. So werden bei Kindern und Jugendlichen

- externalisierende Verhaltensweisen beobachtet, d.h. sie sind beispielsweise überaktiv, impulsiv, aufsässig, tyrannisierend, aggressiv-ausagierend, aufmerksamkeitsgestört.
- Andere ziehen sich zurück, wirken ängstlich-gehemmt, traurig, freudlos oder leiden unter Schlafstörungen, haben Minderwertigkeitsgefühle; hier liegen internalisierende Verhaltensweisen vor.
- Wenn Kinder leicht ermüdbar sind, sich nicht altersentsprechend verhalten und leistungs- oder konzentrationsschwach sind, spricht *Myschker* von „sozialunreifem Verhalten".
- Die letzte Gruppe der Verhaltensauffälligkeiten äußert sich auch in sozialisiert-delinquentem Verhalten. Diese Kinder werden als verantwortungslos, reizbar, aggressiv-gewalttätig, leicht frustriert, ruhelos, reuelos, Normen missachtend und risikobereit gesehen. Sie haben niedrige Hemmschwellen und Beziehungsstörungen.

Wenn Verhaltensweisen als auffällig wahrgenommen werden, können sie zu Krisen eskalieren, wobei die Lobby in der Regel nicht diesen Kindern und Jugendlichen zukommt, sie vielmehr als gestört und daher als therapie- und behandlungsbedürftig angesehen werden. Im heilpädagogischen Sinne geht es um ein Neuverstehen von Auffälligkeiten oder „Verhaltensstörungen". Sie müssen als eine aus der Lebenssituation der Kinder verstehbare Möglichkeit der Bewältigung dieses Lebens erkannt und bewertet werden! „Verhaltensstörungen" sind zunächst auch als (hoch-)zweckmäßige Antwort des Kindes auf bestimmte Umfeldbedingungen zu sehen, so dass das erzieherische Wirken sich ko-konstruktiv primär auf die Gestaltung einer dem Kind adäquaten Umwelt zu richten hat. Die eigentlichen

Bedürfnisse, Konstruktionen und Wahrnehmungen müssen in den Vordergrund der pädagogisch-psychologischen Betrachtung gerückt werden, wenn ein Verstehen und Neuwahrnehmen der Gesamtproblematik wieder möglich werden sollen.

7.3 Entwicklungstests – Möglichkeiten und Grenzen

Entwicklungstests sind standardisierte Verfahren, die den Entwicklungsstand des Gesamtverhaltens oder bestimmter Verhaltensbereiche erfassen sollen. Da sich alles Verhalten über die gesamte Lebenslaufspanne hinweg entwickelt, ist die Konzeption von Entwicklungstests grundsätzlich für alle Verhaltensbereiche und für alle Lebensalter möglich. Die meisten bisher vorliegenden Entwicklungstests beziehen sich jedoch auf die altersadäquate Entwicklung, vielleicht noch auf Fragen der Kompetenzerweiterung, und schließen Entwicklungsverzögerungen oder -beeinträchtigungen weitgehend aus. Entsprechend sind die meisten Entwicklungstests zur Anwendung bei Kindern und Jugendlichen gedacht. In einem sehr weiten Sinne kann jeder psychologische Test auch als potenzieller Entwicklungstest aufgefasst werden, insofern nämlich, als er einen Aspekt, wie z.B. Sprache, Motorik, Kommunikation, Intelligenz, Schulleistungen zu einem gewissen Zeitpunkt im Entwicklungskontinuum erfasst. Entwicklungsspezifische Aspekte erhält ein Test aber erst, wenn er Entwicklungsverläufe definiert bzw. normiert. Das trifft in erster Linie auf jene Tests zu, die unmittelbar darauf abzielen, den Entwicklungsstand des gesamten Verhaltens oder bestimmter Bereiche wie Motorik, Sprache, Wahrnehmung, Kognition zu erfassen. Der besseren Übersicht halber sollen sie primäre Entwicklungstests genannt werden.

Demgegenüber kann man als sekundäre Entwicklungstests die Verfahren bezeichnen, die zwar Norm- oder Richtwerte für verschiedene Altersstufen angeben, deren eigentliches Anliegen aber außerhalb des traditionellen entwicklungsdiagnostischen Rahmens liegt. Ein sekundärer Entwicklungstest wäre z.B. der Sceno-Test, dem es auf das Aufdecken individualtypischer projektiver Verhaltensweisen ankommt, obwohl dieses Verfahren u. U. auch gleichzeitig entwicklungsrelevante Daten liefern kann. Ähnliches gilt von spielerischen Gestaltungsverfahren, von zeichnerischen Gestaltungs- und Reproduktionsverfahren, von Formdeute- und Bilddeutemethoden, thematischen Tests (vgl. Bundschuh 2014, 131f.) und Fragebogentests sowie Handgeschicklichkeitsproben und vielen anderen Leistungs- und Persönlichkeitstests.

Im Folgenden wird nur noch auf primäre Entwicklungstests und Screeningverfahren Bezug genommen. Sie können auch im Rahmen kinderärztlicher Routineuntersuchungen eingesetzt werden. Diese Verfahren sollen in möglichst differenzierter Form, mit hoher Spezifität und Sensitivität frühkindliche Entwicklung erfassen. Dabei sollte eine Trennung unauffälliger, also altersadäquat entwickelter,

und entwicklungsverzögerter Kinder, ggf. auch sozial und/oder emotional auffälliger Kinder möglich sein.
Spezielle Verfahren kommen auch in der Frühförderung zum Einsatz, wenn bereits eine umschriebene Entwicklungsabweichung oder -verzögerung z.B. im Bereich der Motorik, des Sprachverhaltens, der geistigen Entwicklung, der Kommunikation oder der Wahrnehmung auf der Basis von Verhaltensbeobachtung vermutet wird oder identifiziert ist.
Hinsichtlich der Klassifizierung der primären Entwicklungstests kann danach gefragt werden, ob die einzelnen Verfahren den gesamten Verhaltenskomplex (allgemeine Entwicklungstests) oder nur Ausschnitte aus dem Gesamtverhalten (spezielle Entwicklungstests) erfassen wollen.
Als wichtige psychologische Verfahren zur Ermittlung des **Entwicklungsstandes des Gesamtverhaltens** können unter anderem gelten (vgl. hierzu ausführlich Bundschuh 2014, 162-194):

- WET-Wiener Entwicklungstest (vgl. Kastner-Koller/Deimann 2012)
- Denver Entwicklungsskalen (vgl. Flehmig/Schloon/Uhde 1973)
- Wie weit ist ein Kind entwickelt? Eine Anleitung zur Entwicklungsüberprüfung (vgl. Kiphard 2006)
- ES – Griffiths Entwicklungsskalen zur Beurteilung der Entwicklung in den ersten beiden Lebensjahren (vgl. Brandt/Sticker 2001)
- HKI – Heidelberger-Kompentenz-Inventar für geistig Behinderte (vgl. Holtz u.a. 2005)
- MFED – Münchener Funktionelle Entwicklungsdiagnostik (vgl. Hellbrügge u.a. 2012)

Für die strukturierte Beobachtung und Einschätzung der **allgemeinen Entwicklung bzw. der Entwicklung in Teilbereichen** erweisen sich folgende Verfahren oftmals als sinnvoll, auch wenn sie eine vergleichende Einschätzung der erhobenen „Daten“ nicht erlauben:

- PEP-R – Entwicklungs- und Verhaltensprofil (vgl. Schopler u.a. 2004)
- BEK – Beobachtungsbogen zur Erfassung von Entwicklungsrückständen und Verhaltensauffälligkeiten bei Kindergartenkindern (vgl. Mayr 1998)
- BISC – Bielefelder Screening zur Früherkennung von Lese-Rechtschreibschwierigkeiten (vgl. Jansen u.a. 2002)
- ELFRA – Elternfragebogen für die Früherkennung von Risikokindern (vgl. Grimm/Doil 2006)

Bezüglich der Funktionen von Entwicklungstests kann zusammenfassend gesagt werden: Entwicklungstests sollen den Entwicklungsstand des Verhaltens von Kindern und Jugendlichen anzeigen. Das heißt zunächst, dass sie die Möglichkeit bieten müssen, den aktuellen Entwicklungsstand im Sinne des Ist-Verhaltens festzustellen. Über die Bestandsaufnahme des gegenwärtigen Verhaltens hinaus müssen sie aber gleichzeitig indizieren, wie weit untersuchte Personen zum gegebenen Zeitpunkt in ihrer Verhaltensentwicklung fortgeschritten sind, d.h. an welcher Stelle eines Entwicklungskontinuums das aktuelle Verhalten einzuordnen ist. Normalerweise werden außerdem auch Angaben darüber erwartet, warum sich ein Kind zu einer gegebenen Zeit gerade an dieser oder jener Stelle der Entwicklung bzw. des Entwicklungskontinuums befindet (ätiologische Frage) und ob bzw. unter welchen Voraussetzungen es sich nach Ablauf bestimmter Zeiteinheiten an einer anderen Stelle des Kontinuums befinden könnte (prognostische Frage). Diese Fragen können an sich nur durch einen Vergleich des individuellen Ist-Verhaltens mit einem entsprechenden Soll-Verhalten beantwortet werden. In die Aussagen über das Soll-Verhalten gehen die Begleit- d.h. die Umweltbedingungen ein. Je genauer ein bestimmter Entwicklungsprozess bekannt ist, desto günstiger sind auch die Voraussetzungen für die Diagnose bzw. Bestimmung des aktuellen Entwicklungsstandes und für entsprechende ätiologische und prognostische Aussagen.

Eine befriedigende Antwort auf die Frage, wie der Entwicklungsprozess allgemein vonstatten geht, ist insofern nicht möglich, als eine generell verbindliche Vorstellung von Entwicklung nicht existiert. Vielmehr sind alle Beschreibungen des Entwicklungsverlaufs vereinfachende Hilfsvorstellungen zum Verständnis eng miteinander verflochtener dynamischer Entwicklungsprozesse. Sie stellen eher Abstraktionen, (unvollkommene) Approximationen der Wirklichkeit dar. Die Entwicklung menschlichen Verhaltens kann allgemein als Funktion eines Interaktionsprozesses aus Anlage-, Umwelt- und Persönlichkeitsfaktoren (Selbstentfaltungskräfte) verstanden werden (Bundschuh 2008, 89-104), wobei sich individuelle Differenzen der Verhaltensentwicklung durch je verschiedene Kombinationen dieser Komponenten ergeben. Das besagt, dass die Entwicklung verschiedener Kinder unter unterschiedlichen Bedingungen vor sich geht. Einerseits gibt es interindividuelle und, in Bezug auf unterschiedliche Verhaltensbereiche, auch intraindividuelle Unterschiede der individuell angelegten Entwicklung. Andererseits sind verschiedene Kinder unterschiedlichen Umwelteinflüssen ausgesetzt, welche ihrerseits je nach Ressourcen des Kindes, Verhaltensbereich und Entwicklungshöhe des Verhaltens, offensichtlich in verschiedener Art und Stärke auf den Veränderungsprozess des Verhaltens einwirken. Die Schwierigkeit, die Auswirkungen all dieser Bedingungen – sowohl isoliert als auch in ihren gegenseitigen Abhängigkeiten – für das Verhalten und damit für den Entwicklungsprozess zu erfassen, scheint ein wichtiger Grund für den Mangel an befriedigenden Modellvorstellungen der Entwicklung zu sein. Grundlegende Schwierigkeiten bereitet auch der Versuch, zu bestimmen, was als selbstständige, einheitliche Verhaltensweise aufgefasst werden kann und welche Verhaltensweisen zu größeren, voneinander unabhängigen Einheiten (Verhaltensfunktionen, -bereichen, -kategorien, -dimensionen, -feldern,

-faktoren) zusammengeschlossen werden können. Definitionen von Verhaltenseinheiten sind aber wesentliche Voraussetzungen zur Ermöglichung verlässlicher Aussagen über die Ablaufsart, über Auftretensbeginn, Verlaufstempo und Dauer eben dieser Verhaltenseinheiten sowie über deren Beziehungen zum Ablauf anderer Verhaltenseinheiten. Das offenbar vielschichtige und prozesshaft vernetzende Neben- und Miteinander, Auseinander, Ineinander, Nach-, Über- und Gegeneinander im Ablauf verschiedener Verhaltenseinheiten scheint ein weiterer Grund zu sein, der die Formulierung allgemein anerkannter Modelle der Entwicklung des Verhaltens erschwert. Gleichwohl sind aber Modellvorstellungen der Verhaltensentwicklung notwendige Voraussetzung für die Konzeption von Entwicklungstests. Im Grunde stellt jeder Entwicklungstest ein mehr oder weniger differenziertes und ein mehr oder minder akzeptables Teilmodell der Entwicklung des Verhaltens dar; ein Teilmodell insofern, als jeder Testautor bestimmte inhaltliche und zeitliche Segmente aus dem Gesamt der Verhaltensentwicklung in die Beobachtungsaufgaben und damit in die Entwicklungsdiagnostik einbezieht. Die Frage, inwieweit durch das Herausgreifen bestimmter Verhaltensweisen z.B. Intelligenz, Motorik, Sozialverhalten oder Unterteilungen solcher Kategorien bzw. durch die Betrachtung isolierter Abschnitte (zeitliche Segmente; z.B. Kindheit, Adoleszenz, Erwachsenenalter oder auch Aufteilungen in Jahre, Monate, Wochen) das reale Entwicklungsgeschehen künstlich eingeengt oder gegebenenfalls auch verfälschend ausgeweitet wird, muss in jedem Falle kritisch betrachtet werden. Hierbei muss auch beachtet werden, dass ein Entwicklungstest-Autor seine Vorstellungen von Entwicklung zwar theoretisch ausführlich darstellen, im Test (Aufbau, Beobachtungen, Ergebnisbewertung, Standardisierung u.a.) aber vielleicht nur unvollkommen realisieren kann.

Bei der Festlegung und Beurteilung des individuellen Ist-Verhaltens, also der „Verhaltensleistungen" einer Person bei einer bestimmten Testuntersuchung, sind im Wesentlichen zwei, zum Teil miteinander zusammenhängende Problemkreise zu beachten: der Gesichtspunkt der Objektivität der Erfassung, Bewertung und Verrechnung der beobachteten Verhaltensdaten und der Gesichtspunkt der intraindividuellen Leistungsstreuung. Die arithmetische Festlegung der Interpretationsgrößen (z.B. EA, IQ) stellt häufig eine zu ungenaue Wiedergabe und stets eine Abstraktion des Ist-Verhaltens dar. Ganz besondere Beachtung bei der Bewertung des Ist-Verhaltens verdient der Aspekt der intraindividuellen Leistungsstreuung, gerade bei Kindern mit Entwicklungsverzögerungen. Die meisten Testautoren geben lediglich unspezifisch allgemeine Hinweise zur Abschätzung dieser speziellen Leistungsbedingungen.

Der Bezugspunkt für die diagnostische Wertung des am Individuum beobachteten Ist-Verhaltens ist das Soll-Verhalten. Dieses stellt in den bisherigen Entwicklungstests eine an einer bestimmten Stichprobe gewonnene Entwicklungsnorm, genauer gesagt, vorwiegend eine Alters-Entwicklungsnorm dar. Die traditionellen

Entwicklungstest-Autoren orientieren sich nämlich bei der Auswahl der für die Festlegung des Soll-Verhaltens maßgeblichen Stichproben in erster Linie am Kriterium Lebensalter. Die besondere Beachtung dieses Kriteriums bei der Konstruktion von Entwicklungstests liegt insofern nahe, als das Verhalten gleichaltriger Personen, besonders im Kindes-, Jugend- und teilweise wohl auch im höheren Alter in vielen Verhaltensbereichen relativ gleichförmig, d.h. „alterscharakteristisch" ist.

Der Wahl des Kriteriums Lebensalter liegt die Annahme zugrunde, dass sich das Entwicklungspotenzial altersgleicher Personen jeweils vollständig in konkret reproduzierbares Verhalten umgesetzt habe. Diese theoretisch zu problematische Annahme setzt voraus, dass die bisherige Entwicklung altersgleicher Personen unter identischen Entwicklungsbedingungen erfolgt ist (beispielsweise Geschlecht, Kulturmilieu, sozio-ökonomischer Status, Erziehung, Motivation). Infolge der vorherrschenden Orientierung am Kriterium Lebensalter scheinen manche Verhaltensweisen primär altersabhängig zu sein, obwohl sie in Wirklichkeit primär auf andere Variablen oder Variablenbündel zurückgehen.

Unter wissenschaftlichem Aspekt betrachtet fehlt zahlreichen entwicklungsdiagnostischen Verfahren nicht nur eine solide theoretische Grundlage, sondem sie sind auch testtheoretisch oft als ungenügend reliabel oder valide einzuschätzen bzw. sie verfügen nur über eine unzureichende (nicht repräsentative) Normierung.

7.4 Bedeutung diagnostischer Verfahren im Kontext sozialer und emotionaler Störungen

Insbesondere im Arbeitsfeld der Pädagogik bei Verhaltensstörungen und der Lerntherapie stellt sich die Frage nach geeigneten diagnostischen Verfahren, die zum Verstehen und zur positiven Veränderung von Kindern und Jugendlichen bzw. ihrer sie behindernden Umwelt beitragen, deren soziale und emotionale Entwicklung problemhaft verlief und verläuft.

Die Zahl möglicher diagnostischer Verfahren erweist sich als vielfaltig und es verwundert nicht, dass gerade im sonder- und heilpädagogischen Arbeitsfeld neben Entwicklungstests und Screeningverfahren auch explorative Verfahren bzw. Verfahren zur Verhaltens- und Psychodiagnostik zum Einsatz gelangen. Hierbei hat sich in Theorie und Praxis gezeigt, dass insbesondere solche diagnostischen Strategien bzw. Verfahren angewendet werden, die gestörtes Verhalten nicht nur kategorial oder dimensional zu erhellen versuchen, sondern es darüber hinaus erlauben, die problematischen Verhaltensweisen vor dem jeweiligen biografischen Hintergrund und der subjektiven Weltdeutung des Kindes bzw. Jugendlichen, als Anpassungsleistungen mit einer dem Individuum immanenten Sinnhaftigkeit und Zielbezogenheit zu verstehen.

Ein solches ko-konstruktivistisches Vorgehen macht es erforderlich, die jeweiligen Verfahren hinsichtlich des Verstehens auf ihre Möglichkeiten und Grenzen zu hinterfragen und entsprechend zu erweitern, wobei dann die ihnen zugrunde liegenden Theorien – die Aussagen über die Entwicklung menschlichen Erlebens und Sozialverhaltens intendieren – in diesem Sinne auch Relevanz für das Verstehen von Störungen beanspruchen können (vgl. Bundschuh 2010, 126 -130). Zentrale Fragen für förderdiagnostisch tätige Personen sind nunmehr nicht nur die nach dem methodischen Weg, sondern insbesondere auch folgende: Aus welchen Verfahren lassen sich unmittelbar Fördermaßnahmen ableiten? Was leistet ein spezifischer Test im Zusammenhang mit auffälligem Verhalten vor dem Hintergrund einer ganz bestimmten problematischen Erziehungssituation? Welche Informationen ergeben sich im Kontext einer konstruktivistischen Perspektive für ein Verstehen sozial oder emotional „gestörten" Verhaltens? Auf diese Fragen bei der Fülle an diagnostischen Möglichkeiten aus dem eher psychologischen Bereich (Testverfahren) und aus dem pädagogisch-sonderpädagogischen und heilpädagogischen Bereich (z.B. lernzielorientierte Verfahren, Verhaltensbeobachtung, kriteriumsorientierte Verfahren) auf begrenztem Raum erschöpfend zu antworten, erweist sich als schwierig.

Es kann nur darum gehen, einige Verfahren exemplarisch vorzustellen, die im Kontext Förderbedarf soziale und emotionale Entwicklung, also bei vorliegenden Verhaltensstörungen im Besonderen ihre Anwendung finden, wobei auch der Aspekt des Verstehens aus konstruktivistischer Perspektive reflektiert werden soll. Die diagnostische Aufgabe in diesem herausfordernden Arbeitsfeld – Kinder und Jugendliche mit sozialen und emotionalen Störungen (z.B. Angst, Aggressivität, Hyperaktivität, Essstörungen, ...) – besteht darin, behindernde Bedingungen, also „Störfaktoren" und helfende sowie unterstützende Möglichkeiten zu analysieren, um Pädagogen, Psychologen, Schulpsychologen, Lerntherapeuten, Medizinern und Bezugspersonen eine Orientierung für pädagogisches und therapeutisches Handeln zu geben.

7.4.1 Diagnostische Verfahren im förderdiagnostischen Prozess

Die Anwendung spezieller diagnostischer Messverfahren impliziert immer auch die Gefahr, dass die Anwender von Test- bzw. Screeningverfahren das Verhalten von Menschen mit und ohne Behinderung lediglich auf Teil- bzw. Funktionsbereiche reduzieren, Defizite und Normabweichungen fokussieren und damit zur Vorurteilsbildung und Stigmatisierung beitragen, da in der durch den Test hervorgerufenen künstlichen Situation eben nur „Teile" einer Persönlichkeit erfasst werden und dies nicht einmal in befriedigendem Maße. Diese Problematik lässt sich vielleicht dadurch entschärfen, dass sich der kreative Pädagoge, Heilpädagoge oder Psychologe Möglichkeiten und Varianten zum spielerischen Einbringen solcher „Aufgaben" (Screenings) ausdenken kann. Als Prüfung im Sinne einer

Momentaufnahme erweisen sich Tests zweifellos als nicht unproblematisch, denn sie führen in der Regel nicht unmittelbar zu einem besseren Verstehen und zu einer genaueren Einschätzung der Problemlage und der nötigen nächsten Schritte (vgl. Bundschuh 2014, 63ff., 134f., 2015, 525-546). Auch wenn psychometrische Tests meist nicht explizit diagnostizieren, wodurch eine Person behindert wurde, was sie bisher gelernt hat, wo sie, wie sie und warum sie handelt und wie Ängste sowie psychische Probleme entstanden sind, sprechen verschiedene Aspekte für den Einsatz psychologischer Tests im sonder- und heilpädagogischen, lerntherapeutischen, allgemein betrachtet auch im pädagogischen Bereich: Sie stellen nämlich eine Form der Informationsgewinnung dar und ermöglichen die Beobachtung und Erkennung spezieller Fähigkeiten und Kompetenzen vor allem auch durch Variation der Testbedingungen im Sinne einer qualitativen Diagnostik (Bundschuh 2014, 348f.). Dies könnte bei einer entsprechenden Problemstellung von Bedeutung sein, wenn sich ein solches Verfahren als valide im Hinblick auf die Untersuchung eines bestimmten Merkmals oder eines Verhaltens erwiesen hat. Hierbei interessiert jedoch nicht mehr der Vergleich mit einer Bezugsgruppe, vielmehr die Möglichkeit der Beobachtung, inwieweit ein Kind in der Lage ist, einen bestimmten Aufgabentypus zu lösen, wie es solche Aufgaben überhaupt löst, wo die Lernausgangsbasis liegt. Es besteht dann auch die Wahrscheinlichkeit, die Zone der nächsten Lernschritte einzuschätzen und sie zu einem späteren Zeitpunkt mit der Art und Weise der früheren Lösungen zu vergleichen. Eine gewisse Notwendigkeit der Verwendung valider Beobachtungsaufgaben ergibt sich bei einem Kind mit einer Behinderung im Säuglingsalter, im Kleinkind- bis ins Schulalter, – speziell in den Bereichen Sprache, Motorik, Sozialverhalten und Wahrnehmung – um den Entwicklungsstand beobachten und gleichzeitig Zonen der nächsten Entwicklung einschätzen zu können. Erziehung und Förderung suchen nach einem Weg, der von dem ausgeht, „was ist und zu etwas hinführt, was besser ist" (Moor 1974, 279).

Nicht in der Anwendung von Tests, Standardklassifikationen, medizinischen Diagnoseverfahren, Studium von Akten,… liegt die Problematik des möglichen Missbrauchs von Diagnostik (vgl. Bundschuh 2015, 525-545), sondern in der Art der Methodologie, die den Bereich von der Gewinnung der empirischen Resultate bis hin zum diagnostischen Schluss umspannt. In der vorliegenden Konzeption versucht Förderdiagnostik die Methodik zu liefern, um dieser Problematik entgegen zu treten. Es steht außer Frage, dass im Zusammenhang mit diagnostischen Prozessen zunächst im Vordergrund steht, das Kind in seinen Schwierigkeiten zu verstehen, erst dann kann die Problematik der Erziehung angesprochen werden. Insgesamt gesehen sollte dabei auch der förderdiagnostische Prozess zu einem immer besseren Verstehen des Kindes beitragen. Hier interessiert zunächst die Haltung bzw. Einstellung, die im Rahmen eines diagnostischen Prozesses eine Rolle spielt: Ich begegne dem anderen nicht „als der Überlegene, nicht bloß als der, der es weiß und der es kann, sondern nehme seine Art ernst, wie der Bildhauer die Sprödigkeit seines Materials ernst nehmen muss, ja noch viel ernster: so ernst, wie eben nur der Erzieher seinen Zögling ernst nehmen kann, ..." (Moor 1974, 280). Sensibilität ist hier gegenüber dem Kind gefordert. So sollte im Sinne Moors beispielsweise Verhaltensbeobachtung nicht eine isolierte Erfassung eines ganz bestimmten Aspektes sein, vielmehr geht es um die Wahrnehmung eines größeren Ganzen in seinen sozialen Bezügen. Förderdiagnostisches Vorgehen orientiert sich von Anfang an unmittelbar an den Bedürfnissen eines Menschen als Person in seiner Gesamtsituation. Damit ist ausgesagt, dass nicht in erster Linie von außen her bestimmt, nicht „behandelt", nicht „verwaltet" werden sollte, vielmehr stehen die Möglichkeiten, Ressourcen und Kompetenzen im Kontext Entfaltung der Persönlichkeit im Vordergrund. Personen werden nicht auf einen Objektstatus reduziert, sondern als Subjekte wahrgenommen. Das Erlebte wird durch die Beziehung hervorgebracht und zum Ausdruck gebracht und umgekehrt. Diagnostisches Handeln dient nicht nur einem diagnostischen Zweck, sondern der entwicklungsfördernde Dialog und damit der gesamte Kommunikationsprozess sind auch zentrale Bestandteile des förderdiagnostischen Prozesses.

Festzuhalten ist, dass Informationen der Interpretation bedürfen, um dann zu einem besseren Verstehen zu führen mit dem Ziel der möglichst adäquaten Erfassung der gesamten Problematik einer Person.

Der gegenwärtige Stand der Psychodiagnostik ist durch ein großes Angebot vielfältiger, unterschiedlicher Verfahren gekennzeichnet, deren pädagogische Nützlichkeit zunächst nicht immer transparent wird. Vor dem Hintergrund der Vorstellung einer individuell konstruierten Wirklichkeit, die durch Komplexität und Variabilität, Entwicklung, Prozesshaftigkeit und Selbstregulation gekennzeichnet ist, scheinen „traditionelle" Gütekriterien nur schwer Anschluss an aktuelle wissenschaftstheoretische Überlegungen im Kontext dieser herausfordernden Problematik zu finden. In Bezug auf die pädagogisch-erzieherische Praxis muss es daher darum gehen, Erfahrung und Test, intersubjektive Einschätzung und erhobene Daten, Gesprächsergebnisse, Zeichnungen oder verbale Assoziationen, ganzheitliche und differenzierte Beobachtungen und spezifische Testverfahren im Sinne eines dialogischen Prozesses zu ergänzen, um dem Kind/Jugendlichen bzw. auch den für seine Entwicklung verantwortlichen Erwachsenen effektive Hilfen zu bieten und die Lebensqualität zu verbessern.

Als Voraussetzung für einen sinnvollen, pädagogisch orientierten Umgang mit diagnostischen und speziell förderdiagnostischen Verfahren wird besonders im sonder- und heilpädagogischen sowie im lerntherapeutischen Bereich ein fundiertes Wissen benötigt. Fragen nach dem methodischen Weg sind vor dem Hintergrund einer prozesshaften, zirkulär-förderdiagnostischen Annäherung an die Bedürfnisse und Probleme des betroffenen Kindes bzw. dessen Eltern, Erzieher usw. zu beantworten.

Dies bedeutet, dass die einzelnen Phasen innerhalb eines förderdiagnostischen Vorgehens (vgl. Abb. 11), nämlich Vorinformation, Informationsgewinnung und Förderprozess (vgl. Bundschuh 2014, 134-142) nicht als lineare Abfolge zu verstehen sind, sondern als im Förderprozess miteinander vernetzt gesehen werden.

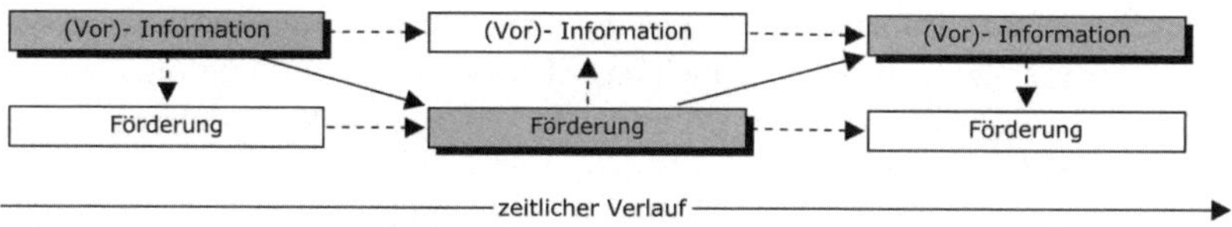

Abb. 11: Phasen des forderdiagnostischen Vorgehens

Man muss auch hervorheben, dass es bisher kein diagnostisches Einzelverfahren gibt, mit dem die Komplexität emotionaler und sozialer Störungen angemessen erhellt werden kann und sich pädagogisch sinnvolle, d.h. für die Personalisation und somit auch Sozialisation des Individuums relevante Fördermaßnahmen ableiten lassen. Förderdiagnostik wird sich daher auch vor dem Hintergrund der Prozesshaftigkeit ihres Aufgabenfeldes immer mit verschiedenen und auch erweiterten bzw. neuen Möglichkeiten der Informationsgewinnung beschäftigen müssen.

7.4.1.1 Anamnestische Erhebung und Exploration als Basisinformationen

Das anamnestische Gespräch stellt eine wichtige Methode der Informationsgewinnung vor allem zu Beginn der förderdiagnostischen Arbeit im Sinne einer (objektiven) Erhellung der biografischen Daten und Informationen über die vorgeburtliche Phase, den Geburtsverlauf, Krankheiten, vorschulische und schulische Gegebenheiten dar. Als solche stellt sie eine wichtige Informationsquelle über Ursachen/Ätiologie bzw. Bedingungshintergründe einer Problematik oder Notsituation eines Kindes im Kontext ‚Kind-Umfeld' und damit eine Ausgangsbasis für einzuleitende Förderungs- und Therapieprozesse dar. Unterschieden werden Eigenanamnese (Mitteilungen der betroffenen Person über eigene Erlebens- und Verhaltensaspekte) und Fremdanamnese (Informationen/Gespräche mittels Bezugspersonen wie Eltern, Lehrer, Heimleiter).

Im Rahmen der fremd- und eigenanamnestisch orientierten förderdiagnostischen Begutachtung kann man Anamnese mit „förderdiagnostisches Untersuchungsgespräch", „Erkundungsgespräch" oder „diagnostisches Gespräch" umschreiben (vgl. Bundschuh 2014, 136ff.; 142-147). Es handelt sich – allgemein ausgedrückt – um ein Gespräch, bei dem der Gesprächsleiter bestimmte Zielvorstellungen verfolgt. Die Anamnese dient der Informationsgewinnung und dem Aufbau einer vertrauensvollen Beziehung zu dem jeweiligen Partner. Sie führt darüber hinaus zu einem immer besseren Verstehen der jeweiligen Person mit einer bestimmten Problematik.

Die nach der eigentlichen Phase der Informationsgewinnung durchzuführende Exploration (vgl. ebd. 147-151) dient dabei nicht nur als Stellungnahme der betroffenen Personen (Proband, Eltern, sonstige Bezugspersonen) zu bereits vorliegenden Daten und Informationen oder auch zur Überprüfung von Ergebnissen, sondern sie verfolgt insbesondere auch das Ziel, vielfältige Informationen aus unterschiedlichen Quellen zu sammeln und eine vertrauensvolle Beziehung zu dem jeweiligen Explorationspartner aufzubauen.

Vor dem Hintergrund der Notwendigkeit einer differenzierten Kind-Umfeld-Analyse (vgl. Bundschuh, Winkler 2014, 349-355) erscheint es nicht nur wichtig, die Eltern einzubeziehen, sondern auch die betroffenen Kinder und Jugendlichen bzw. Lehrer, Erzieher und weitere Bezugspersonen. Allerdings gilt zu beachten, dass sich je nach Gesprächspartner und vorliegender Problematik die jeweiligen Schwerpunkte der Explorationsbereiche verändern. Familienbefragungen mit Geschwistern und anderen Familienangehörigen können ebenfalls sehr informativ sein, spielen aber im Rahmen der schulischen Erziehungshilfe eher eine untergeordnete Rolle.

Die Exploration der Eltern dient sowohl der Informationssammlung als auch dem Aufbau einer durch Vertrauen und Wertschätzung gekennzeichneten Beziehung, wobei zu Beginn eines Gespräches den Erziehungsberechtigten die Möglichkeit gegeben wird, sich zum Gesprächsanlass, zur Problematik sowie zu möglichen Erwartungen frei zu äußern. Das sich anschließende, strukturierte Gespräch, bei dem möglichst beide Elternteile einbezogen werden, kann unter anderem folgende Bereiche umfassen:

- aktuelles Verhalten, aktuelle psychische Auffälligkeiten,
- Interessen, Aktivitäten, Kompetenzen und (positive) Eigenschaften des Kindes bzw. Jugendlichen,
- Entwicklungsstand und schulische Leistungen,
- familiärer und sozialer Hintergrund,
- Entwicklungsgeschichte des Kindes/Jugendlichen,
- Einstellungen der Eltern zur Problematik an sich und zur Förderung
- Perspektiven/Zukunft (ebd. 142-151).

Die eigenanamnestische Exploration des Kindes bzw. Jugendlichen dient ebenfalls dem Aufbau einer vertrauensvollen Beziehung sowie der Informationsgewinnung hinsichtlich des vorliegenden Problems, der Stärken, aber auch Schwierigkeiten. In Abhängigkeit vom Entwicklungsstand eignen sich interaktive Spieltechniken, projektive Explorationstechniken sowie Formen der direkten Befragung, um bedeutsame Lebensbereiche vor dem Hintergrund folgender Aspekte zu erhellen:

- Interaktionsverhalten,
- aggressiv-dissoziales Verhalten,
- Intelligenz und kognitive Entwicklung,
- Gedächtnis, Orientierung und Bewusstsein,
- Denken und Wahrnehmung,
- Entwicklungsstörungen und schulische Fertigkeiten,
- Aktivität und Aufmerksamkeit,
- Psychomotorik,
- Stimmung und Affekte
- Angst und Zwang,
- Essverhalten,
- körperliche Beschwerden.

Auch wenn es grundsätzlich sinnvoll sein kann, Eltern und Betroffene gemeinsam zu befragen, sollte ein Teil der Exploration mit den beteiligten Personen alleine erfolgen, da das gemeinsame Herausarbeiten der subjektiv sinnhaften Konstruktionen auch oftmals einen persönlichen, dialogischen Annäherungsprozess darstellt. Gerade im Bereich der sozialen und emotionalen Probleme kommt es häufig zu sozialen und selbstwertdienlichen Verzerrungstendenzen, die für eine unterschiedliche Darstellung bzw. Wahrnehmung von Verhaltensauffälligkeiten führt, je nachdem ob Familienmitglieder anwesend sind oder nicht.

7.4.1.2 Verhaltensbeobachtung

Verhaltensbeobachtung ist die bewusste Wahrnehmung einer oder mehrerer Person/en. Sie spielt in den Bereichen Kindergarten, Vorschule, Schule, Familie, Heim-, Arbeits- und Spielgruppe eine Rolle, sollte aber auch während der Durchführung eines psychologischen Tests oder eines Beratungsgesprächs stattfinden. Tatsächlich bietet jede kleine, alltäglich wiederkehrende Einzelsituation Möglichkeiten der Beobachtung und des Vergleichs. Hieraus ergibt sich ein unmittelbarer, ein (subjektiver) Zugang zum Kind. Es ist vor allem wichtig, dass wir auf die Situation achten und aufgrund der Erfahrungen im Verlauf der Zeit quasi einen Maßstab bezüglich des Verhaltens ableiten. „Es gibt darin so viele Möglichkeiten, daß jeder, der sie auswerten will, sich bald dazu gezwungen fühlt, einige wenige auszuwählen, auf die er besonders achtet, weil er sonst Gefahr läuft, im Allzuvielen sich zu verlieren… Aber auch hier ist daran zu erinnern, daß man damit nur Tatsachen sammelt, aber den betreffenden Menschen noch nicht versteht. Wenn zwei dasselbe tun, so sind sie deswegen noch nicht gleich“ (Moor 1974, 278).
Die Verhaltensbeobachtung stellt eine direkte, unmittelbare Verbindung zwischen aktuellem Verhalten im Kontext Entwicklungsstand, Fähigkeiten, Kompetenzen, Bedürfnisse und daraus abzuleitenden Hilfen, Unterstützungs- und Förderungsmaßnahmen bzw. Förderprozessen dar. Verhaltensbeobachtungen lassen sich hinsichtlich

- des Anlasses (Gelegenheitsbeobachtungen versus standardisierte Beobachtungen),
- der Ausrichtung (Selbst- versus Fremdbeobachtung),
- der Offenheit (offene versus verdeckte Beobachtung),
- der Strukturiertheit (strukturiert versus unstrukturiert bzw. gebunden versus frei),
- der Distanz zum Beobachtungsgegenstand (teilnehmend versus nicht-teilnehmend),
- systematisch versus nichtsystematisch unterscheiden. Während die Gelegenheitsbeobachtung und die unstrukturierte Verhaltensbeobachtung zunächst der Entwicklung heuristischer (nach wissenschaftlicher Erkenntnis suchender) Fragestellungen sowie der Hypothesengewinnung dienen, sind die Formen systematischer und strukturierter Verhaltensbeobachtung als Informationssammlung zur Unterstützung der Förderung und gegebenenfalls zur Entscheidungsfindung über Fördermaßnahmen bedeutsam (vgl. Bundschuh, Winkler 2014, 153-161). Auf jeden Fall dient die Verhaltensbeobachtung auch immer dem besseren Kennenlernen und Verstehen.

Die Kombination von teilnehmender Beobachtung bei gleichzeitiger Videoaufzeichnung verbindet die Vorteile des „In-der-Situation-Seins" mit der Möglichkeit einer späteren, ggf. mehrmaligen und wiederholbaren Betrachtung und einer genaueren Analyse. Im Vorfeld einer Videoaufnahme sind von dem/den Beobachteten bzw. den Erziehungsberechtigten Einverständniserklärungen einzuholen. Beobachtung bringt sich nicht nur in einen Prozess ein, sie besitzt vielmehr selbst prozesshaften Charakter. Dauert Beobachtung längere Zeit, so dürfen während dieser Zeit die Arbeit, das geordnete Leben und die erzieherische Beeinflussung nicht aufhören. Beobachtung löst diese Dinge nicht ab und unterbricht sie nicht, sondern muss sich in der konkreten Handlung vollziehen. Dabei darf nicht außer Acht gelassen werden, dass sich für den diagnostizierenden Pädagogen Schwierigkeiten ergeben können. So fehlt dem Lehrer – selbst wenn er entsprechend ausgebildet wurde – in einer Schulklasse mit vielleicht 15 bis 32 Kindern ganz einfach die Zeit zum intensiven Beobachten einzelner Schüler.

7.4.1.3 Sceeningverfahren

Im Folgenden werden einige in der pädagogisch-psychologischen Praxis üblichen Screeningverfahren vorgestellt, welche häufig zu Beginn eines förderdiagnostischen Prozesses eingesetzt werden, um sich ein allgemeines Bild von Erlebens-, Verhaltens- und Entwicklungsbesonderheiten des Kindes zu verschaffen, auf dessen Basis schließlich weitere spezifischere Diagnostik und Förderung folgen. Neben den vor allem im klinisch-medizinischen Setting beliebten strukturierten Interviews wie zum Beispiel dem „Diagnostischen Interview bei psychischen Störungen im Kindes- und Jugendalter" von *Schneider et al.* (2007) gibt es zahlreiche Fragebogenverfahren, welche entweder vom Kind selbst oder im Sinne einer Fremdbeurteilung durch Eltern/ Lehrer ausgefüllt werden.

A) Child Behavior Checklist (CBCL), Teacher's Report Form (TRF) und Youth Self Report (YSR): Ein im deutschsprachigen Raum häufig eingesetztes Verfahren stellt die Child Behavior Checklist (CBCL) von *Achenbach* (1991) dar, die mittlerweile in verschiedenen Ausführungen vorliegt. Die deutsche Fassung der CBCL für zwei bis drei Jahre alte Kleinkinder umfasst im Elternfragebogen 99 Problem-Items, von denen 59 Entsprechungen der CBCL für ältere Kinder darstellen. Aus den Items werden sechs Problemskalen (Sozialer Rückzug; Körperliche Beschwerden; Ängstlich/Depressiv, Destruktives Verhalten; Aggressives Verhalten und Schlafprobleme) sowie drei übergeordnete Skalen gebildet, die externalisierende und internalisierende Auffälligkeiten sowie die Gesamtauffälligkeit abbilden (vgl. Arbeitsgruppe Deutsche Child Behavior Checklist 1993a; Döpfner et al. 2014).

Der Elternfragebogen der deutschen Fassung der Child Behavior Checklist für Kinder und Jugendliche im Alter zwischen vier und 16 Jahren erfasst im ersten Teil das „Urteil" von Eltern über psychosoziale Kompetenzen und im zweiten Teil das „Urteil" über Verhaltensauffälligkeiten, emotionale Auffälligkeiten und somatische Beschwerden. Die Items des ersten Teils werden zu drei Kompetenzskalen („Aktivitäten", „Soziale Kompetenz" und „Schule") zusammengefasst. Aus den Items des zweiten Teils des Fragebogens werden acht Problemskalen gebildet. Die Skalen „Sozialer Rückzug"; „Körperliche Beschwerden"; „Ängstlich/Depressiv" werden zur übergeordneten Skala „Internalisierende Auffälligkeiten" zusammengefasst. Die Skalen „Dissoziales Verhalten" und „Aggressives Verhalten" bilden die übergeordnete Skala „Externalisierende Auffälligkeiten". Die übrigen drei Skalen mit den Bezeichnungen „Soziale Probleme", „Schizoid/Zwanghaft" und „Aufmerksamkeitsprobleme" sind keiner übergeordneten Skala zugeordnet. Der Gesamtauffälligkeitswert umfasst 118 Items (vgl. Arbeitsgruppe Deutsche Child Behavior Checklist 1998a).

Die Ergebnisse können mit dem gleichartig aufgebauten Lehrerfragebogen über das Verhalten von Kindern und Jugendlichen (Teacher's Report Form: TRF) und dem Fragebogen für Jugendliche (Youth Self Report: YSR) verglichen werden, wodurch eine Erfassung von Verhaltensauffälligkeiten und Verhaltenskompetenzen aus mehreren Perspektiven ermöglicht wird. Der Fragebogen für Jugendliche (YSR) stellt die deutsche Fassung des Youth Self Report der Child Behavior Checklist dar. Der Fragebogen kann von Kindern und Jugendlichen im Alter von 11 bis 18 Jahren beantwortet werden und ist analog zum Elternfragebogen aufgebaut. Der erste Teil ist mit dem Elternfragebogen über das Verhalten von Kindern und Jugendlichen (CBCL 4-18) weitgehend identisch. Im zweiten Teil wurden bis auf 16 alle Items des Elternfragebogens übernommen. Wie beim Elternfragebo-

gen werden die Items des ersten Teils zu drei Kompetenzskalen zusammengefasst, und aus den Items des zweiten Teils des Fragebogens werden acht mit dem Elternfragebogen weitgehend identische Problemskalen gebildet. Auch hier können die Ergebnisse mit dem gleichartig aufgebauten Elternfragebogen über das Verhalten von Kindem und Jugendlichen (CBCL 4-18) sowie dem Lehrerfragebogen über das Verhalten von Kindern und Jugendlichen (TRF) verglichen werden (vgl. Arbeitsgruppe Deutsche Child Behavior Checklist 1998b; Arbeitsgruppe Deutsche Child Behavior Checklist l993b).
Seit 2014 liegen von dieser Arbeitsgruppe (Döpfner et al.) überarbeitete Formen des Elternfragebogens über das Verhalten von Kindern und Jugendlichen von 6 bis 18 Jahren (CBCL/6-18), des Lehrerfragebogens über das Verhalten von Kindern und Jugendlichen von 6 bis 18 Jahren (TRF/6 – 18R) und ein Fragebogen für Jugendliche im Alter von 11 bis 18 Jahren (YSR/11 – 18R) vor.
Bei der Auswertung aller drei Fragebogenversionen werden acht Problemskalen gebildet: Ängstlich/depressiv, Rückzüglich/depressiv, Körperliche Beschwerden, Soziale Probleme, Denk-(Schlaf-) und repetitive Probleme, Aufmerksamkeitsprobleme, regelverletzendes Verhalten und Aggressives Verhalten) sowie drei übergeornete Skalen berechnet: Gesamtauffälligkeit, Internale Probleme, Externale Probleme.
Neu hinzugekommen ist die Möglichkeit, DSM-orientierte Skalen zu bestimmen: Affektive Symptome, Angstsymptome, Körperliche Symptome, Unaufmerksamkeits-Hyperaktivitätssymptome, Oppositionelle Verhaltenssysmptome, Dissoziale Symptome.
Auch wenn das Testauswerteprogramm eine computergestützte Auswertung der drei Fragebogenversionen ermöglicht, sollte im Sinne von Förderdiagnostik auch unabhängig von Normen und Quantitäten eine eigene Interpretation vorgenommen werden.
Zuverlässigkeit: Die interne Konsistenz der Gesamtauffälligkeit von mindestens .93 ist für alle drei Bögen als sehr gut zu bezeichnen.
Auch die Validität (Testgültigkeit) gilt als akzeptabel bzw. als „überzeugend“.
Normen: Es liegen bundesweit repräsentative Normdaten wie T-Werte und Prozentränge sowie Stanine Werte auf der Basis von ausreichend großen Stichproben vor.
Bearbeitungsdauer pro Fragebogen: 15 bis 20 Minuten.
Gerade im Kontext Verhaltensstörungen sind die vorliegenden Fragebögen zur Diagnostik im Kontext Problemanalyse der angeführten Symptome hilfreich.

B) Entwicklungstherapeutischer Lernziel-Diagnosebogen (ELDiB): Der Entwicklungstherapeutische Lernziel-Diagnosebogen (ELDiB) von *Bergsson* (1995) beschreibt in seinem Katalog entwicklungsproximale Verhaltensfähigkeiten von Kindern im Alter zwischen Geburt und 16 Jahren. Das Verfahren umfasst die

vier Dimensionen: „Verhalten“, „Kommunikation“, „Sozialisation“ und „(Vor-) Schulleistung“.
Gerade wegen seines mehrperspektivischen Ansatzes – es liegen Fragebögen für Eltern, Lehrer/Erzieher und Kinder bzw. Jugendliche selbst vor – kann dieser Katalog die Grundlage für eine Eingangsdiagnostik im Sinne der Bestimmung der aktuellen Fähigkeiten, für die Auswahl von Förderzielen und für die Planung des „Entwicklungstherapeutischen Unterrichts“ an sich bilden. Er intendiert folgende Ziele:

- „Feststellung des Ist-Standes, d.h. des sozial-emotionalen und kognitiven Entwicklungsstandes eines Kindes; damit einhergehend die Definition der Förderziele;
- Überprüfung des Fortschritts durch die regelmäßige Wiederholung der Einschätzung;
- Hilfe bei der Entscheidung, ob ein Kind in ein Förderprogramm aufgenommen werden soll;
- Grundlage für die Förderplanung: Unterricht bzw. Förderung und Hilfemaßnahmen werden so ausgerichtet, dass das Kind die im IEP (Individueller Erziehungsplan, die Verf.) definierten Fähigkeiten auf- und ausbauen kann;
- Hilfe für die Gruppierung der Kinder, z.B. in Fördergruppen, nach Entwicklungsstand, nicht nach Klassenzugehörigkeit oder Alter;
- Unterstützung bei der Absicht, in der Beratungsarbeit von defizitorientierten Sichtweisen weg und hin zu einem entfaltungs- und entwicklungsorientierten Ansatz zu kommen“ (Bergsson 1995, 31).

Der Vorteil des ELDiBs besteht darin, dass er eine enge Verbindung zwischen Diagnose und Förderung bzw. didaktischen Notwendigkeiten auf der Basis kompetenzorientierter Einstellungen und Sichtweisen ermöglicht.

C) „Verhaltensbeurteilungsbogen Schule“ von Gießler-Fichtner u.a. (2000):
Der Verhaltensbeurteilungsbogen Schule (VBS-L) von *Gießler-Fichtner, Freimann, Frey, Menzel* und *Petermann* (2000) ist ein Screeningverfahren für den Unterricht, mit dessen Hilfe ein Lehrer das Sozial-, Lern- und Leistungsverhalten seiner Schüler umfassend einschätzen kann. Er bietet neben grundlegenden und zahlreichen therapeutischen Entscheidungshilfen auch die Möglichkeit der Qualitätssicherung. Seine insgesamt 14 Kategorien zur Verhaltensbeurteilung beziehen sich auf:

- Kooperationsfähigkeit,
- Selbstkontrollfähigkeit,
- Einfühlungsvermögen und Hilfsbereitschaft,
- angemessene Selbstbehauptung,
- Kontaktfähigkeit,
- Umgang mit Regeln,

- Interesse am Lernen,
- Konzentrationsfähigkeit,
- Selbstständigkeit beim Lernen,
- motorische Ruhe,
- Umgang mit Stressfaktoren,
- Selbsteinschätzung der Leistungsfähigkeit,
- Sorgfalt,
- Schulleistungsstand.

Seine Anwendungsbereiche findet der VBS-L in der Ziel- und Förderplanung zum Aufbau von Basiskompetenzen; er bildet aber auch eine Grundlage für Beratungsgespräche mit Eltern und der Schule. Durch seine Möglichkeit der Verlaufs- und Erfolgskontrolle erlaubt er zudem Aussagen zur Prozess- und Ergebnisqualität pädagogischer Bemühungen.

7.4.1.4 Ausgewählte psychometrische und projektive Verfahren

A) „Erfassungsbogen für aggressives Verhalten" von Petermann und Petermann (2015): Der „Erfassungsbogen für aggressives Verhalten" ist ein situationsspezifischer Test zur Erfassung des Merkmals Aggression in verschiedenen, konkret dargestellten Alltagssituationen. Bei diesem Verfahren handelt es sich um einen strikt nach psychometrischen Gesichtspunkten konstruierten Test zur Prüfung situationsspezifischen aggressiven Verhaltens. Er liegt in den Versionen EAS-J (Form für Jungen) und EAS-M (Form für Mädchen) vor. Die 22 bildlich dargestellten Items beziehen sich auf Alltagskonflikte zwischen Kindern sowie Aggressionen gegen Gegenstände und Autoaggression, wobei bei jedem Item drei mögliche Reaktionsweisen vorgesehen sind und der Proband sich durch Ankreuzen mit einer dieser drei Alternativen identifizieren muss. Das kindspezifische Reaktionsprofil soll folgende Fragen klären:

- Gegen wen richtet sich und wie äußert sich das aggressive Verhalten?
- In welchem Intensitätsgrad und in welchen Umweltbereichen tritt es auf?
- Initiiert das Kind von sich aus Konflikte oder ist es eher ein parteiergreifender Beobachter?
- Wie viele und welche sozial erwünschten, d.h. angemessenen Reaktionswahlen zeigt das Kind?

Die fünfte aktualisierte Auflage (2015) wurde durch neue Ergebnisse aus der Aggressionsforschung und das methodische Vorgehen des EAS umfassender fundiert. Es gibt hierzu auch ein Begleitbuch zur Aggressionsdiagnostik.

B) „Persönlichkeitsfragebogen für Kinder" von Seitz und Rausche (2004): Der für Jugendliche zwischen 14 und 19 Jahren anwendbare Test findet Verwendung in der Erziehungs- und schulpsychologischen Beratung und zielt auf

eine möglichst breite und gleichzeitig differenzierte Erfassung der kindlichen Persönlichkeit. Anzahl, Inhalt und Struktur der durch den PFK 9-14 erfassten Persönlichkeitsdimensionen stützen sich einerseits auf theoretische Überlegungen, andererseits auf empirische Befunde. Es werden Verhaltensstile, Motive und Selbstbild-Aspekte als Äußerungsbereiche der Persönlichkeit unterschieden, wobei neben den 15 Primärdimensionen auch die folgenden vier Sekundärfaktoren erfasst werden können:
- derb-draufgängerische Ich-Durchsetzung,
- Emotionalität (Angst),
- selbstgenügsame soziale Isolierung und
- aktives Engagement.

Die Durchführung setzt Lesefertigkeit und sinnentnehmendes Lesen voraus.

C) „Skalen zur Erfassung des schulischen Selbstkonzepts" von Schöne u.a. (2002): Die Erfassung des Fähigkeitsselbstkonzeptes durch die „Skalen zur Erfassung des schulischen Selbstkonzepts" (SESSKO) von *Schöne, Dickhäuser, Spinath* und *Stiensmeier-Pelster* (2002) trägt dazu bei, mögliche Ursachen schulischer Leistungsprobleme bei Schülerinnen und Schülern zu identifizieren. Die Inhalte der kognitiven Repräsentationen, die das Fähigkeitsselbstkonzept ausmachen, können mittels der 22 Items, die über vier Dimensionen abgebildet werden, differenziert betrachtet werden. Die SESSKO setzen sich dabei zusammen aus sozialer Bezugsnorm („Ich bin besser als Maria."), individueller Bezugsnorm („Ich bin intelligenter als früher."), kriterialer und absoluter Bezugsnorm, bei denen objektive (kriteriale) Maßstäbe wie etwa zu erreichende Lernziele zur Beurteilung herangezogen werden. Zusätzlich zu diesen Normen erfassen die SESSKO absolute Urteile, bei denen keine Bezugsnorm erkennbar ist.

D) „Depressionsinventar für Kinder und Jugendliebe" von Stiensmeier-Pelster u.a. (2000): Das „Depressionsinventar für Kinder und Jugendliche" (DIKJ) ist ein Selbsteinschätzungsfragebogen, der eine Erfassung der Schwere einer depressiven Störung bei Kindern und Jugendlichen ab der zweiten Klasse ermöglicht. In weitgehend kindgerechter Form werden alle wesentlichen Symptome der depressiven Störung (Major Depression gemäß DSM-IV) sowie typische Begleiterscheinungen und Folgen diagnostiziert. Jedes der 26 Items des DIKJ verlangt vom Kind bzw. Jugendlichen eine Entscheidung zwischen drei vorgegebenen Antwortalternativen, die unterschiedliche Ausprägungen eines Symptomzustandes kennzeichnen. Das DIKJ ist sensibel hinsichtlich des Schweregrades einer depressiven Störung. Deshalb findet es auch im Rahmen der pädagogisch-psychologischen Arbeit breite Verwendung.

F) „Familie in Tieren" von Brem-Gräser (2014): Als eines der bekanntesten projektiven Tests aus dem Bereich der zeichnerischen- und Gestaltungsverfahren stellt das bereits in der 11. Auflage publizierte Verfahren einen häufig in den Bereichen Erziehungs-, Schul- und Erziehungspraxis angewandten psychologischen Test dar. Die Instruktion lautet, das Kind solle sich vorstellen, die eigene Familie sei eine Tierfamilie, und nun solle es diese Familie zeichnen. Die Auswertung erfolgt, ähnlich wie bei den anderen im vorliegenden Kapitel beschriebenen Tests in „freier" Form, d.h. nach inhaltlich-tiefenpsychologischen Gesichtspunkten. Eine Hilfe bietet dabei ein von der Autorin aufgrund umfangreicher Untersuchungen zusammengestellter „Katalog der Tiereigenschaften". Ferner berücksichtigt man bei der Interpretation die Anordnung der Familie auf dem Zeichenblatt:

- Welche Familienmitglieder werden in der gleichen Ebene gezeichnet?
- Wer wendet sich wem zu? Wer von wem ab?
- Welche räumlichen Distanzen bestehen zwischen den Familienmitgliedern?
- Welche Größenverhältnisse der dargestellten Tiere und Übereinstimmungen bzw. Unterschiede hinsichtlich der Gattung der gezeichneten Tiere (z.B. Hausoder Wildtiere, Säugetiere, Insekten etc.) zeigen sich?

Schließlich ist es aus Erfahrung sinnvoll und diagnostisch zumeist auch fruchtbar, nach der Durchführung des Tests über die Zeichnung zu sprechen und dieses Verfahren auch als Einstieg in eine vertiefte, problembezogene Exploration zu verwenden.

7.4.1.5 Kritische Anmerkungen im Kontext Objektivität und Standardisierung

Die Forderung nach Objektivität bei der Verwendung der an der klassischen Testtheorie orientierten Verfahren wurde in jüngster Zeit mehrfach erschüttert. Nachdem sich die Objektivitätsforderung am Modell des naturwissenschaftlichen Experiments orientiert, sind bei „idealer" Erfüllung dieser Forderung die Bedingungen dieser „standardisierten Situation" so streng bzw. eng definiert, dass dem Diagnostiker kein eigener Ermessensspielraum zur Ausgestaltung der Situation bleibt (Bundschuh 2014, 123ff.). Rein psychometrisch orientierte Diagnoseinstrumente leisten keinen direkten Beitrag zur Informationsgewinnung über den Grad der Selbstständigkeit der Daseinsbewältigung in gegenwärtigen oder zukünftigen Lebenssituationen. Psychologische Tests sind in der Regel eng und linear ausgerichtet. Die Frage der Erziehung und Förderung wird im Zusammenhang mit standardisierten Verfahren nicht explizit angesprochen. Leben und Lebenlernen bei Kindern mit sozialen und emotionalen Störungen umfasst aber weit mehr als das Hinaufsteigen einer Leistungstreppe in den funktionalen Bereichen. Lineare Aufgabenstellungen diagnostischer Messverfahren erweisen sich im Blick auf das Kind in der Regel als wenig motivierend, eher künstlich und realitätsfern. Psychometrische Tests prüfen kaum Handlungsvoraussetzungen; für zukünftiges

Lernen, Arbeiten und Leben schlechthin liefern sie direkt keine Information. Die wichtige Aufgabe der Förderdiagnostik, zwischen Kind und Lerngegenstand bzw. Lernrealität und auch Alltagswirklichkeit zu vermitteln, wird nicht erfüllt. Lediglich die überlegte Auswahl von Aufgaben als diagnostische Messverfahren und die Variationen von Testbedingungen im Sinne qualitativer Diagnostik – orientiert an den Möglichkeiten und Problemen – können die förderdiagnostische Aufgabe unterstützen. Der „objektive" und distanzierte, den Probanden und sich selbst ständig kontrollierende Diagnostiker geht geradezu an förderdiagnostisch fruchtbaren Situationen und Möglichkeiten vorbei. Das permanente Bemühen um Objektivität und Kontrolle verhindert die Offenheit zum Verstehenlernen, zur Begegnung und zur Wahrnehmung der ganzen Person. Förderdiagnostisches Handeln setzt anthropologische und pädagogische Reflexionen voraus, schließt die Beachtung der Ganzheit der Persönlichkeit, die sich im Dialog eröffnet und die Orientierung am Kind/Jugendlichen sowie an den Problemen ein. Die Suche nach neuen Verhaltensmöglichkeiten orientiert sich am Kind/Jugendlichen und seiner bisherigen Lebens- und Lernumwelt, an der Beziehung zwischen Kind und anderen Personen sowie an der Beziehung zwischen Kind und Gegenständen, Lernsituationen schlechthin. Es besteht kein Zweifel, dass jedes So-Sein auch wieder in hohem Maße vermittelt ist. Die entsprechenden sozialen Prozesse zu erkennen, zu analysieren und für das Verstehen und für die Unterstützung fruchtbar zu machen, erweist sich gerade bei vorliegenden Verhaltensstörungen als eine wichtige förderdiagnostische Aufgabe. Der pädagogisch orientierte Diagnostiker versteht sich als flexibler Partner bzw. Begleiter und als Beobachter in Lern-, Arbeitsund Spielsituationen. Die Anwendung von Entwicklungsskalen, Screening-Tests und psychologischen Tests ist unter pädagogischem und psychologischem Aspekt betrachtet sinnvoll, wenn sie zusätzliche Informationen zur Förderung oder zur Aufdeckung von Lernbarrieren/ -hemmungen sowie zur Analyse behindernder Bedingungen im sozialen Umfeld liefert (Bundschuh 2008, 224ff.).

7.4.2 Quantitative Diagnostik und Verstehen von Verhalten – eine Annäherung aus konstruktivistischer Perspektive

Es geht bei vorliegenden sozialen und emotionalen Störungen um die Frage, wie die auf diagnostischem Wege gesammelten Informationen für Beratung und Förderung fruchtbar gemacht werden können. Es muss somit die Frage nach einer Ergänzung testpsychologischer Diagnostik unter dem Aspekt des Verstehens auch im Hinblick auf die Betroffenen gestellt werden.

Wenn man den häufig zitierten pädagogischen Basissatz des Schweizer Heilpädagogen *Paul Moor* (1899-1977): „Wir müssen das Kind verstehen, bevor wir es erziehen" (1974, 259), gerade für den Bereich der Verhaltensgestörtenpädagogik, also einer Pädagogik bei vorliegendem sozialem und emotionalem Förderbedarf, als besonders wichtig akzeptiert, ergibt sich die Frage, welche Theorieansätze in diesem Sinne geeignet sind, ein Verstehen jener Probleme zu ermöglichen, die Kinder und Jugendliche im Bereich der emotionalen und sozialen Entwicklung, des Erlebens und der Selbststeuerung haben.

Ein erster Kompromiss quantitativer Diagnostik unter dem Aspekt des Verstehens wäre, mit den Inhalten oder Aufgaben der bekannten Methoden weiter zu arbeiten, sie aber förderdiagnostisch zu verändern, indem qualitative Aspekte in den Vordergrund treten. Dies ist möglich, indem Items vorliegender Testverfahren variiert bzw. auch neu zusammenstellt werden im Sinne der Erfassung und Analyse der vorliegenden Problematik (Bundschuh, Winkler 2014, 123ff.; 2015, 535ff. Die Ergebnisse aus entsprechenden Verfahren lassen sich in einem erweiterten explorativen Gespräch hinsichtlich der Sinnhaftigkeit und Bedeutsamkeit des Verhaltens für betroffene Kinder, Jugendliche, aber auch Eltern, Erzieher und weitere Bezugspersonen interpretieren.

Variationen und Interpretationen orientieren sich an der Problematik sowie bisher vorliegenden diagnostischen Informationen. Wissenschaftlich fundierte Theorien, die Aussagen über menschliches Erleben und Verhalten unter besonderer Berücksichtigung der sozialen und emotionalen Entwicklung machen, können für die Erklärung von Störungen bzw. Auffälligkeiten herangezogen werden. Entsprechend finden sich in der einschlägigen Literatur des Faches immer wieder ausführliche Kataloge von Ursachenfaktoren für das Auftreten von Verhaltensstörungen. Unter dem Titel „Erklärungsansätze" wurden wiederholt die Grundlinien all derjenigen theoretischen Positionen referiert, die sich mit der Erklärung menschlichen Verhaltens und damit auch menschlichen Fehlverhaltens beschäftigt haben.

Dabei stellt sich die Frage, welche Theorien sich für das pädagogische Verstehen (vgl. Bundschuh 2010, 126-130) als fruchtbar und bedeutsam erweisen. Pädagogisch relevant und das heißt in erster Linie dem Verstehen förderlich scheinen vor allem solche Erklärungsansätze zu sein, die die Genese generalisierter Erwartungshaltungen, verzerrter sozialer Wahrnehmungsmuster, typischer emotionaler Reaktionsweisen und charakteristischer Selbstbehauptungsstrategien von Kindern und Jugendlichen mit Verhaltensauffälligkeiten transparent und plausibel machen können, die es also erlauben, auch die „problematischen Verhaltensweisen" als Anpassungsleistungen zu diagnostizieren und zu verstehen, die – auf dem Hintergrund der Lebensgeschichte und der subjektiven Weltdeutung des Handelnden – einen Sinn ergeben. Oftmals ist überhaupt die Frage nach den Ursachen pädagogisch weniger bedeutungsvoll – und meist in direkter Form auch nicht zu beantworten – als die nach dem subjektiven Sinn und dem verborgenen Ziel des aus der Beobachter- und Betrachtungsposition „problematischen Verhaltens":

– Wie erlebt ein Kind seine soziale Welt, wenn es auf – scheinbar geringfügige – Kränkungen so vehement reagiert?
– Worauf zielt es mit seinem provokanten Verhalten ab?
– Welche Reaktion will es in seinem sozialen Umfeld hervorrufen?

- Was muss es sich und den anderen damit beweisen?
- Welchen – verborgenen – Nutzen zieht es aus Verhaltensweisen, mit denen es sich doch ganz offensichtlich ständig Probleme einhandelt?
- Was würde es für sein Identitätskonzept bedeuten, auf jene störenden Handlungsweisen zu verzichten, d.h. sich „normgerecht" zu verhalten?

In diesem Sinne stellen „Verhaltensstörungen" (vgl. Bundschuh 2008, 252-259) eher eine Anpassung an bestimmte Umweltverhältnisse, eine Auseinandersetzung mit prekären Bedingungen oder auch einen „problematischen" Versuch der Bewältigung und vielleicht der Selbstbehauptung dar. Geht man von der konstruktivistischen Vorstellung aus, Menschen als selbstreferentielle, autopoietische Systeme anzusehen, die wiederum in soziale Systeme eingebunden sind, kann das als „gestört" erlebte bzw. bezeichnete Verhalten eben nicht unmittelbar als objektiv angesehen werden, sondern es ist zuvorderst als eine subjektive Konstruktion zu betrachten. In diesem Bewusstsein ergibt sich für den Diagnostiker die Notwendigkeit, dass er in der gesamten Phase des förderdiagnostischen Prozesses seinen Fokus nicht nur auf die „Genese der Konstruktion der Störung" durch den klassifizierenden und wertenden Beobachter oder Beurteiler richtet, sondern auch seine Interaktionsprozesse mit dem „auffälligen" Kind in den Mittelpunkt der Analyse rückt. Das von allen Beteiligten gezeigte Verhalten im weiten Sinne ist dabei als eine Handlung anzusehen, die nicht Ausdruck „richtigen" oder „falschen" Agierens, sondern ein Ergebnis viabler Wirklichkeitskonstruktion darstellt. Die damit einhergehende zunächst prinzipielle Achtung der Konstruktionen anderer relativiert eine Beschreibung des Verhaltens als Ausdruck von Störung und unterstellt „die Rechtmäßigkeit der Wirklichkeitskonstrukte und des Seins eines Menschen, der Motive seines Handelns und des Standes seiner Entwicklung" (vgl. Lindemann/Vossler 1999, 157).

Ein solches Verständnis von „gestörtem" Verhalten negiert nicht, dass Eltern und Lehrer ein Verhalten subjektiv als störend oder als unakzeptabel empfinden können, es relativiert nur seine Bewertung und unterstreicht zugleich die Bedeutung dessen, was ein betroffener Schüler zu sich und über sich selbst sagt und was an Etikettierungen von außen erfolgt. Damit werden im Prozess des Diagnostizierens nicht lineare, sondern rekursive Vorstellungen der Bedingtheit menschlichen Erlebens und Verhaltens in den Vordergrund gerückt, in der Rückkoppelungen von Wirkungen auf Ursachen als Regel und nicht als Ausnahme angesehen werden. Wir gehen davon aus, dass menschliches Verhalten wesentlich durch emotionale Prozesse und durch Erleben allgemein bestimmt ist. Begegnungen, unmittelbare Erfahrungen und die Art und Weise der Verarbeitung von Erfahrungen stellen eine wichtige Basis für die emotionale und soziale Entwicklung dar. Erfahrungen, die schon im pränatalen Stadium beginnen und sich in – mehr oder weniger – dichter Folge auch in zunehmendem Alter ergeben. Erfahrungen und Erkenntnissen im pädagogischen, speziell im sonder- und heilpädagogischen, insbesondere auch im lerntherapeutischen Arbeitsfeld, ist zu entnehmen, dass es zahlreiche Einflüsse gibt, die sich negativ auf die Emotional- und damit Lern- und Sozialentwicklung auswirken können. Wenn wir über diagnostische Verfahren im Kontext sozialer und emotionaler Störungen – wie z.B. Angst, Aggression, Gewalt, Essstörungen, Autismus – reflektieren, müssen wir bedenken, dass Emotionen nicht nur psychische Zustände sind, sondern vor allem auch Prozesse, die der Aufrechterhaltung, Herstellung und Unterbrechung von Beziehungen zwischen Personen, innerpsychischen Vorstellungen, Konstrukten und sozialer Umwelt dienen; Beziehungen, die für das Kind und seine Entwicklung bedeutsam sind. Emotionen beinhalten einen dynamischen und regulativen Aspekt; vor allem der regulative Aspekt wurde in der Emotionsforschung lange Zeit nicht hinreichend beachtet, gewinnt aber in den letzten Jahrzehnten immer mehr an Bedeutung (vgl. Bundschuh 2003, 55-61).

In diesem Zusammenhang erweist es sich geradezu als nachvollziehbar, dass sich betroffene Kinder und Jugendliche in ihrem sozialen Umfeld durch ihre Erfahrungen in einer ganz bestimmten Weise entwickelt haben und – auch auf der Basis sehr früher und weiterer Erfahrungen sowie entsprechender Verarbeitungsprozesse – Gestalter ihrer Welt sind. Hierzu gehören mögliche psychische Probleme und das als „auffällig" bezeichnete Verhalten. Wenn Wahrnehmung auch eine Bedeutungszuweisung von außen darstellt, wenn objektive Erkenntnis nicht möglich ist, dann ist der gesamte förderdiagnostische und erziehliche Prozess kein Vorgang der bloßen Informationsaufnahme mehr, in dem nur objektive Informationen über den Schüler gewonnen werden. Stattdessen wird dieser Prozess zu einem rekursiven sozialen Prozess des gemeinsamen Herstellens von Wirklichkeit durch Sprache, wobei die Funktion eines solchen Vorgehens vor allem darin besteht, Hypothesen über die Wirklichkeit von Systemen aufzustellen und nicht Wirklichkeiten abzubilden.

Ich gehe davon aus, dass jeder Mensch als aktiv handelndes, sein Leben gestaltendes – kompetentes – Individuum betrachtet und wert geschätzt werden möchte, so dass es im Umgang mit „Verhaltensauffälligkeiten" zunächst darum geht, individuelle emotionale und soziale Ressourcen frei zu legen und zu aktivieren, damit der Betroffene seine Situation möglichst autonom bewältigen und auf diese Weise im persönlichen Leben zunehmend handlungsfähig wird und Sinn erkennen kann.

Im Gegensatz zur traditionellen Diagnostik lässt sich Förderdiagnostik nicht als eine Diagnostik der Wirklichkeiten, sondern der als Aufdeckung der Konstrukte und – darin liegt die pädagogische Chance – der Möglichkeiten zur Impulsgebung als Unterstützung und Förderung beschreiben. Diagnostik wird zu einem kommunizierbaren, begründbaren und nachvollziehbaren Prozess.

Wichtig ist es deshalb, Instrumente zur Beschreibung von Verhaltensaspekten (wie z.B. Konzentrationsfähigkeit, soziale Einstellung, Selbstkonzept), Anamnesen und Erhebungen zum Leistungsstand dahingehend zu hinterfragen, inwieweit sie valide diagnostizieren und Konstruktionen über den Entwicklungsstand eines Kindes und Jugendlichen zulassen bzw. Verhaltenskonstruktionen erklären, um dann Hypothesen über das Bedingungsgefüge des Verhaltens und Fördervorschläge abzuleiten. Förderung geht von der Dynamik und – an sich auch unglaublichen – Veränderbarkeit des Menschen aus. Es geht dabei nicht darum, eine „Verhaltensstörung" im Sinne einer Krankheit zu beseitigen, sondern Primat muss es sein, gemeinsam mit dem betroffenen Kind/Jugendlichen, den Eltern, dem Klassenlehrer, ... die Wählbarkeit von Konstrukten zu verdeutlichen – von Konstrukten, die auf der Basis pädagogischer, didaktischer und psychologischer Fachkompetenz passender, hilfreicher, brauchbarer, sinnvoller, nützlicher sind –, neue Verhaltensweisen zu erproben und sie letztlich in gesellschaftlich akzeptables Handeln umzusetzen.

In diesem pädagogisch, psychologisch, lerntherapeutisch, sonder- und heilpädagogisch wichtigen Arbeitsfeld unterstützen und helfen förderdiagnostisch tätige Personen auf der Basis ihrer Fachkompetenz als Analysierende, Interpretierende und vor allem als Ko-Konstrukteure, damit das Kind bzw. der Jugendliche Aufgaben im Sinne besserer Lebensqualität bewältigt, die es/er ohne Unterstützung (noch) nicht meistern würde.

So können wichtige Entwicklungen als Ko-Konstruktion beginnen und in – nach Möglichkeit gut strukturierten, für das Individuum brauchbaren und für das Leben in der Gesellschaft akzeptablen – interne Konstruktionen münden und später flexibel und eigenständig weitergeführt werden. Diagnostisch wichtig sind Informationen darüber, an welchen Stellen der Entwicklung und in welchen Verhaltensbereichen ein Heranwachsender sich nicht in Richtung „Zone der nächsten Entwicklung" (Wygotski 1981) weiter entwickeln konnte. Entwicklungsorientierte Förderung des Erlebens und Verhaltens bedeutet somit schrittweise Ko-Konstruktion von Alternativen für zukünftiges Handeln auf der Basis des gegenwärtigen Verhaltens-, Entwicklungs- und Lernstandes. Förderung zielt – bei nicht ausreichender Handlungskompetenz einer Person in einem bestimmten Bereich – auf Ko-Konstruktion von Handlungskompetenz und Selbstorganisation (Bundschuh 2010,156-160) in Richtung „Zone der nächsten Entwicklung" (ebd.). Die Verbindung von Diagnostik, Konstruktivismus und Ko-Konstruktion eröffnet neue Möglichkeiten des Verstehens und der individuellen Förderung.

7.4.3 Prozessdiagnostik

Im Hinblick auf Förderung erweist sich die offene prozessorientierte Vorgehensweise in enger Verbindung mit einer praxisbegleitenden Diagnose des Lern-, Leistungs-, Emotional- und Sozialverhaltens in Schule und Alltagswirklichkeit als wichtig. Der heilpädagogisch relevante Aspekt einer prozess- und handlungsorientierten Diagnostik heißt unmittelbare, begleitende Beobachtung des Verhaltens,

speziell schulischen Lern- und Sozialverhaltens und Umsetzung dieser Beobachtungen in differenzierende, helfende und fördernde Unterstützung unter Einbezug vertiefter pädagogischer, didaktischer und sozial-emotionaler Überlegungen.
Diagnostik trägt zu besseren und genaueren Informationen und Aussagen über Ätiologie (Bedingungshintergründe), Erscheinungsweisen (Phänomene) und Förderung – Erziehung, Lernen, ggf. therapeutische Maßnahmen – bei vorliegenden erschwerten Bedingungen für Erziehung und Lernen bei, als dies auf der Basis einer rein pädagogischen Sichtweise möglich wäre.
Unter Prozessdiagnostik versteht man daher die flexible, variable, individuum- und damit bedürfnis- sowie bedarfsorientierte Anwendung diagnostischer Verfahren oder Methoden über einen längeren Zeitraum hinweg mit dem Ziel der Analyse und Beseitigung von Bedingungen, die sich negativ und zugleich behindernd auf die kognitive, emotionale und soziale Entwicklung der Persönlichkeit eines Kindes oder Jugendlichen auswirken (Bundschuh 2008, 227ff.).
Behindernde Bedingungen können in den komplexen Systemen

- Familie (psychische, soziale, ökonomische Situation),
- Schule (überfordernde Wirklichkeiten),
- Gesellschaft (hierarchisches Denken, Leistungsorientierung, ökonomische Krise) und im
- Ökosystem Kind (Wahrnehmung, Denken, Sprache, Motivation, Selbstkonzept und Selbstwertgefühl, Gleichgewicht, Emotionalität, Ängste, soziale Sensibilität, ...) liegen.

Frühdiagnose und damit Früherkennung behindernder Bedingungen mit der Zielrichtung Prävention, Integration und Inklusion spielen für die weitere Entwicklung der Persönlichkeit eine wichtige Rolle. Als förderdiagnostisch relevant erweisen sich die Beobachtung und Beschreibung der Lernausgangslage, die systematische Suche nach Anknüpfungsmöglichkeiten, die Entdeckung neuer Lernwege sowie die Prüfung der Effizienz initiierter Fördermaßnahmen. Neben der anthropologischen und pädagogischen Dimension der Förderdiagnostik und dem daraus hervorgehenden Menschenbild ist zusammenfassend auf soziale, didaktische und therapeutische Dimensionen hinzuweisen (vgl. Kap. 5). Die unmittelbar am Kind und Jugendlichen oriente individuelle Beschreibung der Lernausgangslage mit dem Ziel der Entfaltung von Möglichkeiten kann zunächst primär mit den Methoden der teilnehmenden Beobachtung in verschiedenen Alltagssituationen (Familie, Heim, Unterricht, Spiel- und Freizeitbereich), der Analyse der Biographie unter Einbezug der sozialen Prozesse sowie der Analyse der aktuellen sozialen Situation geschehen. Methoden der Diagnostik sind zusammengefasst: Anamnese, verschiedene Möglichkeiten der Verhaltensbeobachtung unter Einbezug von Screeningverfahren, Entwicklungsskalen, Exploration und psychologische Tests.

7.5 Lerntherapie im Dienste einer positiven Persönlichkeitsentfaltung und Beziehungsgestaltung

„Wahrnehmungsstörungen“, „Teilleistungsstörungen“, „Legasthenie“, „Dyskalkulie“, „Hyperaktivität“, soziale und emotionale Störungen fordern Lerntherapie heraus. Von Schülern empfundene gravierende Lernprobleme, überfordernde schulische Wirklichkeit eines lern-, leistungs- und/oder erziehungsschwierigen Kindes im Vergleich zur übrigen Klasse implizieren die Gefahr der Entfremdung und Isolation gegenüber Lehrern, Mitschülern und Eltern. Diese Problematik hat der Schweizer Psychotherapeut Dr. Armin Metzger erkannt.
Das Konzept Lerntherapie wurde von ihm 1990 begründet und hebt sich von anderen Therapieformen deutlich ab. Metzger geht im Rahmen seiner Therapieform von Erfahrungen während seiner Tätigkeit als Lehrer und Psychotherapeut von Kindern, Jugendlichen und Erwachsenen in Problemsituationen und von seinen Kenntnissen verschiedener Therapieformen, speziell der Psychoanalyse aus. Er erkannte die Problemsituationen in seiner therapeutischen Praxis im Zusammenhang mit Lern-, Schul- und auch Ausbildungsproblemen in der Lehre. Vor allem wurde ihm bewusst, dass die Analyse und damit auch die Prävention zahlreicher Probleme bei Kindern und Jugendlichen im Kontext Schule und Verhalten allgemein durch Lerntherapie wesentlich früher als bisher beginnen sollte.
Metzgers Lerntherapie basiert auf einem entwicklungstherapeutischen Verständnis. Sie geht von einer impliziten Dynamik des Werdens der Persönlichkeit aus. Diese Entwicklung erfolgt in allen existentiellen Bereichen: biologisch, emotional, kognitiv und sozial. Veränderungen im Rahmen der Entwicklung beruhen auf einem multidimensionalen und komplexen Lernprozess. Menschliches Lernen geschieht in engster Verbindung mit der Persönlichkeitsentwicklung, die sich ihrerseits in sozialen Beziehungen und Netzwerken aktualisiert. Persönlichkeits- und Lernentwicklung geschehen wechselseitig, sie können sich gegenseitig befruchten, aber auch hemmen oder stören, wie Metzger in seinen Publikationen „Lerntherapie. Wege aus der Lernblockade – Ein Konzept“ (2000, 2. Auflage 2002) und „Lerntherapie in Theorie und Praxis“ (2008) schreibt. An der theoretischen und praktischen Weiterentwicklung der Lerntherapie war maßgeblich auch der wissenschaftlich bedeutende und international bekannte und geachtete Schweizer Heilpädagoge Emil E. Kobi (1935 – 2011) beteiligt.
Die Lerntherapie wurde im Rahmen eines Forschungsprojektes der Universität Zürich wissenschaftlich begleitet. Ferner wird sie seit 2002 als eigenständige Therapieform urheberrechtlich geschützt. 2004 erfolgte die EduQua – Zertifizierung. Das Institut für Lerntherapie – ursprünglich Schaffhausen, jetzt Forch bei Zürich – stellt die Problematik Lernstörungen, Lernhemmungen und -blockaden sowie behindernde Bedingungen des Lernens in den Mittelpunkt seiner lerntherapeutischen Ausbildung. Ausgegangen wird dabei nicht primär von Lerntechniken,

sondern von den emotionalen und sozialen Bedingungen menschlichen Seins und Lernens sowie Verhaltens allgemein. Diese Sichtweise führt zu einem neuen Verständnis von Lernblockaden, Konzentrationsschwierigkeiten, Motivationsmängeln, Schul- und Prüfungsängsten sowie Frustrationspotential. Lerntherapie trägt dazu bei, diese Probleme von Kindern, Jugendlichen und auch Erwachsenen zu erkennen, zu verstehen, zu analysieren und auf der Basis kompetenz- und ressourcenorientierten Denkens neue Lernprozesse zu initiieren. Im Vordergrund stehen nicht die Lernprobleme im Kontext einseitigen Leistungsdenkens, wie sie z.B. von Schulen immer wieder gesehen und moniert werden, sondern die Lernmöglichkeiten, die durch die lerntherapeutische Begleitung neu wahrgenommen werden. Es werden dabei Potentiale der betroffenen Person erkannt, die bisher durch negative Einflüsse von außen (wie z.B. Ängste auslösende, überfordernde Schule, krank machende Erziehungseinflüsse von Familie und sozialem Umfeld, Probleme im Kontext Lehre) blockiert wurden. Die Möglichkeiten eines Kindes sollen gleichsam „zum Sprechen“ gebracht werden, Potentiale, die in der betroffenen Person bereits vorhanden sind und durch Unterstützung der Lerntherapie aktualisiert werden. Hier wirkt das pädagogisch Richtige therapeutisch und das Therapeutische pädagogisch, d.h. durch die enge Verbindung zwischen therapeutischen und pädagogischen Aspekten beginnt in unmittelbarer Orientierung an den Bedürfnissen der betroffenen Person nach Achtung, Wertschätzung und Anerkennung der therapeutische Prozess.

7.5.1 Lerntherapie – Verständnis und Arbeitsweise

Die Fähigkeit zu lernen ist eine Grundvoraussetzung dafür, sich besser in den Gegebenheiten des Lebens und der Umwelt zurechtfinden zu können, darin sinnvoll zu agieren und sie konstruktiv nach eigenen Vorstellungen und Interessen zu verändern.

Metzger unterscheidet verschiedene Lernarten, so z.B. spielerisches Lernen, Erfahrungslernen, Imitationslernen, intentionales, selbst- oder fremdmotiviertes Lernen sowie Verständnislernen. Im Mittelpunkt aller Arten und Varianten des Lernens steht dabei die Persönlichkeit der Lernenden, denn Lernen geschieht jeweils in der und durch die Persönlichkeit des Lernenden, d.h. der individuelle Lernprozess konstruiert sich auf der Basis der Lerntherapie weiter. Sowohl emotionale als auch kognitive Prozesse spielen hierbei eine wesentliche Rolle. Maßgebend neben den emotionalen und kognitiven Voraussetzungen, wie z.B. Aufmerksamkeit, Konzentrationsfähigkeit, Wachheit, Interesse, Engagement, (emotionale und kognitive) Verständnis- und Denkfähigkeit ist als entscheidende und steuernde Instanz die Persönlichkeit. Diese wiederum wird getragen durch ihre Identität. Die Identität ihrerseits bezieht ihre Energie und ihre Ressourcen aus dem Selbstwertgefühl, Selbstvertrauen, Selbstsicherheit, Selbstbild, Selbstverständnis, Selbstbewusstsein und Selbstverhältnis. Sie ist es, welche letztlich über Erfolg oder Misserfolg entscheidet.

Arbeitsweise

Die Lerntherapie arbeitet bei Lernschwierigkeiten deshalb primär mit und durch die lernende Persönlichkeit und stärkt gleichzeitig ihre Identität.
Bei Langzeitschwierigkeiten ist diese dialogische Vorgehensweise sowohl im Zusammenhang mit dem aktuellen Lernen als auch bei der Entwicklung des Selbstverhältnisses Grundvoraussetzung. Bei passageren Lernschwierigkeiten wird auf der Basis der Wertschätzung und der Beachtung der aktuellen Situation und Befindlichkeit der Persönlichkeit vor allem die jeweils aktuelle Lernproblematik in den Vordergrund der lerntherapeutischen Arbeit gestellt.
Der Erfolg der Lerntherapie ist dank des zentralen Einbezugs der Lernpersönlichkeit anderen Ansätzen gegenüber überlegen und nachhaltiger.
Lernen wird im Rahmen der Lerntherapie interdisziplinär gesehen und im Zusammenhang mit dem entsprechenden Studium auch interdisziplinär vermittelt. So spielen Psychologie (Entwicklungs- und Lernpsychologie, Pädagogische Psychologie, Förderdiagnostik, Sozialpsychologie und Therapieformen), Pädagogische Anthropologie, Heilpädagogik sowie die lerntherapeutische Praxis eine zentrale Rolle.
Der Einbezug der Bereiche Psychotherapie, Psychologie, Anthropologie, Heilpädagogik wird von Dozenten aus dem In- und Ausland wissenschaftlich und praxisbezogen begleitet, so dass auch gewährleistet ist, dass die Studieninhalte entsprechend den komplexen Herausforderungen in den Erziehungsfeldern der neueren Zeit systematisch und dynamisch weiter entwickelt werden.

7.5.2 Was heißt eigentlich Lernen?

Lernen bedeutet Aktualisierung und Änderung von Verhalten mit dem Ziel der bestmöglichen Entfaltung der Persönlichkeit im Kontext weitgehend selbstständiger Konstruktion und Bewältigung des eigenen zukünftigen Lebens. Lernen erfolgt mittels bewusster und unbewusster Verarbeitung von Umwelteinflüssen und -reizen und führt somit zur Veränderung individuellen Denkens, Fühlens und Handelns. Im allgemeinen Sinne handelt es sich dabei um Vorgänge im Organismus, die zu Veränderungen des Verhaltens führen. Dabei bestimmen emotionale Prozesse Lernvorgänge wesentlich (vgl. Kapitel 7).
Ängste hemmen und behindern schon sehr frühzeitig Lernprozesse im Zusammenhang mit rigiden, vielleicht Angst auslösenden Erziehungspraktiken und Überforderungssituationen. Es spricht vieles dafür, dass manche Lernstörungen und Lernbehinderungen bereits frühzeitig auf dem Weg negativer emotionaler Prozesse erworben wurden, die sich neurophysiologisch betrachtet als „Synapsenhemmer" und damit als Lernhemmung im gegenwärtigen und zukünftigen Leben

auswirken. Hier kann Lerntherapie Positives bewirken und neue Entwicklungen initiieren.

Emotionalität, Motivation und *Lernen* bilden eine Einheit. Die neurophysiologische und neuropsychologische Forschung weist auf den Zusammenhang zwischen emotionaler Befindlichkeit, Hormonen und Wahrnehmungs-, Gedächtnis-, Denk- sowie Lernprozessen im Allgemeinen hin. Eine positive emotionale Befindlichkeit stellt somit die Basis für Lernen bei Kindern, Jugendlichen und Erwachsenen dar.

Das Nervensystem als Netzwerk, die Gedächtnisprozesse, die Vorgänge im Bereich der Synapsen (Transmitter), der Nervenzellen, Prozesse der Wahrnehmung und kognitiven Verarbeitung schlechthin markieren, dass die emotionale Befindlichkeit, *das Emotionale schlechthin*, den Weg zum Bewusstsein zu öffnen oder zu blockieren vermag. Emotionalität kann Zuwendung fördern oder hemmen, geistige Tätigkeit intensivieren oder abschwächen.

Das Bedürfnis nach *Selbstverwirklichung* auch durch Lernen und damit nach Entfaltung bzw. Aktualisierung der Persönlichkeit kann nur entstehen, wenn die genannten *Bedürfnisse* nach Sicherheit, Angstfreiheit, Ordnung, Liebe, Wertschätzung, Achtung und Anerkennung in der (frühen) Kindheit adäquat befriedigt wurden. Hier setzt Lerntherapie an.

Erkenntnisse sowohl naturwissenschaftlich als auch geisteswissenschaftlich orientierter Disziplinen sprechen dafür, dass die emotionalen Bedingungen im Kind und die sozialen Prozesse (Lernklima) sowie der Lerngegenstand für Lernvorgänge wichtig sind.

Lernvorgänge beeinflussen entscheidend die Entwicklung eines Kindes. Lerntherapeutische Kenntnisse erweisen sich im Hinblick auf die Problem- und Notsituation der betroffenen Kinder, Jugendlichen und auch Erwachsenen für Lehrerinnen und Lehrer, Psychologinnen und Psychologen, Allgemein- und Heilpädagoginnen und -pädagogen, Sozialpädagoginnen und -pädagogen, Erzieherinnen und Erzieher als dringend notwendig, denn es geht auch um die Neuwahrnehmung einer Problemsituation.

Lerntherapie leistet einen wesentlichen Beitrag zur Neureflexion von Schule und Lernen in Richtung gesunde Schule und steht damit im Dienste einer positiven Persönlichkeitsentfaltung.

7.5.3 Lerntherapie

Die Lerntherapie basiert auf einem entwicklungstherapeutischen Verständnis. Verständnis. Die zentralen Annahmen und Grundlagen der Lerntherapie sind:

- Jeder Mensch entwickelt sich. Die Entwicklung erfolgt in allen existenziellen Bereichen: biologisch, emotional, kognitiv und sozial.
- Der jeweilige Akt der Veränderung und Entwicklung beruht auf einem komplexen Prozess, der als ‚Lernen' bezeichnet wird.

- Das menschliche Lernen geschieht nicht losgelöst, sondern steht in engster Verbindung und geht einher mit der Persönlichkeitsentwicklung, welche sich ihrerseits in Beziehungen aktualisiert.
- Die Persönlichkeits- und Lernentwicklung geschehen wechselseitig. Sie befruchten, hemmen oder stören sich gegenseitig (vgl. Metzger 2002; 2014, 153f.).

Persönlichkeitsentwicklung ist zugleich Aufbau und Prozess:
- Das zum besseren Verständnis entwickelte Persönlichkeitsmodell der Lerntherapie ergibt sich aus dem Blickwinkel der Lernprozesse. Zur Vereinfachung der Persönlichkeitsstruktur unterteilt die Lerntherapie den Persönlichkeitsaufbau in drei, das Lernen unterschiedlich beeinflussenden und beeinflussten, Ebenen: Realisierungs-, Präsenzdynamik und Vorgabenebene.
- Die verschiedenen Prozesse der Persönlichkeit münden letztlich in ihrer Identität. Gleichzeitig ist die Identität ihrerseits darauf ausgerichtet, sich selbst zu erhalten. Entsprechend bedient sich die Persönlichkeit eines Präferenzverhaltens, welches die Identität stärkt, stützt und schützt. Die Identität, bestehend im Wesentlichen aus Selbstwertgefühl, Selbstwahrnehmung, Selbstbewusstsein und Selbstkonzept, ist innerhalb der „Realisierungsebene" für die Bedürfnisse und Aktivitäten prioritär und dadurch in der Folge prägend für Lernen und Entwicklung.
- Persönlichkeits- und Lernentwicklung: Da die Persönlichkeits- und die Lernentwicklung einen wechselseitigen Prozess darstellen, sind sowohl Störungen wie auch Förderungen im einen wie im andern, d.h. in der Persönlichkeit wie im Lernen, wirksam auf das eine wie auf das andere, d.h. von der Persönlichkeit auf das Lernen, wie umgekehrt vom Lernen auf die Persönlichkeit.

7.5.4 Handlungskonzept

Ansatzpunkt der Lerntherapie sind Probleme im oder mit dem Lernen.
Die Lerntherapie unterscheidet je nach deren Ursachen primär drei verschiedene Kategorien von Lernschwierigkeiten: Funktionale, aktionale und personale. Entsprechend diesen verschiedenen Ursachenkategorien arbeitet sie gemäß ihrem Handlungskonzept auf vier Stufen (vgl. Metzger 2014, 153f.:
- Bei funktionalen Lernschwierigkeiten steht entsprechend der Lerntherapiestufe I die operative Aktivität der Lernenden im Zentrum.
- Bei aktionalen Lernschwierigkeiten (Schwierigkeiten mit dem zu Lernenden wie mit sich selber und in ihrer Wechselwirkung) konzentriert sich die Lerntherapiestufe II auf die Persönlichkeit in ihrer operativen Aktivität mit dem je aktuellen Lerngeschehen und dessen individuellen Bewältigung, die Emotionen, das Denken und das Verhalten der Lernenden (Lerndynamik).

- Bei personalen Lernschwierigkeiten, aus der intrapsychischen Dynamik, wendet sich die Lerntherapiestufe III therapeutisch nahezu ausschließlich der Persönlichkeit und ihren Problemen zu.
- Bei personalen Lernschwierigkeiten, ausgelöst in der interpsychischen Dynamik, zentriert sich die Achtsamkeit der Lerntherapiestufe IV auf die Beziehungen, ihre Dynamik und ihre Auswirkungen (Schule, Familie, Peergruppen)

Da auf der Basis von Untersuchungen und Erfahrungen von Metzger (2008, 22) die große Mehrzahl der Lernschwierigkeiten der Persönlichkeit entspringt, wird in der Lerntherapie entsprechend am häufigsten auf den Lerntherapiestufen II und III gearbeitet.

7.5.5 Praxis

Therapie oder Unterricht? Therapie und Unterricht gehen von zwei unterschiedlichen Konzepten aus. Unterricht vermittelt aktiv Inhalte und Techniken. Bei der Therapie ihrerseits stehen Prozesse im Gegenüber, wie Selbstbestimmung und Entwicklung, sowie die Beziehung zwischen Lernendem und Therapeut im Zentrum des Interesses. Auch wenn die Lerntherapiestufe I der ‚Vermittlung' sehr nahe kommt, versteht sich diese wie die ‚Lerntherapie' als Ganzes sowohl aus ihrem Verständnis von der ‚Verknüpfung' von Persönlichkeit und Lernen sowie aus ihrem therapeutischen Handlungsansatz als Therapie.
Dies nicht zuletzt auch deshalb, weil ihr die Persönlichkeit der Lernenden letztlich immer wichtiger ist als ihr Lernen: „Das Wichtigste ist immer der Lernende" (Metzger 2008, 235).
Da Persönlichkeitsentwicklung und Lernen miteinander einher gehen, ist das eine nicht ohne das andere zu beachten. Lernen geschieht durch die Persönlichkeit. Die Persönlichkeit ihrerseits entwickelt sich in und durch Beziehung. Um diese Prozesse zu fördern, verhalten sich die Lerntherapeutinnen und Lerntherapeuten nicht als „Lehrmeister" oder „Trainer", sondern begeben sich in eine sensible therapeutische Haltung und Beziehung. Diese fördern und erleichtern Veränderungen und damit Entwicklungsprozesse. Weitere Ausdifferenzierungen der lerntherapeutischen Konzepte kann man im Ansatz der „strukturellen Lerntherapie" (vgl. Betz & Breuninger 1987), in der „integrativen Lerntherapie" (vgl. Nolte 2008) und in der „bewältigungsorientierten Lerntherapie (vgl. Ruff 2007) erkennen.

7.6 Schulangst als internalisierte Verhaltensstörung

Exemplarisch werden im Folgenden förderdiagnostische Aspekte bei (Schul-) Angst als Beispiel für eine internalisierte Störung thematisiert. Es wurde bewusst ein internalisiertes Störungsbild gewählt, da hier im Gegensatz zu externalisierenden Störungsbildern wie Aggressivität (als „Störung des Sozialverhaltens") oder ADHS in der Wahrnehmung durch andere (zum Beispiel Lehrer oder Eltern) seltener über Auffälligkeiten oder Unterrichtsstörungen berichtet wird und den – noch ein großer Leidensdruck vorhanden ist. Diese Diskrepanz der inneren und äußeren Wahrnehmung unterstreicht die Bedeutung von formellen, aber auch von informellen Testverfahren und diagnostischen Methoden, welche Aufschluss über Fördermöglichkeiten geben können, um dem nach außen weniger störenden aber dennoch nicht minder leidenden „Kind in Not" einen Weg aus der Krise aufzeigen zu können.

7.6.1 Zum Begriff Schulangst

Angst an sich kann in gefährlichen Situationen lebenserhaltend sein, sie hat auch allgemein betrachtet für das Leben der Menschen eine große und durchaus wichtige Bedeutung. Angst und Furcht sind nicht per se als Zeichen einer psychischen Problematik anzusehen. So gibt es eine „vernünftige", normale und angemessene Angst etwa im Zusammenhang mit wirklich bedrohlichen Situationen wie in Kriegen, bei sexuellen Übergriffen oder die Nähe eines bissigen Hundes, auch Angst vor Krankheit, vor Tod, vor Prüfungen, vor Versagen kann durchaus berechtigt sein. Angst hat auch die Wirkung, Menschen zu lähmen und zu belasten bis hin zu pathologischen Folgen. Angst als subjektiv erlebtes Gefühl lässt sich schwer definieren. Dass Angst als ein hypothetisches Konstrukt ähnlich wie die Intelligenz zu sehen ist, darüber sind sich die meisten Angstforscher trotz unterschiedlicher theoretischer Standpunkte einig. Der Begriff „Angst" bedeutet ursprünglich so viel wie Beklemmung oder Beengung. Er ist mit dem lateinischen Adjektiv „angustus" verwandt, das übersetzt „eng" heißt. Oft werden synonym Ausdrücke wie Furcht, Schrecken, Entsetzen, Panik oder Grauen verwendet. Angst wird als Zeichen einer psychischen oder seelischen Störung gesehen, wenn sie unbegründet oder mit unangemessener Heftigkeit auftritt.

Um in der empirischen Forschung Angst operational definieren zu können, heißt es vereinfacht: Angst ist das, was psychometrische Angsttests als Angst definieren und erfassen. Damit wird allerdings nur ein geringer Ausschnitt wirklicher Angst angesprochen und erreicht. Gerade Angstzustände in der Schule, haben eine große Bedeutung für das Lernen, die Schulleistung und für das Wohlbefinden. Der eigentliche Sinn von Schule zielt auf gute Persönlichkeitsentfaltung, auf Bildung sowie Lebensbewältigung in der Gegenwart und im Erwachsenenleben.

Schule bereitet auf berufliche und gesellschaftliche Qualifikationen vor. Das Phänomen Schulangst ist ein unangenehmes Gefühl, das in Situationen auftritt, die als quälend, beunruhigend, bedrückend oder als in der Tat als bedrohlich eingeschätzt und bewertet wird. In schulischen Zusammenhängen sind soziale und leistungsbezogene Ängste von Bedeutung. Unterschieden werden bei Leistungs- und Prüfungsangst die beiden Komponenten Besorgtheit („worry") und Aufgeregtheit („emotionality"). Zwar gibt es auch positive Wirkungen von Angst, wenn sie z.B. zu erhöhter Lern- und Prüfungsanstrengung führt, um einen Misserfolg zu verhindern, starke Ängste haben aber eher den umgekehrten Effekt, dass sie nämlich Lernhemmungen sowie -blockierungen im Sinne einer Vermeidungshaltung generieren.

Wenn man von Schulangst spricht, ist die relativ überdauernde Bereitschaft gemeint, schulische Leistungssituationen als Bedrohung zu empfinden. Wichtig dabei ist die subjektive Bewertung einer Situation von Schülern als bedrohlich. Entweder steht etwas Wichtiges für sie auf dem Spiel oder sie zweifeln an ihrem Erfolg. Von Schulangst spricht man, wenn bei Kindern und Jugendlichen Angst in ihren verschiedenen Formen und Ausdrucksweisen im Zusammenhang mit Schule und ihrem Umfeld auftritt. Schulangst kann aktuell situationsbezogen bei Prüfungen, Leistungsnachweisen und auch Fahrten zur Schule, personenbezogen im Kontext Lehrer, Mitschüler und auch Hausmeister oder als dispositionelle Angst auftreten, d.h. Schule und das Umfeld werden ständig als beunruhigend, bedrohlich und gefährlich erlebt. Nimmt ein Kind Schule als gefährlich wahr, können irrationale Angstzustände entstehen, die mit schwerwiegenden psychischen Fehlreaktionen verbunden sein können. Erscheinungsweisen von Schulangst treten nicht nur in der konkreten Angst erzeugenden Situation auf, sie können auch durch eine vorstellungsmäßige Antizipation bedrohlicher Situationen oder durch Erinnerung an diese hervorgerufen werden.

Bereits in einer Untersuchung von 1984 hat *Lang* zum Thema „Kinder haben Schulangst" herausgefunden, dass schon ca. 15 % aller Kinder in der Grundschule unter Schulangst leiden, wobei insgesamt gesehen mehr Mädchen und überwiegend Schüler aus der Arbeiterschicht betroffen sind. In sozial benachteiligten Bevölkerungsgruppen treten offensichtlich häufiger höhere Werte bei Angstskalen auf (Bittmann 1980, 161ff.). In der Literatur lassen sich je nach definitorischer Abgrenzung Häufigkeitsdaten zwischen zehn und 50 Prozent finden.

Schulangst löst psychisches Unwohlsein, psychische Unruhe und in der Regel negative Effekte aus. Jegliches Beschäftigen mit Lernaufgaben und das Erarbeiten von Lerninhalten wird durch angstvoll erlebte Unterrichtssituationen beeinträchtigt. Dies kann zu Schulunlust, Leistungsverweigerung oder Aggression führen und die seelische Entwicklung, insgesamt betrachtet die gesamte Persönlichkeitsentwicklung des Jugendlichen beeinträchtigen, ja ernsthaft gefährden.

Mit dem Phänomen Angst als neurotische Störung beschäftigen sich historisch gesehen vor allem im Rahmen von Diagnose und Behandlung die Psychiatrie und Tiefenpsychologie. Erst allmählich erkannte man die enorme Bedeutung der Angst für Unterricht und Erziehung. Die Leistungsanforderungen und Prüfungssituationen in der Schule, die eine allgegenwärtige Gefahr des selbstwertbedrohenden Versagens sowie dessen unzureichende affektive und kognitive Verarbeitung beinhalten, sind bedeutende Verursacher von Ängstlichkeit (vgl. auch Betz/ Breuninger 1998). Das Problem Angst zeigt sich, wie schon eingangs erwähnt, in Situationen, in denen das Risiko des selbstwertbedrohenden Misserfolgs besteht, also bei Leistungsanforderungen, wie sie in der Schule erwartet werden.
Bei der Betrachtung der Symptomatik in ihren verschiedenen Erscheinungsformen wird deutlich, dass die Validität, d.h. die Gültigkeit und Güte einer pädagogisch-psychologischen Handlung – wie etwa die Erfassung des kognitiven, also geistigen Entwicklungsstandes eines Kindes, – gravierend durch das Störungsphänomen Angst beeinträchtigt werden kann, das die Erfassung der eigentlichen Leistung verhindert. Allgemein gesehen kann durch Angst die Leistungsfähigkeit einer Person in sehr hohem Maße gehemmt werden. Wichtig ist im Rahmen von Lern- und Erziehungsproblemen die Erschließung und Analyse der Störung, d.h. des Behinderungsfeldes und dazu brauchen wir Theorien, die dem Phänomen Angst quasi Sinn geben, die also die Bedingungen für ihre Entstehung zu erklären versuchen. Es gibt unterschiedliche Theorieansätze, die eine Betrachtung des Angstphänomens aus verschiedenen Blickwinkeln bzw. Aspekten ermöglichen. Der psychoanalytischen Angstauffassung liegt die Theorie Freuds zugrunde, dass ein einzelner Eindruck oder eine Reihe von traumatischen Erlebnissen, die das Symptom entstehen lassen, unterdrückt wurden und somit zu Reaktionen, d.h. zur Abfuhr dieser Erregung führen. Freud definierte Angst als Gefahrensignal des „ICHS". Bestimmt wird diese Angst durch unterschiedliche Vorgänge. In diesem Zusammenhang gibt es vier verschiedene Angsttypen, die *Fritz Riemann* (1998, 2017, 7-19) als Angstpersönlichkeiten vorstellt. Diesen Angsttypen liegen jeweils charakteristische Formen der Angst zugrunde:

1. Die Angst vor der Selbstwerdung, die als Ungeborgenheit und Isolierung erlebt wird. (Die pathologische Entwicklung führt zur depressiven Persönlichkeit.)
2. Die Angst vor der Selbsthingabe, die als Ich-Verlust und Abhängigkeit erlebt wird. (Die pathologische Entwicklung führt zur schizoiden Persönlichkeit.)
3. Die Angst vor der Wandlung, die als Vergänglichkeit und Unsicherheit erlebt wird. (Die pathologische Entwicklung führt zur zwanghaften Persönlichkeit.)
4. Die Angst vor der Notwendigkeit, die als Endgültigkeit und Unfreiheit erlebt wird. (Die pathologische Entwicklung führt zur hysterischen Persönlichkeit.)

Die lerntheoretisch-kognitive Theorie geht mehr auf die Analyse der Angst und ihre Komponenten ein und bewegt sich weg von dem rein behavioristischen Ansatz, der Angst als eine Reaktion auf einen bestimmten Reiz sieht. Die kognitive Betrachtungsweise von Prüfungsangst basiert auf einem Zwei-Komponenten-Modell, welches später vielfach in andere Theorien und Angstdiagnosemodelle integriert wurde, zum Beispiel in der kognitiven Aufmerksamkeitshypothese von *Wine* (1980). Die erste Komponente dieses Modells ist gekennzeichnet durch ein subjektives Gefühl von Anspannung und selbst wahrgenommener körperlicher und autonomer Erregungsvorgänge (Aufgeregtheitskomponente oder „emotionality"). Bei der zweiten, der Besorgtheitskomponente („worry"), drehen sich die Gedanken bzw. das Grübeln einer Person prospektiv um Leistungsversagen, Selbstzweifel und Konsequenzen eines möglichen Misserfolges. Diese kognitive Komponente führt zur verminderten Aufmerksamkeit und daraus folgt eine Leistungsminderung.
Als eine wichtige Theorie ist die von *Lazarus* (1966) zu nennen, der das Phänomen Angst im Zusammenhang mit einer kognitiven Emotionstheorie, der so genannten Appraisaltheorie, zu erklären versucht. Durch Angstverarbeitung (Coping) soll ein Konflikt gelöst werden, der dadurch entstanden ist, dass eine Person eine Situation als bedrohlich erlebt und bewertet, aber keine Gelegenheit zur unmittelbaren Abfuhr der Reaktion findet; d.h. die Bedrohung kann nicht beseitigt werden und damit ist Angst die emotionale Begleiterscheinung dieses Konfliktes. Bezogen auf die Prüfungssituation fühlt sich der Prüfling durch eine gedankliche Vorwegnahme eines möglichen Schadens – einer aversiven Konsequenz wegen schlechter Leistungsergebnisse – bedroht. Sucht man nach möglichen Ursachen für Prüfungsangst in dem System und Lernfeld Familie, so ergeben sich verschiedene Ansatzpunkte zur Ursachenerklärung. Herausgreifen möchte ich den Ansatz des Zwei-Prozess-Modells, das Hypothesen über den Zusammenhang zwischen dem elterlichen Erziehungsstil und der Ausprägung von Ängstlichkeit aufstellt und von *Krohne, Kohlmann* und *Schuhmacher* (1988, 167-184) einer empirischen Überprüfung unterzogen wurde.
Das Zwei-Prozess-Modell leitet Faktoren ab, die die Auswirkung bestimmter Stile elterlicher Erziehung auf die Merkmalsausprägung beim Kind erklären sollen. Als theoretische Grundlage dient die kognitive soziale Lerntheorie über die Entstehung von Persönlichkeitsmerkmalen (Bandura, Rotter, u.a.). Das Modell beschränkt sich auf die Vorhersage der Entwicklung kindlicher Ängstlichkeit und Angstbewältigungsdispositionen. Betrachtet wurden die **Erziehungsstil-Dimensionen** nach den Aspekten:
– Häufigkeit negativer und positiver Rückmeldung (Lob/Tadel),
– Konsistenz (Beständigkeit, Widerspruchslosigkeit)der Rückmeldung,
– Intensität von Bestrafung,
– elterliche Unterstützung,
– elterliche Einschränkung.

Das Modell soll also kindliche Ängstlichkeit vor allem durch die Kombination aus den genannten Dimensionen vorhersagen. Der erwartete Einfluss der Erziehung auf die Ängstlichkeit bei Jungen und Mädchen zwischen 10 und 14 Jahren wurde auf der Basis dieses Modells empirisch nachgewiesen. *Baacke* bezeichnet die Familie als eine Stätte nicht nur des emotionalen Schutzes, sondern sie sei auch oft eine Brutstätte der Angst (vgl. 2018, 233). Als fehlerhafte Erziehungshaltungen führt er die strenge Überwachung und Bestrafung in der frühkindlichen Sauberkeitserziehung an, den ständigen Leistungsansporn und den – negativen – Vergleich mit anderen Kindern. Eine derart geprägte und prägende Erziehung kann zu Ängsten führen, die sich in den verschiedensten Lebenssituationen offenbaren können. Hinsichtlich der Leistungsbereitschaft meint *Baacke* (ebd. 114): „Die Erziehung zu früher Selbstständigkeit fordert dabei die Leistungsbereitschaft, die sich nur dann ungehindert entfalten kann, wenn Angst eingeschränkt wird und Risikobereitschaft besteht".
Bedingungen zur Sozialisationsfähigkeit aus systemtheoretischer Sicht, die den Grad der Kohäsion bestimmen und damit auch das Ausmaß der familiären Sozialisation:

1. Umweltoffenheit – In welchem Maß ist die Familie in der Lage, Erfahrungen aus der Umwelt in die Familie zu tragen?
2. Systemtransparenz – Kenntnisse der Familie über sich selbst, eine nach innen gewandte Offenheit, wobei über persönliche Interessen, Bedürfnisse, Tabus und Machtverhältnisse gesprochen wird.
3. Strukturflexibilität – Während in den ersten beiden Bedingungen die Art und Weise, wie die Familie Probleme sieht, im Vordergrund steht, wird bei der Strukturflexibilität die Lösung angestrebt.

Ergänzend hierzu ist es sinnvoll, die bedeutsamen Eltern-Kind-Beziehungen als Erweiterung durch psychologische und sozialökologische Determinanten, zu betrachten.
Neben dem Erziehungsverhalten auch

- Öko-Kontexte,
- Aktivitäten im außerhäuslichen Bereich, soziales Netzwerk,
- expressives Familienklima,
- Partizipation der Kinder am Netzwerk der Eltern,
- Extraversion und Introversion bzw.
- sozialbezogene Aktivitäten des Kindes eine Rolle.

Das Wissen um die verschiedenen Ansätze, die sich mit den Ursachen von Störungsphänomenen wie eben der Angst auseinander setzen, kann auf den ersten Blick verwirrend wirken, doch sind Kenntnisse über mögliche Bedingungsfaktoren für die Entstehung von Ängsten eine wertvolle Hilfe zum Verstehen des

Kindes und bei der Suche nach pädagogischen und therapeutischen Hilfen sowie Maßnahmen im Zusammenhang mit vorliegenden Ängsten im Kontext Schule und Leistungsfähigkeit von Bedeutung.

Frederic Vester geht als Biochemiker (2018, 57ff.) davon aus, dass ein mit starken Gefühlen verbundener Vorgang, z.B. eine Leistungsforderung, – seien diese Emotionen positiv oder sehr unangenehm – für lange Zeit im Gedächtnis gespeichert werde. Angst als seelische Regung ist mit einem stofflichen Geschehen verbunden. „Ungewohnte oder mit Gefahr oder unangenehmen Erinnerungen verknüpfte Wahrnehmungen lösen... über das Zwischenhirn und dem Sympathikusnerv eine direkte Stimulation der Nebenniere und einiger Gehirnregionen aus" (Vester 2018, 101f.). Adrenalin und Noradrenalin, bekannt als Stresshormone, werden in den Blutkreislauf geschickt. Sie bereiten den Körper auf Höchstleistung, Angriff oder Flucht vor. Gleichzeitig erhöht sich der Blutdruck, Fett- und Zuckerreserven werden bereitgestellt. In diesem Moment reagiert der Körper psychologisch mit Schweißausbruch, Herzklopfen etc.. Symptome des Phänomens Angst sind jedem geläufig, wenn auch das Erleben von Angst ganz unterschiedliche Ausdrucksformen und Erscheinungsbilder aufweisen kann. So kennen wir die körperlichen Symptome wie Herzklopfen, Zittern, Schweißausbrüche, Magendrücken, Bauchschmerzen in Situationen extremer Anforderungen, wie dies in Prüfungen in der Schule z.B. der Fall sein kann. Symptomatisches Verhalten in Angstsituationen drückt sich etwa in Unsicherheit, Hilflosigkeit, Passivität und reduzierter Kommunikation aus. Die Ängstlichen sind mit sich unzufrieden, fürchten sich vor Statusverlust und vor Verlust der Selbstachtung. Bezogen auf die Gedankenwelt – als kognitive Komponente – drückt sich Angst als Besorgtheit aus. Die Gedanken kreisen um das kognitive Interesse an der Leistung und um eine negative Selbsteinschätzung. Konsequenzen solcher Symptome können Denkblockaden und Aufmerksamkeitsverlust bedeuten, was wiederum die Leistungsfähigkeit einer Person stark reduziert.

Die sog. Denkblockaden bei einer Prüfung z.B. gehen ebenso auf diese Stresshormone zurück: Der Vorgang der Weiterleitung eines ankommenden Impulses kann durch Adrenalin/Noradrenalin gestört oder unterbunden werden (ebd. 103ff.). Der steigende Gehalt an Adrenalin und Noradrenalin im Gehirn führt dazu, dass Impulse nicht weitergeleitet werden. Das kann der Augenblick sein, wo uns in der Prüfungsangst z.B. etwas nicht einfällt, was wir vorher sicher gewusst haben. Denkblockaden (ebd. 99ff.) sind unabhängig von der Vorbereitung und Intelligenz der Person. Vester beklagt die sträflich vernachlässigten Lerngesetze an Schulen und Universitäten, wenn er sagt: Es kann nicht deutlich genug betont werden, dass eine „Information, wenn sie mit Freude, Erfolgserlebnis, erotischer Anregung, mit Neugier, Spaß oder Spiel verbunden ist, weit besser verankert wird." Vester meint, auf der Basis der Aktivierung der positiven Hormonreaktion könne man besser lernen und im Gedächtnis speichern. So wichtig es ist, den

Lernprozess von unangenehmen Begleiterscheinungen zu befreien, so wichtig ist es auch, das Lernen mit – zumindest überwiegend – schönen und angenehmen Ereignissen zu verknüpfen.
Es wird erkennbar, wie wichtig nicht nur theoretisches Wissen um optimales Lernen, sondern wie bedeutsam die konsequente Umsetzung in der Praxis ist. Leider scheitert die Verwirklichung gerade im Schulalltag häufig an bürokratischen, formalistischen, konservativen Einstellungen, die das gesamte System betreffen und die ein einzelner Lehrer nur bedingt verändern kann. So stehen viel zu große Schülerklassenzahlen, zu kleine Räume, zu wenig Lehrer, zu starre Lehrpläne oder auch eine Wissensvermittlung durch „Wissensfütterung" im traditionellen Frontalunterricht optimalem Lernen beeinträchtigend im Wege. Dabei werden Störphänomene wie Leistungsängste eher begünstigt.

7.6.2 Diagnostik von Ängsten im Kontext Schule

Die Erwartungen an die Diagnostik im heilpädagogischen Arbeitsfeld erweisen sich als hoch. Diese Erwartungen im Sinne des Auffindens optimaler Förderungswege in Richtung Therapie und „Heilung" sind nicht immer erfüllbar. Dennoch wird eine kinderorientierte, d.h. für die wirklichen Probleme eines Kindes und seines sozialen Umfeldes offene heilpädagogische Diagnostik gute Dienste im Rahmen des Entwicklungs- und Erziehungsgeschehens leisten. Dies gelingt vor allem durch die Möglichkeiten der Informationsgewinnung zur differenzierten Beschreibung des Verhaltens, der Lernausgangslage, sozialer und emotionaler Prozesse und der Diagnose behindernder Bedingungen sowie den daraus hervorgehenden Ansätzen zu deren Beseitigung in Verbindung mit Beratung, Förderung und ggf. Therapie. Insofern nimmt die Beschäftigung mit diagnostischen Fragestellungen einen wichtigen Platz innerhalb des heilpädagogischen Arbeitsfeldes ein. Förderdiagnostik trägt entscheidend dazu bei, das Kind in einer Problem- und Notsituation ernst zu nehmen, Probleme zu erkennen und vorliegende behindernde Bedingungen und mögliche Auswirkungen zu analysieren und zu beseitigen. Als Basis gilt im Rahmen von Förderdiagnostik die individuelle bzw. intraindividuelle „Norm", d.h. das einzelne Kind (die jeweilige Person) wird als Träger des „Maßstabes", der eigentliche Ausgangs-, Bezugs- und Wertungspunkt schlechthin. Damit wird Diagnostik bei Kindern mit speziellen Entwicklungs- und Erziehungsbedürfnissen nicht mehr Defizitdiagnostik sein, vielmehr eine Diagnostik der behindernden Bedingungen und vor allem auch der Ressourcen, Möglichkeiten und Kompetenzen. Förderdiagnostik orientiert sich am Subjekt bzw. am Kind und führt zu Informationen über Entwicklung, Lernverhalten, soziale Bezüge, Emotionalität, allgemein über Entwicklungsstand, Lernausgangslage, Fähigkeiten, Kompetenzen und Bedürfnisse mit der Zielrichtung der Einleitung von Förderungsprozessen. Um das Ausmaß einer Störung zu beschreiben, die spezifischen Bedingungen, die zur Prüfungsangst führen und sie aufrecht erhalten

aufzudecken und zu analysieren, können verschiedene diagnostische Verfahren angewandt werden.
Prüfungsangst ist universal und transkulturell, d.h., dass sie den Indianerjungen bei einer Männlichkeitsprüfung genauso trifft wie das europäische Kind auf der Schulbank. In den 1950er und 1960er Jahren war „test anxiety" eine Domäne der amerikanischen psychologischen Forschung. Eine nennenswerte herausragende Theorie der Prüfungsangst wurde 1952 von *Mandler* und *Sarason* entwickelt. In den 70er Jahren setzte auch in Deutschland eine rege Forschungstätigkeit zum Thema „Angst und Leistung" in Form von Fragebögen zur Erfassung von Schul- und Prüfungsangst ein. Zahlreiche Beiträge in Fachzeitschriften erschienen zu diesem Thema.

7.6.3 Ausgewählte Testverfahren zur Angstdiagnose

A) „Kinder-Angst-Test (KAT III)" von Tewes/Naumann (2016): Der in Form von Selbstbeurteilungs- bzw. Selbstbeobachtungsfragebögen aufgebaute KAT III für die Altersgruppe 6 bis 18 Jahre erfasst zunächst die Ängstlichkeit als Zustandskomponente (Trait-Skala, Form A) und ermöglicht außerdem über zwei zusätzlich einsetzbare Skalen der Zustandsangst (StateSkalen) Aussagen über eine akute, prospektive Erwartungsangst vor furchtbesetzten Ereignissen (Form P), zum Beispiel vor Klassenarbeiten oder Arztbesuchen, bzw. die unmittelbare Charakterisierung einer tatsächlich erlebten Angstreaktion des Schulkindes (Form R). Die Durchführung des Fragebogens sowohl als Gruppen- als auch als Individualverfahren dauert ca. 5 bis 15 Minuten für die Trait-Skale und weitere 10 Minuten für die beiden additiven State-Skalen P und R.
Wie bei allen Fragebogenverfahren stellt sich das Problem, ob Kinder mit einer Störung, Behinderung oder von Behinderung bedrohte Kinder die teils recht komplexen Fragestellungen adäquat verstehen können. Falls die Fragen noch nicht gelesen werden können, sollte man sie im förderdiagnostischen Bereich vorlesen, eine Verzerrung der Antworttendenzen im Sinne einer hohen sozialen Erwünschtheit kann mit dem KAT-III nicht systematisch erkannt und berücksichtigt werden.

B) „Angstfragebogen für Schüler (AFS)" von Wieczerkowski u.a. (2016): Dieser sowohl als Gruppen- als auch als Individualverfahren einsetzbare Fragebogen richtet sich an Schüler zwischen 9 und 18 Jahren (4. – 12. Schulklasse). Die Beantwortung der 50 Entscheidungsfragen („stimmt" vs. „stimmt nicht") dauert ca. 10 bis 25 Minuten. Es werden primär drei Aspekte ängstlicher und unlustvoller Erfahrungen erfasst: Prüfungsangst (PA), allgemeine (manifeste) Angst (MA) und Schulunlust (SU). Eine weitere Skala „Soziale Erwünschtheit" (SE) kann als individuelle Tendenz, nicht stark von einer erwünschten sozialen Norm abweichen zu wollen, interpretiert werden. Sehr hohe Werte auf dieser Skala (SE) lassen

vermuten, dass sich der Schüler bewusst als weniger ängstlich darstellt. Der Test wurde an 2300 Schülerinnen und Schülern der Jahrgangsstufen 4 bis 12 normiert. T-Skalen und Prozentrangwerte liegen für die angeführte Altersgruppe vor. Im Kontext Zuverlässigkeit und Testgültigkeit besteht noch Optimierungsbedarf. Die Durchführungszeit beträgt je nach Altersstufe zehn bis 25 Minuten. Die Einschätzskalen zur Fremdbeurteilung durch den Lehrer sind in der Neuauflage von 2016 weggefallen.
Zwar nimmt der AFS eine bereichsspezifische Differenzierung verschiedener Ängstlichkeitsfacetten vor, indem er die Konzepte Schulunlust, Prüfungsangst und manifestierte Angst erfasst, allerdings unterscheidet er nicht systematisch konzeptionell verschiedene Manifestationen dieser Emotionen wie es spätestens seit der bidimensionalen Aufgliederung von *Liebig* und *Morris* (1967) zwischen einer eher kognitiven Besorgtheits- („worry") und einer eher physiologischen Aufgeregtheitskomponente („emotionality") in der Angstdiagnostik üblich ist.

C) „Differentielles-Leistungsangst-Inventar (DAI)" von Rost und Schermer (1997): Das DAI ist eine Fragebogenbatterie zur Erfassung unterschiedlicher beratungs- und förderrelevanter Aspekte der Leistungsängstlichkeit für Schüler der 8. -13. Klassenstufe. Abhängig von der jeweiligen Altersstufe beträgt der Zeitbedarf für die Gesamtform (12 Skalen) ca. 40 Minuten, alternativ kann eine Kurzform von 10 bis 20 Minuten durchgeführt werden. Im Gegensatz zu anderen Verfahren wie dem AFS oder dem KAT-III orientiert sich dieser Fragebogen an einem multidimensionalen und prozeduralen Verständnis der Genese und Stabilisierung bzw. Verfestigung von Angststörungen. Neben Angsterscheinungsweisen (physiologisch, emotional und kognitiv) werden auch relevante vorausgehende (auslösende) und nachfolgende internale und externale stabilisierende Bedingungen der Leistungsängstlichkeit sowie Formen der individuell favorisierten Angstverarbeitungsstrategien (Copingstrategien) berücksichtigt. Gerade dieser letzte Aspekt erweist sich aus sonder- und heilpädagogischer Perspektive als sehr zweckmäßig für eine kompetenzorientierte, ganzheitliche Verhaltensanalyse, aus welcher schließlich differenzierte Förderausätze ableitbar sind.

7.7 Resümee: Konsequenzen für das pädagogische, speziell heilpädagogische und lerntherapeutische Arbeitsfeld

Als Konsequenz ergibt sich, dass dem Selbstvertrauen bei Lernvorgängen eine zentrale Bedeutung zukommt, Aufbau und Förderung von Selbstvertrauen sowie Selbstbewusstsein wichtigste pädagogische Erziehungsziele sind. Dabei ist Erziehung zur frühen Selbstständigkeit von hoher Relevanz, es muss jedoch eine

Selbstständigkeit sein, die vom Kind, allgemein von der jeweiligen Person, auch „geleistet" werden kann. Überforderung erweist sich als schädlich, führt lediglich zu neuen Ängsten und Unsicherheiten. Ängstliche entwickeln zwar auch Coping-Strategien, da ja Prüfungssituationen immer wieder auftreten, aber diese Bewältigungsmaßnahmen sind weniger geeignet, die Bedrohung abzubauen. Je näher eine Prüfung rückt, desto intensiver, häufiger und länger erlebt der Schüler die Bedrohung. Anstatt die Bedrohungsgedanken zu beseitigen, sucht er nach weiteren Bedrohungshinweisen. Die Wahrnehmung ist quasi schon auf Bedrohliches eingestellt. Langfristig gesehen erfordern Bemühungen um Angstreduktion durch pädagogische Maßnahmen die Veränderungen von Umfeldbedingungen, insbesondere im Bereich des Leistungsbewertungssystems der Schule. Die subjektiv empfundene Aversivität eines möglichen Misserfolges, d.h. die Antizipation des Misserfolgs mit allen sozial-emotionalen Implikationen wird als bedeutendste Ursache der Angst gesehen, folgerichtig besteht das wichtigste pädagogische und therapeutische Ziel darin, zunächst die Angst zu reduzieren bzw. zu beseitigen und das Vertrauen der Person zu sich selbst zu stärken. Dies gelingt vor allem durch Erfolgserlebnisse nach entsprechender Reduzierung der Leistungsanforderung. Aus der mehr oder weniger langen negativen Erfahrung des Nicht-Könnens muss die neue positive Erfahrung des Könnens treten.
Auffälligkeiten, auch Hyperaktivität, Ängste und zum Beispiel selbstverletzendes Verhalten müssen zunächst im Sinne einer für das Subjekt sinnvollen Eigenkonstruktion gesehen und verstanden werden. Die Chance für Erziehung und Lernen im Rahmen von Unterricht sowie Alltagswirklichkeit und die Möglichkeit lerntherapeutischen Handelns besteht zunächst im verstehenden Wahrnehmen dieser Konstruktionen und im Auffinden der „Zone der nächsten Entwicklung" durch sensible Ko-Konstruktion je nach Bedarf im psychischen oder kognitiven Bereich, allgemein auch im Kontext Lernen. Individueller Förderbedarf und Lerntherapie verlangen – vorübergehend oder langfristig – eine Orientierung am Schüler und Jugendlichen, an seinen Möglichkeiten, Ressourcen und Kompetenzen sowie ein Abweichen und Absehen von Normen, Lehrplänen und Curricula, Modifikation von Unterricht und Lernstoff, um das Vertrauen in das eigene Lernvermögen wieder herzustellen und damit das wichtige Selbstwertgefühl zu stärken. Auch unter dem Aspekt bedrohlicher psychischer Prozesse im Verlauf der Entwicklung Jugendlicher, wie Depressionen, Magersucht, Drogen und Süchte allgemein, suizidales und selbstverletzendes Verhalten wie z.B. Ritzen, sollte man das Unwohlsein, insbesondere die Ängste und Probleme von Kindern und Jugendlichen sehr ernst nehmen. Frühe, d.h. prophylaktische Aufarbeitung durch Gespräche und – falls erforderlich – auch durch Therapien erweisen sich als dringend notwendig. Die einst so gepriesene pluralistische Gesellschaft mit den Erscheinungen Werteverfall, Bindungslosigkeit und Hedonismus bringt für die seelische Entwicklung von Kindern und Jugendlichen leider auch Bedrohungen und Verletzungen un-

bekannten Ausmaßes mit sich. Insofern müssen pädagogische Grundfragen im Hinblick auf diese Herausforderungen der Gegenwart und der Zukunft neu aufgegriffen, reflektiert und beantwortet werden. Sonder- und Heilpädagogik sowie Lerntherapie bemühen sich prinzipiell um eine solide verstehende pädagogische Basis, die vor allem auch erfüllte Lebensbewältigung ermöglichen soll. Vielleicht liegt die pädagogische Aufgabe der Zukunft darin, die Komplexität und Vielfalt der Möglichkeiten unserer Zeit auf ein für Kinder und Jugendliche verträgliches und erträgliches Maß zu reduzieren. Dies kann auch schon durch Projektunterricht, alltagsbezogenes Handeln in Schule und Natur geschehen. Kinder und Jugendliche brauchen anstatt der virtuellen vor allem echte und unmittelbare Erfahrungen, die sich auch auf den sozialen Bereich und auf die Gefühlswelt, also auf emotionale Prozesse positiv auswirken.

8 Grundlagen und konzeptionelle Überlegungen zur Förderplanung

An sich lässt sich kein Mensch von außen gerne verplanen. Deshalb besteht auch im Zusammenhang mit dem begrifflichen Verständnis von Förderplan und seiner Anwendung Diskussionsbedarf. Aber auch planloses Erziehen, Unterrichten und Fördern erweisen sich – unter anthropologischem, pädagogischem und vor allem didaktischem Aspekt betrachtet – als kaum sinnvoll und akzeptabel. Bei aller Orientierung am Kind und seinen Bedürfnissen kennt und zeigt es uns nicht immer direkt den Weg und die Ziele, d.h. es ist auch zweifellos die pädagogisch-didaktische Kompetenz von Lehrerinnen und Lehrern gefragt. So stellt sich die komplexe Frage nach der Bedeutung von Erziehung, Unterricht und Förderplänen im Kontext neuer Erkenntnisse über Lernen, Konstruktivismus und Förderplänen in einem neuen Licht. Förderung, Förderplanung und Lerntherapie implizieren auch immer Ziele und einen Rahmen sowie Offenheit für weitere Entwicklungen. Aktuelle Entwicklungen, wie der stärkeren Einbindung subjektorientierter und konstruktivistischer Sichtweisen in den pädagogischen und didaktischen Bereich, beispielhaft zu sehen in den Neuauflagen von Lehrplänen oder der Betonung einer subjektorientierten Didaktik besteht bezüglich des Begriffes „Förderplan" zunächst Diskussionsbedarf. Der Grund hierfür liegt in der pädagogischen Bedeutung der Begriffe „Förderung" und „Plan" und dem Wandel der Sichtweise im Zusammenhang mit neuen wissenschaftlichen Erkenntnissen.

Auf der Basis konstruktivistischer Erkenntnisse hat der Lehrer keinen direkten und schon im Voraus planbaren Einfluss auf den Schüler. Sein unterrichtliches Tun, seine geplanten und sorgfältig strukturierten Interventionen und Aktionen können den Schüler nicht direkt in eine vorherbestimmte Richtung führen oder verändern (vgl. Wagner 2004, 230). Der Lehrer kann den Schüler lediglich perturbieren, d.h. wie, ob und in welcher Form ein vorgegebenes Ziel und der Weg dahin mit Hilfe eines klassischen Planes doch erreicht werden kann, bleibt weitgehend offen.

Ebenso scheint der Begriff der Förderung an sich in diesem Zusammenhang nicht immer zutreffend. Im Rahmen von Förderung wird von außen versucht Lernbarrieren und -hemmnisse zu beseitigen oder auch eine Änderung bisheriger (Fehl-) Entwicklungen in Gang zu bringen. Vor allem die Betonung des „Außen" im schulischen Zusammenhang vergisst oft die wichtigste Komponente im Kontext von Entwicklung, nämlich die Aktivität der Person selbst. Insofern steht der Ausdruck „Förderplan" zunächst auf der Basis der hier genannten Theorien auf etwas unsicherem Fundament und sollte eigentlich durch eine passendere Formulierung ersetzt werden. Nichtsdestotrotz soll der Begriff aufgrund der großen Verbreitung und der implizierten Handlungsorientierung im Folgenden Verwendung finden. Auf konzeptueller Ebene wird versucht oben genannte Bedenken aufzugreifen, zu integrieren und akzeptable praxis- bzw. handlungsorientierte Lösungsansätze zu finden.

Man könnte den Terminus Förderplan als die schriftlich oder auch kognitiv festgehaltene und begründbare Zielfestsetzung, – basierend auf einem diagnostischen Verlaufsprozess – definieren, wobei er vor allem der Formulierung einer Zielperspektive in kognitiven, sozial-emotionalen oder physischen Dimensionen dient, deren Erreichen, im besten Fall von allen am Prozess beteiligten Personen angestrebt wird. Um diese Zielperspektive zu verwirklichen oder sich ihr anzunähern, kommen verschiedene methodische Mittel zum Einsatz.

Unter Förderplan kann man empirisch begründete Überlegungen zur Verbesserung der pädagogischen Situation eines Menschen verstehen. Allerdings müssen bestimmte pädagogische und ethische Prinzipien den Vorrang haben. In Anlehnung an *Aebli* wird hier von einer genetischen Priorität des Handelns vor dem Denken ausgegangen, wobei sich Lernen und Denken aus dem Handeln entwickeln. „Denken geht aus dem Handeln hervor, und es trägt – als echtes, d.h. noch nicht dualistisch pervertiertes Denken – noch grundlegende Züge des Handelns, insbesondere seine Zielgerichtetheit und Konstruktivität“ (Aebli 1980, 26).

8.1 Begründung und Notwendigkeit von Förderplänen

Zunächst ist hier das persönliche Recht des Kindes auf Erziehung und Unterricht zu nennen. Ein Schüler hat Anspruch darauf, dass Fachpersonal im Rahmen von Schule, d.h. Erziehung und Unterricht, über seine aktuelle Entwicklung auf der Basis erworbener Fachkompetenzen reflektiert und diese Gedanken auch in Form von Zielen und möglichen Methoden in Förderplänen festlegt (vgl. Kretschmann/Arnold 1999, 410). Diese Planung geschieht zwar ohnehin im Rahmen des täglichen Unterrichts, allerdings erlaubt der Förderplan eine längerfristige Orientierung im Hinblick auf subjektiv aktuelle, im Sinne der individuellen Stärken wichtige und für die Kompetenzentfaltung zentrale Bereiche.

Weiter lassen sich hier die institutionellen Vorgaben anführen, wie etwa der bayerische Lehrplan für die Schule mit dem Förderschwerpunkt geistige Entwicklung, hier heißt es: „Die Verlaufsdiagnostik gibt Aufschluss über den individuellen Entwicklungsprozess. Die Entwicklung der einzelnen Fördermaßnahmen wird regelmäßig geprüft. Bestehende Förderpläne werden entsprechend fortgeschrieben und verändert [...] Klassen- und Förderpläne geben einen Überblick über das Un-

terrichtsangebot für eine Lerngruppe bzw. für einzelne Schülerinnen und Schüler" (Bayerisches Staatsministerium für Unterricht und Kultus 2003, 13ff.).
Um diese Vorgaben zu erfüllen, sollte ein Förderplan auf der Basis diagnostischer Prozesse, individuelle Fördermaßnahmen generieren, strukturieren, deren Qualität hinsichtlich einer Zielperspektive überprüfen und sich gegebenenfalls dynamisch an eine neue Ausgangssituation anpassen. Lehrerinnen und Lehrer sind also in ihrer alltäglichen Arbeit verpflichtet, für jedes Kind einen Förderplan zu erstellen.
Ein Förderplan kann auch als gemeinsame Arbeitsgrundlage dienen, falls der Schüler mit sonderpädagogischem Förderbedarf in eine Regelschule integriert wird. Ein gemeinsamer Förderplan erleichtert die Kommunikation von Regel- und Sonderschullehrer und bietet auch eine Orientierungs- und Unterstützungsbasis für den Regelschullehrer in seiner alltäglichen Arbeit (vgl. Kretschmann/ Arnold 1999, 410; Sander 2003, 18).

8.2 Verständnis von Förderung

Wie bereits dargelegt ist das Verständnis des Förderbegriffes von entscheidender Bedeutung. Förderung sollte nicht dahingehend verstanden werden, dass durch eine bestimmte und vorher gänzlich festlegbare Methodik im Schüler subjektimmanent befindliche Potentiale im Sinne eines behavioristischen „wenn – dann" Gefüges an den Tag „gefördert" werden können. Es wird kaum gelingen, Schüler durch ein Bearbeiten von außen zu neuen Zielen und Erkenntnissen zu führen. Eine von theoretischer Seite her subjektive oder konstruktivistische Grundlage setzt ein anderes Verständnis voraus. „Fördern" ist unter dieser Sichtweise nicht mehr als ein einseitig gerichteter Einwirkungsprozess von einem aktiven Subjekt auf ein duldendes Objekt zu verstehen. Die Person ist nicht als hinnehmend-passiv zu begreifen, sondern sie ist in der Tat der eigentliche Akteur. Förderung ist in diesem begrifflichen Verständnis ein wechselseitiger Prozess, denn nur in Kooperation zwischen Lehrer, ggf. Lerntherapeut und Schüler kann es zu fruchtbaren Lernprozessen und Erkenntnissen kommen.
Deshalb ist die Fixierung einer Zielperspektive im Rahmen eines Förderplanes immer nur als eine Möglichkeit zu begreifen, in welche Richtung die Entwicklung gehen kann. Dem Lehrer bzw. dem Lerntherapeut kann es aufgrund seiner Erfahrungen und seiner biografischen Kenntnis des Schülers nur gelingen, Hypothesen über zukünftiges Lernen und Verhalten anzustellen. Er kann aber nicht mit Sicherheit erkennen, wie der Schüler wirklich ist und wie er sich weiter entwickeln wird (vgl. Wagner 2004, 226f.). Dem Förderplan kommt dabei zwar eine wichtige Orientierungsfunktion in Richtung Zielsetzung zu, diese kann sich allerdings

auch als falsch oder mit den angedachten Methoden als nicht erreichbar zeigen. Aus diesem Verständnis von Förderung heraus ist es notwendig, den Schüler nach Möglichkeit aktiv am Entwurf der Ziele für den Förderplan zu beteiligen, denn nur er kann diese selbsttätig verwirklichen.
In diesem Kontext stellt sich die Frage nach Möglichkeiten des – guten und sinnvollen – Lernens:

- Wie lernt ein Kind?
- Welche wichtigen Prozesse finden beim individuellen Lernen statt?
- Wie kommt man zu den Ressourcen, speziell zu den Lernvoraussetzungen?
- Was ist für das jeweilige Kind mit seinen speziellen Lernbedürfnissen einfach und was ist komplex?
- Wodurch wird Lernen, speziell eine optimale Aktivierung und Entfaltung des Gehirns verhindert?
- Welche behindernden Bedingungen liegen im Hinblick auf Lernen und Verhalten vor?
- Wie kommen wir angesichts einer scheinbar aussichtslosen Situation weiter bzw. zu Lösungen?

8.3 Wichtige Grundsätze der Förderplanung

Aus der Metakognitionsforschung ergibt sich die Notwendigkeit, Schülern die Frage nach dem Lernen zu stellen: Wie lernst du eigentlich? Was geht in dir vor, wenn du lernen willst, wenn du dir etwas merken möchtest? In welcher Situation kannst du gut und in welcher Situation kannst du nicht so gut lernen? Welcher Lernstoff ist für dich einfach, welcher schwierig oder kompliziert? Wichtige Prinzipien der Lernförderung im Rahmen eines Förderplans sind:

- Ausgehend von der Lernausgangslage, von den vorhandenen Verhaltensmöglichkeiten und Fähigkeiten, also den Ressourcen hin zur Zone der nächsten Entwicklung, d.h. Vermeidung von Über- und Unterforderung.
- Die kindliche Neugierde weckendes sowie der kindlichen Neugierde entsprechendes Förderangebot, wobei erstrebenswerte Handlungsziele und interessante Angebote – dies kann auch manchmal ein Spiel sein – den Erfolg fördern.
- Einbettung des Förderungsprozesses, also konkreter Förder- und Lernangebote in ganzheitliche Prozesse. Das Spiel als spezielle, intrinsisch motivierte, grundlegende Handlungs- und Lernform des Kindes vermittelt Freude.
- Flexibilität der Personen, die Schüler unterrichten und fördern mit der Fähigkeit, aktuelle Bedürfnisse zu erkennen und in den Förderungsprozess einzubeziehen (Bundschuh 2015, 273f.).
- Lernen kann nicht losgelöst vom ganzheitlichen Erfahrungshorizont Familie, Wohnung, Nachbarschaft, Verwandtschaft, Dorf, Stadt, Spielplatz, Lehrer und

Schule gedacht werden. Lernen generiert sich auf der Basis bisheriger Handlungen und Erfahrungen kognitiver, emotionaler, sozialer und motivationaler Art (Bundschuh 2003; Bundschuh 2014, 394-398).

8.3.1 Einbezug aller Personen in die Förderplanerstellung

Die Crux bei der Umsetzung der im Förderplan formulierten Ziele liegt oft in der Tatsache, dass es sich bei vorgegebenen Lern- oder Entwicklungszielen für den Schüler subjektiv um eine von außen bestimmte Zielperspektive handelt, in die er selbst keinen Einblick hat und deren Erreichen für ihn im schlechtesten Fall bedeutungslos erscheint. Deshalb ist es gerade auch aus emotionaler und motivationaler Sicht wichtig, den Schüler aktiv in die Zielformulierung einzubeziehen (vgl. Bundschuh 2003, 149ff. 228-236). Zum einen wird das pädagogische Handeln aller beteiligten Personen für den Schüler transparenter, zum anderen arbeitet man natürlich viel lieber an einem Ziel, das man selbstbestimmt mitgestaltet hat. Förderung kann nicht einfach von Dritten über den Kopf der betreffenden Person hinweg beschlossen werden. Sie kann nur im Einverständnis mit ihr durchgeführt werden. Dies setzt voraus, dass sie weit möglichst über die Zielvorstellungen, die Sinnbezüge, die möglichen Vorgehensweisen, die Aufgaben und Erwartungen, sowie über mögliche Konsequenzen informiert und aufgeklärt sind. Die Rolle des Schülers als Akteur seiner Entwicklung wird damit noch stärker betont. Neben dem Schüler selbst sollten natürlich auch die Eltern, die pädagogischen Fachkräfte und ggf. Lerntherapeuten in die Zielsetzung und die daraus folgende Erarbeitung eines Förderplanes einbezogen werden.

Die Eltern kennen die Ziele, Wünsche und Möglichkeiten ihrer Kinder sehr gut und bieten so eine verlässliche Informationsquelle, eine positive, die Eltern aktiv mit einbeziehende, pädagogische Herangehensweise unterstützt die Entwicklungsmöglichkeiten von Kindern. Außerdem erleichtert eine gemeinsame Formulierung das Gespräch mit den Eltern in Sprechstunden oder bei auftretenden Konflikten. Missverständnissen kann erfolgreich präventiv begegnet werden und die Eltern fühlen sich vielleicht zusammen mit dem Lehrer noch mehr als Teil des individuellen (schulischen) Entwicklungsprozesses des Kindes.

Inwieweit in der Praxis das Interesse und auch die Zeit der Eltern gegeben sind an den individuellen Förderplänen ihrer Kinder intensiv mitzuarbeiten, kann nicht antizipiert werden.

Der Förderplan sollte stets von jenen Personen erstellt werden, die später auch tatsächlich zusammen mit dem Kind arbeiten und versuchen, die angegebenen Förderziele gemeinsam zu erreichen. Der implizierte Arbeitsauftrag des Förderplans wird nicht einfach angenommen, und kann es wohl auch nicht, weil ein System von hoher Sensibilität und daraus resultierender, persönlicher Passung sich nur selbst organisieren und nicht von Dritten bestimmt werden kann. Deswegen erscheint auch die Einbeziehung des gesamten Klassenteams (heilpädagogische Unterrichtshilfen, Erziehern, Kinderpflegern, Zivildienstleistenden...) als essentiell, wobei der Sonderpädagoge aufgrund seiner Ausbildung in diesem Team eine leitende Position einnehmen sollte, jedoch stets für die Vorschläge und Erfahrungen der anderen Mitarbeiter innerhalb des Teams offen bleibt. Wenn alle beteiligten Personen über die Förderziele und die zur Erreichung vorgeschlagenen Methoden informiert sind, können sie auch speziell in diese Richtung arbeiten. Nur dort, wo der Förderplan nicht als ein Diktat verstanden wird, sondern als Verschriftlichung einer gemeinsam verantworteten Vorgehensweise, wird er eine Arbeitsgrundlage bilden können. Der Förderplan ist so also eine verlässliche Basis, an der das Team sein pädagogisches Handeln orientieren kann. Ein gemeinsames Ziel aller Beteiligten ist die beste Voraussetzung, um dies auch zu erreichen. Das Erstellen eines Förderplanes erfordert also den Dialog zwischen allen Beteiligten.

8.3.2 Überschaubare Anzahl von Zielen

Damit ein Förderplan sich nicht in mikrodiagnostischen Feinheiten verliert und damit in der Praxis aufgrund der großen Unhandlichkeit zu vieler Faktoren geradezu unbrauchbar wird, ist eine Beschränkung der Anzahl der Förderziele sinnvoll. Wie viele Ziele gleichzeitig verfolgt werden können ohne sich im „Blätterwald" zu verirren, ist einerseits von der Arbeitsweise der Lehrperson und dem Team abhängig, andererseits auch vom Umfang und der Bedeutung der gemeinsam mit dem Schüler intendierten Ziele.

Eine Festlegung auf zwei bis drei Förderziele, bzw. Förderbereiche scheint am praktikabelsten zu sein (vgl. Fröhlich 2003, 60; Arnold/Kretschmann 2002, 268). Eine Konzentration auf für den Schüler subjektiv wichtige und für die weitere Entwicklung zentrale Bereiche sollte verwirklicht werden, ohne dabei allerdings andere wichtige Perspektiven oder Ziele, die Entwicklung der ganzen Persönlichkeit eines Schülers, aus den Augen zu verlieren.

8.3.3 Dynamische Fortentwicklung

Ein Schüler entwickelt sich ständig mit eigener Dynamik weiter. Die Förderpläne müssen sich deshalb in regelmäßigen Abständen flexibel anpassen, um der neuen Ausgangssituation gerecht zu werden. Förderpläne sind keine „Manifeste für die Ewigkeit", sondern Angebote mit „begrenzter Haltbarkeit" (vgl. Arnold/Kretschmann 2005, 5). Im Wesentlichen scheint darüber Einigkeit zu bestehen, dass eine solche Anpassung des Förderplanes an die jeweils neue Ausgangslage jährlich mindestens einmal erfolgen sollte (vgl. Eggert 2007, 172ff.)

Natürlich gehört es auch in den Aufgabenbereich des Pädagogen, dass „er sowohl seine Bedeutungszuschreibung bezüglich des Schülers als auch die sich daraus ableitende Auswahl der Angebote und deren Darbietung immer wieder einer kritischen Reflexion unterzieht" (Wagner 2004, 231). Es kann also notwendig sein, sehr kurzfristig auf Veränderungen zu reagieren. Ein Förderplan ist also immer auch von einem evaluativen und diagnostischen Prozess begleitet. Er soll sich auf der Grundlage einer dynamischen Diagnostik aktualisieren und prozessbegleitend evaluieren und sich so den jeweils individuellen Gegebenheiten des Schülers und seinen neuen Voraussetzungen – ggf. auch veränderten Umweltbedingungen – anpassen.

8.3.4 Verbindlichkeit

Im Sinne einer effektiven pädagogischen Arbeit sollte der Förderplan für alle am Erziehungsprozess in der Schule beteiligten Personen verbindlich sein. „Eine Schule, die in hohem Maße auf Team-Arbeit zurückgreift, benötigt ein Forum der Auseinandersetzung, der Vereinheitlichung und der Verbindlichkeit, die in so genannten Pausengesprächen nicht erreicht werden kann" (Fröhlich 2003, 55). Aufgrund der Tatsache, dass bei der Erstellung des Planes alle Personen beteiligt sind, sollte es mit der Verbindlichkeit auch keine größeren Probleme geben. Der Förderplan ist Ausdruck einer gemeinsamen pädagogischen Arbeit mit dem Kind, an dessen Umsetzung allen im Team beteiligten Personen gelegen sein sollte.

8.4 Aufgabe des Förderplanes

Die positive Entwicklung des Schülers steht im Zentrum jeglicher pädagogischer Bemühungen, so auch bei der Förderplanung. In der folgenden Darstellung wird versucht, Prozesshaftigkeit und Dynamik im Kontext Skizzierung eines Förderplanes zu verdeutlichen (vgl. Abb. 12).

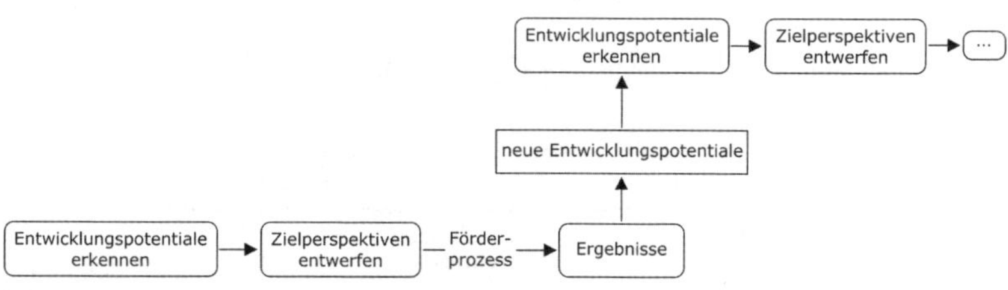

Abb. 12: Prozesshaftigkeit des Förderplanes

Bei der Erstellung des Förderplanes ist es zunächst wichtig, Entwicklungspotentiale bzw. Ressourcen des jeweiligen Schülers zu erkennen. Aus diesen Potentialen lässt sich eine Zielperspektive in Form von Förder- oder Entwicklungszielen ableiten und formulieren. Der sich anschließende Förderprozess führt zu einer positiven Veränderung des Verhaltens oder der individuellen Möglichkeiten der Person. Aus dieser Veränderung ergeben sich – wie auch immer geartete – neue

Entwicklungspotentiale, die zuvor noch nicht zu erschließen waren oder die im Laufe des Prozesses erst transparent werden. Diese neuen Entwicklungspotentiale müssen dann jeweils erkannt und daraus neue Zielperspektiven geschaffen werden. So lässt sich der Prozess auf einer neuen erweiterten Ebene fortführen. Es handelt sich somit um eine dynamische, prozesshafte und für den Schüler nachvollziehbare Entwicklung von einer Zone der Entwicklung zur nächsten.

8.5 Prozessorientiertes Arbeiten

Durch die gemeinsame Erarbeitung und die kooperative Umsetzung des Förderplanes wird eine gemeinsame Zielperspektive hinsichtlich des Entwicklungsverlaufes des Schülers verfolgt.

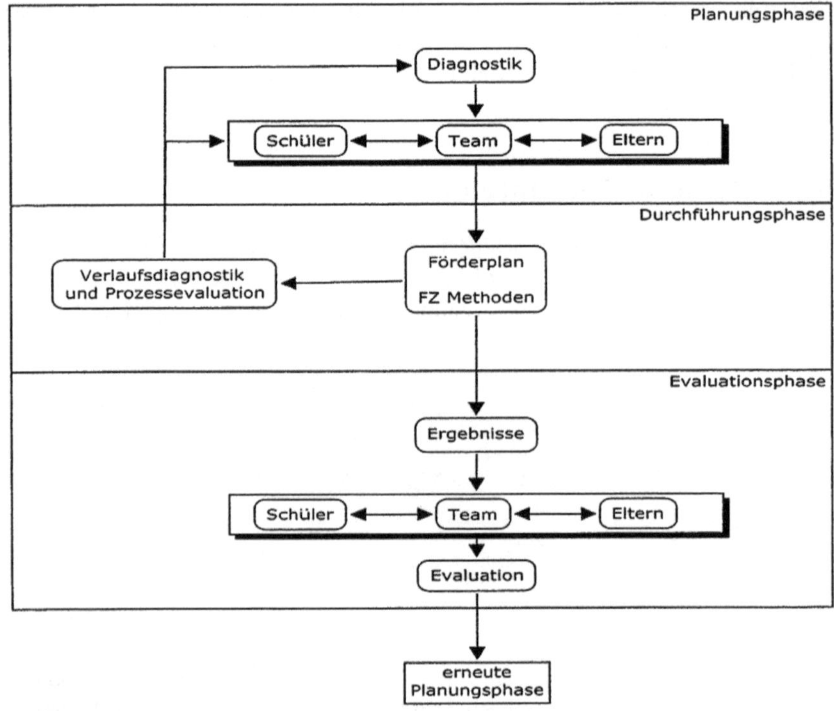

Abb. 13: Phasen der Förderplanung

Der Erarbeitungsprozess lässt sich in drei Teile untergliedern (vgl. auch Bundschuh, Winkler 2014, 136ff):

(1) Planungsphase (auf der Basis diagnostischer Grundlageninformationen wie Anamnese, Problem-Fragestellung, Lernausgangsbasis)
(2) Durchführungsphase (Einsatz verschiedener Lernangebote und am Schüler orientierter Methoden)
(3) Evaluationsphase (Überprüfung der Effizienz).

In der Praxis lassen sich die einzelnen Phasen sicherlich nicht exakt voneinander trennen, dennoch kann man die einzelnen Phasen und Schritte in akzentuierter Form benennen, aufzeigen und beschreiben.

Die Planungsphase erfordert, die Auseinandersetzung des Pädagogen mit verschiedenen Zugangsweisen, die ihm eine diagnostische Einschätzung des „Ist"-Standes des Schülers ermöglichen. Als Basis hierfür bietet sich beispielsweise ein Fördergutachten an. Entwürfe für ein solches Gutachten und Wege zur Informationsgewinnung und Umsetzung in Förderung beschreiben *Bundschuh, Winkler* (vgl. 2014, 390-398).
Anschließend gilt es im Dialog mit Eltern, Mitarbeiterinnen und Mitarbeitern sowie dem Schüler selbst, wichtige Entwicklungspotentiale zu erkennen und Entwicklungsperspektiven herauszuarbeiten.
Wie bereits erwähnt ist es dabei wichtig, nicht zu viele Ziele gleichzeitig zu verfolgen. Aus dieser dialogischen Kooperation aller Personen entstehen Förderziele, die zusammen mit methodischen Vorschlägen zum weiteren Vorgehen im Förderplan schriftlich fixiert werden. Die entwickelten methodischen Vorschläge sollten möglichst vielfältig und differenziert dargestellt werden, da sie die Basis für den Vermittlungsprozess bilden. Vielfalt und Variantenreichtum, die allerdings der Fokussierung im Hinblick auf individuelle Förderung bedürfen, dienen einer Verbesserung der Erfolgsaussichten im Kontext Förderziele.
In der Durchführungsphase wird versucht, mit Hilfe der vorgeschlagenen Methoden die Ziele der Förderung zu erreichen, um so die individuelle Entwicklung des Schülers zu stärken. Diese Phase ist von einer ständigen Verlaufsdiagnostik und Prozessevaluation begleitet, da der Pädagoge stets – bewusst oder auch unbewusst – seine Methoden den jeweiligen Gegebenheiten anpasst oder die Ziele entsprechend dem Förderverlauf leicht variiert (vgl. Verlaufsdiagnostik und Prozessevaluation). Sollte die Förderung aus den verschiedensten Gründen methodisch nicht durchführbar sein oder sich in der aktuellen Situation als nicht erfolgreich erweisen, gibt es auch die Möglichkeit erneut in die Planungsphase einzutreten, um nach Erklärungsansätzen für den unerwarteten Verlauf zu suchen. Hier kann es zu einer neuerlichen Zieldiskussion gemeinsam mit den Eltern, dem Team und dem Schüler selbst kommen.
In der abschließenden Evaluationsphase wird der gesamte, durch den Förderplan erarbeitete Förderprozess noch einmal betrachtet, reflektiert und bewertet. Auch

hierbei sollte auf die Einbeziehung aller Beteiligten Wert gelegt werden, um eine möglichst objektive Evaluation zu erreichen. Eine erneute Planungsphase kann folgen, um weitere Entwicklungspotentiale bzw. Ressourcen zu erschließen, ggf. auch um lerntherapeutische Aspekte einzubeziehen.

8.6 Konzeption und Inhalt

8.6.1 Aufbau des Förderplanes

1. **Beschreibung der pädagogischen Ausgangssituation:** Da es sich nicht um ein rein diagnostisches Gutachten handelt, sollte sich die Beschreibung der Ausgangssituation hauptsächlich auf jene ausgewählten Faktoren beziehen, die zur Erreichung des Förderzieles relevant erscheinen.
2. **Intrapersonelle Ressourcen:** Hier sollten alle Ressourcen, Stärken, Fähigkeiten und Kompetenzen eines Schülers angeführt werden, die sich positiv auf das Erreichen der Förderziele auswirken könnten. Dabei sind explizit die Kompetenzen und Stärken als Ausgangsbasis für Ansatzpunkte pädagogischen Handelns zu betonen (vgl. Eggert 2007, 196; Bundschuh, Winkler 2014, 355-362). Die Beschreibung eines Defizits oder des Abstandes zu einem gewünschten Ziel ist keine geeignete Basis für die Erweiterung der Handlungskompetenz.
3. **Unterstützungsressourcen:** Hierunter fallen alle verfügbaren Kompetenzen und Unterstützungsmöglichkeiten, welche von Institutionen oder externen Personen erbracht werden können.
4. **„Ist" Stand:** Unter diesem Aspekt soll die Ausgangslage in Bezug auf das jeweilige Lernziel beschrieben werden. Auch hier bilden die individuellen Stärken und Kompetenzen des Kindes die Basis für die Beschreibung.
5. **Förder- bzw. Entwicklungsziele:** In diesem Bereich werden die Förder- bzw. Entwicklungsziele aufgezeigt. Wie bereits erwähnt ist eine Beschränkung der Ziele auf zwei bis drei spezielle Entwicklungsperspektiven sinnvoll und auch praktikabel.
6. **Methodische Überlegungen:** Welche Methoden erscheinen dem Team zur Erreichung des Förderzieles angemessen und könnten sich unter Beachtung der Voraussetzungen des Schülers zur Zielerreichung als erfolgreich erweisen. Hierbei lassen sich anfänglich natürlich primär Hypothesen aufstellen, da der Pädagoge kaum alle Konstruktionen des Schülers sowie alle möglichen Eventualitäten voraussehen kann. Gerade in diesem Zusammenhang ist es wichtig, dass die Förderung durch eine effektive Verlaufsdiagnostik und Prozessevaluation begleitet wird, um sich jeweils verändernden Komponenten anpassen zu können.

8.6.2 Kategorisierung des Inhaltes

Der Inhalt des Förderplanes ist flexibel und kann sich aus Praktikabilitätsgründen an den im jeweiligen Lehrplan vorgegebenen Bereichen orientieren, also sich sowohl auf fachliche als auch auf sozial-emotionale oder motorische Entwicklungsbereiche stützen (vgl. Bundschuh, Winkler 2014, 393-398). Um den Umfang auf ein realistisches Maß zu beschränken, wird auf die bereits genannten zwei bis drei Entwicklungsziele verwiesen. Es ließen sich exemplarisch folgende Bereiche anführen, die als Kategorisierung von Förderzielen dienen könnten:

- Lernen und Denken (logisches Denken, Kombinationsfähigkeit, Kritikfähigkeit, Problemlöseverhalten, Urteilsfähigkeit, ...)
- Sprache, Sprechen und Kommunikation (aktiver und passiver Wortschatz, Grammatik, Dialoge, Kommunikationssituationen, ...)
- Sozialverhalten (Kontaktfreudigkeit, Kommunikationsbereitschaft, ...)
- Arbeitsverhalten (Aufmerksamkeit, Ausdauer, Qualität, Konzentration,...)
- Wahrnehmung (optisch, akustisch und taktil, Wahrnehmungsdifferenzierung, ...)
- emotionaler Bereich (Ängste, Konflikte, Spannungen, Hemmungen, Unsicherheit, Aggressivität, Passivität, ...)
- motivationaler Bereich (Interessen, Leistungsbereitschaft, ...)
- Motorik (Fein- und Grobmotorik, Koordination, Bewegung, ...)
- praktische Fähigkeiten und Fertigkeiten
- Fachlicher Bereich (z.B. Deutsch, Mathematik, Musik, Werken, ...)
- weitere Bereiche (Kreativität, besondere Fähigkeiten und Fertigkeiten,...) (vgl. ebd.)

Weitere Möglichkeiten der Untergliederung der Förderbereiche finden sich unter anderem in *Eggerts* Übersicht über das „Berichtsformular des individuellen Entwicklungsplanes" (vgl.2007, 170ff.).
Eine Einteilung in ein schwerpunktmäßiges Raster, nach dem Entwicklungsniveau des Kindes wird der Individualität der Schüler nicht ganz gerecht. In diesem Kontext erfolgt die Einteilung in ein Förderplanraster nach der alten Klassenstufung, also Unterstufe, Mittel-/Oberstufe, mit jeweils unterschiedlicher Schwerpunktsetzung, d.h. die individuellen Voraussetzungen werden nicht hinreichend berücksichtig.

8.6.3 Prozessevaluation und Verlaufsdiagnostik

Der Tatsache, dass im Erziehungsprozess eine ständige Veränderung aller beteiligten Personen stattfindet, muss Beachtung geschenkt werden. Es erweist sich deshalb als notwendig, ständig oder zumindest in kurzen Abständen pädagogisches Handeln selbst überprüfen. Um diese Reflexion zu ermöglichen ist es wichtig, dass alle am Förderprozess beteiligten Personen in regelmäßigen Abständen eine Art Protokoll über den methodischen Verlauf, den Inhalt und die (subjektive) Bewertung der Ergebnisse führen. Ähnlich wie beim Entwicklungsprotokoll im Rahmen des individuellen Entwicklungsplanes wird so ein ständiges Feedback über den laufenden Förderprozess ermöglicht. Dies geschieht nicht nur aufgrund der institutionellen Vorgabe – im bayerischen Lehrplan für den Förderschwerpunkt geistige Entwicklung heißt es: „[Die Planung] ist jedoch so flexibel zu handhaben, dass unvorhergesehene Lernerfordernisse berücksichtigt werden und kurzfristige Änderungen erfolgen können" (Bayerisches Staatsministerium für Unterricht und Kultus 2003, 26) – sondern ist auch die logische Konsequenz aus dem zu Beginn zugrunde gelegten theoretischen Verständnis von Förderplanung und Förderprozess.

Dabei ist es im Sinne der Erziehung zur Selbstbestimmung und Selbstständigkeit auch notwendig, den Schüler aktiv im Rahmen einer Metaanalyse in diesen Feedbackprozess mit einzubeziehen. Der Schüler erhält so die Möglichkeit, sich selbst zu den eigenen Fortschritten zu äußern oder Probleme die er mit den erarbeiteten Zielen hatte, anzusprechen. Er trägt somit maßgeblich und eigenverantwortlich zur qualitativen Verbesserung des Gesamtprozesses bei.

8.6.4 Vorlagen

Nachfolgend werden konkrete Vorlagen (vgl. Abb. 14-16) auf Basis der theoretischen Ausführungen dargestellt und kurz erläutert. Diese stellen einen Entwurf zur praktischen Anwendung in der Schule dar.

Im Rahmen der Anwendung erweist sich das Anlegen eines Ordners für jeden Schüler, in dem sowohl der Förderplan als auch die Verlaufsprotokolle enthalten sind, als wichtig. Dieser Ordner sollte möglichst allen am Prozess beteiligten Personen zugänglich sein, damit Kommunikation über das Verlaufsprotokoll ermöglicht wird, ohne die Schwierigkeit der Organisation persönlicher Treffen.

a) Förderplan: Der Förderplan bildet die Basis des Förderprozesses. Um eine Verwendung in den unterschiedlichen Förderschwerpunkten zu ermöglichen, verzichtet diese Vorlage auf die explizite Nennung bestimmter Förderbereiche oder sonstiger inhaltlicher Aspekte.

Je nach Förderbereich können die Förderziele und Methoden vom beteiligten Team selbst festgelegt und formuliert werden. Eine Orientierung an den im Lehrplan für den jeweiligen Förderschwerpunkt festgelegten Zielen kann dabei hilfreich sein (vgl. 8.2 Kategorisierung des Inhalts).

Ein wichtiges Element dieses möglichen Förderplanrasters sind die Signaturen am Schluss. Die Unterschriften von Schüler, Lehrer, Team und Eltern verdeutlichen noch einmal die gemeinsame Zielsetzung im Rahmen des Förderplanes und geben diesem eine Art „vertragliche" Komponente, die sich positiv auf das Erreichen der augedachten Ziele auswirken sollte (vgl. Schäfer 2010; Popp, Methner 2015, 287-300).

Förderplan

Für den Zeitraum von bis

Name: Datum:

Pädagogische Ausgangssituation:

Fähigkeiten / Kompetenzen / intrapersonelle Ressourcen:

Unterstützungsressourcen:

Lern-/ Entwicklungsbereich	**„Ist"-Stand**	**Förder-/ Entwicklungsziele**	**Methodische Überlegungen**

Unterschrift Eltern	Unterschrift Lehrer und Teammitglieder	Unterschrift Schüler

Abb. 14: Muster für einen Förderplan

b) Verlaufsprotokoll (vgl. auch Eggert 2007, 168ff): Das Verlaufsprotokoll soll einen Überblick über den Verlauf der Förderung aus unterschiedlichen Perspektiven ermöglichen. Die Signaturspalte gibt an, wessen Vorschläge durch die jeweilige

Zeile dargestellt werden. Innerhalb dieses Protokolls soll sowohl dem Schüler, als auch dem Team die Möglichkeit gegeben werden, durchgeführte Fördermaßnahmen und Methoden zu dokumentieren und deren Verlauf aus der jeweiligen Sicht zu bewerten. In diesem Zusammenhang können auch die Fortschritte aufgeführt werden. Das Verlaufsprotokoll dient somit der Darstellung und der Evaluation des gesamten Förderprozesses. Aufgrund der den gesamten Prozess begleitenden Funktion ist das Protokoll aber auch ein quasi informelles verlaufsdiagnostisches Instrumentarium, welches es ermöglicht, kurzfristige Veränderungen zu berücksichtigen, um die Wahrscheinlichkeit der Zielerreichung zu erhöhen (vgl. auch Bundschuh 2015, 281ff).

Verlaufsprotokoll

Für den Zeitraum von bis

Name: Datum:

Signatur	**Datum**	**Förderziel**	**Methodik**	**Anmerkung, Bewertung, Verbesserung**

Abb. 15: Muster für ein Verlaufsprotokoll

3. Evaluationsbogen: Der Evaluationsbogen bietet eine Möglichkeit den vorangegangenen Förderprozess zu reflektieren und zu bewerten. Am Ende des anfangs im Förderplan festgelegten Zeitraumes, lässt sich – aus den unterschiedlichen Blickwinkeln – Bilanz ziehen. Um dies zu erreichen, wird das angedachte Förderziel dem aktuellen Entwicklungsstand gegenübergestellt.

Evaluationsbogen

Für den Zeitraum von bis

Name: Datum:

Förder- und Entwicklungsziel	**Erreichter Stand**	**Anmerkung / Begründung / Bewertung**
		Lehrer: Schüler: Eltern:
		Lehrer: Schüler: Eltern:
		Lehrer: Schüler: Eltern:

Unterschrift Eltern	Unterschrift Lehrer und Teammitglieder	Unterschrift Schüler

Abb. 16: Muster für einen Evaluationsbogen

Unabhängig davon, ob das Förderziel erreicht wurde oder nicht, können am Ende alle Beteiligten ihre Meinung zum Förderprozess äußern und den Gesamtverlauf aus der jeweiligen Sicht und aus ihrer Fachkompetenz bewerten. Des Weiteren können mögliche Gründe aufgeführt werden, warum ein Förderziel besonders gut erreicht oder verfehlt wurde. Diese Erkenntnisse erleichtern im weiteren Verlauf die Formulierung neuer Zielperspektiven, sie tragen zur Optimierung des gesamten Prozesses bei (vgl. ebd. 284).

8.7 Schlussbemerkung

Es wurde versucht ein praktikables Konzept der Förderplanung für den schulischen Alltag vorzustellen, das vor allem individuelle Voraussetzungen des Schülers betrachtet und seine Eigenaktivität und Mithilfe fordert. Allerdings erweist sich im Bereich der Schule mit dem Förderschwerpunkt geistige Entwicklung der Einbezug der Schülermeinung aufgrund möglicher gegenseitiger Verständnisprobleme teilweise als schwierig. Kommunikationsbarrieren können die Umsetzung des Konzeptes und damit das Erreichen der Förderziele erschweren. Trotzdem oder gerade deshalb ist der Einbezug des Schülers als aktiver Gestalter seiner Umwelt essentiell. Gegenseitiges Verständnis und wirksame Kommunikation bilden die Basis jedes pädagogisch und didaktisch begründeten Handlungsprozesses und somit auch jeder gemeinsamen Aktivität im Rahmen des Förderprozesses. Bei vorliegenden Erschwernissen der Verständigung ergibt sich bereits ein erstes wichtiges Förderziel für die Zukunft, denn vor allem gelingende Kommunikation ermöglicht produktives gemeinsames Arbeiten. In den Schulen mit dem Förderschwerpunkt Lernen, soziale und emotionale Entwicklung, etc. erweisen sich die Kommunikationsbarrieren als nicht so relevant.

Inwiefern ein Förderplan grundsätzlich zur Erleichterung der alltäglichen pädagogischen Arbeit führt, hängt auch von der individuellen Arbeitsweise des Lehrers ab. Für den Pädagogen persönlich kann die Konzeption eines individuellen Lern- und Förderplanes für jeden einzelnen Schüler sehr hilfreich sein als Orientierung für seine pädagogische Arbeit.

Zweifellos hat die Erstellung eines schriftlichen individuellen Förderplanes für jeden Schüler mit sonderpädagogischem Förderbedarf auch einen schriftlichen Aufwand zur Folge, der die Arbeit des Lehrers noch weiter an den Schreibtisch bindet. Wenn wir allerdings den Schüler mit seinem individuellen Förderbedarf wirklich sinnvoll unterstützten wollen, ist der Aufwand gerechtfertigt.

Im Zusammenhang mit der interdisziplinären Erstellung des Förderplanes ist die Koordination der gemeinsamen „Grundsteinlegung" und die aktive Beteiligung aller am Verlauf dieses Prozesses sicherlich nicht immer leicht zu koordinieren und verlangt vom verantwortlichen Pädagogen Teamgeist, aber auch viel Geduld. Erfahrungen aus der Praxis weisen auf unterschiedliche Sichtweisen hin.

Die meisten Lehrer empfinden die intensive Auseinandersetzung im Zusammenhang mit dem Förderplan als sehr bereichernd, Sichtweisen verändern sich und tiefere Einblicke in die Problemsituation des Schülers werden gewonnen. Einige sehen den Arbeitsaufwand als zu umfangreich an. Sicherlich hängt es von der persönlichen Arbeitsweise des Lehrers ab, inwieweit Förderpläne eine Erleichterung der täglichen Arbeit bewirken oder gar eine Last sind. Zweifellos stellt die Verwendung von Förderplänen in oben genannter Weise eine Möglichkeit dar, Förderprozesse zu überdenken und didaktisch wichtige Überlegungen, die aus der gemeinsamen kooperativen Arbeit hervorgehen, in das tägliche Unterrichtsgeschehen zu integrieren. Die vorliegenden Ausführungen konkretisieren sich erst im Zusammenhang mit dem jeweiligen Schüler und seinen speziellen, ja einzigartigen Erziehungs- und Lernbedürfnissen. Wollen wir den Ansprüchen individueller Förderung und Orientierung an den Möglichkeiten der Schüler gerecht werden, gilt es jedoch zweifelsohne den hier aufgezeigten Weg zu beschreiten, auch wenn sich die Herausforderungen als vielschichtig und komplex erweisen.

9 Grundlegende Förderansätze und Orientierung am Kind

Möchte man sich mit elementaren Förderansätzen beschäftigen, setzt dies selbstverständlich eine „Orientierung am Kind“ mit seinen individuellen Ressourcen, Kompetenzen und Bedürfnissen voraus. Bevor die Bereiche basale Förderung, Wahrnehmung und Motorik als Beispiele für grundlegende Förderansätze näher betrachtet werden, ist es unumgänglich, sich mit dem im Folgenden dargestellten Leitsatz „Orientierung am Kind“ zu befassen:

- Gestaltung des Förderungsprozesses entsprechend den grundlegenden Bedürfnissen von Kindern nach Emotionalität, Beziehung, Bewegung und Wahrnehmung.
- Ausgehend von der Lernausgangslage und von den Ressourcen, also von den wirklichen Verhaltensmöglichkeiten und Fähigkeiten hin zur Zone der nächsten Entwicklung, d.h. weitgehend individuelle Gestaltung des Förderungsangebotes dem Entwicklungsstand und Lerntempo einzelner Kinder entsprechend, Vermeidung von Über- oder Unterforderung.
- Die kindliche Neugierde weckendes, der kindlichen Neugierde entsprechendes Förderungsangebot, wobei erstrebenswerte Handlungsziele und für das Kind interessante Angebote den Erfolg fördern.
- Flexibilität der Personen, die ein Kind fördern, mit der Möglichkeit, aktuelle Bedürfnisse eines Schülers/Jugendlichen zu erkennen und in den Förderungsprozess einzubeziehen.
- Genügend Spielraum für Eigenaktivität, Entfaltung von Kreativität und Fantasie.
- Einbettung des Förderungsprozesses, konkreter Förder- und Lernangebote in ganzheitliche, spielerische Prozesse. Das Spiel als spezielle, intrinsisch motivierte grundlegende Handlungs- und Lernform vermittelt Freude, die entsprechende Emotionalität und kommt damit dem ganzheitlichen Förderungs- und Lernprozess am nächsten.
- Einbezug und Mitbestimmung des Kindes/Jugendlichen als Subjekt und eigentlicher Akteur seiner Entwicklung, sowohl in der Gestaltung der Angebote, als auch im Verlauf des Gesamtprozesses.

Diese Problemstellung nach der Orientierung am Kind tangiert auch die Frage nach dem Kindgemäßen. Allgemein gilt, dass Handlungsentwürfe, die zunächst von außenstehenden Personen initiiert werden, jeweils daran gemessen werden,

ob sie Kindern einer bestimmten Altersstufe je nach Entwicklungsstand und nach dem aktuellen Stand des Wissens überhaupt zumutbar sind.
Im Sinne *Montessoris* ist es eine behütende und anregende Umgebung, die „geistige Nahrung für den seelischen Embryo enthält", kindgemäß (zit. n. Bittner 1991, 23). Die Antwort zu der Frage: „Was heißt kindgemäß?" lautet nach Montessori: „Kindgemäß ist eine Umgebung, die mit den sensiblen Perioden der kindlichen Entwicklung korrespondiert; und wo eine solche Umgebung nicht naturwüchsig vorhanden ist, muß sie als pädagogisch vorbereitete geschaffen und dem Kind bereitgestellt werden" (ebd.). Im Hinblick auf Kinder mit Behinderungen kommt über die Notwendigkeit der Bereitstellung dieser Umgebung im Rahmen der Aufgabe der Vermittlung sicherlich ein Mehr an Aktivität, Förderung, allgemein Didaktisierung, d.h. ein höheres Maß an Sensibilität für die individuellen Bedürfnisse hinzu als möglicherweise von *Maria Montessori* ursprünglich intendiert.

9.1 Basale Förderung

Auf der Grundlage wichtiger Ergebnisse aus eigener Forschung werden im Folgenden wesentliche Erkenntnisse über basale Förderung und basales Lernen bei Kindern mit unterschiedlichen Ausprägungen und Schweregraden von Entwicklungsverzögerungen und Behinderungen markiert.
Unter „basal" verstehen wir allgemein:

- hinsichtlich der Genese menschlichen Verhaltens frühe, ursprüngliche Prozesse, die sich bereits im Mutterleib entwickeln und manifestieren;
- nicht (isolierte) Funktionen, vielmehr in das Gesamtwesen Mensch, des jeweiligen Kindes integrationsfähige und integrierte Prozesse, die mit Motorik und Wahrnehmung eng verknüpft sind. Die Informationsverarbeitung im menschlichen Großhirn wird als „Integration" bezeichnet. Es ist der Zusammenschluss und die gegenseitige Verknüpfung der Sinneseindrücke unter Einbeziehung der gespeicherten Erfahrungen zu einer höheren komplexen Funktionseinheit. Im Verlaufe der Evolution haben sich die integrativen Vorgänge von der Regelung und Koordination der elementaren biologischen Aufgaben beim Menschen zum bewussten Erkennen, Denken und Handeln entwickelt;
- statt Überforderung der Sinnesbereiche ein Angebot zunächst einfacher, nur wenige Wahrnehmungskanäle sensibilisierender Reize, um eine gute und tragfähige Strukturierung bzw. sensorische Integration zu ermöglichen;
- elementare Eindrucks-, Ausdrucks- und Handlungsmöglichkeiten des Menschen, grundlegend für Zugangsmöglichkeiten zur Welt der Mitmenschen und der materiellen Objekte (Assimilation und Akkommodation im Sinne Piagets) sowie Ausbildung der Fähigkeit, diese Umwelt handelnd zu erfahren, zu begreifen und sich in ihr zu orientieren.

In diesem Kontext wird Entwicklung verstanden als Prozess aus einfachen, weniger komplexen Strukturen hin zu komplexeren Prozessen, d.h. für den Erwerb entwicklungsmäßig späterer Fähigkeiten, Fertigkeiten und Handlungsprozesse sind in Anlehnung an *Piaget* basale frühere – sensomotorische Entwicklungsprozesse unabdingbar, die auch im späteren Leben noch eine Rolle spielen, z.B. beim Erlernen eines Musikinstrumentes (Klavier, Geige, Trommel, ...), beim Erwerb eines Führerscheines, Erfahrungen im Zusammenhang mit der Liebe. Wohlbefinden, Neugierde, Interesse, also Motivation, stellen die Basis für elementares Lernen dar. Frustration, Desinteresse, Angst, Druck, Hetze und Stress sind Faktoren, die die „Aktivität" der Synapsen blockieren, das Ingangsetzen sinnvoller Lernprozesse beim Kind, Jugendlichen und auch beim Erwachsenen verhindern, bereits bisher Gelerntes vielleicht vernichten (vgl. Bundschuh 2003, 82ff.). Soll ein Reiz, besser ein Lernangebot, eine Information, den Filter des Ultrakurzzeitgedächtnisses passieren, also das Kurzzeit- und Langzeitgedächtnis erreichen (vgl. Bundschuh 2008, 171ff., 193-197) sowie gut verarbeitet werden, müssen zunächst die speziellen Bedürfnisse des Kindes angesprochen werden.
Meist findet Lernen als kommunikativer oder interaktionaler Prozess statt. Entwicklung ist von der sozialen und materialen, von der Umwelt insgesamt, abhängig, die geistige Entwicklung und damit das Lernen in erster Linie von der Kommunikation. Der Weg zum Kind, zum Menschen überhaupt führt über die emotional bedeutsamen und beziehungsstiftenden Prozesse mitmenschlicher Kommunikation. Kommunikation ist sowohl die Produktion von Botschaften von Informationen, als auch die Nachrichtenübertragung zwischen zwei Menschen, immer unter der Voraussetzung gegenseitigen Verständnisses. Der Mensch kann mit Pflanzen, Tieren und unbelebten Objekten interagieren und so auch zu einem Erkenntnisgewinn kommen. Diese Interaktion stellt eine wichtige – wahrscheinlich sogar eine sehr basale – Form von Austauschprozessen dar, weil der Mensch hier keinen direkten Widerspruch erfährt, seinen echten, „unverfälschten" Gedanken, Vorstellungen, Wünschen, Bedürfnissen, Sehnsüchten „freien Lauf lassen" kann. Er kann produzieren, schöpferisch sein, projizieren, sich einfach treiben lassen, sich in ursprünglicher Weise selbst spüren, empfinden, erleben und wahrnehmen. Die Natur wird z.B. an schönen Plätzen, dort, wo sich „Herz" und „Seele" öffnen, etwa im Urlaub, als ein Ort der Kraft wahrgenommen und erlebt. Auch solche Überlegungen erweisen sich im Hinblick auf basale Förderung bei Menschen mit Behinderungen als wichtig.
Die Weckung von Neugierde, Interesse und damit Motivation geschieht durch die Möglichkeit der Assoziation, also der Verknüpfung mit bisherigen Erfahrungen und Speicherungen. Ein Lernprozess sollte beim Kind Gefühle, Wünsche, Vorlieben, Vorgänge, Bedürfnisse ansprechen, die mit Erlebnisqualität verbunden sind und eine wichtige Empfindung hervorrufen, einen bedeutsamen Sinn beinhalten, er sollte subjektiv wichtig sein. Gefühle kann man spüren, erfahren und somit

auch prozesshaft erweitern und lernen. In jedem Kind, allgemein in jeder Person existiert die Sehnsucht nach Geborgenheit, Akzeptanz, Wertschätzung, nach sozialem Angenommensein, nach Liebe, insgesamt nach Leben und Entfaltung der Persönlichkeit.

Lernen erfolgt über unterschiedlich bevorzugte Wahrnehmungskanäle und besonders gut ausgeprägte Nervenbahnen. Je mehr Möglichkeiten der handelnden Begegnung und Auseinandersetzung, je mehr Arten der Erklärung angeboten werden, desto wahrscheinlicher wird Lernen. Je nach Lerntyp erreichen visuelle, auditive, taktil-kinästhetische, vestibuläre u.a. Reize die entsprechend ausgebildeten und bevorzugten Wahrnehmungskanäle. Es werden Informationen je nach Person unterschiedlich verarbeitet, vernetzt, gespeichert und verstanden. Das Gehirn als „Wahrnehmungsapparat" konstruiert aufgrund interner Kriterien eine subjektive Wirklichkeit (vgl. Bundschuh 2003, 137-151). Eine wichtige Bedingung für positives Lernen besteht darin, dass es sich nicht um chaotische, schlecht strukturierte, das Kind überfordernde Angebote handelt. Es muss also versucht werden, die Ganzheit eines Lernprozesses in einem System äußerer (sozialer, motorisch-handlungsorientierter) und innerer (emotional-motivationaler und kognitiver) Prozesse zu analysieren und zu begreifen.

Im Rahmen eines Projektes bei Grundschülern mit Lernschwierigkeiten und weiteren Forschungen über Lernen ergaben sich die folgenden Aspekte basalen Lernens, die sowohl für Lernprozesse bei Kindern mit Behinderung und bei Kindern mit leichten Lernproblemen grundlegend sind (Bundschuh 2008, 196ff.):

1. Die einem Kind angebotenen Reize, Stimulationen und Tätigkeiten, die zwecks Umsetzung in Handlung aufgenommen werden sollen, sind einfacher Art. Einfach heißt, dass der Differenzierungsgrad so weit reduziert werden muss, dass der Reiz, besser das Handlungs- oder Lernangebot für das jeweilige Kind mit einer Behinderung wahrgenommen werden kann. (Die Begriffe „Reiz" und „Stimulation" sind zwar gebräuchlich, im Zusammenhang mit Erziehung und Lernen halte ich sie jedoch weder für gut noch für treffend. Den isolierten Reiz gibt es an sich nur im Zusammenhang mit Reflexen, in der pädagogischen Situation spreche ich lieber von „Angeboten", „Impulsen" und „prozesshaftem Geschehen"). Um ein Kind für ein Lernangebot zu sensibilisieren, bedarf es zunächst keiner zusätzlichen Kenntnisvermittlung, keiner Lernvorgänge, keiner neuen von außen induzierten Erfahrungen.
2. Wie kommt man zu den Lernvoraussetzungen eines Kindes? Diagnostik dient dazu, diese Lernausgangslage zu suchen und zu beschreiben. Möglich wird dies durch Verhaltensbeobachtungen im Rahmen von Lernprozessen, aber auch bei Alltagshandlungen, überall, wo sich ein Kind verhält. Man beobachtet und fragt, wie das Kind sich mitteilt, kommuniziert, wie es an eine Situation, eine Handlung, eine Lernaufgabe herangeht, was es bereits über den Lerngegenstand weiß, wofür es sich interessiert, ob es Neugierde entwickelt, welche Vor-

aussetzungen im Hinblick auf Motorik, Wahrnehmung, Sprache und Denken im Zusammenhang mit einem Lernprozess vorhanden sind (vgl. 6.4.3).

3. Solche Möglichkeiten stellen die Basis für die Wahrnehmung und Förderung höherer komplexer „Reize" im Kontext mit Lernprozessen dar. Das heißt die differenzierte Wahrnehmung und die Möglichkeit zur Strukturierung (Vernetzung) dieser Wahrnehmung – Schaffung eines gesicherten Abbildes im Zentralnervensystem – legen die Basis für diese Wahrnehmungserweiterung und Lernen, für weitere Lernprozesse schlechthin.
4. Diese Art von Lernangeboten im Sinne von Förderung ist keinesfalls passiv. Das Kind wird vielmehr eigenaktiv und mitbestimmend gesehen. Der Lernimpuls fällt in einen Prozessbereich des Kindes, in dem es bereits Aktivität zeigt.
5. Für das handelnde Subjekt ergibt sich die Motivation zur Reaktion auf ein Angebot (Umsetzen in Motorik, Empfindungen, Wahrnehmung, Denken, Sprache) zunächst aus der Beschaffenheit des Angebots selbst (Aufforderungscharakter) und aus der Möglichkeit adäquat darauf reagieren zu können. Motivation ergibt sich auch aus der zeitlichen Limitierung der Handlung, d.h. der Vorgang erstreckt sich auf eine (kurze) für das Kind leicht zu vollziehende Zeit- und Aufmerksamkeitsspanne. Motivation resultiert darüber hinaus auch aus der Art der Wahrnehmungsmöglichkeit (visuell, auditiv, taktil etc.), die je nach Kind und Reaktion bzw. Handlung unterschiedlich vernetzt ist. Die Handlung kann wiederum in verschiedenen Varianten in grob- und feinmotorischen oder sprachlichen Prozessen erfolgen. Schließlich ergibt sich Motivation auch aus der Abwechslung im Vergleich zu anderen im Unterricht geforderten Tätigkeiten wie Schreiben, Lesen, Rechnen.
6. Basal bedeutet, dass diese „Reize" und deren Umsetzung in Handlung nicht auf einen Funktionsbereich alleine begrenzt sind, vielmehr stets andere Prozesse gleichzeitig stimuliert werden. Wenn z.B. ein Kind gerne spielt, knetet, etwas ausschneidet, sind damit visuelle Wahrnehmungen (Erfassen einer Struktur, Wiedererkennen der Wesensmerkmale), Konzentration, Fein- und Grobmotorik sowie sonstige Übungs- und Speichervorgänge, stets aber auch kommunikative Prozesse verbunden.
7. Basales Lernen meint zugleich auch Ingangsetzung von Prozessen – Erregung des Zentralnervensystems durch äußere und innere Vorgänge – in realisierbarem Maße, d.h. „etwas können", Initiierung von Akkommodations- und Assimilationsprozessen (Piaget), Innervierung von Afferenzen und Efferenzen (Vernetzung) im Unterschied zu passiv, überfordert, gestört sein.
8. Basale Aktivierung heißt weiterhin, dem Kind mit einer Behinderung Erfolgserlebnisse zu vermitteln, Leistungsängste abzubauen, Freude am Erfolg hervorzurufen und so zu einer Verbesserung seines Selbstbildes und zur Stärkung eines Selbstkonzeptes beizutragen. Mit jeder für das Kind positiv erlebten „Ansprache", mit jedem Erfolg geht quasi eine therapeutische Wirkung einher.

9. Basales Aktivieren und Lernen ist im Grunde genommen vergleichbar mit Sensu-Motorik im Sinne von *Piaget.* „Empfindungen sind ‚Futter' oder auch ‚Nahrung' für das Nervensystem. Jeder Muskel, jedes Gelenk, jedes lebenswichtige Organ, jeder kleinste Hautabschnitt und die Sinnesorgane am Kopf senden ihre sensorischen Reize zum Gehirn. Jede einzelne Empfindung ist eine Form der Information(...). Ohne einen ausreichenden Bestand an Empfindungen der unterschiedlichsten Art kann sich das Nervensystem nicht adäquat entwickeln. Das Gehirn bedarf eines beständigen Informationsflusses mannigfaltiger Empfindungen als sensorische ‚Nahrung', um sich entwickeln zu können und in der richtigen Weise zu funktionieren" (Ayres 2013, 56).

Es ergibt sich die Aufgabe durch Vermittlung von Lernprozessen in einem kommunikativen, ganzheitlichen Prozess Leben zu bereichern, „Nahrung" für das Nervensystem zu vermitteln, damit in Orientierung am Kind die vorhandenen Ressourcen, Möglichkeiten und Kompetenzen nicht verkümmern, vielmehr aktiviert und entfaltet werden. Nicht nur das Recht auf Leben und Entfaltung von Möglichkeiten fordern Heilpädagogik, Heilpädagogische Psychologie, speziell Förderdiagnostik und Lerntherapie heraus, sondern auch die jedem Kind immanente Sehnsucht nach Leben, Verwirklichung und damit Persönlichkeitsentfaltung.
Basale Prozesse finden sich in den Bereichen Motorik sowie in verschiedenen Modalitäten der Wahrnehmung und stehen in unmittelbarer Verbindung zu mitmenschlichen Beziehungen und Prozessen.

9.2 Wahrnehmung und Motorik

An den Beispielen Motorik und Wahrnehmung, speziell taktile Wahrnehmung werden die Überlegungen zu basalen Förderprozessen im Hinblick auf Förderdiagnostik für den Praxisbereich weiter konkretisiert.
Es gibt eine nahezu unüberschaubare Anzahl an Förderungskonzepten (Frostig, Affolter, Montessori, Kiphard, Ayres, etc.). Man könnte sie hinsichtlich der hier angeführten pädagogischen, sozialen, didaktischen und ggf. therapeutischen Prinzipien systematisch hinterfragen. Dies würde jedoch den Rahmen dieses Buches sprengen.
Alle diese Ansätze sind unter dem Aspekt des vorliegenden Konzeptes und der Prinzipien von Förderdiagnostik erweiterungsdürftig, weil sie eben doch nicht die ganze Breite der hier aufgezeigten Überlegungen berücksichtigen. Konzeptionen zur Förderung der Motorik, der verschiedenen Bereiche der Wahrnehmung, spezielle Ansätze zur Förderung von Kindern mit Lernstörungen, autistischen Verhaltensweisen und mit Behinderungen allgemein enthalten viel Brauchbares.

Theoretiker stellen die Frage der wissenschaftlichen Fundierung dieser Vorschläge und unterziehen sie einer kritischen Analyse wie z.B. die „Minimale Cerebrale Dysfunktion“ (MCD), die Konzepte der Teilleistungsstörungen, der sensorisch-integrativen Therapie nach *Ayres*, der motorischen Konzepte von *Kiphard* und *Frostig*, der Störungen übergeordneter Fähigkeiten wie Motivation, Konzentration, kognitiver Stil, die als notwendige Voraussetzung für Lernen angenommen werden und spezifisch schulleistungsbezogener Störungskonzepte wie Dyskalkulie und Legasthenie (LRS) sowie entsprechender Förderansätze.
Personen, die im praktischen Arbeitsfeld handeln, greifen gerne bereits publizierte Förderansätze auf, denn sie befinden sich ständig auf der Suche nach Möglichkeiten zur Förderung von Kindern mit unterschiedlichen Ausgangssituationen. Der Bedarf an Anregungen zur optimalen Förderung scheint sehr groß zu sein.
Es gibt aber kaum Förderungskonzepte, die unbesehen in der ursprünglich publizierten Form direkt auf Kinder mit unterschiedlichem Förderbedarf und verschiedenen Kompetenzen transferiert werden können. Sie bedürfen der Anpassung an die jeweils vorliegende Situation und Ausgangslage, die Konzepte und Angebote müssen also genau in die Bedarfslage des Kindes integriert werden. Eine wichtige Ausgangsbasis für diese Aufgabe stellen die in diesem Buch vorliegenden Überlegungen zur Förderdiagnostik dar.
Gefordert ist nicht die Kenntnis möglichst vieler Förderungsansätze, vielmehr die Fähigkeit der Vermittlung und Unterstützung im Rahmen eines Prozesses der Interaktion und Kommunikation mit dem Kind. Im sonder- und heilpädagogischen sowie lerntherapeutischen Arbeitsfeld tätige Personen sind Vermittler zwischen dem betroffenen Menschen und der sozialen und materiellen Welt. Sie sind auch Unterstützer der Auseinandersetzung des Subjektes mit der Umwelt, aber auch Beobachter und Förderer der selbstbestimmten Kompetenzerweiterung des Menschen in seinem individuellen Sosein.
Gestellt wird die Frage nach der Art und Weise der Handhabung, der flexiblen Veränderung, Anwendung dieses oder jenes Förderungskonzeptes angesichts der individuellen Bedürfnis- und Bedarfslage. Erst in diesem integrativen Prozess kommen die pädagogischen, sozialen, didaktischen und therapeutischen Aspekte fokussiert und als Einheit zum Tragen (vgl. Kap. 5 u. 6). Diese Aufgabe impliziert ein so hohes Maß an Herausforderung, dass trotz vorliegender scheinbar zunächst nicht auflösbarer Widerstände der Blick auf die Ressourcen und Möglichkeiten gerichtet sein muss. Die individuellen Kompetenzen, darüber hinaus auch die vorliegenden Probleme werden als pädagogische, als sonder- und heilpädagogische, ggf. auch als lerntherapeutische Basis und Herausforderung begriffen durch Kommunikation und Interaktion aller beteiligten Personen eine mögliche Verbesserung der vorliegenden Lern- und Verhaltensproblematik zu erreichen.

9.2.1 Förderung der Motorik

Bewegung ist der basale und vermittelnde Prozess schlechthin. In allen menschlichen Handlungs- und Verhaltensweisen ist Bewegung aufgehoben. Bewegung immer in Verbindung mit dem ganzen Körper, vor allem auch mit der Emotionalität, vermittelt Wahrnehmung, den Bezug zur Welt, ist der Schlüssel zum Kognitiven, zu inneren Prozessen verschiedener Art. Motive für Bewegung kommen von außen und innen gleichermaßen. In der Begegnung mit Menschen sowie mit der Umwelt und in der Auseinandersetzung mit ihren Gegenständen findet die Bewegung, im weiten Sinne die Tätigkeit, ihr Motiv. In der bedürfnisrelevanten Dimension des Gegenstandes und in seiner Möglichkeit, Bedürfnisse des Menschen anzusprechen, liegt die Motivation, sich mit ihm auseinanderzusetzen. Der Mensch, insbesondere das Kind erkennt quasi über die Auseinandersetzung mit der Umwelt das Ergebnis oder das Produkt seiner Aktivität. Ergibt sich aus dieser Tätigkeit Sinn, entwickelt sich aus verschiedenen möglichen Motiven ein dominierendes, sinngebendes Motiv. Die emotionale Bewertung eines Prozesses oder einer Tätigkeit wird im Zusammenhang mit der Intention, ein bestimmtes Ziel zu erreichen, im Rahmen des Handlungsprozesses, bis zur Realisierung des Motivs im Produkt oder Ergebnis, die Leitlinie des Handelns.
Der Entwicklungsprozess des Menschen verläuft auf der Basis motorischer Prozesse von außen nach innen, d.h. die äußeren, konkreten Operationen oder Handlungen werden in zunehmendem Maße zu inneren Prozessen im Sinne geistiger Handlungen. Bewegung bildet in Verbindung mit dem Körper eine Vermittlungseinheit, die sich dann in Integration mit Sinn gebenden (inneren) Wahrnehmungsprozessen zusammenschließt. Der persönliche Sinn und die Bedeutung für den Menschen ergeben sich immer aus dem Gesamtprozess der Selbstreferenz. Emotional-affektive positive oder negative Erfahrung führen zur Ausbildung des entsprechenden – körperlichen – Selbstbildes oder Selbstkonzeptes. Vor allem das Bewertungssystem im Menschen ist dafür verantwortlich, dass der Organismus selbst aktiv Bedingungen und Auswirkungen seiner Handlungen auf dem Wege früherer Speicherungen erkennt. In der Antizipation einer Handlung liegt demnach bereits die Möglichkeit ihrer Ausführung. Über Bewegungs-, besser Handlungsprozesse, in die der eigene Körper, insbesondere das taktile System, also die Haut, einbezogen ist, schafft sich der Mensch ein Abbild von sich selbst und seiner Umwelt. Der Mensch befindet sich im Kontext solcher Prozesse, auf der Basis des Bedürfnisses nach neuen Eindrücken, stets auf dem Weg der Selbstverwirklichung. Wird diese Freiheit nach Selbstverwirklichung unterdrückt z.B. durch Hospitalismus, isolierende Lebensbedingungen, durch Kriege, traumatisierende Ereignisse und unsinnige Erziehungsanweisungen, kommt es nicht nur zur psychischen Krise verbunden mit Angst und Furcht, sondern auch zu Störungen im Aufbau des Bewegungsverhaltens. Die Folge könnte im Extremfall eine von außen induzierte schwere Behinderung sein. Bewegung ist immer in eine Orientie-

rung des Subjekts im System Subjekt – Tätigkeit/Handlung – Objekt integriert. Während einer motorischen Handlung im Alltag entstehen in der Aktivität durch Wahrnehmung und Bewegung neue innere Abbilder. In Verbindung mit früheren Erfahrungen, in der Aktivierung emotionaler, sozialer und geistiger Prozesse gehen sie in die weitere dynamische Handlungsplanung ein. Dabei entscheidet der Mensch in jeder kleinsten motorischen Operation auf der Basis vorliegender Erfahrungen neu über seine weiteren Handlungen. An der Peripherie werden die Impulse registriert und in den höchsten inneren psychischen Regelkreisen wird darüber entschieden, wie und ob überhaupt eine Handlung fortgesetzt wird.
Unter dem Aspekt des entwicklungs- und handlungsbezogenen Aufbaus der Motorik und der Integration aller motorischen Prozesse in den ganzen Menschen erweisen sich manche, bereits vorliegenden Ansätze zur Förderung der Motorik als eher problematisch. Hierzu gehört *Kiphards* Ansatz, mit der Einteilung menschlichen Bewegungsverhaltens in „neuro-, senso-, psycho- und soziomotorische Teilaspekte" (1990, 17-20) und der Zuordnung zu bestimmten Alters- und Entwicklungsbereichen. Es werden im Hinblick auf Störungen neuromotorischer Art, also bei Störungen der Reflexe im Säuglingsalter (0 bis 1 Jahr), bei Störungen sensomotorischer Art bezogen auf das Kleinkindalter (1 bis 3 Jahre), bei psychomotorischen Störungen (3 bis 6 Jahre) und bei Störungen der Soziomotorik ganz bestimmte, auf „Funktionen" bezogene Therapien vorgeschlagen. Eine solche Vorgehensweise erweist sich als schematisch und funktional. Dabei wird suggeriert, Motorik könne man so einfach aufteilen, bei der Motorik handle es sich um etwas vom übrigen Menschen Isoliertes. Diese Vorstellung entwächst eher einer traditionell medizinischen Denkweise. Die Herauslösung einzelner Aspekte und Ebenen durch eine primär defektbezogene Betrachtungsweise erzeugt erst die Defekte. Tatsächlich geht es bei der Motorik, eigentlich bei jeder Bewegung des Menschen um etwas in den ganzen Menschen Integriertes. Die einzelnen bei *Kiphard* angeführten „Teilaspekte" der menschlichen Bewegung" erweisen sich in Wirklichkeit immer auf das menschliche Handeln und damit auf den ganzen Menschen bezogen, sie können auch nicht auf einzelne Altersstufen beschränkt oder in sich abgeschlossen sein. Zum Beispiel bewegt der Säugling seine Arme hin zur Mutter oder zu anderen Personen – in dieses Verhalten sind bereits Soziomotorik, Sensumotorik und Psychomotorik integriert. Die Bewegungen eines Säuglings hängen von seinen Bedürfnissen (Hunger, Durst, Müdigkeit, ...) und von seiner Stimmungslage, also von psychischen Prozessen ab. Insofern handelt es sich hierbei bereits durch den Einbezug des Emotionalen um Psychomotorik. In nahezu allen Bewegungen sind die Sinne, also Wahrnehmungsprozesse integriert, deshalb sprechen wir von Sensumotorik, der prozessualen Einheit von Wahrnehmen und Sich-Bewegen.
Die Aufteilung hinsichtlich Ätiologie einer Beeinträchtigung (Entwicklungsverzögerung, Störung, Behinderung) und „Therapie" bei *Kiphard* in Neuromotorik,

Sensumotorik, Psychomotorik und Soziomotorik erweist sich als künstlich und wird der tatsächlichen prozessualen Integration, der Vernetzung und damit der Multidimensionalität motorischer Prozesse im Kontext Gesamtperson nicht gerecht.
Auch die strenge Zuordnung von Bewegungsarten zu bestimmten Entwicklungsphasen ist künstlich. Es wird dabei nicht bestritten, dass die Neuromotorik, also der problemlose Ablauf der Reflexe als Grundlage aller übrigen Bewegungen dient, auch die Bedeutung der, „Psychomotorik" und der „Soziomotorik" und der damit verbundenen Vorgänge wird nicht bestritten. Ein Kind aber einfach funktional zu „bereizen", heißt, seine eigene Orientierungsmöglichkeit und -fähigkeit nicht abzurufen und nicht wahrzunehmen und somit keine echte Basis für erweiterte Handlungsprozesse zu schaffen.
Das Modell *Kiphards* bedarf der Erweiterung um den dynamisch-ganzheitlichen Aspekt. Versteht es eine im sonder- und heilpädagogischen Arbeitsfeld tätiger Pädagoge, den Ansatz *Kiphards* mit den hier aufgezeigten und begründeten Prinzipien der Förderdiagnostik, also des Basalen, des Ganzheitlichen und der Orientierung am Kind zu vernetzen, kann die an sich ursprünglich stark medizinisch orientierte Vorgehensweise durch Modifikation im Hinblick auf Integration in spielerisch-ganzheitliche Förderungsprozesse, in Alltagssituationen und Alltagshandlungen durchaus akzeptabel und fruchtbar im Sinne einer kindgemäßen motorischen Förderung sein.
Als wesentlich in diesem Zusammenhang erweisen sich:
- die Einstellung zum Kind (anthropologische und pädagogische Dimension; vgl. 5.1; 5.2),
- der Vermittlungsprozess als sozialer, kommunikativer Vorgang; die Person, die das Kind, seine Biographie und Entwicklung kennt und sein bisheriges Handeln einschätzen kann, die es fördern und ihre Beziehung zum Kind vertiefen möchte (soziale Dimension, vgl. 5.3),
- die Einbettung des Funktionalen und Intentionalen, des „Therapiewirksamen" in kindgemäße, spielerische, handlungsorientierte, anschauliche Prozesse und damit für das Kind erlebbares, bedeutungsvolles und sinnhaftes Geschehen (didaktische und therapeutische Dimension, vgl. 5.4; 5.5).

So werden die Ansätze von *Frostig* (1978), *Affolter* (1977), *Montessori* (1976), *Prekop* (1989), *Ayres* (1979, 2013), ... weniger durch das meist überwiegende funktional-intentionale Moment als vielmehr im Kontext des ganzheitlichen Aspektes und in Orientierung am Kind integrativ und pädagogisch fruchtbar.
Durch Umweltreize in wechselseitiger Abhängigkeit mit den individuellen Bedürfnissen werden dynamische Lernprozesse initiiert, die unter Einbezug bisheriger Wahrnehmungs- und Bewegungsvorgänge zu erweiterten Verhaltens- und Handlungsmöglichkeiten führen und damit insgesamt die Persönlichkeitsent-

wicklung bereichern. Kein Zweifel, die Notwendigkeit von Förderung der Bewegung – und damit unmittelbar auch der Wahrnehmung – erweist sich als basal:

1. Motorik ist ein basaler Prozess im Sinne von ursprünglich, denn Bewegung geschieht sehr früh im Mutterleib und unmittelbar nach der Geburt bewegt sich der Säugling.
2. Motorik wirkt sich auf die übrigen Prozessbereiche der Entwicklung aus und integriert sich in Handlungen in der engen Verknüpfung mit Wahrnehmung, kognitiver Entwicklung, also Denkentwicklung, Sprache (Begriffsbildung, Artikulation), Emotionalität (Ausdruck von Gefühlen über Bewegung und Beeinflussung des Bewegungsverhaltens durch die Gefühle), Sozialverhalten und Kommunikation. Motorik erweist sich damit auch als grundlegend für die Entfaltung der Persönlichkeit.
3. Motorik stellt die einzige Handlungs- und Ausdrucksmöglichkeit des Menschen dar. Auch in den Gebrauch der Sprache sind über Bewegungen der Lippen, der Zunge, des Gaumens, ... über die Muskeln ganz allgemein differenzierte, ja sensible motorische Prozesse involviert.
4. Differenzierte motorische Fähigkeiten ermöglichen gezielte und umfassende Zugangs- und Handlungsmöglichkeiten zur Welt, zu den Menschen und den Dingen. Bewegung macht die Teilhabe am Leben aus, lässt Erleben zu, durch Bewegung erlebt sich der Mensch intensiver. Bewegung hilft dem Menschen, sich in seiner Umwelt zu orientieren und sich handelnd in ihr zu erfahren. Insofern ist Bewegung immer mehr als beanspruchte Motorik, sie ist integraler Bestandteil menschlichen Lebens und Verhaltens.

Damit werden zusammenfassend drei in enger Korrelation zueinander stehende Kompetenzbereiche angesprochen:

- Ich-Kompetenz, das – kognitive – Erfahren und – affektive – Erleben der eigenen Person, insbesondere des eigenen Körpers,
- Sach-Kompetenz, die Fähigkeit der Anpassung an die dingliche Umwelt im Sinne von Akkommodation sowie das Anpassen der Umwelt an sich selbst im Sinne von Assimilation (vgl. Bundschuh 2008, 128ff.),
- Sozial-Kompetenz, die Fähigkeit, sich anderen anzupassen, aber auch das Durchsetzenkönnen eigener Bedürfnisse.

Bei allen mit pädagogischer Förderung verbundenen Maßnahmen erfolgt das Lernen kindorientiert, ganzheitlich, handlungsorientiert, entwicklungsgemäß, spielerisch und lustbetont. Hierbei kommt man dem Bewegungsbedürfnis der Kinder nach und beugt Haltungsschäden, Ermüdungserscheinungen, Konzentrationsschwierigkeiten und motorischer Unruhe vor.

9.2.2 Förderung der Wahrnehmung

Auf Fragen der Entwicklung der Wahrnehmung oder auf Probleme der Vielfalt der Bedingungen für Wahrnehmungsstörungen (vgl. Bundschuh 2008, 192ff; 2014, 302-314) kann hier nicht eingegangen werden.

Zweifellos ist von allen physischen und psychischen Fähigkeiten des Menschen die Wahrnehmung in enger Verbindung mit der Motorik die wichtigste. Im Wahrnehmungsvorgang wird der objektiv gegebene Reizgegenstand über die Filterwirkung der Sinnesrezeptoren, der Empfindungen, (z.B. Bedürfnisse, Motive, augenblickliche emotionale Gestimmtheit) und der auswählenden bewussten Zuwendung des Wahrnehmenden zum subjektiv erlebten Wahrnehmungsgegenstand oder Wahrnehmungsprozess.

Zur Wahrnehmung gehört der sensorische Prozess, d.h. die Aufnahme, Umsetzung und Weiterleitung von Reizen, häufig als „Perzeption" bezeichnet und der stärker kognitiv-verarbeitende Aspekt, d.h. das Erkennen, Benennen und Einordnen von Objekten in ein Bezugssystem, auch „Apperzeption" genannt. Es geschieht hier die Sinngebung, das Subjekt generiert und verleiht eine Bedeutung. Erkennen heißt, physikalischen Reizen eine Bedeutung, einen – immer tieferen – Sinn geben. Wahrnehmung ist stets mehr als die bloße Aufnahme, Unterscheidung und Verrechnung von Sinnesdaten. Unter Einbezug der Theorien des „symbolischen Interaktionismus" und des phänomenologischen bzw. wissenschaftstheoretischen Ansatzes meint Wahrnehmung vor allem sinnhaftes, mit Bedeutung durchsetztes Tun. An der Dominanz der Bedeutungs- und Sinnaspekte in der Wahrnehmung besteht kein Zweifel.

Zusammengefasst ist Wahrnehmung ein Prozess, durch den sich ein Mensch in Form von Informationsübertragung über die Sinnesorgane an das Gehirn (die) Welt aneignet. Das den Menschen umgebende Informationsmaterial wird so verarbeitet, dass für das Individuum Bedeutung entsteht. Wahrnehmung beinhaltet auditive, vestibuläre, propriozeptive, taktile und visuelle Systeme, die prozesshaft und integriert miteinander verknüpft sind.

Als Beispiel für einen basalen und gleichzeitig komplexen Wahrnehmungsprozess greife ich die taktile Wahrnehmung und in diesem Kontext auch die taktile Wahrnehmungsförderung im Hinblick auf Förderdiagnostik heraus. Zweifellos stellt die taktile Wahrnehmung einen basalen Prozess dar, der in sehr viele Konzepte der Wahrnehmungsförderung Eingang gefunden hat. Förderung im Erziehungsfeld setzt vor allem Wissen über Entwicklung und die Komplexität der Prozesse voraus.

Je mehr Sinneseindrücke ein Mensch erfährt und je vielfältiger sie sind, desto intensiver und erfüllter kann das Leben werden, wobei sich allerdings Reizüberflutung und Interferenzen im Sinne von sich überlagernden gegenseitig störenden Reizen eher negativ auswirken. Der Tastsinn gehörte sowohl in der wissenschaftlichen Literatur als auch im Bereich der Förderungspraxis lange Zeit zu den eher unterforderten, unterbeanspruchten oder verkümmerten Sinnen. Er wird sowohl im theoretischen Bereich als auch im praktischen Leben (Erziehung, Therapien, Frühbereich, zwischenmenschliche Beziehungen) seit einigen Jahren neu entdeckt. Der Tastsinn und die damit zusammenhängenden sensiblen Prozesse der Empfindung sind etwas gänzlich Ursprüngliches und damit Basales.

Wir haben alle vor der Geburt eine Phase durchlaufen, in der Tastempfindungen die vorherrschenden Sinneseindrücke waren. Im Mutterleib waren wir allseits von Flüssigkeit umgeben, die uns in jeder erdenklichen Weise Tastempfindungen vermittelte. Sie war unsere erste Sinnesumgebung, sie war zugleich die am wenigsten fordernde und am meisten befriedigende, denn sie gab uns Wärme, Nahrung, Schutz und Bewegungsmöglichkeit, wobei der Tastsinn die dominierende Sinnestätigkeit war.

Was liegt näher, als gerade diesen Wahrnehmungs- und Sinnesbereich im Hinblick auf Kinder schulischen Schwierigkeiten, mit Behinderungen, mit Schwierigkeiten, die Welt zu erfahren, diese Welt sich durch die Vermittlung der Sinnesorgane einzuverleiben, zu thematisieren und zu hinterfragen. Ganzheitlich gesehen spricht vieles dafür, dass tatsächlich alle fünf Sinne auf einen zurückgeführt werden – den Tastsinn.

Das sensorische Hautsystem ist das früheste und sensitivste Organ, erstes Medium des Austausches und wirksamer lebenslanger Schutz, bedeckt es doch den Körper vollständig. Der direkt mit der Haut kombinierte Tastsinn bildet sich im Embryo vor allen anderen Sinnen. „In der medizinischen Anthropologie gilt eine Funktion dann als besonders wichtig, wenn sie sehr früh auftritt und ihre Wirkung erst mit dem Eintreten des Todes endet. Die Haut ist das Organ der Grenzen. „Hier hört der Organismus des Individuums auf, hier beginnt die angrenzende An- und Umwelt. An der Haut hat das eine wie das andere seine Grenze. So ist die Haut, da sie eine Grenzfunktion erfüllt, das Innen- und Außenwelt verbindende Organ. Hier geht eines in das andere über, tauscht sich eins mit dem anderen aus, wirkt eines auf das andere ein. Die Haut ist eine aktive Membran. Sie lebt in und durch Kommunikation“ (Kükelhaus 1975, 75). Mit dieser Aussage wird in aller Klarheit deutlich, dass taktile Wahrnehmung immer mehr als nur ein spezifischer, abgegrenzter Vorgang ist, es handelt sich dabei um einen komplexen Prozess.

Der kommunikative Aspekt der Wahrnehmung spielt vor allem in der frühen Phase unseres Lebens eine zentrale Rolle. Viele kommunikative Handlungen laufen zu dieser Zeit über taktile Prozesse ab – z.B. über die Haut der Mutter – und bilden so auch die Basis für späteres soziales und interaktionales Verhalten in vielen Formen.

Obwohl die Haut das Hauptaufnahmeorgan der Tastempfindungen ist, muss man noch andere Bereiche des Tastsinns hervorheben wie die Mundhöhle und Zunge. Die Zähne sind ebenfalls durch Druck – und in gewissem Umfang durch

den Temperatursinn für den Tastsinn von Bedeutung. Der wichtigste Sinnesträger des Tastorgans ist die Hand, die das charakteristische Merkmal des Menschen darstellt, als das wichtigste Organ zur Erfassung der Umwelt. Entwicklungsgeschichtlich gesehen steht die Hand in enger Verbindung zu Funktionen und Prozessen des Gehirns und zur Sprache. Dies drückt sich sprachlich dadurch aus, dass in dem Wort „Begriff" dieses „Greifen" mit der Hand aufgehoben ist. Sprache und motorisches Zentrum liegen im Gehirn benachbart, regen sich einander an. Die Hand ist im Verständnis *Kants* das äußere Gehirn des Menschen, das wichtigste Instrument der menschlichen Arbeit. Die Entwicklung der Hand mit ihren ständigen Berührungsempfindungen übt einen großen Einfluss auf das geistige Wachstum aus, während umgekehrt Hemmungen und Schädigungen der Bewegungsfähigkeit der Hand auch die geistige Tätigkeit und sogar das psychische Wohlbefinden negativ beeinflussen können.
Taktile Sinne gliedern sich in Berührungs-, Schmerz- und Temperatursinn; sie sind für den Aufbau von Körper- und Ich-Bewusstsein wesentlich. Kinästhetisch nennt man im Allgemeinen die Wahrnehmung der Raum-, Zeit- und Spannungsverhältnisse und der Eigenbewegungen über Propriozeptoren, die bei immer weiterer Feinabstimmung vor allem einen wichtigen Faktor der motorischen Lernfähigkeit darstellen. Kinästhesie ist durch Förderung und sinnvolle Übung beeinflussbar und trägt damit zur Verbesserung der Bewegungsvorstellung und des Bewegungsgedächtnisses bei, unterstützt von visuellen Informationen. Allgemein ausgedrückt gilt Kinästhesie als Registrierung von Bewegungen. Das haptische System als Teilbereich beinhaltet die Fähigkeit des Individuums, mit seinem Körper die Umwelt, die an seinen Körper angrenzt, wahrzunehmen. Haptisch heißt, zum Erfassen fähig sein.
Von den vorliegenden Förderansätzen zur taktilen Wahrnehmung werden einige exemplarisch aufgegriffen, um Möglichkeiten und Probleme im Rahmen förderdiagnostischer Prozesse zu beleuchten.
Die Arbeit mit dem Sinnesmaterial bei *Maria Montessori* basiert auf einigen Grundgedanken der heilpädagogischen Übungsbehandlung *Fr*öbels. Sie bezieht sich auf die Entwicklung und Förderung von Grundfunktionen in den Bereichen der Sprache, der Psychomotorik, der Perzeption mit dem Ziel der „Be-Fähigung". Die Konzentration als wesentliches Anliegen der Erziehung bei *Montessori* wird durch die Einengung des Blickfeldes auf einen bestimmten Blickpunkt (isolierter Sinnesreiz) sowie durch Handbetätigung und häufigere Wiederholung der betreffenden Übung, Beschäftigung oder Handlung erreicht. In der „vorbereiteten Umgebung" (ausreichender Bewegungsspielraum, den Maßen und Kräften der Kinder entsprechende Gegenstände, Ordnen als Voraussetzung), die die Kinder durch die Schönheit der Farben und Formen von Gegenständen zu Aktivitäten anleiten soll, ist zugleich noch das Element der Natürlichkeit enthalten. Hier liegt im Rahmen der Arbeit mit dem Montessorimaterial die vielleicht eigenartige

Spannung zwischen Konzentration bzw. Einengung der Wahrnehmung auf den „Gegenstand“ und seine Eigenschaften einerseits und Öffnung für diese „vorbereitete Umgebung“.
Obwohl sich der Tastsinn über die ganze Epidermis verteilt, beschränken sich die Einführungsübungen für Kinder auf die Fingerspitzen der rechten Hand. Damit bereiten sie auf den Alltag und das Leben in der Umwelt vor (vgl. Montessori 1971, 128; 2018). Im Hinblick auf die Erziehung bereiten diese taktilen Übungen auch das Schreiben vor. Nach dem Waschen und Abtrocknen (Massagewirkung) folgt die Belehrung des Kindes über die Berührung einer Oberfläche, das Betasten.

> „Dazu muss man die Finger des Kindes anfassen und ganz leicht auf der Fläche gleiten lassen. Eine weitere technische Einzelheit besteht darin, das Kind zu lehren, die Augen bei der Berührung geschlossen zu halten, wobei man ihm durch die Erklärung, es würde besser fühlen und, ohne hinzuschauen, den Wechsel der Tastempfindung erkennen, einen Anreiz gibt“ (ebd.,129).

Die Problematik im Rahmen der Förderung nach *Montessori* liegt in der Frage der basalen Förderungsmöglichkeit im Rahmen der vorbereiteten Umgebung, die so gestaltet und geschaffen sein sollte, dass sie die aufeinanderfolgenden Neigungen des Heranwachsenden, seinem jeweiligen Entwicklungsstand gemäß ansprechen und herausfordern sowie einen weiteren Lernprozess bewirken (Montessori 1976, 135-144). Der Lehrer gilt als Pfleger des Materials, Beobachter und Berater des Kindes.
Vielleicht werden hierbei doch die Alltagserfahrungen von Kindern noch zu wenig berücksichtigt und einbezogen. Im Hinblick auf Kinder mit Behinderungen wird von der Lehrerin oder vom Lehrer wohl ein höheres Maß an Flexibilität und auch didaktischer Aktivität gefordert als von *Montessori* ursprünglich intendiert. Im Zusammenhang mit Kindern mit schwerer Behinderung „müßte eine Neubestimmung des didaktischen Ansatzes erfolgen“ (Biewer 1997, 171). Es müsste im Rahmen der Pädagogik *Maria Montessoris* Lernen unter derart erschwerten Bedingungen thematisiert werden. Vor allem werden „wichtige soziale Erfahrungsfelder“ in diesen Klassen mit Kindern mit schwerer Behinderung auf der bisherigen Arbeitsbasis verhindert (ebd.).
Bei der Festhalte-Therapie (Prekop 1989) erhält das Kind mittels Handführung und Berührung Informationen zur Verwirklichung von Manipulationen und zum Erwerb von Tätigkeitsschemata. *Prekop* setzt das Festhalten bei chronischen Defiziten der Bindung und der Geborgenheit, bei frühkindlichem Autismus, Anpassungsproblemen, zwanghaften Abhängigkeiten und Süchten, Ängsten aller Art, Depressionen, psychosomatischen Krankheiten wie Neurodemitis u.a. ein (ebd., 107). Wesentlich hierbei ist die sehr dichte Umarmung, in der das Kind weder über seine Körperlage noch über seine Bewegungen entscheiden darf.

An dieser Methode wird auch massive Kritik geübt, z.B. „Halte-'Therapie' ist Folter" (Jantzen/von Salzen 1986, 152). *Rohmann* und *Elbing* stellen fest, dass es für diese Therapie keine theoretische Begründung gibt (1990, 61). Auch wenn *Prekop* meint, die Kinder seien trotz der „scheinbaren Unterdrückung" fröhlich, lebenslustiger, freier, offener, neugieriger und erkundungsfreudiger als vor der Therapie (1989, 198), muss man dieses Vorgehen als künstlichen Eingriff in das Leben, Erleben (vgl. Bundschuh 2008, 77-82) und Verhalten (ebd. 66-77) bezeichnen. Diese Methode ist sicherlich weit von dem entfernt, was hier unter „basal", „kindorientiert" oder „kindgemäß" verstanden wird (vgl. 9.1; 9.2).

Auch wenn die modifizierte Festhaltetherapie einige Problemstellen neutralisiert, kann sie unter pädagogisch-verstehendem Aspekt betrachtet, nicht akzeptiert werden. Bei der modifizierten Festhaltetherapie sitzt das Kind auf dem Schoß der Mutter, beide umarmen sich, so dass Blickkontakt möglich ist. Physische Widerstände und/oder sprachliche Missfallensäußerungen werden allerdings ignoriert. Die Dauer beträgt hierbei anfangs 30 bis 60 Minuten und wird dann kürzer. Der Therapeut unterstützt die tägliche Durchführung mittels einer Supervision. Zur Verstärkung und/oder als Mittel der Kommunikationsförderung wird gezielt Trost eingesetzt. Bei den sensorisch-integrativen Modellen geht es mehr um gerichtete Angebote, die Aufnahme und Verarbeitung bestimmter Reize fördern.

Es wird davon ausgegangen, dass das Kind „aktiv Erfahrungen machen kann, die die Verarbeitungsprozesse im Gehirn anregen" (Doering 1990, 17). Das Ziel stellt das Schaffen von Grundlagen und den Aufbau hirnstammkontrollierter Prozesse im Gehirn dar. Reize werden langsam von schwachen zu immer intensivieren hin und über die „Brücke" eines anderen, nicht überempfindlichen Wahrnehmungsbereiches aufgebaut. Bei den Integrationsschritten ist zu beachten, dass die Übungsreihe nicht einfach „durchgezogen" werden soll, vielmehr kann das Kind bisher nicht gezeigtes Verhalten ausprobieren und erleben.

Auf der Basis sensorisch integrativen Vorgehens stellt **das Konzept von *Jean Ayres*** (1979), eine stärker neurophysiologisch orientierte Methode als der Ansatz *Affolters* (1977) dar. Da der Hirnstamm die übergeordnete Instanz für die Integration sensorischen Inputs ist, betont diese Therapie stark die Motorik. Der sensorische Input lässt sich über motorische Aktivitäten organisieren.

> „Die Therapie ist dann am wirksamsten, wenn das Kind seine Handlungen selbst bestimmt, während die Therapeutin unaufdringlich die Umgebung des Kindes lenkt. Am intensivsten kommt eine Integration von Sinneseindrücken zustande, wenn das Kind von sich aus einen bestimmten Reiz wünscht und eine Tätigkeit einleitet, durch die es die gewünschten Empfindungen erhalten kann" (Ayres 2002, 242).

An den aufgezeigten Ansätzen wird deutlich, dass es eigentlich die separate, auf einen ganz bestimmten Bereich bezogene taktile Wahrnehmungsförderung nicht gibt. Stets spielen motorische, soziale, emotionale und motivationale Prozesse eine Rolle.

Für Wahrnehmungsförderung allgemein und speziell im Hinblick auf Förderung taktiler Wahrnehmung gilt das Prinzip des Basalen, d.h. beim Kind dort anzusetzen, wo mögliche Schwierigkeiten in seiner Wahrnehmungstätigkeit beginnen, also genau an der Schnittstelle zwischen dem Können und ersten Schwierigkeiten bzw. Problemen. Als wichtig im Hinblick auf basale Prozesse erweist sich die Frage, ob z.B. noch Schwierigkeiten im Aufbau des eigenen Körperschemas vorliegen oder im taktil-kinästhetischen Bereich.

Von einer umfassenden Wahrnehmungsförderung wird gesprochen, wenn Lehrer oder Lehrerinnen, Erzieher oder Erzieherinnen in Interaktionen mit dem Kind versuchen, die für die kindliche Wahrnehmungstätigkeit relevanten Aspekte zu berücksichtigen. Hierzu gehören vor allem die emotional-soziale Situation des Kindes, die Motivation, die bisherigen Erfahrungen und der sozio-kulturelle Hintergrund sowie die sprachliche Kompetenz und natürlich Kommunikation im weiten Sinne. Eine Voraussetzung dafür, dass Wahrnehmungsgegebenheiten in den Apperzeptionsbereich, also in die Bedeutungs- und Sinnprozesse Eingang finden, besteht sicherlich darin, das Kind in einer ganzheitlich-handelnd-betroffenen Weise mit den Wahrnehmungsgegebenheiten umgehen zu lassen, d.h. das Kind in seinen Orientierungsprozessen aktiv werden zu lassen Dies bedeutet, dass Wahrnehmungsförderung nicht getrennt von sonstigen pädagogischen und didaktischen Angeboten und Prozessen stattfindet, sondern integraler Bestandteil pädagogisch-didaktischen Geschehens ist. Wenn hier als Ausgangsbasis der Wahrnehmungsförderung die ganzheitliche sozial-emotional-motivationale Situation des Kindes angesprochen wird, darf dies nicht darüber hinwegtäuschen, dass das Ziel der Wahrnehmungsförderung in immer besserer und genauerer Differenzierung, Strukturierung sowie Integrierung der wahrgenommenen Objekte in ihrem Bezug zur Gesamtsituation zu sehen ist. Differenzierte Wahrnehmung stellt die Voraussetzung für den sicheren Umgang mit den Dingen der Alltagswelt, für den Schriftspracherwerb, für das Lesen und die Begegnung mit der Welt der Zahlen (Mathematik) dar.

In der Praxis bedürfen diese Aussagen über Wahrnehmungsförderung der weiteren Konkretisierung je nach Ressourcen, individueller Kompetenz und Ausgangslage des Kindes. Mehrfach wurde die Notwendigkeit der Diagnose und Analyse behindernder Bedingungen im Umfeld thematisiert (vgl. 5.3.1), um den Blick auf die ökologischen Momente, also auf die Beziehung zur Umwelt zu richten, die Entwicklungsprozesse entscheidend beeinflussen. Die Wahrnehmungstheorie *Gibsons* regt an, eigentlich bekannte Qualitäten der Wahrnehmungsförderung neu zu thematisieren und sie um eine ökologische Dimension zu erweitern. Die Kernfrage der Wahrnehmung stellen dabei nicht die Sinnesempfindungen wie Hören, Sehen oder Riechen dar, sondern die Wahrnehmungsbereiche die zur Orientierung über die Umwelt existieren. Diese werden eingesetzt zum Horchen, Betasten, Beriechen, zum Kosten und zum Ausschauhalten. Während sich die Propriozeptoren auf die Wahrnehmung des eigenen Körpers beziehen, intendiert Wahrnehmung zunächst die äußere Umwelt. Wahrnehmungsförderung in der heilpädagogischen und lerntherapeutischen Praxis wird sinn- und bedeutungshaltig, wenn wir in den Räumen, Objekten, Ereignissen und Personen um uns Handlungsmöglichkeiten entdecken, z.B. Gegenstände wahrnehmen heißt nicht nur, ihre Größe, Farbe, Form, Konsistenz, Lage usw. zu registrieren, sondern in erster Linie zu erkennen, was wir mit ihnen tun, wie wir mit ihnen handeln können, wozu sie uns nutzen oder auch warum sie uns schaden können.

Wahrnehmungs- und Handlungsfähigkeit bedeutet eben nicht nur das Erkennen von Beschaffenheit und Eigenschaften der uns umgebenden Objekte, sondern intendiert auch den Aspekt des Nutzens und der Bedeutsamkeit eines Gegenstandes für den Menschen. Künstlich eingebrachtes Fördermaterial und isoliertes Sinnestraining fördern deshalb nicht die „tätige Auseinandersetzung der Person mit den Angeboten und Widerständen der umgebenden Welt" (ebd.). Isoliert und funktional dargebotenes Material verhindert geradezu ein Ansprechen der Person in ihrer Leiblichkeit. „Wahrnehmung ist, sofern sie wahr ist, die Berührung unserer eigenen Wirklichkeit mit der Wirklichkeit der wahrgenommenen Dinge. Die eigene Leiblichkeit läßt die Dinglichkeit der Dinge zum Vorschein kommen" (Uslar 1973, 392). Es ergibt sich die Frage, ob die Funktionsorientiertheit mancher Förderungsansätze durch die Art der Vermittlung durch Therapeuten oder Therapeutinnen, Lehrer oder Lehrerinnen neutralisiert werden kann, d.h., es kommt nicht auf das Funktionieren, sondern auf das ganzheitlich-integrative Handeln an. Gerade auch **in der Natur werden Wahrnehmung und aktives Handeln der Kinder gefördert**, da hier in natürlicher Weise visuelle, akustische, propriozeptive und vestibuläre Sinne ganzheitlich und differenziert zugleich angeregt werden und im Zusammenhang mit zwingenden Gegebenheiten wie z.B. Regen (Wasser), Luft (Wind), Sonne (Wärme), Eis und Schnee bzw. Frost (Kälte) für Assimilations- und Akkommodationsprozesse im Sinne *Piagets* sorgen (vgl. Bundschuh 2008, 128ff.).

Wahrnehmungsförderung wie bei *Frostig,* die Sinnesschulung, wie sie *Montessori* aufzeigt und andere Ansätze bieten sich in natürlicher Weise in jeder Familie mit hinreichend großem Wohnraum und einer natürlichen Umgebung (Kinder- und Wohnzimmer, Küche, Garten, Spielplatz, freie Natur) an. Die soziale Auseinandersetzung mit Mutter, Vater und Geschwistern ist schlechthin die ursprüngliche basale Beziehung, die in alle übrigen sozialen Prozesse des späteren Lebens hineinwirkt. Im Bereich der Familie ergeben sich unzählige taktile Prozesse, die zusammen mit den vestibulär-, taktil- und kinästetischen Reizen und Handlungsvorgängen ein basales Bezugssystem bilden als Grundlage für alle anderen Wahrnehmungssysteme.

Im handelnden Umgang mit Spielsachen und Gegenständen in der Wohnung, insbesondere in der Küche, auf dem Spielplatz und in der freien Natur erfährt das Kind die wichtigen Eigenschaften wie rund, eckig, glatt, rau, warm, kalt nicht nur als solche, sondern in der Bedeutung, in der „Provokation" für sein eigenes Handeln und sein Leben. Wohnung, Spielplatz, Kinder, Natur sind Orte der Begegnung mit der Welt.

Kinder, die auf dem Lande aufwachsen, erfahren vieles in der direkten Begegnung und Berührung mit der Natur (Farben des Frühlings und des Herbstes, der Jahreszeiten überhaupt, im Umgang mit Tieren (weich, rau, glatt) besser und basaler als bei *Montessori,* denn auch die Natur stellt eine vorbereitete Umgebung dar. Möglicherweise ist die häufig zu hörende Forderung nach intensiver Förderung eine Antwort auf die sich verschlechternden ökologischen Verhältnisse, auf die ungünstigen Lebensbedingungen von Kindern, die in Großstädten aufwachsen, welche auf mehr oder weniger funktionale Weise kompensiert werden sollen.

Das Erleben basaler Prozesse ist für Kinder, Jugendliche und Erwachsene wie ein Prozess, der Kraft gibt und auch Energie spendet. Die Förderung durch die natürliche, sinngebende, sinn-stiftende und auch Werte vermittelnde Umgebung und die Förderung in dieser Umgebung erfolgt nach den Grundformen von Entwicklungsprozessen überhaupt wie zunächst ganzheitliche Begegnung, Orientierung, Differenzierung, Integrierung, Strukturierung und Herausbildung sicherer Verhaltensformen (vgl. ebd. 113-120). Erfahrungen basaler Art sind dringend notwendig und beeinflussen das weitere Lernen nachhaltig positiv sowie auch die Einstellung gegenüber Menschen und Natur, allgemein die Neugierde gegenüber neuen Objekten. Auch im zwischenmenschlichen Bereich finden wir diese Entwicklungsprozesse – ganzheitliche Begegnung, Differenzierung, Integrierung und Strukturierung – z.B. zunächst bei der Begegnung mit einem Menschen, im Rahmen einer Beziehung und in besonderer Weise in der Liebe.

Es wäre interessant, die vielfältigen Verfahren zur Förderung der Wahrnehmung und Motorik einzeln im Hinblick auf anthropologische, pädagogische, soziale, didaktische und therapeutische Aspekte kritisch zu hinterfragen. Dies würde jedoch den Rahmen dieser Publikation sprengen. Alle Förderansätze intendieren zweifellos eine Verbesserung der Situation des Kindes, wollen in basaler Form Kinder mit Entwicklungsverzögerungen und Behinderungen fördern. Indem sie die Förderung über das taktile System, speziell die Haut und über die Bewegung/ Motorik anstreben, versuchen sie in der Tat etwas Basales.

Als entscheidend erweist sich bei diesen basalen Prozessen das positive emotionale – im Zusammenhang mit nahestehenden Personen soziale – Empfinden.

10 Förderdiagnostische Begutachtung bei Menschen mit Förderbedarf geistige Entwicklung – dargestellt an einem Beispiel qualitativer Diagnostik

Bei der pädagogischen Gutachtenerstellung ergeben sich für den förderungsorientiert ausgerichteten Gutachter insbesondere zwei zu beachtende Aspekte: Zum einen geht an ihn die Forderung, „das Gute zu achten". Damit ist gemeint, dass einerseits dem Vergangenen und dem Gegenwärtigen, den persönlichen Werten und Fähigkeiten des Kindes Achtung und Respekt geschenkt wird. Zum anderen soll unter dem Aspekt der Zukunft aufgezeigt werden, was „das Gute" für den weiteren Weg sein könnte; d.h. Entwicklungsziele müssen reflektiert werden, die Möglichkeiten der individuellen Förderung und die hierzu geeigneten Fördermaßnahmen. Für die Betreuer des Kindes kann ein solches Gutachten den Wert haben, dass es zum Verstehen des So-Seins beiträgt und eine Möglichkeit der Erweiterung des Bildes von diesem Kind gibt, wobei der Anspruch auf Vollständigkeit oder gar Endgültigkeit weder sinnvoll noch pädagogisch wünschenswert ist.

10.1 Situation, Beobachtungsanlass, Bedingungen

Udo besucht zurzeit die Grundschulstufe einer Schule mit dem Förderschwerpunkt geistige Entwicklung. Der Anlass für die Überlegungen in diesem Gutachten war der Wunsch der Betreuer des Schülers, ihn in seiner gesamten Entwicklung zu fordern, ohne ihn zu über- oder unterfordern.
Somit ist auch die Frage nach dem momentanen Entwicklungszustand des Jungen im kognitiven, motorischen, sozialen, emotionalen und sprachlichen Bereich sowie nach den Möglichkeiten und Zielen der Förderung gestellt.
Die Daten und Informationen für dieses Gutachten wurden zusammen mit drei Studentinnen der Sonderpädagogik erhoben. Wir führten zunächst Gespräche mit der Lehrerin und studierten die leider im Hinblick auf den Lebenslauf sehr lückenhafte Schülerakte, um immerhin einige Informationen über Udos Biographie zu erhalten.
Wir waren eher „passiv" teilnehmende Beobachter in der natürlichen Umgebung (Schulklasse, Heimgruppe, Sportfest, Außenanlagen der Schule) und „aktiv" teilnehmende Beobachter in Situationen, in denen wir dem Jungen Materialien meist in Form von Spielen, im Zusammenhang mit Handlungen allgemein anboten mit dem Ziel, seine Möglichkeiten in verschiedenen Entwicklungsbereichen zu

erkunden und zu analysieren, die aber immer ganzheitlich in ihrer Prozesshaftigkeit gesehen wurden. Diese Beobachtungen sollten uns für Udos Bedürfnisse sensibilisieren.

10.2 Bisherige Entwicklung

Udo besuchte zunächst die Schulvorbereitende Einrichtung an einer Schule mit dem Förderschwerpunkt geistige Entwicklung und lebte seit dieser Zeit auch in einem der Schule angegliederten Heim. Nachdem er im Jahr zuvor vom Schulbesuch zurückgestellt worden war, wurde er mit 8;7 Jahren in die genannte Schule aufgenommen und zwar in eine Klasse für „Kinder mit autistischen Zügen", die er gegenwärtig noch besucht. Ein Sonderschulgutachten, das sich auf eingehende Beobachtungen des Schülers stützte, charakterisierte Udo zu diesem Zeitpunkt, als – bedingt durch eine frühkindliche Hirnschädigung – nicht altersgemäß entwickelt. Ferner wurden stark autistische Züge festgestellt. Mangelnde Bereitschaft, schwache Konzentrationsfähigkeit, geringe Fähigkeit zu gezieltem und selbstständigem Tun kennzeichnen diesem Gutachten zufolge das Arbeitsverhalten des Jungen. Seine Motorik wurde als geschickt und sicher bezeichnet, was auf sein Selbstbewusstsein einen positiven Einfluss ausübe. Allerdings könne er drohende Gefahren nicht realistisch einschätzen. Soziale Kontakte zu anderen Kindern nehme Udo nicht auf, er meide auch jeglichen Blickkontakt. Udo richte, laut Gutachten, keine verbalen Äußerungen an Mitschüler, Heimgruppenmitglieder oder andere Personen. Die Fähigkeit, sprachliche Äußerungen echolalisch zu wiederholen, soll er zum Zeitpunkt der Sauberkeitserziehung wieder verloren haben. Sprachliche Äußerungen von Bezugspersonen versteht er diesem Gutachten zufolge relativ gut. Als auffällig an Udos Verhalten werden stereotype Verhaltensweisen bezeichnet, die er in bestimmten Situationen zeigt. Das Gehör und das Sehvermögen des 6-jährigen Jungen sind einem amtsärztlichen Gutachten zufolge ausreichend entwickelt. Aus diesem amtsärztlichen Gutachten geht hervor, dass die häuslichen Verhältnisse, aus denen Udo stammt, sehr ungünstig seien. Beide Elternteile seien Alkoholiker. Der Vater sei inzwischen verstorben.

Udo habe noch mehrere Geschwister, die ebenfalls von der Mutter getrennt in verschiedenen Heimen leben. Die Geschwister sind laut ärztlichem Gutachten ebenfalls „geistig behindert". Die Mutter sucht seit Jahren keinen Kontakt mehr zu Udo.

10.3 Beschreibung der Planungsphase

Um nicht von Verhaltensweisen, Fähigkeiten und Fertigkeiten, die Udo in „künstlichen" Ausnahmesituationen zum Ausdruck bringt, allgemein folgernd auf sein Gesamtverhalten und seine Möglichkeiten zu schließen, sollten den Beobachtungen in der Klasse, also während des Unterrichts, im Bereich der Heimgruppe, in der Udo wohnt, und beim gemeinsamen Erleben des Sportfestes der Schule eine besondere Bedeutung zukommen. Durch die Beobachtungen in der Klasse und Heimgruppe sollten Eindrücke im Hinblick auf die Frage gesammelt werden, wie der Schüler sich im Miteinander von Menschen verhält, wie er sich im alltäglichen Beziehungsfeld (mit Klassenkameraden, Betreuern und Lehrerin) zurechtfindet. Einige Überlegungen, die in das methodische Vorgehen eingingen, waren für die Begegnungen mit Udo von Bedeutung: Kommunikation und Beobachtung sollten – soweit irgendwie realisierbar – ohne begriffliche Einengung stattfinden. Wir waren uns der Problematik bewusst, die sich ergibt, wenn ein Kind sich drei oder gar vier Interaktionspartnern gegenübersieht. Aus dieser Situation könnten möglicherweise Verunsicherungen von beiden Seiten aus eine Rolle spielen und so das komplexe Handlungsfeld beeinflussen. Wir wollten es zunächst der Zuwendung des Jungen überlassen, wer primär als Ansprechpartner gelten sollte. Um die Lösung dieser Schwierigkeit vorwegzunehmen: Es zeigte sich schon nach kurzer Zeit des Zusammenseins, dass Udo durch diese „Ausnahmesituation" nicht registrierbar verunsichert war, dass er offensichtlich Freude und Bestätigung in diesen Phasen erlebte, in denen er sich angesprochen fühlte. Er wandte sich auch stets abwechselnd einem anderen zu, so dass eine Unterscheidung zwischen distanziert Beobachtendem und teilnehmend Beobachtendem von außen her nicht möglich war. Wir hatten ferner die Absicht, in der Zeit gemeinsamer Aktivitäten Möglichkeiten für Spontaneität, Ideen, schöpferisches Tätigsein (Kreativität) und für die Wahrnehmung von Bedürfnissen zu schaffen. Unser Konzept sollte von den Prinzipien der Offenheit, Flexibilität, Sinnhaftigkeit und Freude am Handeln getragen sein.

Aufgrund der anfänglichen Beobachtungen sowie eines ersten Informationsgespräches mit der Lehrerin, schien es sinnvoll, ihn beim ersten Zusammensein für Angebote im Bereich seiner grob- und feinmotorischen Möglichkeiten zu sensibilisieren. Wir hofften, auf diesem Weg einen Zugang zu seinem Verhalten zu finden.

Funktional ausgedrückt wollten wir im Zusammenhang mit den ersten gemeinsamen Situationen in der Gruppe das Augenmerk auf die Koordination des gesamten Körpers, auf die Koordination von Auge und Hand bzw. Fuß, auf die Zielgerichtetheit der Bewegung und auf die Bedeutung des Sich-Bewegens für das Kind in seiner Ganzheit richten. Es sollte also beobachtet werden, in welcher Weise sich Udo im Raum, im Freien bewegt, welche verschiedenen Schrittmöglichkeiten er kennt und anwendet (Gehen, Laufen, Hüpfen, Kriechen, Zehenspitzengang, ...), welche Formen des Sitzens und Liegens er bevorzugt, wie und wo er steigt, klettert, sich an etwas hängt, sich dreht, auf der Wiese rollt, welche Bedeutung Greifen, Betasten und andere motorische Fertigkeiten für ihn haben.

Da während der gesamten Beobachtungs- und Interaktionsphasen Motivation und Freude vorherrschen sollten, war eine gelöste und gelockerte Atmosphäre wichtig. In diesem Zusammenhang boten sich zunächst zwei Materialmöglichkeiten an, von denen aufgrund eines Gespräches mit der Erzieherin in der Heimgruppe bekannt war, dass Udo dafür Interesse zeigte: Musikinstrumente und Wasser mit verschiedenen Gefäßen. Drei Musikinstrumente sollten ausgewählt und Udo der Reihe nach angeboten werden: die Handtrommel, die Triangel und der Schellenring. Aufgrund seiner Reaktionen konnte man vielleicht seine Geschicklichkeit im feinmotorischen Bereich beobachten und Erfahrungen über seine Interaktions- und Kommunikationsfähigkeit beim gemeinsamen Musizieren im Sinne von „antworten" auf ein anderes Instrument sammeln. Ein Klang-Suchspiel mit verbundenen Augen sollte sich anschließen.

Während das Spiel mit den Rhythmikinstrumenten einen Einblick in Udos Bezüge zu Objekten, zur „Welt" auf der Basis akustischer und taktiler Wahrnehmungsprozesse geben sollte, wollten wir mittels Farbe, Malen und eines Spiels mit Farbkarten die visuelle Wahrnehmung sowie das Gedächtnis für Farben beobachten. Spiele im Freien mit Seifenblasen und Luftballons sollten weitere derartige Situationen schaffen.

Da wir wussten, dass Udo gerne Tierlaute nachahmte, wollten wir Näheres über Udos Verhältnis zur „Sprache" in Erfahrung bringen. Dies sollte zunächst mit Hilfe bemalter Tierdarstellungen (Hund, Kuh, Hahn, Henne, Schaf, Katze, Taube, Ente, Schnecke, Igel, Schmetterling, Elefant, Frosch, Hase) geschehen. Teils ging es also um Tiere, deren Laute Udo bekannt waren, teils um „stumme" Tiere, die eigentlich nur anhand ihres Namens benannt werden konnten. Dieses Tierspiel sollte in verschiedenen Varianten angeboten werden. So konnte man z.B. bei verdeckten Bildern und Vorgabe von Tiergeräuschen, später auch Tiernamen und einzelne Tierbilder heraussuchen.

Im Anschluss an diese sich auf Wort-, generell auf Sprachverständnis beziehenden Angebote sahen wir die Nachahmung und Benennung der Tiere sowie deren Tätigkeiten vor (z.B. fliegen, schwimmen, hüpfen). Als Ergänzung der Phase, in der es besonders um die Beobachtung von Lauten, Worten und Sprechen ging, sollten noch einige Bildkärtchen angeboten werden, auf denen leblose Gegenstände aus Udos Erfahrungsbereich abgebildet waren. Auch hierdurch hofften wir zu erfahren, in welchem Maße Udo Begriffe mit den dazugehörigen Abbildungen kombinieren, assoziieren, also das Gehörte mit dem Gesehenen in Verbindung bringen konnte.

Diese hier kurz skizzierten Überlegungen sollten in verschiedenen Phasen der gemeinsamen Kommunikation und Interaktion zum Tragen kommen. Es soll noch einmal betont werden, dass das aufgezeigte „Planungskonzept" keine Festlegung bedeutet, vielmehr als ein offener Rahmen, der Möglichkeiten gemeinsamen Tuns initiieren sollte, zu verstehen ist. Umstellungen, Auslassungen, Ergänzungen und Variationen der Angebote waren selbstverständlich möglich. Den eigentlichen Rahmen für gemeinsame Aktivitäten sollten – wie bereits angeführt – die Prinzipien Offenheit, schöpferische Spontaneität und Freude am Handeln bilden.

10.4 Beobachtungen und Förderungsansätze

10.4.1 Wahrnehmung

Nachdem Udos Wahrnehmungsart in hohem Maße vom emotionalen Eindruck des jeweiligen „Wahrnehmungsgegenstandes" abzuhängen schien, dürfte die folgende Einteilung in Wahrnehmung von Personen und Wahrnehmung von Gegenständen und Geräuschen sinnvoller sein als ein Zuordnen des Handelns in isolierte Funktionsbereiche, wie visuelle, akustische, kinästhetische und taktile Wahrnehmung.

a) Beobachtungen

Wie Udo zu einer ihm unbekannten Person Kontakt aufnahm, ihr begegnete, sie wahrnahm, ließ sich nur sehr vage vermuten, weil er dabei nicht sprach und somit ein wesentliches Mittel der Kommunikationsanbahnung nicht transparent wurde. Die folgenden Ausführungen beziehen sich auf Gespräche mit Bezugspersonen und auf die eigenen Erfahrungen beim gegenseitigen Kennenlernen.
Typisch für seine Art, einen anderen Menschen wahrzunehmen, schien es zu sein, dass er bei „Fremden" an den Händen oder in der Ellenbeuge roch, manchmal auch vorsichtig dort hinein biss. Ab und zu betrachtete und beroch er die Haare, dies allerdings erst, wenn ihm die Person schon etwas vertrauter war. Blickkontakt suchte er offensichtlich nicht.
Besonderes Interesse zeigte Udo an Gegenständen, die glänzend glatt und spiegelnd waren. Lange hat er sich z.B. die Kacheln im Bad, Fensterscheiben, Seifenblasen, einen Brummkreisel usw. angesehen. Diese Dinge nahm er hauptsächlich durch intensives, konzentriertes Betrachten wahr, wobei der Eindruck entstand, dass er in diesen Phasen nur schwer abzulenken war.
Auch kleine Dinge erfasste er sehr genau durch Ansehen, z.B. einen gestickten Hahn (nicht größer als 5 x 5 cm), dessen „Krähen" er als Reaktion auf die Entdeckung nachahmte. Manche Gegenstände steckte Udo auch in den Mund, so etwa den Eintauchring für die Seifenblasen, den Klöppel für die Klangstäbe, die

Triangel und die Bildkärtchen. Ein sehr umfassender Wahrnehmungsakt konnte im Umgang mit der Triangel beobachtet werden. Ohne besonderen Hinweis erblickte er das am Boden liegende Instrument und erkannte es vermutlich. Er nahm es sofort auf, hielt auf Anhieb Dreieck und Schlägel richtig und versuchte dann, dem Instrument möglichst vielfaltige Klänge zu entlocken. Er hörte auf den lauten und leisen Klang, je nachdem, wie kräftig er schlug, spürte mit Fingern, Zähnen und Gesicht die Vibrationen des Metalls, lauschte auf die Veränderung des Klanges, wenn das Dreieck sich drehte oder wenn er mit einem Holzstab anschlug. Immer wieder fielen Udo neue Varianten im Umgang mit dem Instrument ein, die zu verblüffenden akustischen Wirkungen führten. Aus dem Verhalten des Jungen bei diesem Spiel kann geschlossen werden, dass er diese Vielfalt begeistert wahrnehmen konnte.
Ein weiterer Beweis für seine differenzierte akustische Wahrnehmungsfähigkeit und seine nicht-sprachliche Ausdrucksmöglichkeit war die Gabe, Tierstimmen verblüffend echt zu imitieren.
Es entstand der Eindruck, dass Udo bei der Wahrnehmung von Dingen und Abläufen im Bereich der Umwelt über ein ganz eigenes Prinzip verfügte, dass er für manche Phänomene, die in besonderem Maße einen Reiz auf ihn ausübten, unerwartete Möglichkeiten hatte. Diese nahm er wahr und erforschte sie sehr intensiv. Andere Gegenstände vermochten ihn nicht zu explorativem Verhalten zu stimulieren, auch wenn versucht wurde, ihn für diese Dinge durch gemeinsames Spiel zu stimulieren (z.B. die Zuordnung einfarbiger Gegenstände zu Farbtafeln).

b) Förderansätze

Da Wahrnehmung und subjektive Bedürfnisse bei Udo in hohem Maße voneinander abzuhängen scheinen, sollte die Förderung zunächst vom Umgang mit den Gegenständen ausgehen, die eine Faszination auf ihn ausüben und dann auf Objekte seines Lernumfeldes ausgedehnt werden.
Ausgehend von seiner Vorliebe für die Klangvielfalt der Triangel wäre es sinnvoll, ihm nach und nach ähnliche Instrumente zur freien Erkundung zur Verfügung zu stellten (z.B. Gong, Metallophon, Becken), um in sein zunächst freies Spiel mit den Instrumenten vielleicht langsam eine Struktur zu bringen. So wäre es für eine differenzierte akustische Wahrnehmung auch wichtig, dass Udo lernt, beim Spiel mit Instrumenten Pausen, einen gewissen Rhythmus von Klang und Stille, Anspannung und Entspannung, spielen und hören, einzuhalten. So könnte er dahin kommen, in den Pausen, in Momenten des Schweigens, das wahrzunehmen, was Bezugspersonen oder Spielkameraden tun, und erfahren, wie es klingt, wenn er nicht selbst aktiv ist. Dadurch wird auch auf spielerische Weise eine Art Turn-Taking-Verhalten initiiert, welches die Basis kommunikativer Prozesse zwischen Personen ist. So kann nicht nur die Wahrnehmung sondern auch das kommunikative Verhalten möglicherweise verbessert werden. Dabei könnte er auch lernen,

zu erkunden, aus welcher Richtung im Raum und aus welcher Quelle ein Ton kommt. Die optische Wahrnehmung von Gegenständen und deren Bewegung im Raum würden gefördert, indem man Klangquellen im Raum bewegte, die Udo mit den Augen fixieren und verfolgen könnte. Ausgehend von solchen Übungen mit Instrumenten, die von anderen gespielt werden, könnte versucht werden, Udos Interesse auf Personen zu lenken, indem diese Personen melodische und rhythmische Geräusche abwechselnd mit Instrumenten, mit den Händen oder dem Mund erzeugten und auf diese Weise soziale Kontakte anbahnten.
Analog zur optischen Wahrnehmung konnte auch im Rahmen der akustischen Aktivität zu Übungen der taktilen Wahrnehmung übergangen werden, indem z.B. Vibrationen von Instrumenten erspürt werden, Schwingungen anderer Körper usw. Der Grundgedanke der Förderung von Udos Wahrnehmung sollte der schrittweise Übergang von den Eigenaktivitäten des Jungen und deren Wahrnehmung auf die Perzeption der Aktivitäten von Bezugspersonen sein (vgl. hierzu 10.4.5).

10.4.2 Motorik

Im Bereich der Motorik hat Udo mit hoher Wahrscheinlichkeit seine größten Möglichkeiten.

a) Beobachtungen

Seine Geschicklichkeit in grobmotorischen Bewegungsabläufen ist zum Teil altersgemäß und besser entwickelt. Udo rennt schnell, kann Rollschuhlaufen, fährt Fahrrad, lernt zurzeit schwimmen.
Am Klettergerüst und beim Schaukeln konnte beobachtet werden, dass seine Bewegungen flink, gezielt und gut koordiniert sind. Der Schüler beherrscht auch relativ komplexe Bewegungsabläufe, die Auge-Hand-Koordination verlangen, sicher. So kann er z.B. während des Unterrichts selbstständig Wasser in eine Schüssel füllen und sie zur Gruppe tragen, verknüpft geschickt die Bewegungen, die zum Seifeblasen notwendig sind, wirft und fängt ein kleines Glöckchen mit einer Hand oder wäscht selbstständig das Geschirr sauber. Ein adäquater Schwierigkeitsgrad der geforderten Bewegungsabläufe dürfte für Udo von besonderer Bedeutung sein. Wird er in seinen motorischen Fertigkeiten unterfordert, bieten ihm die Aufgaben keinen Anreiz, und er nimmt eine distanzierte, beobachtende Haltung ein (dies konnte z.B. beim Sportfest beobachtet werden). In Situationen, die Udo nicht stark genug motivieren, ist er auch nicht in der Lage oder Willens, seine sonst so geschickten Bewegungen auszuführen. Als wir zwecks Auflockerung mit ihm im Rhythmikraum herumlaufen wollten, ließ er sich nur widerwillig darauf ein, an der Hand mitzugehen, diese Bewegungen schienen eben nicht aus ihm selbst zu kommen.

Auffällig war, dass Udo des Öfteren in sehr dichten Abständen seinen Körper für kurze Zeit anspannte, das Gesicht verkrampfte und dabei die Augen zudrückte, die Hände zu Fäusten ballte, und in dieser „Starre“ – meist nur sekundenlang – verweilte. Manchmal knickte er dabei auch Gegenstände, z.B. eine Kerze, eine Karte oder ähnliche Dinge, die er in der Hand hielt. Diese Verkrampfung fiel besonders in Situationen auf, die in ihm anscheinend eine spannende Erwartung provozierten. So zeigte er dieses Verhalten z.B. beim Betreten des Rhythmikraumes und nach dem Sportfest auf der Wiese vor dem Essen. Hier stieß Udo auch, nachdem ihm das Hin- und Herlaufen, das Anspannen und Lockern des Körpers als mögliche Spannungsabfuhr wahrscheinlich nicht genügten, einen sehr lauten und langen Schrei aus. Feinmotorische Bewegungsabläufe wie Hand- und Fingergeschicklichkeit sind bei Udo weniger differenziert als seine grobmotorischen Fertigkeiten. Rühren in den Farbtöpfchen mit dem Pinsel bereitete ihm Schwierigkeiten, dennoch nahm er Hilfsangebote gerne an. Das Schlagen mit einem Klöppel auf die Klangstäbe des Xylofons gelang ihm recht gut. Udo erfasste sogar nach anfänglich ziellosem Schlagen auf die Töne das Prinzip, eine Tonleiter zu spielen. Es spricht vieles dafür, dass sich auch hier seine Vorliebe für das Hören von Geräuschen positiv auf seine Lernbereitschaft auswirkt.

b) Förderansätze

Da Udo grobmotorische Bewegungsabläufe recht gut beherrscht, scheint es möglich, von solchen Prozessen ausgehend andere Persönlichkeitsbereiche positiv zu beeinflussen. Hier dürften sich weitere Förderungsmöglichkeiten auftun, die verheißungsvoll im Zusammenhang mit Entwicklung, aber auch Formung weiterer Prozesse sind. Udo erzielt bei Bewegungsaufgaben Erfolge, die er offensichtlich auch als solche wahrnimmt und die mit großer Wahrscheinlichkeit sein Selbstwertgefühl steigern. Die Freude an Bewegung, ja das Bedürfnis nach Bewegung, kann als Basis für weitere Angebote gesehen werden und helfen, neue Assimilations- und Akkommodationsprozesse anzuregen und damit nicht nur die kognitive Entwicklung, sondern auch die Persönlichkeitsentfaltung zu fördern.

Von den Heimgruppenerziehern war außerdem zu erfahren, dass Udo (sogar) spricht, wenn er sehr gelöst Bewegungen ausführt, z.B. im Wasser und auf dem Trampolin. Folglich könnten versuchsweise weitere sprachliche Prozesse mittels Motorik aktiviert werden. Vermutlich ließe sich auch das selbstständige Handeln bei Udo erfolgreich unter Einbezug von Bewegung fördern, weil sich hier bereits Ansätze zeigen. Aufgaben, mit denen er betraut werden könnte, wären z.B. Geschirr holen und wegbringen, Unterrichtsmaterialien, wie Papier, Bleistifte, ... verteilen, an weiteren Aktivitäten zur Organisation des Unterrichts teilnehmen, die er aufgrund der Beobachtung des Erzieherverhaltens schon kennt.

Motorische Prozesse, vor allem im Rahmen feinmotorischer Aktivitäten, bedürfen motivierender Angebote. Hierbei ist z.B. gedacht an das Auffädeln von Perlen oder größerer verschiedenartiger Holzklötzchen, weil er Ketten sehr gern mag und des Öfteren mit ihnen spielt.

10.4.3 Motivation, Konzentration, Ausdauer

Im Zusammenhang mit den vorausgegangenen Ausführungen wurde deutlich, dass Udo weder durch eine körperliche Behinderung noch durch eine Sinnesschädigung eingeschränkt ist, sich seiner Umwelt zuzuwenden, sie wahrzunehmen.

a) Beobachtungen

Udo hat seine eigene Art und Weise, sich für Menschen und Dinge zu interessieren, „Autismus“ genannt. Er misst ihnen nach eigenen Kriterien Bedeutung zu und entwickelt spontan, also von sich aus, Aktivitäten, die ihn über einen längeren Zeitraum hinweg beschäftigen können. So trifft man Udo in seiner Heimgruppe oder am Morgen in der Schule nie untätig an, vielmehr ist er damit beschäftigt, etwas zu betrachten, zu befühlen, zu beobachten oder sich selbst zu bewegen. Sein besonderes Interesse gilt dabei kleinen Dingen, z.B. einem Haargummi, Mustern auf einer Serviette, Aufschriften oder Bildern auf einem Luftballon, Glänzendem oder Glitzerndem (goldenes Glöckchen, Geschenkschleifen), Bewegtem (Kreisel, Seifenblasen). Sein Umgang mit diesen Dingen ist gekennzeichnet durch wiederholende Übung aus Spaß am eigenen Tun und an der Bewegung, ohne dass man von Stereotypien sprechen könnte.
Er wendet sich konzentriert den Gegenständen zu, betrachtet, befühlt und beriecht sie, produziert immer wieder neue Seifenblasen oder lässt den Kreisel begeistert aufs neue tanzen. Seine Aktivitäten sind nicht monoton, sie können vielmehr sehr fantasievoll und variabel gestaltet sein. So schaukelt er z.B. nicht einfach auf der Schaukel, sondern turnt fast akrobatisch auf ihr herum. Er erzeugt absichtlich große und kleine Seifenblasen, er betrachtet nicht einfach das Glöckchen und wirft es hoch, vielmehr versucht er es auch wie einen Kreisel in Bewegung zu versetzen.
An selbst initiierten Tätigkeiten scheint Udo so viel Freude zu haben, dass er sie konzentriert, ausdauernd und fantasievoll betreibt und sich dabei an der eigenen Vorstellung orientiert.
Wird Udo von anderen gefordert, hängen Motivation, Konzentration und Ausdauer bei der Aufgabenlösung von verschiedenen Faktoren ab. Zuerst ist hier das Aufgabenverständnis zu nennen. Einfachen und alltäglichen Impulsen, wie etwa einen Stuhl zu nehmen, sich in den Kreis zu setzen, Wasser zu holen, die Hände zu waschen, ... kommt Udo problemlos nach. Bei etwas schwierigeren Aufgaben erweist es sich als hilfreich, ihn mit Namen anzusprechen, ihn evtl. während des Sprechens zu berühren, seinen Kopf in die entsprechende Blickrichtung zu lenken und die Sprache durch Gesten zu verstärken. So unterstützt wandte er sich z.B. einem farblich falsch eingeordneten Gegenstand zu und erkannte ihn, eine

Tätigkeit, die er gerne vollzog. Bei komplexeren Anforderungen und Spielen kann Udo den Sinn am schnellsten erfassen, wenn ihm der Ablauf zunächst vorgezeigt bzw. vorgespielt wird und er, hierdurch angeregt, nachahmen kann. So wurde ihm das Spiel, bei dem man „blind" den Standort eines klingenden Musikinstruments finden muss, zunächst vorgespielt. Er begriff sofort und imitierte dieses Spiel. Udos Lehrerin zeigte den Kindern, was man mit bunten, gefüllten Säckchen alles machen kann und Udo ahmte die Möglichkeiten anschließend nach. Es zeigte sich, dass sich der Schüler besser auf eine Aktivität konzentrieren konnte, wenn er zunächst seine Augen auf die Handlungen des Vorbilds richtete.
Eine weitere Bedingung für die Bereitschaft zur Mitarbeit ist die *subjektive Sinnhaftigkeit* der Aufgabe und seine Freude daran. Er holt z.B. gern Wasser, um Erdbeeren darin zu waschen, beschäftigt sich mit Rhythmikmaterial und legt Tierkarten nacheinander in einen Reifen. Kann er in einer Aufforderung keine Bedeutung für sich entdecken, sucht er nach anderen Betätigungsmöglichkeiten, variiert das Material (z.B. anstatt die farbigen Gegenstände den Farbkarten zuzuordnen, beschäftigt er sich intensiv mit den einzelnen Gegenständen). Von der Beschäftigung mit bestimmten Materialien kann man ihn kaum lösen. Nachdem er längere Zeit mit einem Kreisel gespielt hatte, konnte der Kreisel erst entfernt werden, als ihm versprochen worden war, dass er später weiterspielen dürfe. Beabsichtigt war das Malen mit einem Pinsel, ein Drehstuhl faszinierte ihn jedoch mehr. Im Zusammenhang mit verschiedenen Aktivitäten lässt sich sagen, dass Udo sich über einen längeren Zeitraum hinweg (ca. 15 bis 20 Minuten) konzentrieren und entsprechend verhalten kann. Dies zeigte sich z.B. bei sportlichen Aktivitäten, beim Umgang mit Rhythmikinstrumenten und beim Betrachten von Tierbildern. Kurzzeitiges Konzentrieren konnte beim Balancieren auf einem Balken, beim Rollen einer Kugel in Richtung eines bestimmten Zieles und beim Fangen eines Glöckchens mit der Handtrommel beobachtet werden.

b) Förderausätze

Es wurde deutlich, dass Udo sich für bestimmtes Material besonders interessiert. Insofern wäre es wohl günstig, an diese und ähnliche Aktivitäten anzuknüpfen (z.B. Angebote eines Glöckchens sowie größerer glänzender Kugeln, Wechsel von freiem Umgang und konkreten Aufgaben).
Damit der Schüler lernt, auch an ihn herangetragene Aufgaben ausdauernd zu lösen, sollte unbedingt auf eine adäquate Aufgabenschwierigkeit geachtet werden. Gegenstände, die seine Aufmerksamkeit ablenken könnten, sollten zunächst aus seinem Blickfeld gebracht und ihm nach Beendigung konkreter Aufgaben evtl. als Belohnung wieder überlassen werden.

10.4.4 Gedächtnis

Die Fähigkeit, sich zu erinnern, ist bei Udo in hohem Maße abhängig von den emotionalen Begleitumständen der Prozesse.

a) Beobachtungen

Die Verhaltensbeobachtung ergab, dass er nach einer Woche etwa zehn verschiedene Tiere, deren Namen genannt wurden, auf Abbildungen wiedererkennen und deren Lautäußerungen nachahmen konnte. Er erinnerte sich an das Spiel „Suchen einer Geräuschquelle mit verbundenen Augen“, das ihm etwa eine Woche zuvor viel Spaß bereitet hatte und wollte es erneut spielen. Er brachte seinen Wunsch hierzu zum Ausdruck, indem er sich ein Tuch vor die Augen hielt und sich an der Stelle auf den Boden kniete, an der er eine Woche zuvor mit dem Suchen begonnen hatte. Als Udo zu Beginn einer Spiel- und Beobachtungsphase ein Kreisel weggenommen und in den Nebenraum gebracht wurde mit dem Versprechen, er werde ihn später wiederbekommen, erinnerte er sich nach ca. zwei Stunden an das Versprechen, indem er in den Nebenraum drängte, um den Kreisel zu holen. Kurzfristig konnte Udo speichern, auf welchen von zehn umgedrehten Tierkärtchen ein ganz bestimmtes Tier abgebildet war, sofern die Position nicht verändert wurde. Änderte man allerdings – für Udo sichtbar – den Ort bestimmter Kärtchen, indem man sie auf andere Tische legte, fiel es ihm schwer, sich den Tisch mit einem ganz bestimmten Kärtchen zu merken.

b) Förderansätze

Ansätze für die Förderung des Gedächtnisbereiches dürfen nicht von konkreten Handlungen getrennt werden. Da sich Udo an Situationen und Aktivitäten, die ihm Freude bereiten, besonders gut erinnert, ist auch hier das emotional-ganzheitliche Erleben in allen Lernsituationen im Rahmen von Wiederholungsphasen zwecks Festigung und Weiterentwicklung von besonderer Bedeutung für das langfristige Speichern von Lerninhalten. Es dürfte auch möglich sein, solche Prozesse in leicht abgewandelter Form zu realisieren, um durch Transfereffekte Verhaltenserweiterung und dadurch auch eine Vergrößerung der Selbstständigkeit zu erreichen.

10.4.5 Sprache, Kommunikationsfähigkeit und soziales Verhalten

a) Beobachtungen

Udo kommuniziert überwiegend durch Gesten, Mimik und Laute und selten durch „sozialisierte“ oder an einen Partner gerichtete sprachliche Äußerungen. Er bringt z.B. durch Zischlaute verbunden mit heftiger Gestik und Mimik den Wunsch zum Ausdruck, nochmals Verstecken spielen zu wollen. Durch Zeigen in Richtung Toilette, durch Öffnen seiner Hose oder durch Führen des Erziehers deutet er an, dass er zur Toilette muss.

Udo ist bemüht, seine Gefühle und Wünsche zum Ausdruck zu bringen. Seine Freude versteht er durch lautes Juchzen verbunden mit Lachen auszudrücken (z.B. beim Hochwerfen und Auffangen eines Glöckchens).
Nach einigen Beobachtungen beim Sportfest und den Aussagen der Erzieher schreit Udo manchmal laut und für Außenstehende ohne eindeutig ersichtlichen Grund.
Auch wenn seine „Sprache" vom Gegenüber nicht sofort erkannt wird, bemüht er sich ausdauernd, sich mitzuteilen. So versuchte er durch ein Geräusch (es klang wie ein lang gezogenes „t") und mit zu einem Hausdach geformten Händen etwas zu erklären, was wir trotz aller Bemühungen nicht verstanden. Wie wichtig ihm seine Mitteilung war, zeigte sich darin, dass er uns mit einer Hand am Kinn fasste, um unsere Blicke auf seine Hände zu richten und sogar für ganz kurze Zeit eine Person aus der Beobachtungsgruppe anblickte. Dass er daraufhin wiederholt in kurze, verkrampfte Bewegungen und Augenzucken verfiel, im Gesicht rot wurde und beinahe zu weinen anfing, lässt darauf schließen, wie enttäuscht, traurig und verärgert er über unser Unverständnis sein musste. Dies alles besagt, dass Udo fähig ist, seine Gefühle und Empfindungen mit seiner Körpersprache auszudrücken, ihnen „Luft zu machen", sie anderen mitzuteilen.
Das Gehör als Voraussetzung für den Spracherwerb ist bei Udo laut amtsärztlichem Zeugnis intakt. Auch die Sprechorgane scheinen normal entwickelt zu sein. Allerdings hat Udo beim Schlucken abgebissener und gekauter Speisen Probleme. Wenn er nicht zum Schlucken aufgefordert wird, behält er Gekautes im Mund, bis dieser ganz gefüllt ist. Bei nächster Gelegenheit spuckt er die Speisen dann wieder aus. Es kann nicht genau gesagt werden, ob Udo das Schlucken aufgrund organischer Probleme schwer fällt oder ob es sich bei diesem Verhalten um eine erlernte Gewohnheit handelt.
Udo ist in der Lage, den Luftstrom aus seinen Atemwegen differenziert zu modifizieren und zu kontrollieren. So kann er Farbtropfen auf einem Blatt auseinander blasen, eine Kerze flackern lassen oder auspusten sowie willentlich große und kleine Seifenblasen durch seinen Luftstrom gestalten. Wie bereits erwähnt, gelingt Udo die Nachahmung von Lauten verschiedener Tiere sehr naturgetreu (z.B. Imitation eines Hahnes, eines Huhnes, einer Kuh, einer Katze, eines Schweins, einer Taube, eines Frosches, ...), und er vermag die Verbindung zwischen Tiernamen und Tierlauten herzustellen. Merkmale mancher Tiere beschreibt er durch Gesten. So deutete er beim Anblick eines Kuckucks das Öffnen und Schließen der Türe einer Kuckucksuhr an oder greift beim Nachahmen des Hühnergegackers hinter sich, um ein imaginäres Ei hervorzuholen.
Bedenkt man, dass Udo in seiner Heimgruppe so „gelöst" sein kann, dass er bereit ist, einzelne Wörter nachzusprechen (z.B. Auto, Mama, Zelt), kann man mit einer gewissen Wahrscheinlichkeit davon ausgehen, dass die Gruppe für Udo tatsächlich so etwas wie ein „Zuhause" bedeutet. Hier kann man sein Sozialverhalten

besonders gut beobachten. Möglicherweise fühlt er sich hier relativ wohl, weil ein Erzieher für ihn eine ganz spezielle Bezugsperson darstellt, die besonders guten Kontakt zu ihm hat. Dieser wird noch dadurch intensiviert, dass beide manchmal zusammen ein Wochenende außerhalb des Heimes verbringen und gemeinsam einen Urlaub gestalten. Da Udos Mutter sich überhaupt nicht um ihren Jungen kümmert, dürften die Beziehungen zu diesem Erzieher für ihn äußerst wichtig sein.

Während der Besuche in der Gruppe fiel auf, dass Udo zu einem Jungen – Werner – , ein besonders gutes Verhältnis hat, während er zu allen anderen Gruppenmitgliedern kaum Kontakt hält. Werner ist zwar um einiges größer als Udo, weist aber bezüglich seiner Motorik weniger Geschick und Schnelligkeit auf. Dafür ist er sehr selbstständig und kann sich sprachlich gut ausdrücken. Er zeigt sich besorgt um Udo, indem er ihn während des Tagesablaufes auf manches hinweist, was noch zu tun sei, ihn ab und zu zur Schule begleitet. Dieses gute Verhältnis zeigt sich auch darin, dass Werner Udos sportliche Leistungen schätzt und bewundert und dies deutlich verbal zum Ausdruck bringt.

Im Rahmen der Klasse nehmen weder die Mitschüler Kontakt zu Udo auf, noch wendet er sich selbst ohne Aufforderung seinen Mitschülern zu. Zwar fasst er das neben ihm sitzende Kind je nach Aufforderung im Rahmen des Unterrichtsgeschehens bei der Hand (Morgenkreis, guten Appetit wünschen vor dem Essen, ...), reicht Speisen am Tisch weiter, beobachtet seine Mitschüler, wenn sie eine bestimmte Aufgabe realisieren. Diese Art von Kommunikation findet aber primär statt, weil sie als Unterrichtsaktivität gefordert wird. Am liebsten beschäftigt er sich mit Gegenständen an seinem Tisch oder im Klassenzimmer (Ketten, Spielmaterialien, ...) oder er betrachtet Ritzen an der Wand oder am Fußboden. Deutlich sucht er Kontakt (Kommunikation) mit seiner Lehrerin, indem er z.B. gern ihre langen Haare betrachtet und beriecht, bei Bewegungsliedern dicht hinter ihr bleibt und beim Morgenkreis, etwa beim Lied „Guten Morgen ...“, stets auf sie deutet und die anderen Kinder nicht beachtet.

Während Udo von unserer Anwesenheit im Unterricht kaum berührt schien, versuchte er vor dem Unterricht spontan Kontakt zu uns aufzunehmen, indem er unsere Hände und auch die Ellenbeuge intensiv beroch, befühlte und an seinen Mund drückte.

Als er uns nach der dritten Begegnung im Klassenzimmer sitzen sah, stürmte er auf uns zu, kletterte einer Studentin auf den Schoß, setzte und legte sich, befühlte und beroch sie. Er ließ es sich gefallen, dass ihm Zuneigung durch Streicheln seines Gesichts, seiner Haare und Hände entgegengebracht wurde. Unterbrochen wurde dies manchmal durch sehr plötzliche, unkontrollierte Bewegungen Udos mit seinem ganzen Körper. Er ließ sich auch gern an der Hand führen, nahm jedoch selten Blickkontakt zu der jeweiligen Person auf. Diese Verhaltensweisen

Udos zeigen, dass er fähig ist, Gefühle und Empfindungen mit seiner Körpersprache auszudrücken, sie zu verdeutlichen, sie anderen mitzuteilen.

b) Förderansätze

Bei der sehr engen Verknüpfung von sozialem und sprachlichem Bereich, und vor allem, weil Sprache einerseits ein wichtiges Mittel zur Kontaktaufnahme, Kommunikation schlechthin darstellt, Sprache sich andererseits nur in der Kommunikation mit Menschen erwerben lässt, erscheint es notwendig, auch hier deutlich ganzheitlich orientierte Förderungsvorschläge einzubringen. Ausgehend von der Tatsache, dass Udos Gehör und Sprechorgane intakt sind, spricht vieles dafür, dass eine sinnvolle Möglichkeit der Sprachanbahnung mit Hilfe von Motorik und Tiergeräuschen geschehen könnte.

Im Zusammenhang mit den Tiergeräuschen ließen sich z.T. „Naturlaute“ hören, aber es konnten auch einzelne Buchstaben und Silben vernommen werden (z.B. Taube: Zungen-R und „gu“). Beim Vorlesen von Bildergeschichten oder beim Betrachten solcher Bilder könnte man zunächst eine Wiederholung von Lauten, die für Udo „natürlich“ sind, provozieren. Man könnte evtl. durch Mit- oder Vorsprechen langsam auf die verbesserte Artikulation von Buchstaben des Alphabets, von Silben, vielleicht auch schon von weiteren Wörtern hinarbeiten, so dass Udo durch das Hören zur Wiederholung angeregt wird. Ähnliche Impulse könnte man im Zusammenhang mit Bezeichnungen für Geräusche und Bewegungsarten setzen. Wesentlich wichtiger als herausgelöste Sprachübungen erscheint aber die Notwendigkeit, den Kontakt zu dem bereits angesprochenen Erzieher zu erhalten, nach Möglichkeit zu vertiefen, weil Udo offensichtlich individuelle Zuwendung annimmt, ja der Zuwendung bedarf.

Dringend notwendig ist der häufige Kontakt mit Kindern, die sich sprachlich ausdrücken können, auf Udo zugehen, ihn ansprechen, mit ihm zu spielen versuchen, mit ihm kommunizieren. Hierbei würde Udo in natürlicher und ganzheitlicher Form mit der Sprache im alltäglichen Leben konfrontiert und möglicherweise zum Sprechen angeregt werden.

10.4.6 Kreativität und Spontaneität

a) Beobachtungen

Eine der kreativsten Verhaltensweisen, die bei Udo beobachtet werden konnte, war der bereits beschriebene Umgang mit der Triangel und dem Glöckchen. Besonders herausragend war die Gestaltung seiner Handlungen, der schöpferische Prozess seiner Aktivitäten mit diesem Gegenstand (ansehen, schütteln, hören, zwirbeln, werfen, aufprallen lassen, rollen, ...). Eine Handlung ging aus der anderen hervor, ohne dass es eines Impulses von außen bedurfte. Möglicherweise inspirierte ihn jedoch auch die spontane, offene Begeisterung der Beobachtenden. Die eigentlichen Impulse für das kreative Handeln liegen sicherlich in der Freude am Explorieren der Dinge. Es scheint Udo nicht in erster Linie um die Erstellung eines reizvollen Produktes zu gehen, vielmehr darum, durch sein Einwirken auf den Gegenstand mehr über ihn und seine „Möglichkeiten" zu erfahren. So wird z.B. beim Umgang mit Farbkasten und Pinsel der Pinsel verschieden stark auf das Blatt gedrückt, er wird in den Mund genommen, es wird Wasser auf das Blatt gebracht und gepustet, so dass Muster entstehen. Sehr spontan verhielt sich Udo bei der Annahme von Spielregeln. Wenn ihm Spiele vorgespielt wurden, übernahm er anschließend sofort die für ihn verlockendste Rolle und begann ebenfalls zu spielen. Ein weiteres Beispiel zeigt sein originelles Verhalten: In der Entscheidungssituation, zwischen zwei Instrumenten zu wählen, die ihn beide „rufen", fand er spontan zu der Lösung, zuerst das eine Instrument „zum Schweigen zu bringen", anschließend sich dem anderen zuzuwenden.

b) Förderansätze
Möglichkeiten zum kreativen Handeln ergeben sich aus Situationen, die Udo ansprechen. Um das kreative Verhalten Udos im Hinblick auf die Konsequenzen bzw. „Produkte" auszuweiten, erscheint es sinnvoll, sein Handeln aus der egozentrischen Verarbeitung herauszuholen und ihm die Möglichkeit anzubieten, eigene Handlungsintentionen nach außen zu verlegen. So kann er vielleicht lernen, die Eigenarten der äußeren Umstände und der Dinge an sich zu akzeptieren und mit ihnen konstruktiv umzugehen, ohne sie *nur* auf die Bedeutsamkeit hin zu untersuchen, die sie für seine momentanen subjektiven Interessen haben. Spielmaterialien, wie z.B. verschiedenartige Bauklötze, könnten hierzu geeignet sein, denn schon eine kleine Kombination von Klötzen stellt etwas Eigenes, von ihm selbst Geschaffenes dar. Allerdings sollte man die Impulse vorsichtig setzen, vielleicht braucht Udo auch noch „sein eigenes Handeln", um sich weiterentwickeln zu können. Übertriebene Lenkung, zu viele Angebote oder gar Ungeduld sind eher hemmend als fördernd. Eine weitere Möglichkeit, die persönliche Kreativität weiter anzuregen und zu entfalten, könnte durch kleine Rollenspiele geschaffen werden, wobei die Aufgaben bestimmter Personen (Verkäufer, Bäcker, Gärtner, ...) zunächst vielleicht mit Hilfe eingeübt und später in kleinen Spielen, evtl. unter Begleitung eines Sprechers selbstständig ausgeführt und erweitert werden könnten. Reizvoll wäre es für Udo sicherlich auch, die Rollen von Tieren im Spiel zu übernehmen und darzustellen.

10.5 Resümee

Vergleicht man das beschriebene Beispiel mit bisherigen Gutachten im pädagogisch-psychologischen Bereich, speziell im Zusammenhang mit sonder- oder heilpädagogischen Fragestellungen, ergibt sich, dass hier ein neuer Ansatz, eine andere Art der „Begutachtung" versucht wurde. Es wurden keine Tests verwendet, keine Vergleiche zu Bezugsgruppen angestellt, keine Normen berechnet sowie keine Funktion beschrieben. Es handelt sich um ein Beispiel qualitativer Diagnostik und absolut konkreter Umsetzung der Beobachtungen und Analysen in Förderungsmöglichkeiten. Wenngleich Bezeichnungen wie Motorik, Wahrnehmung, Sozialverhalten, ... verwendet wurden, spielten primär die Ganzheit des Kindes und die Gesamtheit einer Situation eine Rolle. So erwiesen sich z.B. motorische Prozesse gleichzeitig bedeutsam für die Beobachtung der optischen Wahrnehmung (Auge-Hand-Koordination, Greifen), für den sozialen Bereich (Interaktion und Kommunikation), für den emotionalen Bereich (Freude über Aktivitäten, Angebote, Möglichkeiten und Kommunikationspartner), weil sich Udo selbst offensichtlich über seine Aktivitäten, Möglichkeiten und Kommunikationspartner freute.

Als Impuls gebend erwiesen sich die mehr oder weniger bereitgestellten Situationen mit ihren Möglichkeiten (Schulklasse, Heimgruppe, Musikinstrumente, Sportgeräte, Sportplatz, Bildkärtchen mit Tieren). Assimilations- und Akkommodationsprozesse wurden im Sinne *Piagets* angeregt. Die Aktivitäten bzw. Handlungen in einer Situation konnten „mehrperspektivisch" ausgewertet und interpretiert werden, d.h., die gleiche Situation war in vielerlei Hinsicht informativ und „produktiv". Die Verwendung „objektiver Verfahren" hätte mit an Sicherheit grenzender Wahrscheinlichkeit Möglichkeiten der Beobachtung, des Kennenlernens, des Kommunizierens und des Verstehens geradezu verhindert.

Man muss sich darüber im Klaren sein, dass auch im Rahmen dieser Vorgehensweise keinesfalls alle Möglichkeiten Udos ausgelotet wurden. Wir bewegten uns bewusst im Rahmen der realistischen institutionellen Gegebenheiten, denn es wurde im Zusammenhang mit Förderungsvorschlägen nicht einmal die Frage der Integration in eine Klasse mit Kindern ohne Behinderung oder mit sprechenden Kindern diskutiert. Eine Forderung in diese Richtung hätte damals keine Realisierungschance besessen. Aber es wurde deutlich, wie wichtig Situationen, Handlungen und Prozesse für förderdiagnostisches Vorgehen sind. Auch wenn nicht im strengen verhaltensmodifikatorischem Sinn gedacht und gearbeitet wurde, erinnert manches an die einzelnen Variablen der bekannten Kanferschen Verhaltensformel (S-0-R-K-C). Hier gilt das Verhalten (R) als abhängig von dem vorausgehenden situativen Kontext (S), von den Bedingungen im Organismus (0), von den Konsequenzen (C) auf das Verhalten und von K als Kontingenz, d.h. der Art der Beziehung zwischen Verhalten und Konsequenz (vgl. Bundschuh 2008, 272-277). Wenngleich sich Probleme im Zusammenhang mit der Realität zeigten (Institutionen wie Heim, Schule, Sozialamt; begrenzter Handlungsraum, lückenhafte Informationen über den Lebenslauf) reichten diese wenigen Informations- und Interaktionsmöglichkeiten aus, um Udos Verhalten umfassender zu beschreiben und zu „begutachten", ihn in seinem So-Sein besser zu verstehen, als dies bisher der Fall gewesen war.

Die Darstellung der Informationserhebung, der Überlegungen zur Vorgehensweise sowie die Ausführungen zu den Förderungsvorschlägen erfolgten nur ansatzweise; in den Inhalten konnten jedoch die entscheidenden Momente „förderdiagnostischer Begutachtung“ zum Ausdruck kommen. Es bleibt allerdings ein bitterer Nachgeschmack, weil wir Udo nicht in der angezeigten Weise weiterhelfen können, da es uns an Zeit fehlt und Institutionen dieser Hilfe im Wege stehen. In dem genannten Heim gab es über dreißig Kinder mit ähnlichen Schicksalen und Verhaltensweisen, in der Bundesrepublik gibt es wahrscheinlich viele tausend. Sie alle *„könnten“* besser gefördert werden, wenn es nicht die privaten und die dienstlichen Barrieren gäbe, wenn nicht Institutionen unbürokratischen Möglichkeiten im Wege stünden.
Einerseits sollten im Gutachten konkrete Impulse für Förderungsvorschläge gegeben werden, andererseits dürfen diese Anregungen ein Kind nicht festlegen, vielmehr müssen sie es geradezu für zukünftige Entwicklungen und Prozesse öffnen. Insofern wurden die Förderungsimpulse nicht zu weit ausgedehnt, nicht noch stärker konkretisiert. Wichtig dabei ist die Betonung und Feststellung individueller Ressourcen und Stärken als Basis des Förderprozesses. Nicht die Beschreibung des „Versagens“ und „Nicht Könnens“, sondern das Erkennen von Kompetenzen und Möglichkeiten innerhalb einer fruchtbaren Interaktion führt zu Ansatzpunkten der Förderung. Es zeigte sich vor allem die enge Verbindung von Diagnose bzw. Beobachtung und Förderung (Handeln), denn Udo konnte in vielerlei Hinsicht aktiv werden, er konnte sich in den ihn anregenden Situationen „entfalten“. Nicht nur physiologische, sondern vor allem auch emotionale und soziale Prozesse wurden angeregt und in Gang gesetzt. Bei Vergleichen mit Symptomkatalogen zur Diagnose von Kindern mit autistischen Zügen wird diese förderungsorientierte Art des diagnostischen Prozesses deutlich, denn es fällt nicht mehr auf, dass wir es mit einem in den Schülerakten als „schwer geistig behindert“ und als „autistisch“ bezeichneten Kind zu tun hatten.

11 Gutachtenbeispiel: Realschule – heilpädagogischer und lerntherapeutischer Handlungsbedarf im Förderschwerpunkt emotionale und soziale Entwicklung

(Einige Daten wie z.B. Name, Geburtsdatum, … wurden geändert)

1 Situation, Untersuchungsanlass, Fragestellung, Untersuchungsbedingungen

Der am 26.09.1998 geborene Schüler Martin besucht z.Z. die 8. Klasse der Realschule in A. Der Klassenlehrerin fällt Martin dadurch auf, dass er in seinen schulischen Leistungen deutlich nachlässt, er häufige Fehlzeiten aufweist, mit den Mitschülern in Konflikte gerät und sich zudem zunehmend zurückzieht. Aus diesem Grund wurden eine Schulpsychologin und der Mobile Sonderpädagogische Dienst angefordert. Die Klassenlehrerin erwartet durch ein Gutachten eine Klärung, inwieweit die unterdurchschnittlichen schulischen Leistungen in einem Zusammenhang mit den beobachteten Verhaltensweisen (Rückzug; Konflikte) stehen und wie die Schule dem Jugendlichen helfen könne.
Vor dem Hintergrund der Ausführungen der Klassenlehrerin stellt sich für die förderdiagnostische Begutachtung die Frage, inwieweit die schulischen Probleme des Schülers auf eine Angststörung zurückzuführen sind und/oder andere Stör- und Beeinflussungsfaktoren eine Rolle spielen.
Ein erstes Gespräch mit der Klassenlehrerin fand am 02.04.2014 statt. Die eigentliche Untersuchung wurde am 9.04.2014 durchgeführt. Das Gespräch und die Durchführung von Tests wurden nicht gestört.

2 Kennzeichnung der bisherigen Entwicklungsumstände

(Die folgenden Angaben gehen aus dem Gespräch mit der Klassenlehrerin hervor.)

Die Klassenlehrerin beschreibt Martin als einen Schüler, der Lehrkräften freundlich und meist hilfsbereit gegenübertrete. In Unterrichtssituationen verhalte er sich eher ruhig und zurückhaltend. Gesprächsregeln halte er gut ein. Zudem

vermag er seine eigene Meinung angemessen zu vertreten. Seine Mitarbeit im Unterricht ist allerdings stark von seinem Interesse abhängig, ist dieses geweckt, beteilige er sich engagiert und bringt angefangene Arbeitsaufträge langsam, aber selbstständig zu Ende. Insbesondere in freien, also von Lehrern nicht konkret strukturierten Unterrichtssituationen arbeite er noch zu wenig motiviert und zielorientiert. Auch lasse er sich leicht ablenken. In Partner- und Gruppenarbeiten verhalte sich der Schüler wenig kooperativ bzw. zeige sich sehr zurückhaltend.
In der Grundschule sei Martin zögerlich auf seine Klassenkameraden zugegangen, was sich aber nach seinem Übertritt auf die Realschule ein wenig geändert habe. Über seine Schulzeit hinweg sei der Schüler immer wieder in Konflikte verwickelt gewesen, aber er sei auch phasenweise in der Lage, diese friedlich zu lösen. Seit der sechsten Jahrgangsstufe weise er häufige Fehlzeiten auf, die der Grund für seine Wissenslücken seien. Die Fehltage sind durch die Mutter entschuldigt und betreffen auch Tage, an denen Klassenarbeiten o.ä. geschrieben werden. Außerdem erledige er seit der siebten Klasse seine Hausaufgaben nur unregelmäßig. Die 8. Klasse der Realschule musste der Schüler wiederholen.

3 Auswahl der diagnostischen Verfahren

Mit Hilfe des WISC-IV soll auch die von Kultur und Lernen beeinflusste Intelligenz untersucht werden.
Um die Beobachtungen der Klassenlehrerin (Sozialer Rückzug, Konflikte, Ablenkbarkeit) hinsichtlich der Fragestellung zu verifizieren, soll im Kontext möglicher Angst die Befragung des Kindes durch den AFS zur Anwendung kommen.
Vor dem Hintergrund, dass Kinder/Jugendliche mit Angststörungen trotzig, impulsiv oder aggressiv sein können bzw. eine Angststörung sich zu einer depressiven Störung entwickeln kann, soll mit Martin zudem das Depressionsinventar für Kinder und Jugendliche (DIJK) durchgeführt werden. Ergänzt werden diese Verfahren durch einen ADHS-Fremdbeurteilungsbogen (Eltern), einen Lehrerfragebogen zur Hyperkinetischen Störung (HKS-G) sowie durch Verhaltensbeobachtung während der ganzen Untersuchung.

4 Darstellung der Ergebnisse

4.1 Verhaltensbeobachtungen während der Testdurchführung

Martin begegnet dem Sonderpädagogen freundlich, wirkt aber insgesamt zurückhaltend und unsicher. Er scheint hinsichtlich der bevorstehenden Untersuchung besorgt und ängstlich. Im Vorgespräch fragt er genau nach, wie der Test ausgewertet und rückgemeldet werde. Er scheint sehr in Sorge zu sein bezüglich seines Abschneidens und lässt sich im Vorfeld diesbezüglich auch nur bedingt beruhigen. Während der Testdurchführung zeigt er sich dann auch leistungsunsicher und formuliert des Öfteren die Angst, Fehler zu machen. Immer wieder fragt er nach Beendigung eines Subtests, ob er gut abgeschnitten habe oder ob der Testleiter ihm die korrekten Antworten nennen könne. Erst in der zweiten Testhälfte wirkt Martin entspannter und vermag seine Emotionen angemessener an die Kontaktsituation anzupassen. Martin arbeitet durchweg konzentriert, ausdauernd und gründlich. Oft muss er lange überlegen, bis er eine Antwort gibt. In sprachlichen Subtests drückt er sich sehr gewählt, gelegentlich auch etwas umständlich aus.

4.2 Testverfahren

WISC-IV:

Tab. 1: Testergebnisse WISC

Untertest	**Rohwert**	**Wertpunkte**					
Mosaik-Test	65	16		16			16
Gemeinsamkeiten finden	32	12	12				12
Zahlen nachsprechen	16	9			9		9
Bildkonzepte	23	13		13			13
Zahlen-Symboltest	59	9				9	9
Wortschatztest	56	12	12				12
Buchstaben-Zahlenfolgen	18	8			8		8
Matritzen-Test	33	16		16			16
Allgemeines Verständnis	29	10	10				10
Symbolsuche	38	23				12	23
(Rechnerisches Denken)	27	(10)			(10)		(10)
Wertpunktsumme			34	45	17	21	117
			SV	**WLD**	**AGD**	**VG**	**Ges.**

Indizes	**Wertpunkte**	**Index-Werte**	**PR**
Sprachverständnis (SV)	34	107	68
Wahrnehmungsgebundenes logisches Denken (WLD)	45	131	98
Arbeitsgedächtnis (AGD)	17	90	25
Verarbeitungsgeschwindigkeit (VG)	21	103	58
Gesamt	117	112	79

AFS:

Tab. 2: Testergebnisse AFS

	Rohwert	PR	T-Wert
Prüfungsangst (PA)	13	92	64
Manifeste Angst (MA)	9	82	59
Schulunlust (SU)	7	92	64
Soziale Erwünschtheit (SE)	3	60	53

DIKJ:

Tab. 3: Testergebnisse DIJK

Gesamtrohwert	26
Prozentrang	96,9
T-Wert	69
T-Werteband	64-74

ADHS-Fremdbeurteilungsbogen (DSM-IV-Diagnosekriterien):

Tab. 4: Testergebnisse Fremdbeurteilungsborgen

	Aufmerksamkeitsprobleme			**Hyperaktivität/ Impulsivität**		
	trifft zu	mittlere bis starke Ausprägung	auffällig	trifft zu	mittlere bis starke Ausprägung	auffällig
Mutter	4	0	nein	0	0	nein

Lehrerfragebogen zur Hyperkinetischen Störung (HKS-GS):

Tab. 5: Testergebnisse HKS-GS

Skala	Mittelwert	Interpretation
Aufmerksamkeitsdefizit	1,64	gering bis mittelmäßig ausgeprägt
Hyperaktivität/ Impulsivität	0,0	unauffällig
Soziale und emotionale Probleme	0,77	unauffällig

5 Diskussion und Interpretation der Ergebnisse

In der ausführlichen Intelligenzdiagnostik mit der *Wechsler Intelligence Scale for Children (WISC-IV)* erreicht Martin ein Gesamtergebnis, das einem intellektuellen Leistungsvermögen im oberen Durchschnittsbereich entspricht bei recht heterogenem Profil. Dabei liegt das Sprachverständnis im oberen Durchschnittsbereich, jedoch nahe an der Grenze zum mittleren Durchschnittsbereich. Die Leistungen in den Subtests, die zum Indexfaktor „Wahrnehmungsgebundenes logisches Denken" zusammengefasst werden, bewegen sich insgesamt deutlich im überdurchschnittlichen Bereich.

Auf dem Indexfaktor „Arbeitsgedächtnis" erreicht er einen Testwert im unteren Durchschnittsbereich. Die Leistungen auf dem Indexfaktor „Verarbeitungsgeschwindigkeit" liegen insgesamt betrachtet im mittleren Durchschnittsbereich.

Im *Angstfragebogen für Schüler (AFS)* beschreibt der Schüler ein hohes Maß an Prüfungsangst, d.h. Ängste vor Leistungsversagen, die vielfach mit vegetativen Reaktionen verbunden sind, werden deutlich. Die im Angstfragebogen erfasste Schulunlust (innere Abwehr gegen die Schule, häufig Motivationsabfall) ist stärker ausgeprägt als bei vergleichbaren anderen Schülern. Die Werte für die Skalen manifeste Angst und soziale Erwünschtheit liegen im Normbereich.

Im *Depressions-Inventar für Kinder und Jugendliche (DIKJ)*, einem Selbsteinschätzungsfragebogen zur Erfassung der Schwere einer depressiven Störung, ergeben sich Hinweise für das Vorliegen einer ausgeprägten Depression. Da Kinder bzw. Jugendliche mit einer Angststörung bzw. auch depressiven Störung ebenso durch trotziges, impulsives oder aggressives Verhalten auffallen können, kann hierin eine Erklärung für Martins konflikthaftes Verhalten gesehen werden.

In dem *Fragebogen*, der auf den *DSM-IV-Diagnosekriterien* aufbaut, liegen bei Martin nach Einschätzung der Mutter bezüglich einer Aufmerksamkeitsstörung vier Einzelkriterien (in geringer bis milder Ausprägung), bezüglich einer Aktivitätsstörung liegt kein Einzelkriterium vor.

Im *Lehrerfragebogen zu Hyperkinetischen Störungen im Grundschulalter (HKS-G)* ergibt sich für Martin eine geringe bis mittelmäßige Ausprägung auf der Skala „Aufmerksamkeitsdefizit". Auf den Skalen „Hyperaktivität/Impulsivität" und „Soziale und emotionale Probleme" zeigen sich unauffällig ausgeprägte Werte. Allerdings ist zu berücksichtigen, dass im Fragebogen neun Fragen nicht beantwortet wurden.

6 Zusammenfassung wesentlicher Untersuchungsergebnisse und Beantwortung der Fragestellung

Die Untersuchungsergebnisse sprechen dafür, dass Martin aufgrund seiner intellektuellen Fähigkeiten in der Realschule zumindest ein durchschnittlicher Schüler sein müsste. Die gravierenden Leistungsrückstände können auf seine Ängste vor Leistungsversagen und seine innere Abwehr gegen die Schule zurückgeführt werden. Zudem sprechen Beobachtungen und Testergebnisse dafür, dass sich bei ihm die Angststörung chronifiziert und eine depressive Störung entwickelt hat. Die Einschätzungen der Mutter bzw. der Klassenlehrerin sprechen eher nicht dafür, dass bei Martin eine assoziierte ADHS-Störung in ausgeprägter Form vorliegt.

7 Förderungs- und Therapievorschläge

Zunächst sollten bei Martin das Interesse an Schule und am Lernen wieder geweckt und ferner die Integration in die Klasse gefördert werden. Aufgrund der vorliegenden Untersuchungsergebnisse wird den Eltern unter besonderer Berücksichtigung einer wahrscheinlich vorliegenden Angstproblematik verbunden mit einer psychischen Belastung (mit dem primären Erscheinungsbild einer Depression) eine Lerntherapie im Sinne Armin Metzgers (2008) unter Berücksichtigung der Lernstufen eins bis drei empfohlen. Sollte die Lerntherapie nach etwa drei Monaten nicht zu einer deutlich positiven Veränderung des psychischen Befindens und des Verhaltens in der Schule führen, ist eine kinder- und jugendpsychiatrische bzw. (schul-)psychologische Begutachtung des Kindes zu empfehlen, da sich bei Martin aufgrund seiner Angst-/Depressionsproblematik ein erweitertes bzw. zusätzliches therapeutisches Vorgehen im Rahmen eines Einzel- bzw. eines Gruppentrainings als notwendig erweisen kann. Darüber hinaus ist es wichtig, die Eltern in die Lerntherapie und darüber hinaus in die schulische Förderung des Kindes einzubeziehen. Ziel wird es dann sein, in einem *kooperativen Vorgehen* den Therapieplan und den schulischen Förderplan aufeinander abzustimmen.
Für den schulischen Bereich sollten folgende Maßnahmen in Erwägung gezogen werden:

1. Einbezug von Grundbedürfnissen in die Fördermaßnahmen:
Insbesondere die Bedürfnisse nach Zuwendung, nach Geltung, Akzeptanz und Wertschätzung sowie zu etwas fähig sein und etwas zu bewirken, sollten im schulischen wie außerschulischen Bereich umgesetzt werden. Sie bilden eine wichtige Grundlage, um Martin in verhaltensbezogener, sozialer, emotionaler und kognitiver Hinsicht bei der Bewältigung seiner Angst/Depression zu unterstützen.

Da in der Realschule häufiger Fachlehrerwechsel stattfindet, ist es wichtig, dass die Lehrer sich untereinander abstimmen und gemeinsame Strukturen (Regeln, Rituale, Situationen des sich Wohlfühlens usw.) schaffen. Darüber hinaus sollten die in der Klasse unterrichtenden Lehrer

- Martin für gelungene Handlungen, Ergebnisse loben,
- herausfinden, was der Schüler gut kann und ihn darin bestärken, d.h. Kompetenzen und Ressourcen erkennen und fördern,
- Erfolge, auch in der Freizeit, würdigen und
- kleine Aufgaben/Dienste verteilen und ihn dafür anerkennen.

2. Hilfestellung in der Bewältigung angstauslösender Situationen:
In Verbindung mit dem Mobilen Sonderpädagogischen Dienst sollen gemeinsam mit Martin in Einzelarbeit und in Absprache mit den Therapeuten (KJP; Schulpsychologie) folgende Übungen eingebracht und für unterrichtliche und außerunterrichtliche Situationen fruchtbar gemacht werden:

- Entspannungsübungen/-techniken, um die körperliche Erregung zu reduzieren und die Stimmung zu verändern;
- Bewusstes Wahrnehmen negativer und positiver Gefühle, um zu einer realistischeren Selbstsicht zu gelangen;
- Aufgreifen, bearbeiten von Angstsituationen und Einüben von selbstsicheren Verhaltensweisen;
- Umgang mit Mitschülern im Rahmen von Partner- und Gruppenarbeit trainieren (eine Situation aus der Perspektive des Gegenübers sehen, sich einfühlen usw.).

Hierbei ist es sinnvoll, auf Elemente aus entsprechenden Trainingsprogrammen zurückzugreifen, wie z.B. „Freunde“, „Lebenslust mit Lars & Lisa“ oder „Gesundheit und Optimismus *GO!*“. Auch bedarf es der Information der am Unterricht beteiligten Lehrkräfte, damit sie Martin bei der Bewältigung angstauslösender Situationen ermutigen und unterstützen.

3. Unterstützung im Lern- und Arbeitsverhalten:
Martin ist in seinem Lern- und Arbeitsverhalten zu stärken. Hierzu sollte

- temporär Binnendifferenzierung hinsichtlich der Leistungsanforderungen stattfinden, um schulische Überforderungssituationen zu minimieren;
- in Zusammenarbeit mit der Klassenlehrerin, den Eltern und dem MSD der Unterrichtsstoff durchgearbeitet und ein Vorbereitungsplan erstellt werden im Bereich der Schnittstelle Können und noch nicht Können: Das kann ich. Das habe ich noch nicht verstanden. Das kann ich alleine lernen. Da muss ich noch Mutter, Vater, die Lehrerin usw. fragen;

- der „Ernstfall“ geplant bzw. simuliert werden: Überprüfen des Arbeitswerkzeuges, alles genau durchlesen, leichte Aufgaben mit einem Symbol (z.B. Smilie) kennzeichnen und dabei die Schwierigkeiten den Möglichkeiten des Schülers entsprechend langsam steigern, das heißt die Lernausgangslage berücksichtigen und ihm Erfolgserlebnisse vermitteln.

Diese akzentuiert aufgeführten Fördervorschläge bedürfen in der jeweiligen Situationen der Konkretisierung durch die beteiligten Personen (Lehrer, Eltern, Sonderpädagoge,Lerntherapeut, ...). Die Vorschläge sollen im Verlauf des Förderungsprozesses auf ihre Effizienz geprüft und – falls notwendig – den Möglichkeiten entsprechend modifiziert werden. Hierzu sind mit den Eltern und gegebenenfalls den therapeutischen Institutionen regelmäßige Kontakte bzw. ein enger Informationsaustausch zwingend notwendig (vgl. Bundschuh, Winkler 2014, 426-434).

Resümee

Das vorliegende Gutachten bewegt sich im Rahmen der realistischen institutionellen Gegebenheiten. Es wird deutlich, wie wichtig Situationen, Handlungen und dynamische Prozesse für förderdiagnostisches Vorgehen sind.

Wenngleich sich Probleme im Zusammenhang mit der Realität zeigen (Institution Schule, begrenzter Handlungsraum), reichen diese Informationen aus, um Martins Verhalten umfassender zu beschreiben und zu begutachten, ihn in seinem So-Sein besser zu verstehen, als dies bisher der Fall war.

Die Darstellung der Informationserhebung, der Überlegungen zur Vorgehensweise sowie die Ausführungen zu den Förderungsvorschlägen erfolgen ansatzweise, denn der diagnostische Begleitprozess hat im Kontext Förderung und Therapie erst begonnen. Einerseits sollen im Gutachten konkrete Impulse für Förderungsvorschläge gegeben werden, andererseits dürfen diese Anregungen einen Schüler nicht festlegen, vielmehr müssen sie ihn geradezu für zukünftige Entwicklungen und Lernprozesse öffnen. Insofern wurden die Förderungsimpulse nicht zu weit ausgedehnt, nicht noch stärker konkretisiert. Wichtig dabei ist die Betonung und Feststellung individueller Ressourcen und Stärken als Basis des Förderprozesses. Nicht die Beschreibung des „Versagens“ und „Nicht Könnens“, sondern die Wahrnehmung von Kompetenzen und Möglichkeiten führt zu Erkenntnissen über Förderung. Es zeigt sich vor allem die enge Verbindung von Diagnose bzw. Beobachtung und Förderung (Handeln), denn nicht nur kognitive, sondern vor allem auch emotionale und soziale Bereiche werden einbezogen.

12 Ausblick: Förderdiagnostische Herausforderungen und Perspektiven im Dienste von Lernen und Persönlichkeitsentfaltung

Die Geschichte der Sonder- und Heilpädagogik hat gezeigt, dass Krisen, Wandel und Dynamik dieses Teilgebiet der Pädagogik begleiten und zum Selbstverständnis dieses speziellen Bereiches der Pädagogik gehören. Durch die Öffnung des wissenschaftlichen und praktischen Erfahrungsraumes können wir die Bedeutung der sonderpädagogischen Diagnostik als Förderdiagnostik neu verstehen, Wege gehen und Perspektiven entdecken, die auch zu einer neuen Wahrnehmung der Diagnostik in Richtung Verstehen, Beziehungsgestaltung, Ressourcen, Kompetenzen und Förderung von Kindern und Jugendlichen in Problemsituationen führen.

In den letzten Jahrzehnten hat sich die Sonder- und Heilpädagogik erheblich verändert. Sie steht vor einer Vielzahl an Herausforderungen, Orientierungen und Perspektiven in Theorie, Forschung und Praxis. Veränderungen und Umbrüche in vielen Lebensbereichen in rascher Folge kennzeichnen die heutige gesellschaftliche Situation. Die aktuelle Sonder- und Heilpädagogik muss sich den vielfältigen Entwicklungen und Widersprüchen sowie Fragen stellen und gewinnt dabei an Handlungsfähigkeit.

Freilich gibt es eine deutliche Verunsicherung im Zusammenhang mit Erziehung in Theorie und Praxis. Vielleicht ist diese Unsicherheit auch ein wichtiger Grund für die Entstehung vehementer Verhaltensprobleme wie Aggressivität, Gewalt, Brutalität, Essprobleme, selbstverletzendes Verhalten mangelndes soziales Einfühlungsvermögen, Egoismus vieler Kinder und Jugendlicher. Sie provozieren – staatliche – Autorität, indem sie mehr oder weniger bewusst Grenzen menschlichen Zusammenlebens überschreiten.

Diagnostik im schulischen, speziell auch im heilpädagogischen und lerntherapeutischen Arbeitsfeld bleibt eine herausfordernde Aufgabe der Zukunft. Im wissenschaftlichen Bereich geht die Diskussion weit über den Aspekt traditioneller Diagnostik hinaus. Es wird nicht mehr angezweifelt, dass der Intelligenztest bestenfalls einen intellektuellen Status registriert, dass „psychometrische Daten" mit Fehlern behaftet sind und nur mit einer gewissen Wahrscheinlichkeit Gegebenheiten entsprechen, die man letztendlich nicht einmal exakt definieren kann (z.B. Intelligenz), dass über Faktoren, insbesondere über sozioökonomische Aspekte, die Beeinträchtigungen bedingen, im Rahmen psychometrischer Verfahren nichts ausgesagt wird. Ein Intelligenzquotient ergibt kaum Informationen über die zukünftige Lernfähigkeit eines Menschen (vgl. Bundschuh 2015, 527-533).

Ein Wandel hat stattgefunden. Der Aspekt „Förderung" und damit das Bemühen um unmittelbare, möglichst nahtlose Verknüpfung von Beobachtung und Umsetzung der Informationen und Erkenntnisse in die pädagogisch-didaktische Praxis mit der Zielrichtung Lernen und Förderung haben in die wissenschaftliche Diskussion und in die Schulpraxis Eingang gefunden.
Man kann aber auch feststellen, dass zahlreiche psychometrische, also normorientierte diagnostische Verfahren entwickelt wurden, die durchaus in modifizierter Form im Sinne qualitativer Diagnostik, d.h. förderdiagnostisch orientiert, eingesetzt werden können. Man versucht gegenwärtig, Verfahren zu entwickeln, die Verhalten beobachten und gleichzeitig neue Lernschritte und -wege aufzeigen. Ich sehe, dass die Entwicklung wegführt von der viel zu statischen traditionellen, hin zu einer flexiblen, an der Problem- und Notsituation des Kindes orientierten Diagnostik, die vor allem den Aspekt der Diagnose und Analyse behindernder Bedingungen im Bereich der Umwelt intendiert. Es setzt im heilpädagogischen Bereich die differenzierte Suche nach neuen Möglichkeiten für Erziehung und Förderung und damit nach erweiterter Handlungsfähigkeit des betroffenen Kindes, der Eltern und der Lehrer ein.

Zukünftige Aufgaben sind:
- Präventive Pädagogik im Sinne der Vermeidung von Störungsprozessen. Positive Veränderungen sind zu unterschiedlichen Zeitpunkten und auf unterschiedlichen Ebenen möglich. Sensitiv periods for learning dürfen nicht übergangen oder durch Störfaktoren von außen gehemmt und behindert, vielmehr müssen sie erkannt und für positive Veränderungsprozesse genutzt werden.
- Integration und Inklusion, d.h., Kinder mit und ohne Behinderungen lernen und spielen gemeinsam, verbringen zusammen Zeit, erfahren miteinander unmittelbar Möglichkeiten und Schwierigkeiten der Lebensgestaltung. Die Verschiedenheit von Kindern und Jugendlichen ist ein Ausgangspunkt für Leben und Lernen und wird als positiver Wert gesehen, keinesfalls als Problem. Die inklusive Schule leistet einen Beitrag zur Entwicklung einer inklusiven, sozial integrativen Gesellschaft.
- Erstellung individueller Förderpläne für jeden einzelnen Schüler bei Auftreten vorschulischer und schulischer Schwierigkeiten unter Einbezug flexibler Förderungsformen bis hin zur Lerntherapie gehört zum schulischen Alltag.
- Analyse und Aufklärung problematischer Kind-Umfeld-Situationen, also Diagnostik bisheriger Beziehungsprozesse sowie Feststellung des Förder- und ggf. Lern- oder Therapiebedarfs sind notwendig, um ein Kind in seinem So-Sein zu verstehen und es in seinem Lernprozess zu unterstützen.
- Verstehen eines Menschen setzt Achtung, Akzeptanz und Wertschätzung des Erlebens und Verhaltens voraus, Verstehen führt zu einer guten heilpädagogischen Beziehung. Im Rahmen heilpädagogischer Beziehungen spielen in An-

lehnung an Martin Buber (1979) vor allem drei Dimensionen eine Rolle: die Subjektivität als ein Wesensmoment menschlicher Beziehungsverhältnisse, das Dialogische im Sinne von Annahme des Partners sowie Vertrauen in das Potential des Partners, Echtheit und Verstehen.

Vor allem die Prozessdiagnostik hat Eingang in Überlegungen und Handlungen im sonder- und heilpädagogischen und vor allem auch lerntherapeutischen Arbeitsfeld gefunden. Es geht um ein möglichst dichtes Heranrücken oder Annähern an die Probleme und damit um die adäquate Wahrnehmung und Begleitung der jeweiligen, individuellen Lernprozesse im Kindes- und Jugendalter.
Unter Prozessdiagnostik verstehe ich die flexible, variable, individuumorientierte Anwendung diagnostischer Verfahren und Methoden über einen längeren Zeitraum hinweg mit dem Ziel der Analyse und Beseitigung der die geistige, emotionale und soziale Entwicklung der Persönlichkeit behindernden Bedingungen, die sowohl in der sozialen und materialen Umwelt als auch in der Person des Kindes (Lernhemmungen, psychische Schwierigkeiten) zu suchen sind. Prozessdiagnostik muss dabei die adäquate Balance zwischen Orientierung am Kind und seinen Bedürfnissen sowie Verstehen und professioneller Distanz im Kontext Realität finden.
Jedes Kind und jeder Jugendliche, ganz gleich ob mit oder ohne Behinderung wird die Welt, in der es/er lebt, in einer ganz bestimmten subjektiven Weise erfahren, wahrnehmen und auch erkennen; schließlich wird es/er sein Leben in der ihm eigenen Weise konstruieren und bewältigen. Zum Beispiel können Kinder und Jugendliche mit einer Behinderung ihre Mitmenschen mit sehr tiefsinnigen Fragen, Aussagen und Antworten in höchstes Erstaunen versetzen, ja in „Verlegenheit“ bringen. Pädagogisches Ziel ist es, jedem Menschen solche Kompetenzen zu vermitteln, die er benötigt, um zunehmend Einfluss auf seine Lebensgestaltung und seine soziale und dingliche Umwelt zu nehmen. Wissenschaftler und Praktiker, die an diesen Zielen orientiert fördern und Wissen vermitteln, tragen zur Verringerung von Machtunterschieden und damit zu mehr Chancengleichheit bei. Wir sollten Menschen mit und ohne Behinderungen zur eigenen Sprache, also zur Mündigkeit führen und ermutigen, Fragen und Antworten selbst zu generieren, d.h. weniger von außen her bestimmen im Sinne von „ich weiß, was für dich gut ist“.
Im Rahmen der bisherigen Ausführungen hat sich gezeigt, dass Diagnostik im sonder- und heilpädagogischen sowie lerntherapeutischen Aufgabenfeld sehr vielfältig ist. Auch wenn versucht wurde, einen Rahmen für die Bewältigung diagnostischer Probleme vor allem im pädagogischen Bereich zu finden, bin ich mir darüber im Klaren, dass keinesfalls alle Schwierigkeiten überwunden sind. Immer noch bleiben Fragen der Umsetzung und Anwendung von Förderdiagnostik angesichts vorliegender Komplexität und Multidimensionalität des sonder- und

heilpädagogischen sowie lerntherapeutischen Arbeitsfeldes bestehen, aber auch Fragen der Vermittlung z.B. von Wissen und Handeln im Hinblick auf die Praxis. Dies liegt in der Natur der Vielfalt der Erscheinungsbilder von Entwicklungsverzögerungen, Lern- und Verhaltensstörungen sowie Behinderungen verschiedener Art und in der Dynamik sowie Komplexität des jeweiligen sozialen Umfeldes begründet. Insofern ist Förderdiagnostik nicht programmierbar. Die vorliegenden Ausführungen konkretisieren sich erst im Zusammenhang mit dem jeweiligen Kind oder Jugendlichen und herausfordernden speziellen Erziehungs- und Lernbedürfnissen.

Wichtig ist ein Nachdenken über anthropologische, pädagogische, soziale, didaktische und therapeutische Prinzipien und Dimensionen der Förderdiagnostik (*vgl. Kap. 5*) mit dem Ziel weiterer Fundierung, Vernetzung und Anwendung, wobei auch der Aspekt der Institutionen nicht ausgeklammert werden darf. Weil man nicht von isolierten „Funktionen“ des Menschen sprechen kann, müssen sich Forschung, Reflexion und Diskussion über förderdiagnostische Prinzipien ergänzen.

Es ist wichtig, den interdisziplinären Charakter dieses Buches hervorzuheben, denn unterschiedliche Wissenschaftsbereiche wurden einbezogen. Interdisziplinarität ist dringend notwendig, um verstärkt die Situation und die Bedingungen von Kindern und Jugendlichen mit Behinderungen und speziellen Erziehungs- und Lernbedürfnissen mit dem Ziel der Förderung ihrer Persönlichkeitsentfaltung sowie der Verbesserung der Gestaltung ihrer Alltagswirklichkeit zu erforschen.

Die Sonder- und Heilpädagogik im 21. Jahrhundert findet sich in einer völlig anderen Situation vor, als dies in der Mitte des 20. Jahrhunderts vorauszusehen war. Die 1960er und 1970er Jahre waren primär gekennzeichnet durch den Versuch einer Strukturierung der Sonderpädagogik in Theorie und Praxis. Diese Strukturen wurden in den vergangenen Jahren immer wieder in der Fachwelt kritisiert. Natürlich haben diese Entwicklungen seit den fünfziger Jahren des 20. Jahrhunderts auch zur Verbesserung des Schicksals von Menschen beigetragen, die es schwer haben aufgrund von Beeinträchtigungen, aber vor allem auch im Zusammenhang mit behindernden Bedingungen sozialer und ökonomischer Art in einer hoch komplexen Alltagswirklichkeit zurechtzukommen. Die Erkenntnisse zur Hilfe und Unterstützung sind enorm gewachsen. Zweifellos erweist sich jeder Mensch – ganz gleich ob mit oder ohne Behinderung – während der gesamten Lebensspanne als ein prinzipiell offenes und lernfähiges Wesen.

Jeder, der an Förderschulen unterrichtet oder im lerntherapeutischen Bereich arbeitet, wird bestätigen, dass nicht nur die Schülerschaft an sich heterogen und komplex ist, vielmehr sich bereits jeder einzelne Schüler mit einem individuellen Förder- oder Lerntherapiebedarf als höchst komplex erweist. Ziel der Förderdiagnostik ist es, jedem Menschen Kompetenzen zu vermitteln, um zunehmend selbst Einfluss auf seine eigene Lebensgestaltung, auf seine soziale und dingliche Umwelt zu nehmen. Forschen, Wissen sowie förderdiagnostisches und lerntherapeutisches Handeln bilden hierbei unter dem Aspekt eines wertorientierten Menschenbildes die Grundlage für eine positive Entwicklung und damit für eine bestmögliche Lebensqualität. Die Lösung des Problems ist daher nicht in so genannten, allgemeingültigen wissenschaftlichen Aussagen zu suchen, vielmehr muss die unmittelbare Wirklichkeit und Erfahrung der Einzelnen, d.h. der Betroffenen und ihres Umfeldes vor allem im Rahmen der Beziehungsgestaltung stärker beachtet werden. Dies gilt für Menschen mit Behinderungen und „Experten", die mit ihnen arbeiten, gleichermaßen. Integration mit der Zielrichtung Inklusion bleibt für die sonder- und heilpädagogische Diagnostik die Herausforderung für Wissenschaft und Praxis.

Literaturverzeichnis

Aebli, H.: Denken: Das Ordnen des Tuns. Bd. I: Kognitive Aspekte der Handlungstheorie. Klett-Cotta, Stuttgart 1980

Achenbach, T. M.: Manual for the Child Behavior Checklist 4-18. University of Vermont, Burlington 1991

Adler, A.: Praxis und Theorie der Individualpsychologie. Fischer, Frankfurt/M. 1974

Adorno, Th. W.: Soziologische Schriften I. Suhrkamp, Frankfurt/M. 1979

Affolter, F.: Wahrnehmungsprozesse, deren Störungen und Auswirkungen auf die Schulleistungen, insbesonderes Lesen und Schreiben. In: Zeitschrift f. Kinder- und Jugendpsychiatrie 3, 1975, 223-234

Ahrbeck, B.: Inklusion. Eine Kritik. Kohlhammer, Stuttgart 2014

Allardt, E.: About Dimensions of Welfare. Research Group for Comparative Sociology. Research Report No. I. University of Helsinki 1973

Arbeitsgruppe Deutsche Child Behavior Checklist: Elternfragebogen über das Verhalten von Kleinkindern (CBCL/2-3). Arbeitsgruppe Kinder-, Jugend- und Familiendiagnostik (KJFD), Köln 1993a

Arbeitsgruppe Deutsche Child Behavior Checklist: Lehrerfragebogen über das Verhalten von Kindern und Jugendlichen; deutsche Bearbeitung der Teacher's Report Form der Child Behavior Checklist (TRF). Einführung und Anleitung zur Handauswertung, bearbeitet von M. Döpfner & P. Melchers. Arbeitsgruppe Kinder-, Jugend- und Familiendiagnostik (KJFD), Köln 1993b

Arbeitsgruppe Deutsche Child Behavior Checklist: Elternfragebogen über das Verhalten von Kindern und Jugendlichen; deutsche Bearbeitung der Child Behavior Checklist (CBCL/4-18). Einführung und Anleitung zur Handauswertung. 2. Auflage mit deutschen Normen, bearbeitet von M. Döpfner, J. Plück, S. Bölte, P. Melchers & K. Heim. Arbeitsgruppe Kinder-, Jugend- und Familiendiagnostik (KJFD), Köln 1998a

Arbeitsgruppe Deutsche Child Behavior Checklist: Fragebogen für Jugendliche; deutsche Bearbeitung der Youth Seif-Report Form der Child Behavior Checklist (YSR). Einführung und Anleitung zur Handauswertung. 2. Auflage mit deutschen Normen, bearbeitet von M. Döpfner, J. Plück, S. Bölte, P. Melchers & K. Heim. Arbeitsgruppe Kinder-, Jugend- und Familiendiagnostik (KJFD), Köln 1998b

Arnold, K.-H., Kretschmann, R.: Förderdiagnostik, Förderplan und Förderkontrakt: Von der Eingangsdiagnose zu Förderungs- und Fortschreibungsdiagnosen. In: Zeitschrift für Heilpädagogik 2002, 266-271

Arnold, K.-H., Kretschmann, R.: Förderpläne, Konflikte und professionelle Kooperation. In: Zeitschrift für Heilpädagogik 2005, 2-13

Aurin, K. (Hrsg.): Beratung als pädagogische Aufgabe. Klinkhardt, Bad Heilbrunn, 2. Aufl. 1997

Axline, V.: Kinderspieltherapie im nicht-direktivenVerfahren. Reinhardt, München, 12. Aufl. 2016

Ayres, J.: Lernstörungen: Sensorisch-integrative Dysfunktionen. Springer, Berlin 1979

Ayres, J.: Bausteine der kindlichen Entwicklung. Springer, Berlin, 5. Aufl. 2013

Baacke, D.: Die 6- bis 12-Jährigen. Beltz, Weinheim 1993, 4. Aufl. 2018

Bach, H.: Sonderpädagogik im Grundriß. Marhold, Berlin [15]1995

Badura, B.: Bedürfnisstruktur, politisches System und die Grenzen des Wachstums, dargestellt am Beispiel medizinischer Dienste und Leistungen. In: Stachowiak, H., Ellwein, T. (Hrsg.): Bedürfnisse, Werte und Normen im Wandel, Bd. 1, Grundlagen, Modelle und Prospektiven. Fink, München 1982, 71-86

Barkey, P.: Direkte versus indirekte Modelle sonderpädagogischer Diagnostik. In: Kornmann, R. (Hrsg.): Diagnostik bei Lernbehinderten. Schindele, Rheinstetten 1975

Barkey, P.: Modelle in der pädagogischen Diagnostik. In: Barkey, P. et al. (Hrsg.): Pädagogisch-psychologische Diagnostik am Beispiel von Lernschwierigkeiten. Huber, Bern 1976, 22-58

Bayerisches Staatsministerium für Unterricht und Kultus: Lehrplan für den Förderschwerpunkt emotionale und soziale Entwicklung. Hintermaier, München 2001

Bayerisches Staatsministerium für Unterricht und Kultus: Lehrplan für den Förderschwerpunkt geistige Entwicklung. Hintermaier, München 2003

Bayerisches Gesetz über das Erziehungs- und Unterrichtswesen. Maiß, München [7]2005

Beck, I.: Neuorientierung in der Organisation pädagogisch-sozialer Dienstleistungen für behinderte Menschen: Zielperspektiven und Bewertungsfragen. Lang, Frankfurt/M. 1994

Begemann, E.: Die Erziehung der sozio-kulturell benachteiligten Schüler. Schroedel, Hannover 1970

Begemann, E.: „Sonder"-(schul-)Pädagogik: Zur Notwendigkeit neuer Orientierungen. In: Zeitschrift für Heilpädagogik, 1992, 217-267

Belschner, W.: Behandlungsmodelle. In: Belschner, W. et al. (Hrsg.): Verhaltenstherapie in Erziehung und Unterricht. Kohlhammer, Stuttgart,1974

Berges, M.: Integration von Schülern der Schule für Geistigbehinderte in die Sekundarstufe der Allgemeinen Schulen. In: Zeitschrift für Heilpädagogik 1998, 272-285

Bergius, R.: Psychologie des Lernens. Kohlhammer, Stuttgart 1971

Bergsson, M.: Ein entwicklungstherapeutisches Modell für Schüler mit Verhaltensauffälligkeiten – Organisation einer Schule. Progressus, Essen 1995

Betz, D., Breuninger, H.: Teufelskreis Lernstörungen. Beltz, Weinheim [5]1998

Biewer, G.: Montessori-Pädagogik mit geistig behinderten Schülern. Klinkhardt, Bad Heilbrunn [2]1997

Bittmann, F.: Zusammenhänge zwischen Angst und schulischer Leistung. In: Zeitschrift für empirische Pädagogik 4, 1980, 161-190

Bittner, G., Rehm, W. (Hrsg.): Psychoanalyse und Erziehung. Huber, Bern 1964

Bittner, G.: Zur Einführung: Von der therapeutischen zur pädagogischen Spielgruppe. In: Bittner, G. u. A. (Hrsg.): Spielgruppen als soziale Lernfelder. Pädagogische und therapeutische Aspekte. Juventa, München 1975, 7-13

Bittner, G.: (Hrsg.): Selbstwerden des Kindes. Ein neues tiefenpsychologisches Konzept. Bonz, Fellbach-Oeffingen 1981

Bittner, G.: Was ist Kindgemäß? In: Das Kind 10, 1991, 17-37

Bodack, R., Barten-Wohlgemut, I.: Diagnostik als therapeutische Intervention. In: Bommert, H., Hockel, M. (Hrsg.): Therapie-orientierte Diagnostik. Kohlhammer, Stuttgart 1981, 115-128

Böhm, W.: Über den interdisziplinären Charakter der Pädagogik. In: Brinkmann, W. u.a. (Hrsg.): Die Pädagogik und ihre Bereiche. Schöningh, Paderborn 1982, 45-53

Böhm, W.: Wörterbuch der Pädagogik. Kröner, Stuttgart [15]2000; Schöningh Würzburg, 17. Aufl. 2018

Bollnow, O. F.: Das Wesen der Stimmungen. Klostermann, Frankfurt, [4]1968a

Bollnow, O. F.: Die anthropologische Betrachtungsweise in der Pädagogik. Neue deutsche Schule, Essen 1968b

Bollnow, O. F.: Existenzphilosophie und Pädagogik. Klett, Stuttgart [6]1984

Bower, G. H.: How to might emotions affect learning? In: Christianson S.-A. (Ed.): The handbook of emotion and memory: Research and theory. Erikbaum, Hillsdale 1992, 3-31

Brandt, I.; Sticker, E.J.: Griffiths Entwicklungsskalen zur Beurteilung der Entwicklung in den ersten beiden Lebensjahren. Hogrefe, Göttingen [2]2001

Braun, U.: Unterstützte Kommunikation bei körperbehinderten Menschen mit schwerer Dysarthrie. Lang, Frankfurt/M. 1994

Brem-Gräser, L.: Familie in Tieren. Reinhardt, München [8]2001, 11. Aufl. 2014

Bronfenbrenner, U.: Die Ökologie der menschlichen Entwicklung. Klett-Cotta, Stuttgart 1981

Buber, M.: Das dialogische Prinzip. Schneider, Heidelberg [10]2006

Bundschuh, K.: Probleme der Realisierung von Förderdiagnostik. In: Kornmann, R., Meister, H., Schlee, J. (Hrsg.): Förderungsdiagnostik Konzept und Realisierungsmöglichkeiten. Schindele, Heidelberg 1983 ,1986, 171-180

Bundschuh, K.: Integration als immer noch ungelöstes Problem bei Kindern mit speziellem Förderbedarf. In: Zeitschrift flir Heilpädagogik 1997, 310-315

Bundschuh, K.: Wahrnehmen – Verstehen – Handeln. Perspektiven für die Sonder- und Heilpädagogik. Klinkhardt, Bad Heilbrunn 2000

Bundschuh, K.: Emotionalität, Lernen und Verhalten. Klinkhardt, Bad Heilbrunn 2003

Bundschuh, K.: Möglichkeiten und Grenzen von Integration aus sonder- und heilpädagogischer Sicht. In: Becker, U., Graser, A. (Hrsg.): Perspektiven der schulischen Integration von Kindern mit Behinderung. Nomos, Baden-Baden 2004, 15-40

Bundschuh, K.: Förderdiagnostik im 21. Jahrhundert – Zwischen Problem- und Kompetenzorientierung. In: Mutzeck, W., Jogschies, P. (Hrsg.): Neue Entwicklungen in der Förderdiagnostik. Beltz Verlag, Weinheim 2004

Bundschuh, K.: Die Bedeutung der Emotionalität fiir die Entwicklung und das Lernen von Menschen mit geistiger Behinderung. In: Klauß, T. (Hrsg.): Geistige Behinderung – Psychologische Perspektiven. Universitätsverlag Winter, Heidelberg 2006

Bundschuh, K.: Rahmenbedingungen und diagnostische Umsetzung zur Feststellung sonderpädagogischen Förderbedarfs in Bayern. In: Petermann, U., Petermann, F. (Hrsg.): Diagnostik sonderpädagogischen Förderbedarfs. Hogrefe, Göttingen 2006

Bundschuh, K.: Heilpädagogische Psychologie. Reinhardt, München , 4. Aufl. 2008

Bundschuh, K.: Allgemeine Heilpädagogik. Kohlhammer, Stuttgart 2010

Bundschuh, K.: Behaviorismus. In: Wember, F. B. u.a. (Hrsg.): Handlexikon Lernschwierigkeiten und Verhaltensstörungen. Kohlhammer, Stuttgart 2014, 234f.

Bundschuh, K.: Grundllagen der Förderplanung. In: Schäfer, H., Rittmeyer, Ch. (Hrsg.): Handbuch Inklusive Diagnostik. Beltz, Weinheim, Basel 2015, 269-286

Bundschuh, K.: Grenzen einer Pädagogischen (inklusiven) Diagnostik. In: Schäfer, H., Rittmeyer, Ch. (Hrsg.): Handbuch Inklusive Diagnostik. Beltz, Weinheim, Basel 2015, 526-546

Bundschuh, K., Heimlich, U., Krawitz, R. (Hrsg.): Wörterbuch Heilpädagogik. Klinkhardt, Bad Heilbrunn [3]2007

Bundschuh, K. Winkler, Ch.: Einführung in die sonderpädagogische Diagnostik. Reinhardt, München, 8. Aufl. 2014; 9. Aufl. 2019.

Cloerkes, G.: Soziologie der Behinderten. Winter, Heidelberg [2]2001, 3. Aufl. 2007

Clore, G. L., Schwarz, N., Conway, M.: Affective causes and consequences ofsocial information processing. In: Wyer, R. S., Srull, T. K. (Eds.): Handbook of social cognition Vol.l. Basic processes 2nd cd. Erlbaum, Hillsdale 1994, 323-471

Csikszentmihalyi, M.: Flow. Das Geheimnis des Glücks. Klett-Cotta, Stuttgart 1992

Dahrendorf, R.: Lebenschancen. Anläufe zur sozialen und politischen Theorie. Suhrkamp, Frankfurt/M. 1979

Damasio, A. R.: Descartes Irrtum: Fühlen, Denken und das menschliche Gehirn. List, München 1995, 9. Aufl. 2004

Derbolav, J.: Kritische Reflexionen zum Thema „Pädagogische Anthropologie". In: Pädagogische Rundschau 18, 1964, 751-767

Deutscher Bildungsrat Gutachten und Studien der Bildungskommission 34 – Sonderpädagogik 3. Klett, Stuttgart 1974

Döpfner, M. et al.; Arbeitsgruppe Deutsche Child Behavior Checklist. Elternfragebogen über das Verhalten von Kindern und Jugendlichen (CBCL/6-18R). Hogrefe 2014

Döpfner, M. et al.; Arbeitsgruppe Deutsche Child Behavior Checklist. Lehrerfragebogen über das Verhalten von Kindern und Jugendlichen (TRF/6-18R). Hogrefe 2014

Döpfner, M. et al.; Arbeitsgruppe Deutsche Child Behavior Checklist. Fragebogen für Jugendlichen (YSR/6-18R). Hogrefe 2014

Döpfner, M.; Lehmkuhl, G., Heubrock, D. & Petermann, F.: Diagnostik psychischer Störungen im Kindes- und Jugendalter. Hogrefe, Göttingen 2000, 3. Aufl. 2012

Doering, W. u. W. (Hrsg.): Sensorische Integration. Modernes Lernen, Dortmund 1990

Dorsch, F.: Geschichte und Probleme der augewandten Psychologie. Huber, Bern 1963

Eberwein, H.: Zur Kritik des sonderpädagogischen Paradigmas und des Behinderungsbegriffes. Rückwirkung auf das Selbstverständnis von Sonder- und Integrationspädagogik. In: Zeitschrift für Heilpädagogik 1995, 468-476

Eccles, J. C.: Das Gehirn des Menschen. Piper, München ^{5}1984

Eggert, D.: Psychodiagnostik. In: Bach, H. (Hrsg.): Handbuch der Sonderpädagogik, Bd. 5. Pädagogik der Geistigbehinderten. Marhold, Berlin 1979, 392-417

Eggert, D.: Von den Stärken ausgehen... Individuelle Entwicklungspläne in der Lernförderdiagnostik. Borgmann, Dortmund ^{4}2000, 5. Aufl. 2007

Englbrecht, A.; Weigert, H.: Lernbehinderungen verhindern. Unterrichtspraxis Grundschule. Diesterweg, Frankfurt/M. ^{2}1994

Ertle, C.: Unterricht mit Kindern in Not. Klinkhardt, Bad Heilbrunn 1994

Fischer, E. (Hrsg.): Welt verstehen – Wirklichkeit konstruieren. Borgmann, Dortmund 2004

Flehmig, I.; Schloon, M.; Uhde, J.; v. Bernuth, H.: Denver Entwicklungsskalen (Denver Suchtest). Harnburg 1973

Flitner, W.: Das Selbstverständnis der Erziehungswissenschaft in der Gegenwart. Quelle u. Meyer, Heidelberg ^{4}1966

Flitner, W.: Allgemeine Pädagogik. Klett, Stuttgart ^{12}1968

Fries, A.: Denken in Teilleistungsstörungen – Kritische Anmerkungen zu einem in Mode gekommenen Konzept. In: Möckel, A., Müller, A. (Hrsg.): Erziehung zur rechten Zeit. Bentheim, Würzburg 1990, 102-135

Fröhlich, A.: Basale Stimulation – Das Konzept. Verlag Selbstbestimmtes Leben, Düsseldorf 1999

Fröhlich, A.: Die Arbeit mit Förderplänen an einer Schule für Geistigbehinderte – Ein Praxisbeispiel. In: Mutzeck, W. (Hrsg.): Förderplanung – Grundlagen, Methoden, Alternativen. Beltz, Weinheim ^{2}2003, 55-61

Frostig, M., Maslow, P.: Lernprobleme in der Schule. Hippokrates, Stuttgart 1978

Gagne, R. M.: Die Bedingungen des menschlichen Lernens. Schroedel, Hannover ^{5}1980, 7. Aufl. 2011

Galliani, L.: Situation und Probleme der Sonderpädagogik in Italien. In: Klein, G., Möckel, A., Thalhammer, M. (Hrsg.): Heilpädagogische Perspektiven in Erziehungsfeldern. Schindele, Heidelberg 1982, 339-352

Galperin, P. J.: Die Psychologie des Denkens und die Lehre von der etappenweisen Ausbildung geistiger Handlungen. In: Untersuchungen des Denkens in der sowjetischen Psychologie. Volk u. Wissen, Berlin 1967

Galton, F.: Inquiries into human faculty and its development. Dent, London 1883

Gehlen, A.: Der Mensch. Seine Natur und seine Stellung in der Welt. Athenäum, Frankfurt/M. ^{7}1962

Gibson, J. J.: Die Sinne und der Prozess der Wahrnehmung. Huber, Bern 1973

Gibson, J. J.: Wahrnehmung und Umwelt. Der ökologische Ansatz in der visuellen Wahrnehmung. Urban & Schwarzenberg, München 1982

Gießler-Fichtner, O.-A., Freimann, M., Frey, F., Menzel, S.; Petermann, U.: Verhaltensbeurteilungsbogen Schule (VBS-L). In: Psychologie in Erziehung und Unterricht 47, 2000, 307-317

Gläser-Zikuda, M.: Emotionen und Lernstrategien in der Schule. Eine empirische Studie mit Qualitativer Inhaltsanalyse. Beltz, Weinheim 2001

Glasersfeld, E. von: Die Wurzeln des „Radikalen“ am Konstruktivismus. In: Fischer, H. R. (Hrsg.): Die Wirklichkeit des Konstruktivismus. Zur Auseinandersetzung um ein neues Paradigma. Carl-Auer-Systeme, Heidelberg 1995, 35-46

Glatzer, W., Zapf, W. (Hrsg.): Lebensqualität in Deutschland. Objektive Lebensbedingungen und subjektives Wohlbefinden. Darmstadt 1984

Goldenberg, H.: Contemporary clinical psychology. Brooks/Cole, Monterey 1973

Goleman, D.: Emotional lntelligence. Why it can matter more than IQ. Bantarn Books, New York 1995

Goleman, D.: Emotionale Intelligenz. Deutscher Taschenbuch Verlag, München [14]2001, 28. Aufl. 2018

Göppel, R.: Wenn ich hasse, habe ich keine Angst mehr... Psychoanalytisch-pädagogische Beiträge zum Verständnis problematischer Entwicklungsverläufe und schwieriger Erziehungssituationen. Auer, Donauwörth 2002

Grimm, H.; Doil, H.: Elternfragebogen für die Früherkennung von Risikokindern. Hogrefe, Göttingen 2006

Groeben, N., Scheele, B.: Argumente fiir eine Psychologie des reflexiven Subjekts. Steinkopff, Darmstadt 1977

Gröschke, D.: Psychologische Grundlagen der Heilpädagogik. Klinkhardt, Bad Heilbrunn 3. Aufl. 2005

Gross, P., Bandura, B.: Sozialpolitik und soziale Dienste: Entwurf einer Theorie personenbezogener Dienstleistungen. In: v. Ferber, Ch., Kaufinann, F.-X. (Hrsg.): Soziologie und Sozialpolitik, Opladen 1977, 361-385

Hänze, M.: Denken und Gefühl. Wechselwirkung von Emotionen und Kognition im Unterricht. Luchterhand, Neuwied 1998

Hänze, M.: Schulisches Lernen und Emotionen. In: Otto, J. H., Euler, H. A., Mandl, H. (Hrsg.): Emotionspsychologie. Ein Handbuch. Beltz, Weinheim 2000

Hamann, B.: Pädagogische Anthropologie. Theorien – Modelle – Strukturen. Eine Einführung. Klinkhardt, Bad Heilbrunn 1982

Hansen, G.: Die Misere der sonderpädagogischen Diagnostik – Bestandsaufnahme und Vermittlungsversuch. In: Hansen, G. (Hrsg.): Sonderpädagogische Diagnostik. Centaurius, Pfaffenweiler 1992, 9-30

Hegel, G. W. F.: Enzyklopädie der philosophischen Wissenschaften III – Werke 10. Suhrkamp, Frankfurt/M. 1999

Heidegger, M.: Sein und Zeit. Niemayer, Tübingen [13]1976

Hellbrügge, T., Lajosi, F., Menara, D.: Fortschritt der Sozialpädiatrie 4: Münchener Funktionelle Entwicklungsdiagnostik. Erstes Lebensjahr. Hansisches Verlagskontor, Lübeck 2012

Helmke, A.: Die Entwicklung der Lernfreude vom Kindergarten bis zur 5. Klassenstufe. In: Zeitschrift für Pädagogische Psychologie 7, 1993, 77-86

Hinz, A.: Von der Integration zur Inklusion – terminologisches Spiel oder konzeptionelle Weiterentwicklung. In: Zeitschrift für Heilpädagogik 2002, 354-361

Hinz, A.: Entwicklungswege zu einer Schule für alle mit Hilfe des „Index für Inklusion“. In: Zeitschrift für Heilpädagogik 2004, 245-250

Hodapp, V.: Das Prüfungsängstlichkeitsinventar TAl-G. In Zeitschrift für Pädagogische Psychologie 5, 1993, 121-130

Hoffmann, J.: Vorhersage und Erkenntnis. Die Funktion von Antizipation in der menschlichen Verhaltenssteuerung und Wahrnehmung. Hogrefe, Göttingen 1993

Holtz, K.-L.; Eberle, G.; Hilig, A., Marker, K.R. (^{4}1998): Heidelberger Kompetenz-Inventar für geistig Behinderte (HKI). Universitätsverlag Winter, Heidelberg 2005

Kahle, W.: dtv-Atlas der Anatomie. Bd. 3. Nervensystem und Sinnesorgane. Deutscher Taschenbuch Verlag, München ^{6}1991

Kaminski, G.: Verhaltenstheorie und Verhaltensmodifikation. Zytglogge, Stuttgart 1970

Kanfer, F. H.: Möglichkeiten der Verhaltensänderung. Urban & Schwarzenberg, München 1977

Kastner-Koller, U., Deimann, P.: Der Wiener Entwicklungstest. Ein Verfahren zur Erfassung des allgemeinen Entwicklungsstandes bei Kindem von 3 bis 6 Jahren. Hogrefe, Göttingen 2002

Kautter, H., Munz, W.: Verfahren der Aufnahme und Überweisung in die Sonderschule. Schwerpunktmäßig dargestellt an der Schule für Lernbehinderte. In: Deutscher Bildungsrat: Sonderpädagogik 3. Klett, Stuttgart 1974, 235-358

Kautter, H. u. a. (Hrsg.): Das Kind als Akteur seiner Entwicklung. Schindele, Heidelberg ^{4}1998

Kiphard, E. J.: Mototherapie Teil II. Psychomotorische Entwicklungsförderung Bd. 3. Modernes Lernen, Dortmund ^{2}1986

Kiphard, E. J.: Motopädagogik. Psychomotorische Entwicklungsförderung, Bd. I. Modernes Lernen, Dortmund ^{4}1990

Kiphard, E. J.: Eine Anleitung zur Entwicklungsüberprüfung: Wie weit ist ein Kind entwickelt? Hogrefe, Göttingen ^{11}2002

Klafki, W. u. A.: Didaktische Analyse. Schroedel, Hannover ^{10}1969

Klaus, G., Buhr, M. (Hrsg.): Philosophisches Wörterbuch. Das Europäische Buch, Berlin 1972, 1049

Klein, M.: Die Psychoanalyse des Kindes. Reinhardt, München 1973

KMK: Empfehlungen zur sonderpädagogischen Förderung in den Schulen der Bundesrepublik Deutschland. Sekretariat der Kultusministerkonferenz, Bonn 1994

Kobi, E. E.: Einweisungsdiagnostik – Förderdiagnostik: eine schematische Gegenüberstellung. In: Vierteljahresschrift für Heilpädagogik 46, 1977a, 115-123

Kobi, E. E.: Subjektivität als Weg zur personalen Existenz des behinderten Kindes. In: Vierleljahresschrift für Heilpädagogik 46, 1977b, 282-291

Kobi, E. E.: Heilpädagogik als Dialog. In: Leber, A. (Hrsg.): Heilpädagogik. Wissenschaftliche Buchgesellschaft, Darmstadt 1980, 61-94

Kobi, E. E.: Zum Verhältnis von Pädagogik und Heilpädagogik. In: Kobi, E. E., Bürli, A., Broch, E. (Hrsg.): Zum Verhältnis von Pädagogik und Sonderpädagogik. Verlag der Schweizerischen Zentralstelle für Sonderpädagogik, Luzern 1984, 26-35

Kobi, E. E.: Diagnostik in der heilpädagogischen Arbeit. Verlag der Schweizerischen Zentralstelle für Sonderpädagogik, Luzern ^{5}2003

Kobi, E. E.: Personale Heilpädagogik. Kulturanthropologische Perspektiven. BHP Verlag, Berlin 2010

König, K.: Heilpädagogische Diagnostik. Natwa, Adesheim 1977

König, E., Ramsenthaler, H. (Hrsg.): Diskussion Pädagogische Anthropologie. Fink, München 1980

Korczak, J.: Wie man ein Kind lieben soll. Vandenhoeck, Göttingen 1967

Krawitz, R.: Pädagogik statt Therapie. Klinkhardt, Bad Heilbrunn ^{3}1997

Kretschmann, R., Arnold, K.-H.: Leitfaden für Fürder- und Entwicklungspläne. In: Zeitschrift für Heilpädagogik, 1999, 410-420

Krohne, H. W.; Kohlmann, C. W., Schumacher, A.: Beziehungen zwischen elterlichen Erziehungsstilen und Angstbewältigungsdispositionen des Kindes. In: Zeitschrift für Entwicklungspsychologie und Pädagogische Psychologie. Bd. XX 2, 1988, 167-183

Kükelhaus, H.: Fassen, Fühlen, Bilden. Caia, Köln ^{2}1975

Lang, S.: Lebensbedingungen und Lebensqualität von Kindern. Frank, Langheine 1984

Langeveld, J. M.: Einführung in die theoretische Pädagogik. Klett, Stuttgart, ^{7}1969

Langfeldt, H.-P.: Alternativmodell zur praktizierten Umschulungsdiagnostik. In: Kornmann, R. (Hrsg.): Diagnostik bei Lernbehinderten. Schindele, Rheinstetten 1975, 58-73

Langfeldt, H.-P.: Sonderpädagogische Diagnostik: Allgemeine Grundlagen und Funktionen. In: Langfeldt, H.-P. (Hrsg.): Diagnostik bei Lernbehinderten. Luchterhand, Neuwied/Berlin 1993, 273-282

Lazarus, R. S.: Psychological Stress and the Coping Process. McGraw-Hill, New York 1966

Legowski, Ch.: Was ist das „Sonderbare" der Sonderpädagogik? In: Brinkmann, W., Renner, K. (Hrsg.): Die Pädagogik und ihre Bereiche. Schöningh, Paderborn 1982, 411-420

Leontjew, A. N.: Probleme der Entwicklung des Psychischen. Athenäum, Frankfurt/M. 1977

Lewin, K.: A dynamic theory ofpersonality. Mc Graw Hili, New York 1935

Lindemann, H., Vosseler, N.: Die Behinderung liegt im Auge des Betrachters. Konstruktivistisches Denken für die pädagogische Praxis. Luchterhand, Neuwied 1999

Litt, Th.: Führen oder Wachsenlassen. Eine Erörterung des pädagogischen Grundproblems. Teubner, Leipzig 1927

Loch, W.: Die anthropologische Dimension der Pädagogik. Neue deutsche Schule, Essen 1963

Loch, W.: Der Mensch im Modus des Könnens. Anthropologische Fragen pädagogischen Denkens. In: König, E., Ramsenthaler, H. (Hrsg.): Diskussion Pädagogische Anthropologie. Fink, München 1980, 191-225

Loch, W.: Zur Anthropologie der Lernhemmung. In: Klein, G., Mücke, A., Thalhammer, M. (Hrsg.): Heilpädagogische Perspektiven in Erziehungsfeldern. Schindele, Heidelberg 1982, 20-42

Maslow, A. H.: Motivation und Persönlichkeit. Walter, Olten [2]1978, Rororo TB, 15. Aufl. 1981

Maturana, H. R., Varela, F. J.: Der Baum der Erkenntnis. Die biologischen Wurzeln des menschlichen Erkennens. Goldmann, München [3]1991

Mayr, T.: Beobachtungsbogen zur Erfassung von Entwicklungsrückständen und Verhaltensauffälligkeiten bei Kindergartenkindern. Staatsinstitut für Frühpädagogik, München 1998

Metzger, A.: Lerntherapie – Wege aus der Lernblockade. Haupt, Bern, 2. Aufl. 2002

Metzger, A.: Lerntherapie in Theorie und Praxis. Haupt, Bern 2008

Metzger, A.: Lerntherapie. In: Wember, F. B. et al. (Hrsg.): Handlexikon Lernschwierigkeiten und Verhaltensstörungen. Kohlhammer, Stuttgart 2014, 143f.

Möckel, A.: Zum Problem von Didaktik und Förderdiagnostik in der Eingangsklasse der Schule für Lernbehinderte. In: Holtz, K.-L. (Hrsg.): Sonderpädagogik und Therapie. Schindele, Rheinstetten 1980, 125-133

Möller, K.: „...an den Bedürfnissen und Interessen ansetzen!" Zur Grundlagendiskussion in der Jugend- und Erwachsenenbildung. Leske u. Budrich, Opladen 1988

Mollenhauer, K.: Das pädagogische Phänomen „Beratung". In: Mollenhauer, K., Müller, C. W. (Hrsg.): „Führung" und „Beratung" in pädagogischer Sicht. Quelle & Meyer, Heidelberg 1965

Montessori, M.: Die Entdeckung des Kindes. Herder, Freiburg, [2]1971, 2. Aufl. 2015

Montessori, M.: Schule des Kindes, Montessori-Erziehung in der Grundschule. Herder, Freiburg 1976

Montessori, M.: Kinder sind anders. Klett, Stuttgart 1991, 20. Aufl. 2018

Moor, P.: Heilpädagogische Psychologie, Bd. 2. Huber, Bern [2]1965

Moor, P.: Heilpädagogik. Ein Pädagogisches Lehrbuch. Huber, Bern [3]1974

Mühl, H.: Handlungsbezogener Unterricht. In: Fischer, E. (Hrsg.): Welt verstehen – Wirklichkeit konstruieren. Borgmann, Dortmund 2004, 53-74

Munz, W., Schoor, U.: Die funktionale Einheit von diagnostischer und praktischer Tätigkeit bei der unterrichtlichen Förderung schulleistungsschwacher Grundschüler. In: Kornmann, R. (Hrsg.): Diagnostik bei Lernbehinderten. Schindele, Rheinstetten 1975, 173-195

Mutzeck, W.: Kooperative Beratung – Grundlagen, Methoden, Training, Effektivität. Beltz, Weinheim 6. Aufl. 2008

Myschker, N.: Verhaltensstörungen bei Kindern- und Jugendlichen. Kohlhammer, Stuttgart [6]2009

Niedermann, A.: Die TARC-Methode. Haupt-Verlag, Bern 1987

Nohl, H.: Die pädagogische Bewegung in Deutschland und ihre Theorie. Schulte-Buhnke, Frankfurt/M. [5]1961

Nolte, M.: Integrative Lerntherapie. Klinkhardt, Bad Heilbrunn 2008

Pekrun, R.: The impact of emotions on Iearning and achievement: Towards and theory of cognitive/motivational mediators. In: Applied Psychology: An International Review 41, 1992, 359-376

Perrez, M., Huber, G. L., Geißler, K. A.: Psychologie der pädagogischen Interaktion. In: Weidenmann B., Krapp A. u.a. (Hrsg.): Pädagogische Psychologie: Ein Lehrbuch. Psychologie Verlags Union, Weinheim [2]1993, 361-445

Petermann, F., Petermann, U.: Erfassungsbogen für aggressives Verhalten in konkreten Situationen-EAS. Hogrefe, Göttingen, 5. Aufl. 2015

Petillon, H.: SFS 4-6 – Sozialfragebogen für Schüler. Beltz, Weinheim 1984

Petillon, H.: Das Sozialleben des Schulanfängers: Die Schule aus der Sicht des Kindes. Psychologie Verlags Union, Weinheim 1993

Piaget, J.: Die Äquilibration der kognitiven Strukturen. Klett, Stuttgart 1976

Plessner, H.: Die Stufen des Organischen und der Mensch. Einleitung in die philosophische Anthropologie. De Gruyter, Frankfurt [3]1975

Popp, K., Methner, A.: Entwicklung und Umsetzung von Förderplänen unter inklusvien Gesichtspunkten. In: Schäfer, H., Rittmeyer, Ch. (Hrsg.): Handbuch Inklusive Diagnostik. Beltz, Weinheim 2015, 287-300

Portmann, A.: Zoologie und das neue Bild des Menschen. Biologische Fragmente zu einer Lehre vom Menschen. Rowohlt, Reinbek [2]1958

Prekop, J.: Hättest Du mich festgehalten. Grundlagen und Anwendung der Festhaltetherapie. Kösel, München 1989

Probst, H.: Strukturbezogene Diagnostik. In: Probst, H. (Hrsg.): Kritische Behindertenpädagogik in Theorie und Praxis. Jarick, Oberbiel 1979, 113-135

Probst, H.: Zur Diagnostik und Didaktik der Oberbegriffbildung. Jarick, Oberbiel 1981

Radigk, W.: Kognitive Entwicklung und zerebrale Dysfunktion. Modernes Lernen, Dortmund [4]1998

Reykowski, J.: Psychologie der Emotionen. Auer, Donauwörth 1973

Riemann, F.: Grundformen der Angst. Reinhardt, München 1998, 42. Aufl. 2017

Römer, S. (Hrsg.): Diagnostik als Beziehungsgestaltung. Beziehungen eingehen, reflektieren und gestalten – Diagnostik in Dialog und Kooperation. Frank & Timme, Berlin 2017

Rogers, C. R.: Counseling and psychotherapy. Houghton Mifflin, Boston 1942

Rogers, C. R.: The attitude and orientation ofthe counselor in clientcentered therapy. In: Journal of Consulting and Clinical Psychology 12, 1949, 82-94

Rogers, C. R.: The interpersonal relationship: The core of guidance. In: Harward Educ. Review 42, 1962, 416-429

Rogers, C. R.: Die nicht-direktive Beratung. Kindler, München 1972

Rogers, C.: Die klientenzentrierte Gesprächspsychotherapie. Fischer, Frankfurt/M. 1984, 17. Aufl. 2017

Rogers, C.: Die klientbezogene Gesprächstherapie. München 1973

Rohmann, U. H., Elbing, U.: Festhaltetherapie und Körpertherapie. Modernes Lernen, Dortmund 1990

Rosenzweig, S.: Der Rosenzweig P-F Test, Form für Kinder – PFT. Dt. Bearbeitung von Duhm, E., Hansen, J. Hogrefe, Göttingen 1957

Rost, D. H., Schermer, F. J.: Differentielles Leistungsangstinventar (DAI). Beltz, Frankfurt 1997

Roth, H.: Pädagogische Anthropologie, Bildsamkeit und Bestimmung, Bd. I. Schroedel, Hannover [3]1971

Ruff, C.: Bewältigungsorientierte Lerntherapie. Tübingen 2007

Salovey P., Mayer, J. D.: Emotional intelligence. In: Imagination, Cognition, and Personality 9, 1990, 185-211

Sander, A.: Zu Theorie und Praxis individueller Förderpläne für Kinder mit sonderpädagogischem Förderbedarf. In: Mutzeck, W. (Hrsg.): Förderplanung – Grundlagen, Methoden, Alternativen. Beltz, Weinheim ²2003, 14-32

Sander, A.: Konzepte einer inklusiven Pädagogik. In: Zeitschrift für Heilpädagogik 2004, 240-244

Sansone, C., Harackiewicz, J. M.: "I don't feellike it": The function of interest in selfregulation. In: Martin, L. L., Tesser, A. (Eds.): Striving and feeling: Interactions among goals, affect, and self-regulation Erlbaum, Mahwah 1996, 203-228

Schäfer, u.a. 2010 (s.S.235)

Schneider, W.: Lebenslanges Lernen aus der Sicht der (kognitiven) Entwicklungspsychologie. In: Achtenhagen, F., Lempert, W. (Hrsg.): Lebenslanges Lernen im Beruf – seine Grundlegung im Kindes- und Jugendalter (III). Leske & Budrich, Opladen 2000, 76-89

Schneider, et al.: Diagnostisches Interview bei psychischen Störungen im Kindes- und Jugendalter 2007 (Manuskr. S. 196)

Schnotz, W.: Lerndiagnose als Handlungsanalyse. Beltz, Weinheim 1979

Schöne, C., Dickhäuser, O., Spinath, B., Stiensmeier-Pelster, J.: Skalen zur Erfassung des schulischen Selbstkonzepts – SESSKO. Hogrefe, Göttingen 2002

Schopler, E.; Reichler, R.J.; Bashford, A.: PEP-R. Entwicklungs- und Verhaltensprofil Band I. Verlag Modernes Lernen, Dortmund 2004

Schürer-Necker, E.: Gedächtnis und Emotion. Zum Einfluss von Emotionen auf das Behalten von Texten. In: Frey, D. et al. (Hrsg.): Fortschritte der psychologischen Forschung 22. Beltz, Weinheim 1994

Seitz, W., Rausche, A.: Persönlichkeitsfragebogen für Kinder zwischen 9 und 14 Jahren – PFK 9-14. Hogrefe, Göttingen ⁴2004

Speck, O.: System Heilpädagogik. Eine ökologisch reflexive Grundlegung. Reinhardt, München ⁵2003, 6. Aufl. 2008

Stein, R.: Grundlagen einer sonderpädagogischen Didaktik. In: Ellinger, S., Stein, R. (Hrsg.): Grundstudium Sonderpädagogik. Athena, Oberhausen ²2006

Steinhausen, H.-C.: Seelische Störungen im Kindes- und Jugendalter. Klett-Cotta, Stuttgart ²2004

Stiensmeier-Pelster, J., Schürmann, M., Duda, K.: Depressionsinventar für Kinder und Jugendliche – DIKJ. Hogrefe, Göttingen ²2000

Tausch, R., Tausch, A.-M.: Gesprächs-Psychotherapie. Hogrefe, Göttingen ⁷1979

Terhorst, W.: Einführung in die Orthopädagogik. Klett-Cotta, Stuttgart 1983

Tewes, A., Naumann, A.: Kinder-Angst-Test III (KAT III). Hogrefe, Göttingen 2016

Thimm, W. u. a.: Ein Leben so normal wie möglich führen... Zum Normalisierungskonzept in der Bundesrepublik Deutschland und in Dänemark. Bundesvereinigung Lebenshilfe, Marburg 1985

Thimm, W.: Kritische Anmerkungen zur Selbstbestimmungsdiskussion in der Behindertenpädagogik. In: Zeitschrift f. Heilpädagogik, 1997, 222-232

Thurner, F., Tewes, U.: Der Kinder-Angst-Test II (KAT-II). Drei Fragebogen zur Erfassung der Ängstlichkeit und von Zustandsängsten bei Kindem ab 9 Jahren. Hogrefe, Göttingen 2000

Uslar, D. v.: Ontologische Voraussetzungen der Psychologie. In: Gadamer, H. G., Vogler, P. (Hrsg.): Neue Anthropologie, Bd. 5. Psychologische Anthropologie. Thieme, Stuttgart 1973, 386-413

Vester, F.: Denken, Lernen, Vergessen. Was geht in unserem Kopf vor, wie lernt das Gehirn, und wann lässt es uns im Stich? Deutscher Taschenbuch Verlag, München, 38. Aufl. 2018

Voß, R.: Hilfe ohne Pillen – eine Überleitung. In: Voß, R. (Hrsg.): Helfen ...aber nicht auf Rezept. Reinhardt, München ²1991, 9-17

Wacker, E. (Hrsg.): Leben im Heim. Nomos, Baden-Baden 1998

Wagner, M.: Menschen mit geistiger Behinderung und ihre Lebenswelten. Klinkhardt, Bad Heilbrunn ^{2}2000

Wagner, M.: Die Rolle des Lehrers aus konstruktivistischer Perspektive. In: Fischer, E. (Hrsg.): Welt verstehen – Wirklichkeit konstruieren. Borgmann, Dortmund 2004, 221-248

Warnock Report: Special Educational Needs. Report ofthe Commitee of Enqiry into the Education of Handicappted Children and Young People. Chairman: Mr. H. Mary Warnock. Presentet to the Parliament ... May 1978. London 1978

Watzlawick, P., Beavin, J., Jackson, D.: Menschliche Kommunikation. Hogrefe, Göttingen , ^{13}2016

Weiss, R. S.: The provision of social relationships. In: Rubin, Z. (Eds.): Doing into others, Englewood Cliffs 1975

Westphal, E.: Prototypischer Sachunterricht auf der Primarstufe – Vorentwurf einer didaktischen Konzeption für die Schule für Lernbehinderte. In: Baier, H. (Hrsg.): Unterricht in der Schule für Lernbehinderte. Auer, Donauwörth 1978, 334-350

Wieczerkowski, W. et al.: Angstfragebogen für Schüler AFS. Handanweisung für die Durchführung, Auswertung und Interpretation. Hogrefe, 7. Aufl. 2016

Wine, J. D: Cognitive-attentional theory of test anxiety. In: Sarason, I. G. (Ed.): Test anxiety: Theory, research, and applications. Hillsdale, Erlbaum, New Jersey 1980

Wygotski, L. S.: Denken und Sprechen. Fischer, Frankfurt/M. 1981

Wygotski, L.: Ausgewählte Schriften. Arbeiten zur psychischen Entwicklung der Persönlichkeit Band 2. Volk und Wissen, Berlin 1987

Zdarzil, H.: Pädagogische Anthropologie. Styiria, Graz ^{2}1978

Sachregister